KB154223

자유주의자 레이몽 아롱

마르크시즘을 '지식인의 아편'으로 규정한

자유주의자
레이몽 아롱

장루이 미시카, 도미니크 볼통과의 대담

박정자 옮김

기파랑

386 세대, 40년의 정신지체

"요즘 세상은 정치적 선택이 다르면 우정을 간직하기 어려운 시대인 것 같다. 정치란 아마도 너무나 심각하고 비극적인 것이어서 우정이 그 압력을 감당하기 어려운가 보다."

바로 오늘 서울의 카페 옆자리에서 들려오는 소리 같지 않은가? 놀랍게도 레이몽 아롱이 1981년에 한 말이다. 그는 또 이런 말도 했다.

"공무원을 늘린다는 것은 경제에 약간 활력을 주고 또 실업 증가를 다소 지연시키기는 하겠지만 결국 그것은 곧 참을 수 없는 대가를 지불하게 될 것이다. 20만 명의 공무원은 지금 당장은 별로 비싼 값이 들지 않겠지만 그 국고 부담은 해가 갈수록 점점 무거워질 것이다. 일의 필요성에 따라 공무원 수를 늘려야지 실업 퇴치를 위해 그 수를 늘려서는 안 된다. 일은 적게 하고 돈은 더 많이 벌게 하는 방법이란 있을 수 없다."

마치 지금 여기 한국의 좌파 정부에게 들려주는 충고 같지 않은가? 이 역시 1981년 5월 프랑수아 미테랑 정권이 들어선 직후 레이몽 아롱이 한 말이다. 그는 공무원 증원을 포함한 사회당의 경기 부양 정책을 한마디로 민중 선동적(demagogic)이라고 했다. 1년 후 또는 18개월 뒤에 인플레를 가중시키고 대외 지출의 결손 폭을 더욱 크게 할 것이며 아마도 실업은 더욱 증가하게 될 것이라고 예측했다.

요즘 우리 사회 좌파들이 그토록 선망하는 북유럽의 사회복지 제도에 대해서도 명쾌한 자유주의적 견해를 밝혔다. "요람에서 무덤까지 보호받고 있는 프랑스 국민들은 물론 스웨덴 식의 천국과는 거리가 있지만 이미 사회민주주의 국가에서 살고 있다"면서, 그러나 개인적으로 자기는 프랑스가 스웨덴 식의 천국이 되는 것을 바라지 않는다고 했다. 프랑스인들이 그런 식의 사회를 참고 견딜 수 없을 것이라고도 했다. 왜냐하면, "스웨덴에서는 모범적인 시민들조차 암시장을 통해 수입을 추구하는 경향이 있으므로."

요컨대 "국가는 불의의 사고를 당했을 때 자신을 보호할 수 없는 사람들만을 보호해 주고, 자신을 지킬 수단을 갖고 있는 그 외의 다른 사람들은 스스로 자기 문제를 해결하도록 내버려 두어야 한다." 갓 집권한 사회당 정책을 비판하며 내린 그의 처방은 지금 한국의 혼란스러운 이념 지형에서도 더 할 수 없이 유효한 지침이다.

레이몽 아롱과 젊은 두 68 세대 학자의 이 대담집은 프랑스어

초판 출간 이듬해인 1982년 『20세기의 증언』이라는 제목으로 국내에 처음 소개했던 것이다. 재출간하는 대담집은 40년의 세월이 무색하게 아직도, 아니, 어쩌면 이제야 참신한 시의성으로 반짝반짝 빛난다. 40년 전 그즈음 대학생이던, 지금 우리 사회의 주류가 된 386 세대는 어쩌면 이렇게 40년의 지체를 보여 주는가?

2021년 7월
박정자

머리말

레이몽 아롱(Raymond Aron, 1905~1983)은 프랑스의 지식인 사회에서 독특한 인물이다. 그가 받은 철학교육이나 정치적 상황에 비추어 보면 그 세대 다른 지식인들, 특히 그의 학창 친구인 장폴 사르트르나 모리스 메를로퐁티 같은 사람들과 비슷하게 현실 참여를 했어야만 한다.

그런데 그는 왜 자유주의 사상 쪽으로 진로를 바꾸었을까? 자유주의 사상은 토크빌이나 콩스탕 등 프랑스에 그 뿌리를 두고 있지만, 지금은 앵글로색슨 국가들에서 활짝 개화했고 프랑스에서는 소수파가 되고 말았는데 말이다.

전후(戰後) 프랑스 지식인들의 지배 사조에 대해 부분적으로는 가치를 인정하고 또 심정적으로 동조하면서 그는 왜 자기 친구들과 결별하고, 고통스러운 고립감까지 감수해 가면서 그 지배 사조에 반대하는 입장을 취했을까? 대부분의 지식인들이 냉전에 대한 명확한 태도 표명을 거부했을 때 그는 왜 대서양동맹을 지지하고, 중립주의를 반대했으며, 〈피가로〉지(紙) 논설위원을 선택하고, 드골의 재집권을 옹호했을까?

우리가 레이몽 아롱과의 대담을 기획하게 된 첫 번째 이유가 바로 이런 의문들 때문이었다. 그와 함께 역사 해석이나, 도덕과 정치, 상이한 정치철학들 사이의 모순 등에 대해 이론적인 토론을 하기보다는 착잡하게 뒤얽힌 현대사에서 그가 점했던 위치를 알아보는 것이 지금 시점에서는 훨씬 더 바람직한 일일 것이다. 역사도 보통 역사인가! 1930년대의 프랑스, 나치즘, 냉전, 탈식민(脫植民), 평화 공존, 유럽……. 그러니까 우리는 냉전 이래 우익이라는 딱지가 붙여진 채 좌파라는 지배 사조를 거슬러 갔던, 그리고 소련과 스탈린 체제의 성격에 대해 그 누구보다 일찍 정확한 판단을 내렸으며, 그로 인해 지식사회에서 따돌림을 받으면서도 자신의 입장을 고수하며 학문적 과업을 수행하는 용기를 지녔던, 한 지식인의 사상이 어떤 것인지 알고 싶었다. 그토록 오랜 기간 동안, 그리고 그토록 상이한 영역, 즉 언론인, 역사학자, 철학자, 사회학자 등의 역할 속에서 그토록 많은 사건과 문제들에 대해 논평하면서 그처럼 일정한 비판적 거리를 항상 유지하기도 쉽지 않은 일이다.

우리가 흥미를 느끼는 것은 분석자, 해석자, 행동가로서의 그의 모든 한계, 모순 그리고 위대성이다.

1968년 5월에 정치적으로 태어난 우리 세대에게 레이몽 아롱은 일종의 음극(陰極, negative pole)이었다. 1960년에서 1970년 사이 10년 동안 우리 젊은 세대의 지적 교육은 주로 마르크시즘 주변에서 이루어졌다. 마르크시즘에 대한 엄청난 양의 해석과 파생, 부정(否定)과 쇄신이 이 시기에 만개했던 것을 생각해 보면 우리 세대의 마르크시즘 경도는 어쩌면 불가피한 것이 아니었던가 하는 느낌이 든다. 그 후 정치적 참여나 철학적 선택의 면에서 우리 모두가 마르크시스트였다는 이야기는 아니다. 그리고 우리보다 앞선 세대가 1955년 이래 상당한 변모를 보였고, 그들 중 상당수가 소위 자아비판을 한 것도 잘 알고 있다. 그러나 거의 대부분의 사람들은 계속해서 마르크시즘을 진지하게 받아들이고 있으며, 특히 1965년대의 쇄신을 거친 후 이 사상은 사회 전체의 분위기에 깊숙이 스며들어 있다. 세계를 고찰하는 데 마르크시즘이 꼭 필요한 도구라고 생각하는 사람들이 많다. 게다가 마르크시즘에 대한 그 수많은 철학적 논쟁과 다양한 해석, 그리고 그 이념을 구현한 정치 체제들의 출현은 이 사상의 풍요성을 증명하는 듯이 보였고, "우리 시대의 넘어설 수 없는 지평"이라는 사르트르의 말을 정당화하는 듯이 보였다. 아마도 마르크시즘이야말로 우리 시대의 지배 이데올로기였다.

여하튼 우리 세대는 마르크시즘을 흡수하고, 1968년 5월에 몸을 푹 담갔다가, 좌파의 태양에 다시 몸을 따스하게 말린 세대다. 프랑스의 마르크시스트들은 왜 이 같은 결정론적 역사 해석 방법을 주저 없이 받아들였던가? 그건 간단히 말하기 힘들다. 아마도 20세기 전반의 전쟁과 혁명의 공포가 어떤 논리정연한 설명 없이는 이해하기 힘들었기 때문인지도 모른다. 역사는 한없이 비합리적이었으므로, 이런 비합리성 너머 어디엔가 어떤 의미가 있어야만 했다. 어떤 면에서 우리는 역사를 인식하거나 지정학적 고찰을 한 적이 별로 없다. 그런 만큼 금세기의 비극적 사건들은 더욱더 시간의 연속성을 깨뜨린 듯이 보였다. 1965년쯤 우리 자신의 역사관이 생겨나면서 우리는 당연히 미 제국주의를 우리의 표적으로 삼게 되었다. 왜냐하면 그때 한창 베트남전이 진행되고 있었기 때문이다.

그런데 1975년쯤 이 세대의 일부(앙드레 글뤽스만, 베르나르앙리 레비 등 신철학파 — 옮긴이)는 갑작스럽게 마르크시즘의 한계나 소련의 죄악에 대해 깨닫게 되었고, 인권이라는 문제를 들고 나와 과거의 무관심을 속죄하려는 경향이 생겨났다. 과거 그토록 혐오의 대상이었던 것에 대한 이 강한 애착 또한 우리를 당황하게 만든다. 왜냐하면 거기서 과거와 유사한 '자기만족, 불관용, 교조주의' 등을 엿볼 수 있기 때문이다. 이들의 표현 양식은 그들이 오랜 우회 끝에 찾아낸 그 사상과 일치하지 않는다. 왜냐하면 그들은 사물의 복잡성에 대해 새삼 올바르게 인식했다기보다는 오히려 마니케이즘(Manichaeism, 흑백론적 선악 이원론)의 한 극에서 다른 극으로 선회한 듯이 보이기 때문이다.

그러나 개인적으로 말해 보면, 1970년대 이래 마르크시즘이 진보의 사상을 독점한 데 대해 반기를 들고 우익과 좌익의 참모습이 무엇인가를 알려고 애쓰기 시작한 우리 세대에게 레이몽 아롱 사상을 새롭게 발견한 것은 참으로 참신한 즐거움이다. 물론 우리는 그의 사상을 모르고 있었던 것이 아니다. 대학에서도 배웠지만 그러나 그것은 어디까지나 '반동(反動)'의 꼬리표가 붙여진 상태에서였다. 그것은 곧이곧대로 이해되기보다는 이데올로기적 필터를 통해, 그리고 또 좌·우익의 심연 건너편의 것으로 받아들여졌었다. 요컨대 그것은 지적이었으나, 여전히 우익이었다! 이러한 자세로 우리는 그의 분석을 이해했고 또 거기에 감염되지 않기 위해 몸을 사렸다.

그러했음에도 마르크시즘에 대한 레이몽 아롱의 해박한 지식과 그것을 반박할 수 있는 그의 능력이 우리들의 마음을 움직였던 것도 사실이다. 우리 사회의 변모를 분석한 그의 책들은 마르크스주의의 도식과 일부 개념들을, 어떤 준거의 이론이나 교리로서가 아니라 단순한 분석 도구로서 사용했다. 그러나 1968년에서 1978년 사이의 10년 동안 그의 온건한 입장, 〈피가로〉지의 사설들, 상대주의적 역사철학, 그리고 19세기식 자유주의 사상에의 경도는, 한 좌익 주간지가 그를 인터뷰하고 나서 썼던 것처럼 "레이몽 아롱은 우리 편이 아니다"라고 그를 규정하기에 충분했다.

결국 우리에게 레이몽 아롱 사상의 발견은 세 단계로 구분된다. 먼저 이데올로기적 색안경을 끼고 『산업사회에 관한 18개의 강의』와 『국가 간의 평화와 전쟁』을 읽은 시기, 그다음에는 『지식인의 아편』에서 최소한 스탈린 체제에 대한 그의 견해가 옳았다는 것을 발견한 시기, 그리고 마지막으로 『역사철학 입문』과 함께 비판적이면서 동시에 실증적인 그의 사상을 접하게 된 시기다. 이 사상은 오랫동안 프랑스에서 희화화(戲畫化)되었지만 철학 및 정치사상의 큰 흐름 중의 하나인 것은 분명한 사실이다.

그의 저서들을 읽으면서 우리는 그의 다양한 행동의 저류에 하나의 근원적 선택이 있음을 발견했다. 즉, 어느 특정의 역사철학이 그의 인생을 관통하고 있음을 알게 되었다.

그에게 역사는 미리 예정된 어떤 종말이나 의미를 향해 결정된 것이 아니다. 역사는 열려 있는 것이고, 결국 인간의 행동, 자유, 의지에 달려 있는 것이다. 그가 메시아니즘(마르크시즘이 메시아 사상의 종말론과 비슷하다는 의미 — 옮긴이)을 거부하고 세계의 총체적 해석과 행동지침으로서의 이데올로기를 거부하는 이유가 바로 그것이다. 이 이데올로기와 메시아니즘의 이름으로 20세기에 얼마나 많은 죄악이 저질러졌던가. 역사에 대한 이와 같은 상대적 개념은 철학적인 차원에서 볼 때 이성의 개념과 맥이 닿는다. 그래서 그는 세계를 해석하고 개혁하기 위해 우리가 사용할 수 있는 유일한 수단은 칸트 철학의 이성 개념이라고 말한다.

요컨대 그는 인간의 행동양식을 규정할 가치체계를 자유주의 철학에서 발견한 것이다. 사상의 다원성을 존중하고 현실 분석이나 행동에서 실증주의를 중시하는 자유주의 철학이야말로 그에게 있어서는 최선의 정치적 지침으로 보이는 것이다.

그런 관점에서 보면 20세기의 모든 사건들, 예컨대 핵전략, 동서(東西) 대치, 산업사회의 성장과 변화, 미제국의 붕괴는 마르크시즘의 시각에서 볼 때와는 전혀 다른 모습으로 보인다. 우리 주위의 마르크시즘은 가끔은 게으름 때문에, 또 가끔은 양심에 따라 얽히고 설킨 사건들과 세력관계를 멋대로 정리하여 배치하는 일이 흔했다.

이제 마르크시즘은 더 이상 절대적인 인식 도구로 간주될 수 없다. 그것은 금세기 초 이래 서로 대치하고 있는 두 경제 및 정치 제도 중 하나에 불과한 행동양식 또는 준거체계라는 것을 잊어서는 안 된다. 미 제국주의만을 문제 삼을 것이 아니라, 자신의 문명양식을 보존하는 서구의 능력도 인정해 주어야만 한다. 이 문명을 부분적으로 지지하는가 또는 전폭적으로 지지하는가 하는 것은 또 별개의 문제다. 역사의 의미에 대해 다시 생각해 보아야 하며, 특히 우리 가치체계의 허약성과 우연성을 인식해야만 한다.

이번의 대담을 끝마치고 우리는 레이몽 아롱의 사상에서 우리 세대의 세계관의 변화를 구체적으로 파악할 수 있었다. 물론 우리는 전에도 그의 생각을 알고 있었으며 여러 가지 점에서 그에게 동의하기도 했다. 그러나 그의 사상이 이렇게 새롭게 느껴지는 것은 오히려 우리 세대 자신의 새로운 선택과 책임감에 기인하는 것이다. 실로 10년 전만 해도 상상조차 할 수 없었던 현상이다. 우리는 지금 우리가 살고 있는 사회 아닌 다른 사회가 결코 있을 수 없다는 사실을 결국 받아들이게 되었다. 왜냐하면 지금 여기서 우리가 비판하는 사회보다 그 사회 모델이 훨씬 더 나쁘다는 것을 알았기 때문이다. 그렇다면 결론은 내려졌다. 우리는 서구 체제 안에서 행동해야만 하며, 우리가 유일하게 해야 할 일은 서구 국가들이 그들 본연의 가치에 부합하는 행동을 하는가를 지켜보는 일이다.

금세기에 많은 유럽 국가들이 수많은 역사적 상황 속에서 그들의 이상을 망각하고 용기와 결단력을 보여 주지 못했던 것을 상기해 보면 이것을 결코 진부한 결론이라고 말할 수는 없을 것이다.

레이몽 아롱이 자기가 직접 체험한 사건들에 대해서 이야기하는 것을 들으면 우리는 역사의 소용돌이에 휘말렸던 세대와 그저 역사의 한옆에 서 있기만 했던 세대, 즉 우리 세대와의 깊은 단절을 느끼게 된다. 우리 세대에게 역사란 과거의 것, 먼 곳의 것이지 우리가 살고 있는 바로 이곳의 것은 아니다. 그래서 우리 중 일부는 베이징으로, 하노이로, 쿠바로 그것을 찾으러 떠났다. 그런데 레이몽 아롱과 그의 세대는 위대한 이상의 이름으로 자행될 수 있는 정치의 야만성을 직접 체험한 세대다. 그들은 인간의 자의(恣意)와 폭력이 그저 간단히 범상한 역사(History as usual)라는 공식으로 요약되는 것을 목도한 세대다. 사회는 유한(有限)한 존재여서 언제고 쉽게 망할 수도 있다는 것을 그는 잘 알고 있다. 우리 세대가 비록 추상적으로는 이해하고 있으나 진정 피부로는 느끼지 못하고 있는 사실이다. 여러 사회들의 붕괴를 체험한 그는 사회란 본질적으로 매우 취약하다는 것을 몸으로 느낀 세대다. 기본적인 평형이 깨지는 순간 그 무엇으로도 사회의 붕괴를 저지할 수 없다는 것을 그는 잘 알고 있다. 사회적 단절에 대한 그의 강박관념에 가까운 염려나, 사회의 분열 또는 약화를 가져올 모든 대치 현상을 피하려는 그의 끈질긴 배려는 다 여기서 연유하는 것이다.

역사다운 사건조차 거의 없는 안정된 사회에서 태어나 성장한, 그리하여 사회의 취약성이나 붕괴의 위기 같은 것은 한 번도 경험하지 못한 우리 세대와 이 세대와의 단절감을 여기서도 볼 수 있다. 우리 세대에게 역사란 그저 단지 사회의 내부적 모순에서만 생겨나는 것이었다. 노동, 도시 문제, 교육, 풍속 등등과 연관된 갈등과 변화만이 사회개혁의 주요 목표로 보였고, 부분적인 균형 상실이 전체의 응집력을 손상시킬 것이라고는 생각조차 하지 못했다. 1968년 5월 사태조차, 그 소란에도 불구하고 우리 사회의 균형을 깨뜨리지는 않았다. 우리는 앞서 지적한 노동, 도시 문제 등등의 갈등을 수단 삼아 엄밀한 의미의 계급투쟁을 수행하고 이어서 사회를 구조적으로 변혁시킬 수 있다고 생각했다.

게다가 1958년 이래 정권 교체가 없었고 좌익이 배제된 채 정치적 안정이 이루어졌으며, 모든 사회적 갈등에도 불구하고 사회는 요지부동인 것처럼 보였고, 그 평형을 깨트릴 만한 아무런 위협도 없는 듯이 보였다. 사람들이 소위 아롱적 회의주의(懷疑主義)라고 부르는 것은 아마도 사회의 취약성에 대한 그의 인식에 부분적으로 기인하는 듯하다.

그가 정치 변혁의 가능성에 대해 아무런 환상도 갖지 않는 것은 아마도 그의 역사적 체험에서, 그리고 또 프랑스 및 미국 통치자들의 좁은 행동 영역을 인식하고 나서였을 것이다. 질서와 개혁에 대한 그의 생각을 우리가 이해하기 어려운 것도 그러한 사실에 기인한다. 질서는 우파를, 개혁은 좌파를 상징한다고 우리는 생각하는데, 그는 우파가 지배하는 프랑스가 상당한 개혁을 이루었다고 끊임없이 주장하고 있다. 사실상 프랑스는 근대화되었고, 생활수준은 크게 신장되었으며, 사회의 일부 불평등은 축소되었고, 교육 제도는 부분적으로나마 민주화되었다. 그러나 종전의 상황을 알지 못한 채 이 변화를 직접 살아온 우리 세대는 이런 것들을 모두 당연한 것으로 알았고, 이 성장과 부(富)에 만족하기보다는 오히려 일부 사회적, 문화적 불평등의 영속성에 항의하기 위해 우리의 힘을 한데 모았었다. 그런데 우리 세대와 다른 역사적 체험을 가진 레이몽 아롱은 과거와 현재를 비교하고, 과연 좌파도 그와 같은 근대화 정책을 추진할 수 있었을지 고개를 갸웃한다. 우파와 좌파의 대립은 곧 변혁 개념의 대립이라고 그는 생각한다. 즉, 우파는 개인의 창의성과 경쟁심을 자극하기를 좋아하는 반면 좌파는 분배와 계획에 치중하는 정책을 선호한다. 비록 좌파에 대한 그의 불신에 전적으로 동의할 수는 없지만, 그러나 그의 그러한 태도가 단순한 보수주의와는 다른 그 어떤 것이라는 것을 우리는 재빨리 알아차렸다. 그것은 자유와 평등 사이의 모순에 대한 깊은 성찰과 체험에서 나온 것이며, 이 모순은 일부 사람들이 생각하듯이 그렇게 쉽게 극복될 수 있는 것은 아니다.

그러나 또 한편으로는, 1960년대 이후 세대의 사고방식과 생존방식을 결정한 개인과 사회와의 관계, 문화적 행동의 변혁, 새로운 사회적 모순 등은 우리 사회의 구조를 변화시켜야만 해결될 수 있는 문제라는 것을 우리는 안다. 레이몽 아롱과 그 외 일부 사람들은 이 새로운 사회적 모순들에 대해 좀 둔감했던 것도 사실이다. 그러한 문화 변혁(포스트모던 철학을 말하는 듯—옮긴이)은 언어학 또는 정신분석학적 접근방식을 사용하는 이념운동이 시작됨과 동시에 생겨난 현상인데, 이 이념들은 사회를 이해하는 데 매우 유용한 것으로 생각된다. 레이몽 아롱은 이 새로운 사상들을 부인하지 않고 다만 그것들을 역사상 위대한 철학들의 주제와 결부시켜 생각한다. 그러니까 자연히 그것들은 매우 허약하고 부차적인 것으로 보일 수밖에 없다.

물론 이러한 문화 변혁이 세계의 균형을 완전히 바꿔 놓는 것은 아니지만, 그러나 그것은 지적 도구임에 틀림없으며 또 현실에 대한 새로운 이해방식을 제시해 주고, 인식의 장(場)을 다변화시켜 준다. 우리 세대의 특징인 이 문화 변혁이 정치 또는 사회생활에 어느 만큼의 영향을 끼쳤는지, 또는 강력한 경제 성장과 정치적 안정을 이룬 이 예외적인 시대에 그것은 대역사(大歷史)의 한갓 부차적 변이에 불과한 것이었는지를 우리는 보게 될 것이다.

우리가 레이몽 아롱에게 끌린 것은 현대의 대사건들을 분석함에 있어서 우파나 좌파 그 어느 편에도 맹종하지 않았던 그의 반시속적(反時俗的, anti-conformism) 자세였다. 어떤 특정 문제에 대한 그의 생각이 옳았는지 틀렸는지는 사실 별로 중요한 문제가 아니다. 우리는 다만 좌파 사상에 문제를 제기하는 그의 철학적, 정치적 자세가 어떤 것이었나를 알고 싶었을 뿐이다. 결국 그 둘(철학, 정치)은 하나의 장 속에서 한데 합쳐졌는데, 이로써 그는 다른 사람들이 감히 말하거나 생각조차 하지 못하던 것을 크게 말함으로써 좌파 지식인들에게 따돌림을 받았고 또 동시에 그들의 마음속을 뜨끔하게 만드는 꺼림칙한 존재이기도 했다.

그의 행동의 세 가지 측면이 특히 우리에게 강한 인상을 주었다.

우선 도덕과 정치의 차이에 대해서. 아롱은 사르트르가 그 무엇보다 도덕주의자라고 말했다. 그러니까 사르트르는 자기와 다른 입장을 취하는 사람들을 도덕적으로 비난할 수밖에 없었다는 것이다. 이러한 대비는 이 두 사람에게만 적용되는 것이 아니라 그 외의 수많은 지식인들에게도 확대 적용될 수 있을 것이다. 레이몽 아롱과 좌파를 가르는 특징 또한 이것이다. 그는 모든 사회 제도가 불완전한 것이라고 생각한다. 따라서 정치는 선과 악의 투쟁이 아니라 좀 더 바람직한 것과 좀 더 혐오스러운 것 사이의 선택이라고 말한다. 이것은 정치에서 일체의 도덕을 배제한다는 의미가 아니고 정치의 특수성을 인정하는 것이며, 또 도덕의 범주를 다른 모든 인간 행동에 있어서와 똑같은 기준으로 정치에 적용할 수는 없다는 생각인 것이다. 정치를 하는 것이 반드시 선을 행하는 것과 동일한 것은 아니다. 왜냐하면 집단의 선이 과연 어떤 것인가는 그 누구도 말할 수 없기 때문이다. 중대한 오류들은 가끔, 정치적 현실이 매우 어려운 것이며 그것은 도덕으로 제어할 수 없다는 사실을 인정하지 않는 데서 생겨나는 결과다. 좌파가 집권한 이래 프랑스에서도 새롭게 대두된 문제다.

도덕과 정치 사이의 거리두기를 실제 삶 속에서 받아들인다는 것은 생각보다 훨씬 더 많은 용기를 필요로 한다. 이러한 자세를 갖게 되면 냉소주의나 마키아벨리즘을 취하기보다는 정치를 그 고유의 성격에 따라 생각하려는 세심한 배려가 생겨난다. 도덕과 정치를 일치시키려 하거나 또는 정치를 하나의 도덕으로 생각하려는 사람은 쉽게 양심적 인사가 될 수 있으며, 덕성의 분노를 터뜨리고 흑백논리의 세계관을 갖게 되며, 정치가 수반하는 폭력, 우회, 세력관계 등 한마디로 정치의 부도덕성을 거부하게 된다. 그래서 레이몽 아롱은 정치를 생각함에 있어서 도덕이 과연 그 판단 기준이 될 수 있을지 의문을 표명한다. 좀 더 논쟁적인 어휘를 빌려 말해 본다면, 정치라는 수상쩍은 싸움을 인정하는 사람들과 '아름다운 영혼들' 사이의 대립인 것이다. 그가 예컨대 인권 문제가 정책의 기본이 될 수 있을까에 대해서 확실한 긍정을 유보하는 것도 이런 이유에서다. 인권을 위한 투쟁이 하나의 정치적 활동이라는 것은 분명한 사실이며 또 그것은 매우 바람직한 행동이기도 하지만, 그러나 그것 자체가 정치라고는 볼 수 없다.

이러한 정치 개념은 당연히 역사를 생각할 때도 일체의 마니케이즘을 거부하게 된다. 그러니까 상대방이 전체주의만 아니라면, 그 상대방의 사상을 절대적 악이라고 생각할 수는 없다. 그가 인민전선, 비시(Vichy) 정권, 알제리, 베트남, 드골 정권에 대해 가끔 우리가 보기에는 아주 놀랍고 미묘한 판단을 내리는 것도 이러한 개념에서 나온 것이다. 그는 매번 찬성과 반대를 신중하게 검토한다. 그리고는 오랫동안 숙고한 끝에 반대의견을 선택한다.

두 번째로 우리의 마음을 움직인 것은 레이몽 아롱이 진정으로 호소하고 있는 시민의 도덕성이다. 우리 세대에게 있어서 조국이라는 생각은 항상 약간의 '복고풍의 냄새'를 풍기는 것이었다. 우리가 초국가적이거나 범유럽적이어서가 아니라, 오히려 우리의 모든 교육과 가치가 우리나라 안에 깊이 뿌리를 박고 있기 때문이다. 대부분의 전쟁들이 국가의 이름으로 행해졌기 때문에, 민주주의는 조국에서보다는 오히려 사회에서 구현되는 것이라고 우리는 생각했다. 자신을 방위할 수 없는 사회는 긴 안목으로 보아 망할 수밖에 없다는 것을 우리가 추상적으로 알고 있기는 하지만, 그리고 오늘날에는 사회 없는 민주주의를 생각하기 어려운 것도 사실이지만, 그러나 민주주의의 개념을 국토방위와 연결시키는 일은 참으로 드물었다. 아롱에게는 시민의 도덕이 곧바로 민주주의를 유지하는 조건이었다. 아니, 좀 더 정확히 말하면 민주주의가 살아남기 위해서는 어느 정도의 규율을 지키는 시민이 반드시 있어야만 한다는 것이다. 결국 민주주의는 사회와 국가라는 두 가지 조건이 충족되어야만 존립할 수 있는 것이다. 우리는 전자(사회)를 약간 미화하고 후자(국가)를 잊어버린 감이 없지 않다. 왜냐하면 국가가 현대사의 비극적 사건과 너무 밀착되어 있었고, 또 국가는 우리 세대가 별로 좋아하지 않는 강제성을 내포하고 있기 때문이었다.

요컨대 레이몽 아롱은 지식인이 본업이고 언론이 부업인 그런 사람은 아니었다. 그런 사람들은 일반적으로 자기가 말하고 싶은 것, 논평하고 싶은 것, 그리고 자기의 입장과 부합하는 주제만을 선택하기 마련이다. 그러나 아롱은 시기와 주제를 가리지 않고 모든 사건에 대해 꼬박꼬박 시사평론을 해 왔다. 35년 동안 두 가지 직업을 잘 수행했던 그에게는 엄격하게 규칙적인 생활이나 꼼꼼한 시간 관리의 습관만 남은 게 아니다. 전통적으로 상이하여 팽팽한 긴장관계가 유지되는 그런 두 가지의 사유방식을 함께 공존시키는 능력이 생겨난 것이다. 이처럼 두 개의 논리와 두 개의 시각 사이에서 시사평론을 한 그는 자연히 거시적인 목적론보다는 사물의 우연성과 취약성에 민감해질 수밖에 없었다. 아마도 그의 이러한 선택에는 역사적 상대주의와 개인적인 자기극복의 의지가 들어 있는 것인지도 모른다. 여하튼 시사적인 경제 문제와 정치 문제에 끊임없이 접할 수 있었던 것이 그를 이데올로기의 미망으로부터 지켜 준 하나의 요인이었을 것이다. 왜냐하면 현실 정치, 경제 문제에서는 이론을 증명해 줄 사실만 선택해서는 안 되고 모든 것을 고려해야 하기 때문이다.

결국 이 대담은 우리 세대가 레이몽 아롱의 세대에게 던지는 질문인 듯이 보인다. 다시 말하면 서로 다른 두 사유방식의 부딪침이다. 그의 생각에 좀 더 가까운 사람들이 했다면 아마 또 다른 대담이 나왔을 것이다. 그런 대담에서는 아마도 레이몽 아롱의 자유주의 사상이 강조되었을 것이다.

우리가 그에게 대담을 제의했을 때 우리는 그를 개인적으로 몰랐고, 또 우리가 그의 추종자는 아니라는 것을 그에게 분명히 밝혔다. 이것은 앙텐 2TV 방송에서 〈레이몽 아롱, 참여하는 방관자〉라는 제목으로 방영될 것이었기 때문에 위험부담이 더욱 컸다. 결국 훨씬 많은 시간이 투입되어 촬영되고 시청자에게 방영되었다. 우리는 50년 역사를 대강 훑어보는 형식을 통해, 정치 및 지식인 사회의 주요 관찰자였던 아롱이 이 역사를 어떻게 분석하고 있는가를 시청자들에게 보여 주고 싶었다.

대담은 시기적으로 세 부(1930~47년, 1947~67년, 1967~80년)로 나뉘고, 각 부는 다음 세 축을 중심으로 이루어진다.

- 이념운동과 지식인들의 태도
- 프랑스 사회의 변화와 지도계급의 능력
- 국제적 대사건들

레이몽 아롱은 우리가 함께 이야기할 주제의 선택이나 전체적 구상을 같이 의논하려 하지 않았다. 우리 계획을 이야기했더니 그는 건성으로 듣고 나서 "네, 좋습니다. 당신들 좋을 대로 하세요"라고 대답했다. 우리가 각 시대의 사건들과 그의 저서와 또 그 시대의 지식인 논쟁들을 잘 알고 있다는 것을 확인하고 나서야 그는 우리를 전적으로 신뢰했다.

이 대담이 매우 흥미로웠기 때문에, 처음에는 물론 텔레비전 방영만을 목적으로 했지만, 대화 형식을 그대로 유지한 채 약간 재구성하면 출판물로도 될 수 있겠다고 우리는 생각했다. 그렇게 함으로써 독자들이 대화 전체를 다시 접할 수 있게 될 것이기 때문이다.

그에 대한 신뢰 말고도 우리의 마음을 새삼 움직인 것은 레이몽 아롱의 따뜻한 인간미였다. 차갑고 냉정한 사람이라는 세평과는 전혀 다른 것을 우리는 발견했다. 물론 그의 마음씨가 부드럽다고는 하지만 우리의 토론은 더없이 신랄했다(그것은 그의 매서운 눈초리만 보아도 알 수 있는 일이다). 하지만 이 계획을 처음으로 말하러 간 1980년 4월 이래 우리는 그의 따뜻한 마음씨를 확인할 수 있었다.

이 대화에서 우리는 아주 까다롭고 냉혹한 한 사상을 만났으며, 진행중인 역사에 대한 정확한 인식과 진실을 밝히겠다는 강한 의지를 가진 한 민감한 사람을 만났다.

대담이 이루어진 1980년 12월 이래 프랑스는 정치적 다수파가 바뀌는 변혁을 겪었다. 하지만 이 대담의 기본 내용은 1981년 5~6월의 좌파 집권으로 대표되는 혼란스러운 변혁에 의해 아무런 손상도 입지 않으며 그러한 사태에도 여전히 유효하다. 일부 독자에게는 인민전선의 실패에 관한 내용이 특히 음미할 만한 가치가 있을 것이다. 왜냐하면 현 정부는 레옹 블룸[1] 정권의 경험과 정신을 본받으려 하고 있기 때문이다. 1981년 봄까지 최대의 좌파 세력이었던 우리 5월 세대도 마찬가지다. 비록 오늘날의 권력자들 대부분의 태도와 생각이 이 세대에 뿌리를 두고 있기는 하지만, 5월 세대

1　Leon Blum, 1872~1950. 프랑스의 정치가. 사회당 창당 때 사회당 강령을 기초했으며 1936~37년 좌과 연합정부인 인민전선 총리를 지냈다.

는 이미 역사 속 저 멀리로 내팽개쳐진 것이 사실이다.

　레이몽 아롱은 좌파의 집권에 대해서 결론 부분을 손수 썼다. 우리와의 대화 형식은 그대로 유지했으나, 이번에는 그가 하고 싶은 대답이 확고한 것이었기 때문에 질문도 그 자신이 만들었다.

　자, 여기 시류를 거스른 반대파 지식인 레이몽 아롱이 있다. 그를 격렬하게 비난하던 일부 사람들에게는 반대파라는 말이 패러독스로 들릴 것이다. 왜냐하면 그의 사상으로 인해서 그는 항상 '권력의 옆자리'에 서 있던 사람이니까! 사람들이 그에게 그토록 분노를 터뜨렸던 것은 그의 자유주의적 사상이 아니라, 이 철학을 충실하게 지키면서 그가 끌어낸 정치적 결과 때문이었다. 그러나 좌파가 집권한 오늘날이나 과거나 그가 별로 달라진 점이 없다는 것을 간파하는 사람들도 있을 것이다. 그만큼 그는 비록 자기가 지지하는 정권이라 하더라도 권력과의 유착을 거부했다. 결국, 비록 이념적으로는 가까웠을망정 그는 항상 지도자들과 일정한 거리를 유지하고 있었다. 그의 생각이 옳았는지 틀렸는지는 별개 문제로 하라도 그는 지식인으로서의 자세, 언론인으로서의 자세, 그리고 정치 활동가로서의 자세를 엄격하게 구분했다. 현재의 좌파 정권의 문제를 다루려 하는 좌파 지식인들도 아롱의 행동방식에 뭔가 곰곰이 생각되는 바가 있지 않을까? 결국 그는 진정한 '군주의 조언자(conseiller du prince)'가 되기 위해 필요한 유보적 자세와 고분고분한 자세를 결코 용납하지 않았다. 그리고 그 자신이 농담으로 이야기했듯이 그는 제4공화국과 제5공화국의 모든 국가수반들과 사이가 좋지 않았다. 발레리 지스카르 데스탱만은 예외였지만, 그러나 레이몽 아롱은 그의 비위를 맞추기 위해 애쓴 적도 없다.

이러한 원칙은 말보다는 실행이 훨씬 어려운 일임에 틀림없다. 독자들은 이 대담을 읽으면서 그의 이러한 자세가 얼마나 확고하게 지켜졌는지를 보게 될 것이다. 그것은 그때그때의 상황 때문이기도 했지만, 또 한편으로는 그의 개인적인 도덕심에 기인하는 것이다. 그토록 오랜 기간 동안에 이와 같은 일종의 금욕주의가 없었다면 그 윤리는 지켜지기 어려웠을 것이다. 그는 지식인이 택할 수밖에 없는 두 길, 즉 '신(神)의 친구(confident de la providence)'와 '군주의 조언자' 그 어느 쪽도 되기를 거부했다. 피지배자의 편에 서 있는 '신의 친구'는 자신이 표방하고 있는 보편적 도덕의 이름으로 비판하고, 또 역사의 의미니 이상사회 건설이니 하는 목표를 위해 보편적 도덕을 호소한다. 한편 '군주의 조언자'는 현실의 구속성을 인식하고 정치가 예속성을 강제할 수밖에 없다는 것을 인정한다.

이제 좌파 지식인들 이야기를 해 보자. 그들은 오랫동안, 그리고 아주 편한 마음으로, 신의 친구였다. 그들 중 일부는 심한 회의 — 마르크시즘의 위기, 사회주의가 실현된 국가들의 실상을 더 이상 숨기기 어려운 현실, 우리 사회에서의 지식인의 위치를 재정립해야만 하는 문제 — 에 사로잡혔었다. 그러나 그들은 이제 보통선거 덕분에 자신들이 군주의 조언자가 되어야만 할 상황 속에 놓이게 된 것이다. 그들은 그렇게 될 것인가? 그리고 어떤 방식으로? 그들은 레이몽 아롱의 모럴을 따를 수 있을까? 다시 말해서, 자신들이 생각하는 것을 계속해서 말할 수 있을 것인가? 과연 언제쯤부터 그들은 분석가와 군주의 조언자 사이에서 하나를 택해야만 하며 그 둘을 양립시킬 수는 없다는 것을 깨닫게 될까? 성총(聖寵)의 지위가 장미꽃의 개화 시기만큼만 지속된다면(사회당의 상징이 장미꽃이기 때문에 이런 비유를 쓴 듯하다 ― 옮긴이) 그들은 시사평론과 분석과 비평에서 정신을 똑바로 차리고 글을 써야 할 것이다.

앞으로 전개되는 시대는 프랑스 인텔리겐차의 역량을 시험하는 좋은 교훈이 될 것이다. 왜냐하면 그들 대부분이 지지하는 권력이 들어섰기 때문이다. 스탈린주의와 소련의 그 수많은 놀라운 사건들을 "비앙쿠르를 실망시키지 않기 위해"[2] 그토록 오랫동안 비난하지 못했던 그들이, 이번에는 좌파가 권력을 잡았으니 "엘리제(대통령 관저)를 실망시키지 않기 위해"라는 말을 하게 되지는 않을까?

장루이 미시카
도미니크 볼통

---

2 비앙쿠르는 르노 자동차공장 소재지. 이 말은 노동자들을 실망시키지 않기 위해 소련의 현실에 대해 침묵한다는 사르트르의 변명이었다.

차례

제1부

혼란의 프랑스

레이몽 아롱은 유대인이었지만 프랑스 시민의 정체성을 더 중시했다. 젊은 시절 독일 유학을 통해 히틀러의 광기를 목도했다. 짧은 교수 생활 후 2차대전에 참전했다가 프랑스가 독일에 점령당하자 영국 런던으로 탈출, 샤를 드골이 이끄는 자유프랑스위원회의 기관지 〈자유 프랑스〉에 합류하면서 언론인의 길에 들어섰다.

1

1930년대의 한 젊은 지식인

a) 1928년 윌름 거리~1933년 베를린

도미니크 볼통　1924년에서 1928년 사이에 고등사범을 다니셨죠. 장폴 사르트르와 폴 니장이 동기생이고요. 당시 고등사범의 교육 환경은 어땠나요?

레이몽 아롱　두 가지를 얘기할 수 있습니다. 첫째는 친구들이고, 두 번째는 아주 수준 높은 지적(知的) 분위기였죠. 나는 철학을 전공했습니다. 소위 '철학이라는 것' 말입니다. 내게 영향을 끼친 교수가 두 분 계셨는데, 하나는 알랭[1]이었습니다. 그는 고등사범 교수는 아니었고 앙리 4세 고등학교의 고등사범 준비반 교수(프랑스에서는 대학 교수와 고교 교사가 똑같이 professeur다 — 옮긴이)였습니다. 가끔 나는 그를 만나러 앙리 4세 고등학교로 가기도 했고, 또 그를 따라 렌가(街)에 있는 그의 집에 가 보기도 했습니다. 또 한 분은 브렁슈비크[2]였습니다. 그들은 거의 동년배였고, 서로 존경했습니다. 알랭은 '소르본학파'에 대해 격렬하게 비판했고, 전쟁중에 끝까지 프랑스의 승리를 주장하던 철학 교수들에게 도 분노를 터뜨렸습니다. 우리에게 특히 인상 깊었던 것은 알랭 이 전쟁을 혐오하면서도 전쟁에 참가했다는 사실입니다. 사르트 르와 니장[3]이 나중에 많이 유명해졌지만, 고등사범에는 그들 말 고도 다른 친구들이 많았습니다. 라가슈, 캉길렘, 마루가 그들이 죠! 그때처럼 멋있는 분위기는 그 후 다시 찾아볼 수 없습니다. 그래서 나는 항상 고등사범에 대한 향수를 지니고 있습니다.

나는 항상 스무 살 이전의 청년들이 20세나 25세의 청년들보 다 더 총명하고 더 지적이라고 생각합니다. 20세의 사르트르는 소위 저명인사를 경멸했습니다. 그러나 그 자신도, 그리고 나도 어느새 그 저명인사가 되고 말았습니다.

---

1 Emile-Auguste Alain, 1868~1951. 프랑스의 철학자. 인간을 모든 폭정에서부터 구하겠다는 생각이 그의 급진주의적 자유민주주의의 정치적 견해를 형성하고 있 다. 저서 『예술의 체계』(1920)와 『행복론』(1928) 등.

2 Léon Brunschvicg, 1869~1944. 프랑스의 철학자. 실증주의적 경험론이나 정신주 의를 다 배격하고 비판적 관념론의 입장을 취했다.

3 Paul Nizan, 1905~1940. 철학자, 수필가, 소설가. 죽음에 대한 강박관념과 정치적 불만으로 고등사범 재학 시절인 1925년에 예멘의 아덴으로 떠나갔다가 1927년 에 돌아와 공산당에 입당, 그 후 철학 교수 자격을 땄으나 학문을 버리고 신문기 자, 작가가 됐다. 독·소조약 후 공산당에서 탈당하고 2차대전중 영국군 장교로 참 전했다가 북부전선 덩케르크에서 전사했다. 사르트르의 가장 절친한 친구였다.

장루이 미시카　　그 당시 고등사범의 지적 경향은 어떤 것이었습니까?

아롱　　소위 탈라(tala), 즉 미사에 참석하는 가톨릭파가 있었고 그 외 대다수는 좌파인 사회주의적 경향이었죠. 나도 약간 사회주의자였습니다. 우리는 모두 전쟁을 거부했고 따라서 평화주의였죠. 나도 열렬한 평화주의자였습니다. 추상적인 의미에서도 전쟁을 반대했지만 전쟁을 겪었던 나의 어린 시절의 감수성에 대해서도 반발했던 것입니다. 전쟁(1차대전)이 터졌을 때 나는 아홉 살이었고, 전쟁이 끝났을 때는 열세 살이었습니다. 그런데 그 어떤 순간에도 나는 전쟁을 치른 듯한 기분이 없고, 그 어느 순간에도 민중의 불행에 대해 연민을 느껴 본 적이 없었습니다. 따라서 어린아이들의 이기심이라는 것이 얼마나 무서운 것인가를 깨닫게 되었고, 나의 애국심만큼이나 더욱더 전쟁을 혐오하게 됐습니다. 전쟁이 한창 계속되는 동안 열 살, 열한 살이었는데, 나는 그때 함장이 되고 싶었습니다. 그래서 함장의 위대성에 대한 작문도 했죠.

　　그로부터 몇 년 후 나에게 사고력이 생겼을 때, 그리고 철학반(고등학교 마지막 학년에 나뉘는 반 중의 하나 — 옮긴이)을 택했을 때, 갑자기 모든 것이 흔들리기 시작했습니다. 모든 것이 다르게 보인 거죠. 석 달 후에 나는 평생 철학을 공부하기로 결심했습니다. 뭐랄까, 철학반의 색다른 것들에 나 자신을 비춰 보고는 큰 변모를 일으킨 것이죠. 색다른 것들, 그게 뭘까요? 문학, 라틴어, 그리스어, 산술, 대수 같은 것들이었습니다. 물론 나는 그런 것들에 흥미를 느꼈습니다. 그러나 내가 더욱 깊이 심취했던 것은 자전거나 테니스 따위였습니다.

볼통   테니스를 아주 잘 치셨죠?

아롱   그렇습니다. 그러나 그때까지 내가 우등생이었던 것은 내 자존심 때문이었습니다. 아주 경멸할 만한 동기였죠. 나는 언제나 1등을 하고 싶었습니다. 그러나 철학을 알고부터 나는 더 이상 1등을 원하지 않았고 다만 철학도가 되고 싶었습니다. 그건 정말로 다른 세계였습니다. 고등사범에서도 물론 나는 철학을 공부했습니다. 물론 충분한 것은 아니었지만. 졸업논문을 쓰기 위해 한 해를 고스란히 칸트에 매달리기도 했습니다. 거기서 브렁슈비크를 만났습니다. 그는 대철학자들의 의미를 우리에게 일깨우는 동시에 또 우리가 그들을 그대로 답습하지 않도록 깨우쳐 주었습니다.

볼통   이때 받은 교육이 이 세계를 잘 이해하는 데 큰 도움을 주었다고 생각합니까?

아롱   오히려 그 반대죠. 세계를 잘 이해하지 못하도록 가르쳤다고나 할까요. 철학 과목으로 우리가 배운 건 플라톤, 아리스토텔레스, 데카르트 그리고 그 후계자들입니다. 사회학에서는 약간 언급이 됐지만 마르크스도 전혀 배우지 못했고 후기칸트학파도 거의 배우지 못했으며, 헤겔도 배우지 못했습니다. 인식론 강의와 수학 및 물리학에 대한 토론은 있었지만 정치철학에 대한 강의도 없었습니다. 소르본에 다닐 때나 고등사범에 다닐 때나 토크빌[4]의 이름을 들어 본 적은 한 번도 없었습니다.

미시카 막스 베버는 어땠습니까?

아롱 물론 들어 본 적이 없죠. 막스 베버의 이름은 한참 후에 들었습니다. 학교 공부 이후가 진짜 교육이었죠. 고등사범 4년간의 공부는 나를 고등학교 철학 교수로 만들어 주기에는 충분했으나 그 이상의 아무것도 아니었습니다.

1928년에 철학교수자격시험을 아주 우수한 성적으로 합격한 후(1등. 그해 사르트르는 낙방했다) 나는 곧 심각한 내적 갈등을 겪었습니다. 수년간을 거의 쓸데없는 공부로 낭비했다는 생각이 나를 절망 속에 몰아넣었습니다. 물론 나는 그때 좀 과장되게 생각한 것이었습니다. 대철학자들에 대한 공부가 결코 쓸모없는 일은 아니었으니까요. 그러나 여하튼 나는 이 세계의 일, 사회현실, 현대과학에 대해서 거의 아는 것이 없었죠. 그러니 그게 뭡

---

4 Charles Alexis Cierel Comte de Tocqueville, 1805~1859. 프랑스의 역사학자이며 정치인. 왕정복고 시대에 법관을 지냈고, 루이필리프 정부로부터 미국 형법 연구를 위촉받아 『미국의 민주주의』를 써서 유명해졌다. 『미국의 민주주의』는 미국 문명에 대한 가장 날카롭고도 예언적인 분석으로 평가받고 있다. 국회의원을 거쳐 1849년에는 외무장관도 되었으나 1851년에 정계를 은퇴하고 역사 저술에만 몰두했다. 『구체제와 혁명』이라는 저서가 특히 유명한데, 이 책에서 그는 민주주의에도 무서운 위험, 즉 다수의 횡포라는 위험이 도사리고 있으며, 자유를 유지하기 위해서는 언론의 자유와 사법권의 독립이라는 두 개의 기본적 보장이 있어야 한다고 주장했다.

니까? 도대체 무엇에 대해서 철학을 한다는 겁니까? 공허한 이론을 위해서인가요? 또는 칸트에 대한 수많은 논문에 하나를 더 붙이기 위한 것인가요? 그래서 나는 도망쳤습니다. 나는 프랑스를 떠났고 그 분위기를 떠났습니다. 그리고 새로운 것을 발견했습니다.

볼통   1970년 콜레주 드 프랑스 교수 취임 강연에서 "국가사회주의의 대두, 그리고 정치에 대한 각성이 나로 하여금 대학 교육에 대한 일종의 저항감을 느끼게 해 주었다"고 말했습니다.

아롱   평생을 대학에서 보내는 사람, 다시 말해서 처음에는 학생으로, 그리고 나중에는 교수로 있는 사람들에게는 뭔가 부족한 것이 있다고 나는 생각합니다. 대학 세계는 너무나 안온한 세계입니다. 거기서는 인간의 악의나 냉혹성을 충분히 알 수가 없지요. 그렇다고 해서 내가 1년 동안 씨름했던 칸트 연구를 무가치하다고 몰아붙이는 것은 아닙니다. 대철학자의 저서들을 힘들여 읽은 것은 그 시절의 가장 생산적인 일이었습니다. 군복무를 마치고 독일로 갔을 때 나의 저항감은 더욱 확대되었습니다. 나는 1차대전에 대해서도, 푸앵카레[5]의 정책에 대해서도 저항감을 느꼈고, 관대함이라고는 전혀 없는 프랑스의 외교 정책에 대해서도 저항감을 느꼈으며, 따라서 프랑스와 독일이 화해해야 한다고 생각했습니다.

볼통   영국이나 미국을 가지 않고 독일을 택한 이유는 무엇입니까?

아롱   전통 때문이었죠. 공부를 더 하려고 할 때, 흔히 철학도는 독일로 가는 것 아닙니까? 나보다 두 세대 위인 뒤르켐[6]도 독일에서 공부했고, 그 후 독일에 관한 사회과학 저서를 하나 남겼습니다. 내 지도교수인 부글레도 그렇게 했고, 나도 그렇게 했습니다. 나는 『현대 독일 사회학』이라는 책을 썼으니까요. 사르트르도 역시 독일에 갔었는데, 그것은 나보다 훨씬 뒤 우연히 나의 소개로 이루어진 것입니다.

미시카   독일의 첫인상은 어땠습니까?

아롱   인상이라기보다는 직관이라고 해야 되겠는데, 그것은 "역사는 또다시 움직인다"라는 토인비의 인용구로밖에는 설명할 수 없는 감정이었습니다. 1930년 봄에 독일에 도착했을 때 나를 깜짝 놀라게 한 것, 나에게 충격을 준 것, 내 마음을 송두리째 뒤흔들어 놓은 것은 독일의 국가주의적 폭력이었고, 그 석 달 뒤인 1930년 9월에 국가사회당(나치)이 최초로 대승리를 거두어

---

5   Raymond Poincare, 1860~1934. 프랑스의 정치인. 파리의 유명한 변호사였고 하원의원, 상원의원, 문교장관, 재무장관, 외무장관, 총리, 대통령 등을 역임. 드레퓌스 사건이나 정부의 반종교 캠페인에서 어느 쪽에도 가담하지 않았다. 총리 겸 외무장관이던 1912~13년에는 독일에 대해 강경조치를 취하고 영국 및 러시아와의 동맹을 추구했다. 1913년에 대통령으로 선출된 뒤 군복무를 3년으로 하는 법을 통과시켰는데 이 때문에 1914년에 좌파에 국회의원 선거를 내줬다. 1차대전이 시작되자 각 정파 간의 '신성동맹'을 주창했고, 군사적, 정치적 어려움 때문에 결국 1917년에 클레망소에게 정권을 이양했다.

6   Emile Durkheim, 1858~1917. 프랑스의 사회학자. 『노동의 사회적 분업』, 『사회학방법론』, 『자살론』 등의 저서가 있다.

107명의 나치당원이 국회의원에 선출된 사실이었습니다.

1930년과 1933년 사이에 나는 고등사범 시절의 심리상태와는 전혀 다른 심리상태를 경험하게 되었습니다. 이제는 더 이상 1차대전의 무분별을 탓할 문제가 아니었습니다. 우리를 사로잡는 새로운 문제는 '어떻게 하면 또 다른 전쟁을 피할 수 있을 것인가'라는 것이었습니다. 독일인들과 만나보고 느낀 감정은, 이 민족은 자기들에게 부과된 운명을 받아들이려 하지 않고 있다, 그들에게는 아주 근본적인 일종의 저항의식이 있는데 그것이 경제적 곤란 때문에 더욱더 악화되고 있다는 것이었습니다.

하여튼 나는 종전의 평화주의와 '무엇을 해야 할까'라는 정치적 결단의 문제 사이에서 방황하고 있었습니다. 독일에 체재하는 동안 쓴 글들은 지금 보면 모두 버리고 싶습니다. 왜냐하면, 우선 나는 그때 정치적 현실을 직시하지 못했고, 또 바람직한 것과 실현 가능한 것을 근본적으로 구별할 능력이 없었기 때문입니다. 나는 나의 열정이나 감정을 개입시키지 않고는 현실을 분석할 수가 없었는데, 나의 감정이라는 것은 내가 받은 교육, 즉 보편적 관념론과 적나라한 정치 현실의 인식을 동시에 포함하고 있습니다. 그런데 히틀러의 존재 앞에서, 알랭이건 브렁슈비크이건 간에 내 스승들은 그저 무력하게 보일 뿐이었습니다. 최소한 그들은 히틀러를 외쳐 대는 군중 시위가 연일 끊일 사이 없는 이 세계와는 다른 세계에 살고 있었습니다.

미시카　그런데 나치의 그런 현상을 보고도 당신은 독일 철학을 계속 공부할 마음이 있었습니까?

아롱 아, 물론이죠! 당신도 알다시피 우리 세대는 1914~18년 전쟁을 이유로 독일 문화를 비난하는 지식인들을 경멸하고 혐오했었습니다. 기성세대에 대해 우리가 격렬하게 반발했던 이유 중 하나는 그들이 속임수를 쓴다는 것이었습니다. 그들 말을 들으면 우리는 더 이상 바그너의 음악도 들어서는 안 됩니다. 바그너는 독일인이니까. 요즘 같으면 그가 반유대주의자니까 그의 음악을 들어서는 안 된다고 말하겠지요. 그러나 나에게는 독일의 문화와 정치를 가르는 선이 분명하게 보였습니다. 1939~45년 사이의 전쟁(2차대전)에도 불구하고, 그리고 또 국가사회주의에도 불구하고 나는 결코 정치적 분쟁 때문에 하나의 문화, 하나의 민족을 매도할 수는 없었습니다.

미시카 그러나 당신이 사귄 독일의 지식인들이 국가사회주의에 매료되었는데도요?

아롱 아니요, 그건 사실이 아닙니다. 교수 중에서 국가사회주의에 매료된 사람을 나는 별로 만나보지 못했습니다. 학생 중에는 있었습니다. 그러나 여하튼 진실을 말해야 합니다. 쾰른 대학의 강사로 있을 때 나는 많은 학생들과 교류를 갖고 있었습니다. 아주 우수한 학생들이었죠. 그런데 거기서는 한 번도 나에 대해서나, 또는 역시 유대인인 레오 슈피처 교수에 대해서 그 어떤 반유대주의적 데모가 일어난 일이 없습니다. 1931년에 독일의 대학들이 완전히 국가사회주의자들에 의해 장악됐다고 생각해서는 안 됩니다. 물론 그런 경향도 있었죠. 그러나 그 이후의 결과에 비추어 당시의 독일을 과장되게 변형시켜서는 안 될 것입니다. 내가 1931년에 알고 있던 독일은 그 후 1942년이나 1943년의 독일과는 달랐습니다.

볼통　1931년의 독일에서 나치즘의 대두를 어떤 방식으로 경험했으며, 또 학생들과 무슨 이야기를 했습니까? 정치 이야기, 아니면 철학 이야기?

아롱　그때는 두 가지 중요한 사실이 있었습니다. 첫째는 내가 아까 이야기한 선거, 그리고 두 번째는 나와 친하게 지내던 지식인들 사이에 팽배한 특이한 민족주의적 정열입니다. 내가 떠나온 프랑스에서는 다소 좌파적인 경향이 지배적이었고, 민족주의는 좀 유행에 뒤진 사조였습니다. 그런데 갑자기 나는 독일의 민족적 요구를 최우선으로 생각하는 교수, 학생, 일반인들을 만난 것입니다. 그들에게 그 민족적 요구는 국가적인 동시에 개인적인 것이었습니다.

　쾰른 대학의 조교와 교수였을 때 만난 사람들은 젊은 남녀 대학생들이었습니다. 그들은 나를 매우 따랐고, 나는 그들에게 모리아크[7]와 클로델[8]을 설명해 주었습니다. 그렇습니다. 나는 그

7　François Mauriac, 1885~1970. 프랑스의 작가. 소설 『사랑의 사막』, 『테레즈 데케루』, 『독을 품은 뱀』 등.

8　Paul Claudel, 1868~1955. 프랑스의 시인, 극작가. 가톨릭 색채가 농후한 작품들을 썼다.

들에게『사랑의 사막』과 같은 모리아크의 소설, 또는『수태고지(受胎告知)』같은 클로델의 희곡들에 대한 나의 정열과 열광을 전달하는 데 성공했습니다. 함께 프랑스어로 이야기하며 그들의 것인 동시에 우리의 것인 문화 속에서 함께 살고 있는 동안 우리는 정치를 잊을 수 있었습니다. 그러나 아마도 내게는 정치적 감각이 있었고, 또 신문을 열심히 보며 여러 사태들에 깊은 관심을 갖고 있었기 때문에 나는 1930~31년부터 국가사회주의의 태동을 느꼈습니다. 곧 그것은 모든 사람들에게 분명한 사실이 되고 말았습니다.

미시카 그리고 국가사회주의의 온갖 폭력, 일종의 종교재판, 박해 같은 것들도 모두 보았습니까?

아롱 아, 그것은 훨씬 뒤의 일이죠. 그때는 1931년이었습니다. 프랑스 작가 몇 명이 대학에서 강연을 하기 위해 왔습니다. 뒤아멜, 샹송, 그리고 앙드레 말로도 있었죠. 말로를 처음으로 만나 본 것이 바로 그때였습니다.

볼통 언제까지 독일에 머물렀습니까?

아롱 1933년 8월까지입니다. 그러나 쾰른 대학의 조교로 있은 건 단지 1년 반뿐입니다. 1931~33년 사이에는 베를린에 있었습니다. 거기서는 독일의 위기가 한층 더 분명하게 드러나 보였죠. 실업자도 많았고요. 그곳은 정치 무대의 중심이었습니다. 그때 군중집회도 자주 가 보았습니다. 아주 탁월한 웅변가이며 품위 있는 독일어를 말하던 괴벨스의 연설도 들었습니다. 히틀러의 연설도 들었는데, 그의 독일어는 형편없었으며 그의 어조에서 나는 일종의 공포를 느꼈습니다. 갈색 제복도 눈에 띄었는데, 특히 히틀러가 권력을 잡은 후에 더 그랬습니다. 그로부터 3주 후에 갈색 제복을 입은 독일인의 수가 급작스럽게 불어났습니다. 자주 가던 대학 기숙사— 훔볼트 하우스— 에서도 내가 2년 전부터 알고 있었으며 결코 히틀러주의자들이 아니던 수많은 학생들이 이 제복을 입기 시작했습니다. 그때가 상승기였습니다. 1933년 이전에는 선거 때가 그랬죠. 그런 때가 가끔 있었습니다.

내가 묵고 있던 프랑스 유학생 기숙사에서 (1933년) 선거 결과를 듣고 우리는 아연실색했습니다. 그 숫자는 히틀러가 총리에 오를 수 있는 가능성을 우리에게 보여 주었습니다. 그런데 대부분의 베를린 시민들은 히틀러의 권력 장악을 예견치 못했습니다. 그들은 히틀러가 총리 관저의 발코니에 나타났을 때에야 비로소 그 사실을 깨달았습니다. 나도 처음에는 약간 추상적이며 철학적인 방관자에 불과했죠. 당시에 진행되고 있는 상황은 이해했지만 아직 현실을 제대로 파악하지는 못했습니다. 히틀러의 성품에 관해서는, 행인지 불행인지 모르겠지만, 하여튼 나는 그의 악마적 성격을 일찍부터 간파하고 있었습니다. 모든 사람들이 그걸 처음부터 안 건 아니에요.

볼통　　야만으로 치닫고 있다는 느낌을 가졌다는 말이군요.

아롱　　전쟁으로 치닫고 있다는 느낌이었습니다. 히틀러가 독일 국민을 완전히 장악한 후에 할 수 있는 유일한 일은 전쟁뿐이었습니다. 독일인들은 1차대전의 결과를 다시 문제 삼고 싶어 했는데, 내가 보기에는 일단의 정치 분파가 이 과업을 떠맡은 것 같았습니다. 참으로 비극적인 아이러니는, 히틀러를 권좌에 앉히는 데 도움을 주었던 사람들이 1938년의 결과에는 만족했겠지만 그 후 그 속죄할 길 없는 전쟁은 결코 하고 싶지 않았을 것이라는 겁니다.

볼통　당신은 1930년에 이미 반유대주의를 느꼈습니까?

아롱　네, 히틀러 추종자들의 반유대주의는 격렬했습니다. 내가 국가사회주의를 알게 된 것은 반유대주의를 통해서였죠. 처음 독일에 도착했을 때, 물론 나는 유대인이었지만 그것을 별로 의식하지 못했습니다. 오늘날 사람들이 말하는 소위 유대인 의식은 지극히 미미한 것이었습니다. 나는 시나고그(유대교 회당)에 거의 가 본 적이 없었습니다. 열한 살인가 열두 살 때 새 학기가 시작된 어느 날 아침 오슈 중학교에서 학생들을 모두 회당에 데리고 간 적이 있었는데, 그때 따라갔었죠. 그러니까 독일에서 내가 받은 충격은 독일의 국가사회주의뿐만이 아니라 그 반유대주의였습니다. 독일 사회가 온통 반유대주의였다고 말한다면 그건 좀 과장이지만 여하튼 독일에는 다른 모든 나라들에 있는 민족주의와는 좀 다른, 과도한 반유대주의가 가미된 독특한 국가사회주의가 있었습니다. 그래서 1930년부터 나는 누구한테 소개를 받을 때 항상 유대인이라는 사실이 우선 강조되었습니다. 1934년 고등사범에서 국가사회주의에 대한 연설을 하게 됐을 때 나는 난생 처음으로 내가 유대인이라는 것을 강조했고, 또 내 자신 유대인이므로 내가 객관적인 시각을 갖지 못할 수도 있다는 것을 언급했습니다.

볼통　유대인이라는 사실 때문에 객관적으로 될 수 없다고 생각하셨습니까?

아롱　물론 그건 아니죠. 하지만 히틀러가 권력을 잡았을 때부터 프랑스의 모든 유대인들은 일종의 용의자가 됐습니다. 그들은 반독일, 또는 반히틀러주의자라는 혐의를 받았죠. 물론 프랑스인으로서가 아니라 유대인으로서 받은 혐의입니다. 주전론자들을 비난하는 프로파간다는 대부분, 프랑스의 유대인들이 프랑스인으로서가 아닌 유대인으로서 독일의 국가사회주의에 좋지 않은 감정을 갖고 있다는 그 단순한 편견에서 나온 것들입니다. 그러나 나의 유대인 의식이라는 것이 매우 희박한 것이어서 국가사회주의, 또는 독일의 위협에 대한 나의 반응은 근본적으로 프랑스인으로서의 반응이라는 것을 덧붙여야겠습니다. 그러나 프랑스인들의 그 선입견 때문에 나는 행동에 제약을 많이 받았습니다. 내 가까운 친구들하고만 자유롭게 이야기했을 뿐 다른 곳에서는 국가사회주의에 대한 나의 생각을 피력하는 것조차 매우 힘든 일이었습니다. 왜냐하면 내가 유대인적 감정에 휘말려 있다는 오해를 받기 십상이었기 때문이죠.

볼통　그래서 매우 곤란했나요?

아롱　아니요. 그때는 의혹의 시대였습니다. 의혹의 시대라는 표현은 그로부터 40년 후 드골 장군의 기자회견에 대한 논평에서 내가 썼었는데. 그러나 진짜로 내가 그런 시대를 겪은 것은 1933년에서 1939년 사이였습니다.

미시카　참 역설적이군요! 유대인이기 때문에 국가사회주의에 대한 반대를 피력할 권리가 없었다는 말인가요?

아롱　아뇨, 그렇지는 않습니다. 내게 그런 권리가 없었다는 말이 아니라 그저……. 내 친구 중에 앙리 무아세라는 사람이 있었습니다. 프루동[9]의 작품을 출판한 사람입니다. 아주 훌륭한 사람으로 내가 무척 좋아했습니다. 그는 해군장관 레그의 비서실장을 지내면서 양차대전 사이에 프랑스의 해군을 재편하는 데크게 기여했습니다. 그는 해군 제독들과 아주 친하게 지냈고, 마침내 1943~44년 페탱 원수[10] 내각에서 장관이 되었습니다. 그는 전혀 반유대주의자가 아닙니다. 그가 1938년 어느 날 전쟁에 대해서 내게 이렇게 말했습니다. "이 가엾은 친구야, 그렇게 되면 자네는 어떻게 되지?" 그 후 어느 날 내가 프랑스의 외교 정책에 대해서 이야기하자 그는 "이 친구야, 주의하게. 자네 처지를 생

9　Pierre Joseph Proudhon, 1809~1865. 프랑스의 초기 사회주의자. 노동계급에서 태어나 식자공에서 출발, 작은 인쇄소를 경영했고 신문기자도 했다. 『재산이란 무엇인가』, 『빈곤의 철학』 등의 저서가 있고 공제조합, 노동조합의 창시자이며 연방주의를 주창했다.

10　Philippe Pétain, 1866~1951. 프랑스의 군인, 정치인. 1918년에 원수가 됐고 1934년 전쟁장관, 1939년에는 스페인 대사, 1940년에 부총리로서 독일에 휴전을 요구하고 비시에 괴뢰정부를 세웠다.

각해야지. 너무 심한 말은 하면 안 돼!"라고 했습니다.

볼통　그런데도 그가 반유대주의자가 아니라고 하시는군요?

아롱　절대 아니죠. 왜냐하면 그는, 내가 이런저런 이야기를 하면 그것이 프랑스인의 애국심에서, 또는 현실 분석에서 나온 것이 아니라 히틀러의 반유대주의에 대한 반감에서 나온 것이라고 다른 사람들이 의심할 것이라는 것을 잘 알았기 때문입니다. 그후 사람들은 자주 내게 "왜 아무것도 안 쓰십니까?"라고 물어왔습니다. 나는 1934년에 시사평론을 썼고, 1938년과 1939년에도 각기 한 차례씩 썼습니다. 그러나 내 글을 발표할 지면이 없었어요. 그때 나는 언론인이 아니었고, 대부분의 시간을 독서와 저술에 들이고 있었죠. 그러나 내 글을 발표할 지면이 있었다 한들 나는 주저했을 것입니다.

볼통　의혹의 시대였기 때문입니까?

아롱　그렇습니다. 나중에 총리가 되는 사회당 당수 레옹 블룸이 유대인이라는 사실이 주전론자와 평화론자 사이의 논쟁을 한층 더 격화시키는 계기가 됐습니다.

볼통　의혹의 시대는 전쟁 때까지 계속됐나요?

아롱　아닙니다. 1931~33년 사이에 유대인이건 아니건 모든 프랑스 사람들이 히틀러의 권력 장악을 두려워했습니다. 프랑스인들은 전쟁을 무서워했고, 결국 그 두려움은 옳은 것이었죠! 그때부터 전쟁을 피하기 위해 무엇을 해야 할까, 라는 정치인, 지식인들의 캠페인이 시작됐습니다. 어떠어떠한 순간이 오면 항전을 해야 한다고 주장한 사람들은 프랑스를 전쟁으로 몰고 간다는 의심을 받았죠.

1933~39년 사이에 역사의 흐름을 결정지은 세 번의 중요한 시기가 있었습니다. 그 첫 번째는 1936년 3월 독일 군대가 라인란트(독일의 라인강 서부 지역)에 진주한 것이었습니다.[11] 그것은 어쩌면 전쟁 없이 히틀러를 저지할 수 있는 최후의 기회였습니다. 그런데 그 기회를 모든 사람들의 잘못으로 놓치고 말았습니다. 분명히 말하건대 '모든 사람'입니다. 왜냐하면 후에 1938년에 항독주의자가 되는 사람들 모두가 1936년에는 독일군의 라인란트 진주에 대한 군사적 대응조치를 지지하지 않았기 때문입니다. 그 당시 레옹 블룸은 〈민중〉지에 특별기고를 했습니다. 조약에 의거해 프랑스는 독일에 대해 무력을 사용할 권리가 있다는 것을 상기시킨 글이었죠. 그러나 그는 아무도 무력 사용을 고려하지 않고 있으며, 이러한 사고방식이야말로 인류의 도덕적 진보를 보여 주는 것이고, 이런 진보에 기여한 것이 사회당이라는 것을 자신은 매우 자랑스럽게 생각한다고 덧붙였습니다. 이 도덕적 진보야말로 프랑스 동맹 체계의 종식, 그리고 한 가닥 남아

---

11 히틀러는 1935년 5월 2일 체결된 불·소협정을 트집 잡아 베르사유 조약을 위반하여 1936년 3월 7일에 비무장지대인 라인란트에 군대를 진주시켰다. 그때 선거 기간이었던 프랑스는 구두로 항의했을 뿐 다른 대응조치는 하지 못했다. 히틀러는 곧 이 지역을 지키기 위해 지크프리트 요새를 구축했으며 이 요새는 1945년 연합군에 의해 반환되었다.

있던 전쟁 억지 가능성의 종식을 의미했습니다.

미시카 그리고 두 번째 시기는요?

아롱 그것은 1938년의 뮌헨 조약입니다.[12] 진실을 말한다면 나는 심정적으로는 뮌헨 조약에 반대했지만 이성적으로는 사실상 무엇이 옳은지 알 수 없는 상태였습니다. 우선 나는 "국민의 저항이야말로 전쟁을 피하는 가장 좋은 방법이다"라는 논리를 펴면서 체코슬로바키아 정부의 동원령을 격찬하는 사람들에 대해 격분했습니다. 당시 나는 이렇게 말했죠. "아마 그럴지도 모르지! 하지만 아무도 알 수 없는 일이야!"

볼통 그리고 세 번째는요?

아롱 당연히 1939년입니다. 프랑스가 폴란드를 돕겠다고 약속했던 때입니다. 특이한 외교적 결정이었죠. 프랑스 정부는 라인란트를 위해서도 체코슬로바키아를 위해서도 전쟁의 위험을 무릅쓰지 않았습니다. 그런데 폴란드를 위해서는 전쟁도 불사하겠다고 영국 정부에 이어서 결단을 내렸죠. 그때는 이미 폴란드를 위해서 아무것도 할 수 없을 때였는데 말입니다. 이 나라의 안전

---

12 1938년 9월 뮌헨에서 열린 국제회의에는 프랑스의 달라디에, 영국의 체임벌린, 이탈리아의 무솔리니 그리고 독일의 히틀러가 참석했다. 여기서 체결된 조약은 결국 서구 민주주의의 후퇴를 초래했다. 전쟁을 두려워한 각국 대표들은 히틀러가 체코의 주데텐 지역을 합병하는 것을 묵인하고 말았다. 영국과 프랑스의 여론은 이 조약에 큰 희망을 걸었으나 결국 이것은 독일의 팽창정책을 강화하는 데 기여했을 뿐이다.

을 보장한다는 것이 결국 몇 주 후에는 폴란드의 파멸을 받아들이는 결과가 됐고, 또 독일 타도를 위해 대전을 벌이는 결과가 되었습니다. 그러나 그때까지만 해도 우리는 우리의 약속을 꼭 지키지 않아도 됐습니다. 그런데 갑자기 영국이 태도를 표변해 정책을 바꿨습니다. 우리는 영국과 밀착해 있었죠. 그래서 우리는 전쟁에 휘말려 들었습니다. 결코 원하지 않았던 전쟁에.

볼통 다시 학창 시절로 돌아가 볼까요? 1925년에서 1930년 사이에 프랑스 젊은이들이 추종하던 사상의 거장은 누구였습니까?

아롱 그 시절에 소위 '사상의 거장'이 있었다고는 생각되지 않습니다. 바레스[13]가 한때 그랬었죠. 사르트르도 20년간 그랬고요. 내가 고등사범에 다니던 1924~28년 사이엔…… 그래요, 알랭과 그 추종자들이 있었죠. 그들은 알랭을 '그 사람'이라고 부르며 열렬히 추앙했습니다. 그는 철학자인 동시에 평화주의자이고 전투원이었습니다. 아마도 이러한 성격의 결합은 비합리적이겠지만, 그러나 여하튼 매우 강렬한 인상을 주었습니다. 문학도 크게 유행했습니다. 프루스트는 이미 죽고 없었지만 그의 압도적

---

13 Maurice Barrès, 1862~1923. 프랑스의 작가이며 국수주의적 정치인. 반 드레퓌스파였고, 군대를 옹호하고 민족주의를 내세웠다. 『자아 예찬』, 『민족 에너지의 대(大) 로망』 등의 작품이 유명하다.

인 그림자는 아직도 우리를 뒤덮고 있었습니다. 발레리도 있었고, 다른 여러 사람들이 있었지만 그중 누구도 사상의 거장은 아니었습니다. 철학자 중에는 브렁슈비크가 있었죠. 역사적 관점에서 보면 그는 신칸트학파였습니다. 그는 수학사상과 물리학의 발달을 공부한 사람이었기 때문에 우리에게 감명을 주었습니다. 그는 일종의 사상적 금욕주의를 표방했습니다. 철학사상이란 과학에 대한 고찰이어야만 하며, 과학사상을 모델로 삼아 엄격한 정확성을 이루어야만 할 것이라고 그는 생각했습니다. 그는 대철학자들을 깊이 파고들었고, 그들의 사원(寺院)으로 우리를 인도했지만, 그러나 그 자신은 그 사원에서 나와 버렸다고 말하곤 했습니다.

미시카　양차대전 사이에 프랑스의 유명한 정치사상가는 누구였습니까?

아롱　사람들을 열광시키고 추종자를 만든 사람이 둘 있었습니다. 한 명은 모라스,**14** 또 한 명은 알랭입니다. 모라스는 프랑스적 질서라는 이데올로기를 가지고 왕정의 실증주의적 이론을 제시한 사람입니다. 나는 그의 저서를 별로 읽지 않았습니다. 그의 책들은 좀 지루했습니다. 그는 좀 도가 지나친 프랑스주의자라

14　Charles Maurras, 1868~1952. 문필가이며 우익 정치인. 전통주의와 민족주의를 종합한 '완전한 국수주의'를 표방했다. 무솔리니와 프랑코, 이어서 페탱을 지지했기 때문에 1945년에 주거제한형을 선고받았다

고 나는 생각했습니다. 아직 내가 이 위대한 사람을 잘 알기 전부터 나는 그의 정치철학이 지극히 편협하게 프랑스적이고 또 더 나아가 프로방스 지방적이라는 것을 알아차렸습니다. …… 아, 그렇지, 그의 저서를 좀 읽긴 읽었습니다. 그러나 완전히 냉담한 자세로 읽었죠.

또 한 사람은 역시 수많은 추종자를 갖고 많은 사람의 존경을 받았던 알랭이었습니다. 그는 권력에 대항하는 평범한 시민을 자처했고 평화주의를 표방했습니다. 그러나 권력에 대한 적의(敵意)로 시민을 규정하는 것은 권력이 존재할 때만 가능한 이야기입니다. 권력이 매우 허약할 때 권력에 대항한다는 것은 별 의미가 없습니다. 알랭도 그것을 알고 있었습니다. 1934~35년경 아니면 그보다 조금 후에 내가 정치철학을 하고 싶다고 그에게 말하고 그의 정치사상을 약간 언급하자 그는 내게 이렇게 말했습니다―그것은 그의 진심이었습니다. "내 정치사상을 곧이곧대로 받아들이지 말게. 나는 내가 싫어하는 몇몇 사람들에 대한 내 생각을 말한 것에 불과하니까." 다시 말하면 그는 자신의 정치사상의 한계를 의식하고 있었던 거죠. 그는 역사를 별로 중요하게 생각하지 않았다고 스스로 말했습니다. 역사야말로 정치에 있어서는 가장 기본적인 것인데 말입니다.

볼통　　그런데 그 당시의 프랑스는 전 세계에 대해 개방적이었습니까?

아롱　　내 생각에는 별로 그렇지 않았습니다. 그때 프랑스를 통치하던 정치인들은 미국을 별로 잘 알지 못했고 미국의 경제력이 어느 정도인지 상상도 하지 못했습니다. 소련도 잘 몰랐습니다. 그 당시에 이름을 날린 페르티낙스라는 신문기자가 전후(戰後)에 이렇게 말한 기억이 납니다. "나는 유럽의 국제정치를 아주 잘 알고 또 잘 이해하고 있었다. 그런데 독일을 지나 소련에 당도하면 불분명해졌고, 서쪽으로 가서 미국에 당도하면 완전히 다른 세계였다." 페르티낙스의 그 기사는 양차대전 사이의 프랑스인들을 희화적으로 그린 진실이었다고 생각됩니다.

볼통　지식인의 관점에서 독일 체류는 당신에게 무엇을 주었습니까? 정치적 사건 말고 거기서 무엇을 발견했습니까?

아롱　거의 '모든 것'이었죠. 그러나 그것은 좀 과장된 표현이고. 하지만 내가 프랑스에서 발견하지 못한 모든 것, 즉 역사철학이니 정치사상이니 하는 것들을 발견했습니다. 독일은 또 나에게 현상학(現象學)을 주었습니다. 다시 말하면 인문과학에 접근하는 하나의 방법을 준 것이죠. 물론 나는 그것의 한 부분을 프랑스에서도 발견했지만 특히 독일 문화에서 얻은 것이 많았습니다. 그리고 몇 년 전에 클라우제비츠에 관한 방대한 책을 쓸 때 나는 젊은 시절에 프랑스를 떠나 철학언어를 구사하며 또 하나의 문화를 발견했던 그 열광적 흥분에 다시 한 번 사로잡혔습니다. 처음 독일에 도착했을 때 그것은 하나의 경이였습니다. 알다시피 독일어는 철학에 너무나 적합한 언어입니다. 그래서 우리는 언제나 독일 철학이 아주 심오하다고 믿게 되는 거죠. 철학에 적합한 언어는 두 개가 있습니다. 하나는 독일어, 그리고 또 하나는 그리스어입니다. 그러니까 독일어에 잠기기 시작하면 완전히 익사할 때까지 그저 흐뭇해지기만 할 뿐입니다.

나도 처음에는 모든 독일 철학은 위대하다고 생각했습니다. 그것은 오래 가지 못했으나 거기서 많은 것을 배웠습니다. 우선 그 당시에 사람들이 거의 모르고 있던 후설의 현상학을 읽었습니다. 처음으로 하이데거를 읽었고 역사철학을 읽었으며 특히 막스 베버를 읽었습니다. 나는 막스 베버에게서 내가 찾던 것을 발견했습니다. 그는 역사의 경험과 정치에 대한 이해, 진실에 대한 의지, 그리고 결단력과 행동을 동시에 갖추고 있는 사람이었습니다. 현실을 직시하고, 진실과 현실을 파악하고자 하는 의지와 또 한편으로는 행동을 하려는 의지, 이것들은 내가 평생 복종하고 싶은 두 개의 절대적 명령이었습니다. 이와 같은 이중적인 명령을 나는 막스 베버에게서 발견했습니다. 독일 사회학에 대한 작은 저서에서 나는 막스 베버에 많은 부분을 할애했습니다. 거의 책의 절반 정도였죠. 프랑스의 뒤르켐학파들은 그를 거의 모르고 있었습니다. 아마도 내가 막스 베버를 프랑스에 처음으로 소개한 사람일 겁니다. 물론 오늘날에는 막스 베버가 역사상 다섯 손가락 안에 꼽을 만큼 위대한 사회학자로 전 세계에 잘 알려져 있지만 말입니다.

볼통 베를린에서 친하게 지낸 지식인은 누구누구였습니까? 프랑크푸르트학파의 철학자들이었나요?

아롱   마르쿠제는 베를린에 없었습니다. 프랑크푸르트학파의 철학자들은 1933년 이후, 다시 말해서 그들이 프랑스나 미국으로 망명한 이후에야 알았습니다. 그렇지만 독일에서 나는 카를 만하임은 알게 되었습니다. 그는 프랑크푸르트의 교수였지만 프랑크푸르트학파에는 속하지 않았습니다. 사람들은 그를 헝가리 마르크스학파 소속으로 생각했죠. 그는 루카치와 마찬가지로 헝가리 사람이었지만 진짜 마르크시스트는 아니었습니다. 그러나 그의 소위 '지식사회학', 다시 말해서 인간의 사고방식이 부분적으로는 그가 살고 있는 사회 조건에 의해 결정된다는 이론은 마르크시즘을 원용한 것이라고 볼 수 있죠.

한동안 나는 만하임의 영향을 크게 받았습니다. 프랑크푸르트에서 그를 만났고 그에 관한 논문을 하나 써서 그에게 보냈는데, 그는 그것을 잃어버렸습니다. 다행한 일이었죠. 왜냐하면 틀림없이 그 논문은 시시한 것이었을 테니까요. 한 6개월이나 1년 동안 나는 만하임학파였습니다. 레옹 브렁슈비크의 영향을 떨쳐버리기 위해 그에 관한 논문을 쓸 때도 나는 그가 부르주아이며 유대인이라는 사실에 비추어 그의 사상을 해석하려고 했을 정도입니다. 그는 물론 이 논문을 전혀 좋아하지 않았습니다. 내 논문은 공격적인 어조로 쓰인 것은 아니었지만 소르본에 있는 프랑스 철학자들은 그들 자신을 '사회학적으로 해석'할 수 있다는 것을 상상조차 할 수 없었습니다. 물론 이 방법이 꼭 옳다고 말하지는 않겠지만, 그러나 최소한 그것은 가능한 한 방법입니다.

미시카　정신분석학은 어땠습니까?

아롱　그 당시의 철학도들은 모두 정신분석학에 대한 소양을 갖추고 있었습니다. 나도 다른 모든 사람들처럼 프로이트를 약간 읽었습니다. 그러나 그때까지 프로이트 학설은 소르본 전체에게 완전히 받아들여진 것이 아니었습니다. 고등사범에서 내 지도교수였던 부글레는 정신분석학에 관한 이야기를 듣고 웃음을 터뜨렸습니다. "너절한 이야기로군"이라고 했죠. 프랑스인들은 아마도 정신분석학에 끝까지 거부반응을 일으킨 사람들일 것입니다. 오늘날까지도 그들은 정신분석학을 인정하기를 주저합니다.

그러나 전후에 라캉 선풍이 불었습니다. 나는 라캉을 잘 압니다. 정말이지 참으로 선풍적인 사태였습니다. 1936~38년 사이 코제브의 세미나에서였죠. 그가 자신의 철학을 약간 정립하기 시작한 것이 바로 그곳이었습니다.

볼통　그 세미나에는 누가 참석했습니까?

아롱　크노가 있었습니다. 그는 코제브의 마지막 강연을 『헤겔 입문』이라는 책으로 출판했죠. 쿠아레, 마르졸랭도 있었습니다. 메를로퐁티도 자주 나왔고요. 그 후에 유명하게 된 사람들이 많이 나왔습니다. 다시 정신분석학의 문제로 돌아가면, 프로이트의 학설은 나와 장폴 사르트르가 가장 격렬하고도 끈질기게 토론을 벌였던 주제 중의 하나입니다. 그는 프로이트가 무의식의 관념을 사용하고 있으므로 결코 용납할 수 없다고 한마디로 몰아붙였습니다. 그는 정신현상과 의식을 일체 구분하려 하지 않았기 때문에 '무의식적 정신현상'을 끝내 이해할 수가 없었던 겁니다. 우리는 그 주제에 대해 얼마나 많이 토론했는지 모릅니다. 나의 결론은 늘상 똑같은 것이었죠. "이 친구야, 네가 원한다면 무의식을 부인해도 좋아. 하지만 정신분석학의 본질은 알아야 해." 마침내 사르트르는 이 문제를 교묘히 회피할 방법을 찾아냈습니다.

볼통　어떻게요?

아롱　일종의 속임수였죠. 정신분석학의 본질은 보존하면서 무의식은 인정하지 않아도 되는 '자기기만'이라는 이론이 바로 그것입니다. 이 이론을 사용하면 프로이트의 학설에 있는 무의식 전체를 의식으로 바꿔 놓을 수 있습니다. 이것이 바로 사르트르가 그의 가장 탁월한 작품 중의 하나인 『존재와 무』에서 개진한 '실존주의적 정신분석'이라는 주제입니다. 이 이론이 우리 논쟁의 결과라는 말은 절대 아닙니다. 그러나 정신분석학을 그토록 끈질기게 거부하던 그가 어느 순간부터 그것을 자기 철학 속에 도입했습니다. 자기기만이라는 용어와 함께 말입니다.

미시카　그럼 당신에겐 정신분석학이 어떤 역할을 했습니까?

아롱　내가 오히려 되묻고 싶습니다. 당신은 어떻게 생각하는지. 우리 모두에게 정신분석학은 하나의 질문이고, 의문 제기이고, 꼭 필요한 자기성찰입니다. 그러나 일상생활에서는 그것을 가능한 한 잊고 살아야겠죠. 쾨슬러가 그랬듯이 무언가 잊어버릴 때마다 '그것은 사실 내가 잊고 싶었던 것이다'라고 생각해서는 안 되겠죠. 그러나 가끔은 그런 생각을 해야만 합니다. 결국 나는 정신분석학자가 아니고 따라서 그것에 대해 별로 할 말도 없습니다. 다만 그것이 내 내면생활의 자기성찰의 일부가 되었다는 말밖에는.

미시카　정치현상, 사회현상의 분석에 관해 이야기하고 싶습니다. 당신도 일부 다른 사람들처럼 정신분석학을 여기에 적용하려 시도하지 않았습니까?

아롱　물론 그랬습니다. 한 사회의 절대적 명령과 가치가 사람들의 무의식 속에 내재화하는 것은 정신분석학으로만 설명과 해석이 가능합니다. 탤컷 파슨스[15]의 이론에도 정신분석학이 스며들어 있습니다. 사람들은 누구나 어떤 방식으로든 정신분석을 사용하고 있습니다.

그렇다고 해서 독일인의 반유대주의를 정신분석학의 방법으로 해석하고 싶은 마음은 없습니다. 결국 나는 정신분석학을 별로 많이 이용하지 않았습니다. 사실은 좀 더 많이 이용했어야 하는 건데. 물론 정신분석학이 존재한다는 것은 알고 있었지만, 알다시피 나는 항상 나의 이론과 다른 사람들의 사고방식을 논리적으로 설명하려는 경향이 있죠. 다른 사람들을 사회학적으로 해석하거나 또는 정신분석학적으로 해석하면서 그들의 사상을

15　Talcott Parsons, 1902~1979. 미국의 사회학자.『사회적 행위의 구조』,『사회 체계』,『현대사회의 구조와 발전』등 저서가 있다.

공격하는 일 따위는 좋지 않다고 생각합니다. 아까 언급했던 만하임은 모든 사상을 사회학적으로 해석했습니다. 다시 말하면 그는 모든 사상을 그 사회 안에서의 위치, 또는 그 사회 환경의 영향 속에서만 설명했습니다.

젊은이들 사이에서도, 젊은이래야 예를 들면 부르디외처럼 나에 비해서 젊은이라는 뜻이지만, 모든 것을 사회학적으로 해석하려는 경향이 있습니다. 그는 칸트의 미학이론도 사회학적 조명으로 비판했습니다. 그는 또 하이데거에 관한 논문도 하나 썼는데, 거기에서도 하이데거에 사회학적 조명을 비췄죠. 다시 말해 그는 하이데거 철학의 사회적 의미를 밝히고자 했던 것입니다.

볼통   그러니까 어떤 사람의 사상을 설명하기 위해 그를 너무 지나치게 사회학적으로 설명하거나 또는 지나치게 정신분석학을 적용하는 일이 마음에 들지 않는다는 이야기군요.

아롱   그렇습니다. 나는 지적인 차원의 토론을 오히려 좋아합니다. 사르트르를 예로 들어 봅시다. 나는 그의 어떠어떠한 주장들의 깊은 동기를 발견하려 결코 애쓰지 않았으며 다만 아주 표면적인 동기만을 문제 삼았습니다. 그러한 동기는 너무나 눈에 잘 띄고 표면에 가까운 것이어서, 그것을 알기 위해 굳이 정신분석학이라는 방법을 쓸 필요조차 없는 것입니다.

볼통   독일 문제로 되돌아가 볼까요? 그곳에서 그 당시 당신에게 가장 중요한 일은 무엇이었습니까? 지식 교육, 유대인 의식의 각성, 아니면 정치적 사건들이었습니까?

아롱　아, 셋 다였습니다. 반유대적 독일과의 만남, 의식의 각성, 그리고 결단. 의식의 각성이란 유대인으로서의 나의 운명을 받아들인다는 의식이었죠. 그러나 나의 이러한 긍정은 다원적인 것이었습니다. 유대인은 자랑할 만한 이름도 아니고, 그렇다고 해서 수치심을 유발하는 것도 아니었습니다. 그저 단지, 다른 사람이 유대인이 아니고 어떤 종족이듯이 나는 유대인이라는 사실일 뿐입니다. 유대인이라는 이유 때문에 박해를 당하거나 멸시를 받을 위험이 있게 됐을 때에도 나는 항상 내가 유대인이라는 말을, 결코 유난스러운 과시나 공격적인 기분 없이 할 수 있었습니다. 왜냐하면 나는 종교를 갖고 있지 않았으니까요.

두 번째로 중요했던 것은 정치와의 만남, 다시 말해서 히틀러의 권력 장악이었습니다. 대중의 엄청난 지지를 받으며 권좌에 오른 이 사람을 나는 진작부터 야만스러운 인간이라고 생각하고 있었습니다. 이 사건에서 나는 대중운동의 근본적인 우매성, 정치의 비합리성, 그리고 정치를 하기 위해서는 대중의 우매한 정열을 이용해야만 하는 필요성을 알게 되었습니다. 정치활동은 불순한 것이며 내가 정치사상을 연구하고 싶었던 것도 이런 인식에서 출발한 것입니다.

그리고 세 번째 발견, 그것은 독일 사상이었고, 특히 강조하고 싶은 것은 독일어 습득이었습니다. 그런데 서로 다른 두 가지의 언어를 자유자재로 구사하면 자기 자신에 대해서 일종의 자유가 보장된다는 느낌을 나는 항상 갖고 있습니다. 다른 그 어떤 것도 이런 보장을 우리에게 주기는 어렵죠. 영어나 독일어로 말할 때는 프랑스어로 말할 때와는 다른 생각을 하게 됩니다. 이러할 때 나는 내 말의 포로가 아닌 셈입니다. 좀 호기를 부려 내 장점을 말해 본다면, 그것은 다른 사람들을 이해할 줄 아는 능력입니다. 그런데 다른 사람의 사고방식을 이해하는 이러한 능력은 나의 사상 또는 나의 말에서 잠시 이탈할 수 있는 능력, 그리고 언어를 마음대로 바꿀 수 있는 능력에 기인하는 것이라고 생각합니다. 프랑스어 단어에서 영어나 독일어 단어로 옮아갈 때 나는 자신의 언어나 사상 체계에 요지부동으로 얽매여 있는 사람들보다 훨씬 더 자유스러울 수 있는 것입니다. 그러나 부정적인 요소도 있습니다. 진정한 창조자는 대부분 자신의 사상 체계에 요지부동으로 얽매여 있는 사람들입니다. 그러나 비판적 사상가에게는 자기 자신으로부터의 이탈이 오히려 유리합니다.

b) 인민전선:
좌파는 자신들의 패배를 찬양하기를 좋아한다

볼통   1933년에 독일을 떠났습니다. 프랑스로 돌아왔을 때 당신은 어떤 점에서 가장 많이 변해 있었습니까?

아롱   세계를 인식하게 됐습니다. 즉, 정치 교육을 받은 것이죠. 감정 교육이 아닙니다. 1930년 독일로 갔을 때 나는 마치 성가대 소년마냥 풋내기였죠. 그런데 1933년 프랑스로 돌아올 때는 성인이 돼서 왔습니다. 정치가 얼마나 무서운 것인가 하는 것을 인식하게 됐죠. 그러나 나를 변모시킨 것은 독일 그 자체가 아니었습니다. 그것은 '히틀러화한 독일의 히틀러'였습니다. 글쎄요, 별로 대단한 건 아니죠. 그 모든 것들은 책을 통해서도 알 수 있는 것이니까요. 하지만 나는 그것을 구체적 현실 속에서 파악했습니다.

볼통   책을 통해 배울 수 있다고 진정으로 생각하십니까?

아롱   네, 아리스토텔레스도 그렇고, 마키아벨리도 그렇습니다. 그들을 잘 이해하는 것만으로 충분합니다! 마침내 나는 어떤 이데올로기가 가장 적합한 것인가를 묻지 않기로 했습니다. 그 대신, 매순간 '무엇을 해야 할까?'라는 질문을 자신에게 던졌습니다.

미시카   1934년에서 1938년 사이에 프랑스에서는 무엇을 했습니까?

아롱   아주 얌전한 모범생으로 있었죠. 결혼하고, 어린 딸의 아버지가 되어 박사논문을 준비했습니다. 처음 1년간은 사르트르의 후임으로 르아브르 고등학교의 교사로 있었습니다. 사르트르는 베를린의 연구소로 갔고요. 나는 독일에 관한 몇 개의 시시한 글을 제외하고는 아무것도 쓰지 않았습니다. 많이 읽고, 많이 생각했으며, 글을 쓰지 못한다는 생각으로 무척 괴로워했습니다. 그 후로는 그런 문제가 없었습니다. 그렇죠! 그 시기에는 그 게 문제였습니다.

볼통　그래도 1934년에서 1938년 사이에 당신은 박사논문을 썼고, 또 책을 두 권이나 내지 않았습니까?

아롱　세 권이죠. 그중 하나가 박사논문이고, 1935년에 『현대 독일 사회학』을 출판했습니다. "현대 독일의 역사이론에 대한 시론(試論)"은 1935년에 끝마쳤고, 1937년에는 박사논문인 "역사철학 서설(序說)"을 끝마쳤습니다. 그 논문 발표를 1938년 3월에 했는데, 독일군이 빈에 진주한 지 3일 만이었죠.

볼통　이처럼 책을 세 권 썼지만 정치활동은 하지 않았죠. 왜 그랬습니까? 독일에서 돌아온 이후 왜 여론에 경종을 울리지 않았습니까?

아롱　네, 네, 언젠가 딴 사람들도 내가 여론에 경종을 울리지 않았다고 나를 비난하더군요. 그로부터 반세기가 지난 오늘, 그리고 그때보다 엄청난 명성을 얻은 지금도 나는 프랑스의 여론에 경종을 울릴 능력이 별로 없습니다. 1934년, 35년에 나는 아는 사람이라고는 한 30여 명의 철학자와 40여 명의 학생들뿐이었습니다. 게다가 또, 어디에다 씁니까? 그리고 무엇을 씁니까? 1934~39년 사이의 정치에서는 독일이 가장 중요했습니다. 1936년에 독일군이 라인란트로 진주했을 때 나는 군사적 대응 조치가 있어야 하며, 그렇게 하지 않을 경우에는 프랑스의 동맹 관계 전체가 와해될 것이라고 생각했습니다. 48시간 이후에 결정은 내려졌지만 그건 잘못된 것이었습니다. 그런데 거기서 무엇을 할 수 있다고 생각하십니까?

볼통   그러나 코멘트는 할 수 있었을 텐데요.

아롱   시도는 해 봤지요. 보시오, 나는 생제르맹가(街)에서 레옹 브렁슈비크를 만났습니다. "다행스럽게도 영국이 우리를 진정시키더군"이라고 그가 말하길래 나는 이렇게 대답했죠. "하지만 선생님은 완전히 잘못 생각하고 계십니다." 그리고는 방금 한 것과 같은 이야기를 했습니다. 그랬더니 그는 "아마 자네 말이 맞을지도 모르겠네. 다행스럽게도 나는 정치에 아무런 책임이 없는 사람이니까."

내 자신도 정치활동을 할 아무런 방법이 없었습니다. 게다가 나는 내가 생각하는 것을 마음 놓고 드러내 보일 수도 없었습니다. 히틀러가 전쟁을 일으키면 그것을 막을 나라는 프랑스와 영국뿐이라고 나는 생각했습니다. 1936년에 히틀러를 저지할 수 있었던 것이 그 증거입니다. 그러나 프랑스의 현실을 잘 알고 있던 나는 프랑스와 영국이 전쟁을 막기 위해 필요한 일을 하지 않을 것이라고 확신했습니다. 1938년까지만 해도 히틀러가 전쟁을 일으킬 것이라고 주장하기는 힘들었습니다. 왜냐하면 사실상 1938년에는 중부 유럽의 지배권이 그에게 넘어갈 찰나였고, 그것은 빌헬름(1870년 독일제국 초대 황제 ― 옮긴이)의 야심을 완전히 만족시켜 줄 것이었습니다. 따라서 히틀러가 그 이상의 것을 원한다고 주장하는 것은 용이한 일이 아니었습니다. 그러한 확신은 히틀러의 심리상태를 미루어 짐작할 수 있는 것이었죠. 히틀러를 알아야만 했고, 또 국가사회주의가 어떤 것인가를 알아야만 했습니다. 그것은 아무런 증명도 필요 없는 분명한 사실이었습니다.

볼통　하지만 다른 사건도 있었죠. 1934년 2월 6일에는요?

아롱　그때 나는 르아브르 고등학교 선생이었습니다.

볼통　알고 있습니다. 여하튼 그 얘기는 들으셨겠죠! 공식적으로는 첫 번째 반유대법인 1935년 9월의 뉘른베르크법 말입니다.

아롱　네.

볼통　그리고 프랑스의 인민전선[16]도?

아롱　네, 네.

볼통　경제공황에 대해서도요?

아롱　물론이죠.

미시카　지식인들은 정치적으로 움직였습니다. 예를 들어 반파시즘 지식인위원회를 이야기해 볼까요? 왜 그 위원회에 들어가지 않았습니까?

아롱　좋습니다. 레이몽 아롱은 행동하지 않은 냉담한 방관자다, 라는 비난이죠. 하지만 그렇지 않습니다. 그때 얘기를 다시

16　Front Populaire, 1936년 6월에 집권한 좌파 연합내각에 붙여진 이름. 이탈리아의 파시즘, 독일의 나치즘, 프랑스 극우 단체의 세력 신장에 위협을 느낀 공산당, 사회당, 급진당 등 세 좌파 정당은 연합전선을 펴서 집권에 성공했으나, 경제 정책의 실패로 1938년 4월에 다시 정권을 빼앗겼다.

해 보죠. 2월 6일에 나는 르아브르 고등학교의 내 제자들과 함께 토론했습니다. 나는 이 토론에 별로 열성이 없었습니다. 좀 바보 같은 것이라고까지 생각했습니다. 이미 1934년에 나는 독일이야말로 유일한 문젯거리라고 생각하고 있었습니다. 그러한 독일을 앞에 놓고서 프랑스 국민을 약화시키거나 분열시키는 모든 것은 매우 위험한 일이었습니다. 1934년 2월 6일부터 반파시스트 운동이 시작됐습니다. 늘상 그랬듯이 나는 이 운동에 동조할 수 없었습니다. 그래서 외롭게 혼자 남아 있었죠.

볼통   왜요?

아롱   나는 분명 반파시스트였지만, 내 생각으로는 그 당시 프랑스에는 진짜 파시스트 운동이 없었습니다. 또 한편으로는, 독일과 맞서는 프랑스의 제1명제가 '온 국민의 합심'이었으므로, 분파적 정열의 운동은 모두 프랑스를 약화시키며, 그것은 결국 독일 앞에서 프랑스의 위험을 가중시킬 뿐이라고 나는 생각했던 것입니다. 게다가 반파시스트 지식인 집단은 알랭의 제자와 공산주의자들로 구성돼 있었습니다. 알랭의 제자들은 틀림없는 평화주의자들이었지만, 공산주의자들은 어떻게 해서든지 소련과 유대를 맺을 생각만 하는 사람들이었습니다. 그래서 그들은 근본적인 문제에서부터 서로 의견이 갈렸습니다. 그런데 그 시기부터 나는 진실과 명확성에 대한 욕구를 갖고 있었습니다. 이 반파시스트 집단이 내분을 겪고 있으며, 따라서 그들의 작업이 결코 효율적이 되지 못할 것이라는 것을 나는 확인했습니다.

볼통 그러나 위원회에 들어가 활동할 수 있지 않았을까요? 그
당시에 앙드레 말로는 무엇을 했습니까?

아롱 그때 말로는 반소비에트파였습니다. 그는 나의 친구였지
만, 나는 반소비에트주의자가 아니었죠.

볼통 니장은요?

아롱 니장은 완전히 공산주의자였습니다. 그는 공산당 신문인
〈스 수아르(Ce Soir)〉지 기자로 있으면서 공산당의 명제와 분석을
토대로 기사를 썼습니다. 말로와 니장 모두 내 친구였는데, 그
당시는 아무런 사상적인 일치가 없이도 서로 친구가 될 수 있는
시기였습니다. 사실을 말한다면 고등사범에서 나는 니장과 아주
친했지만 그가 공산당의 열성당원이 된 이후로는 자주 만나지
못했습니다. 1934년에서 1939년 사이에 한 여섯 번이나 만났을
까요? 우리는 똑같이 반파시스트였지만 그 방법은 너무나 달랐
습니다. 그런데 소르본의 교수들을 공격하는 매서운 책들을 쓴
바로 그 니장이 1937년인가, 브렁슈비크에게 바치는 애정과 존
경에 넘치는 헌사와 함께 무슨 책을 쓴 적이 있습니다. 브렁슈비
크가 내가 그 이야기를 해 줬습니다.

볼통 그 당시 당신은 좌파 쪽이었나요?

아롱 그렇습니다. 나는 막연하게 사회주의자였는데, 경제학을
공부해 가면서 차츰 사회주의에서 멀어졌습니다. 경제학을 공부
하지 않은 시기 동안에만 사회주의자였던 셈이죠.

미시카 그때 당신은 서른한 살이었죠. 인민전선에 대해 이야기해

봅시다. 당신은 인민전선에 대해 아무런 흥분도 느끼지 않았습니다. 왜 그렇습니까?

아롱 아! 그건 아주 간단합니다. 내 친구들은 거의 대부분이 인민전선을 지지했습니다. 나도 물론 인민전선에 투표했습니다. 그러나 내가 결정적으로 동의할 수 없었던 부분이 있었죠. 인민전선의 경제 정책이 완전히 상식 밖이었기 때문입니다. 그것은 애초부터 사리에 어긋나는 것이었고, 성공할 가능성이라고는 전혀 없는 것이었습니다. 나는 그 당시에 로베르 마르졸랭과 아주 친했고 아주 가까이 지냈습니다. 그는 사회주의자였고 사회당원이었지만, 그 경제 정책이 왜 실현 불가능한 것인가를 설명하기 위해 인민전선 정부에 끊임없이 자신의 의견서를 보냈습니다. 예를 들어 주 40시간 노동법 같은 것이 그것이었습니다. 그것이 만일 초과근로수당 계산을 위해 정해진 것이라면 바람직한 것이었습니다. 그런데 모든 노동시간을 주 40시간으로 일률적으로 한정했을 때부터 이 법은 어처구니없는 것이 돼 버렸죠. 그 당시의 평균 노동시간을 주 40시간으로 단축시켜 놓았으니 유동자산이 줄고, 따라서 생활수준이 저하되지 않을 수 없었습니다. 리옹의 한 신문사 사장이 레옹 블룸에게 그 이야기를 하자 그는 이렇게 외쳤습니다. "그건 처음 듣는 얘기요." 다시 말하면, 그 당시 좌파 정부가 경제에 대해 갖고 있던 무지는 오늘날에는 상상하기조차 어렵습니다. 나를 포함한 작은 집단 — 그중에는 소비(Sauvy)도 있었고, 마르졸랭도 있었습니다 — 은 모두 인민전선에 심정적으로는 동조하면서도 그 결과가 명약관화한 경제 정책에는 그 저 아연실색할 수밖에 없었습니다. 게다가 인민전선 정부는 프랑화의 평가절하가 꼭 필요한데도 그것을 하려 하지 않았습니다.

미시카　왜 그랬죠?

아롱　무지 때문이었죠. 사람들은 항상 정책 담당자의 악의에 대해서 생각하려 하지만 사실은 그것이 무지의 소산이라는 것을 간과해서는 안 됩니다. 그건 정말 순전히 무지 때문이었습니다. 그 당시 프랑스를 통치하던 사람들의 경제적 무지는 참으로 심한 것이었습니다. 레옹 블룸도 포함해서죠. 물론 레옹 블룸은 그 나름대로 위대한 사람이기는 했지만.

미시카　인민전선 시절에 좀 더 현실적인 경제 정책은 없었지만, 그 것을 보상할 만한 사회 정책은 있을 수 있었다고 생각합니까?

아롱　물론이죠. 나의 첫 번 정치평론이 되겠는데, 나는 인민전선의 경제 정책에 대한 고찰을 쓴 적이 있습니다. 우익의 프로파간다에 이용되지 않기 위해, 그러니까 독자의 수를 최소한으로 줄이기 위해서 나는 이것을 『형이상학 및 도덕』이라는 학술잡지에 썼습니다. 물론 그 후에는 대학인 특유의 조심성을 떨쳐 버렸지만요. 이 논문은 꽤 좋은 반응을 불러일으켰습니다. 왜냐하면 인민전선의 경제 정책이 왜 실패했는가를 자세히 다뤘기 때문이죠. 오늘날까지도 그 논문의 몇 가지 세부사항을 제외하고는 거의 모든 내용이 옳다고 인정받고 있지 않습니까!

볼통　마르졸랭처럼 체제 내부에 들어가서 소신을 펼 수도 있지 않았을까요?

아롱 　그랬더라도 결과는 마찬가지였겠죠!

볼통 　아, 그렇지 않죠! 그렇게 될지 안 될지는 역사만이 말할 수 있는 것입니다. 당신은 인민전선에 심정적으로 동조했으나 그 경제 정책의 비현실성은 좋아하지 않았습니다. 그렇다면 왜 다른 지식인들처럼 인민전선에 직접 참여해 그 내부에서 당신의 이론을 관철하려 하지 않았습니까?

아롱 　좋습니다. 진실을 말한다면, 그 당시에 나는 정치인이 아니었고, 정치 담당 기자나 논설위원도 아니었습니다. 그때 내가 가장 관심을 기울인 것은 내 책들이었습니다. 좀 우습게 보이겠지만 나는 그때, 전쟁이 일어나기 전에 서둘러 나의 책을 끝마쳐야겠다는 강박관념에 사로잡혀 있었습니다. 앞서도 말했지만 나는 전쟁을 예견하고 있었습니다. 누가 살아남고 누가 살아남지 못할 것인가는 아무도 알 수 없었죠. 여하튼 나는 만일 전쟁 전에 내 논문을 끝내지 못하면 영원히 끝내지 못할 거라고 생각했습니다.

볼통 　왜요?

아롱 　다시 작업을 시작할 수 없을 테니까요. 요컨대 1934년에서 1938년 사이에 나는, 누구에게든지 내가 어떤 영향력을 행사할 수 있는 방법은 이것 말고는 없다고 생각했습니다. 그때 아마 레옹 블룸에게 편지를 보낸 것으로 생각됩니다. 물론 답장은 없었죠. 레이몽 아롱이 누구인지 모르는데 왜 답장을 하겠습니까? 게다가 아까도 말했듯이 나는 유대인이고 따라서 수상한 사람인데.

　다시 인민전선의 정책 이야기인데, 그것은 일단의 집단에 의해 무책임하게 결정되었고, 인민전선 정부는 그들이 일단 시작한 이 정책을 고수하지 않을 수 없었습니다. 오늘날에 와서 밝혀진 것이지만 인민전선 정부가 주 40시간 노동법(이것은 공산당이 준비한 것이었고, 인민전선의 정책에 들어가리라고는 예상되지 않았습니다)을 엄격하게 적용한다는 결정을 내렸을 때 정부 내에서도 반대하는 사람이 많았다고 합니다. 일부 사람들이 "좀 지나치지 않을까"라고 우려했다는 겁니다. 그러나 결국 그들은 그것을 강행하고 말았습니다. 다시 한 번 나는 극단적인 두 파 사이의 외로운 소집단에 끼게 되었습니다. 인민전선에 대해 격분하는 사람들과, 또 이것이야말로 새로운 사회의 새벽이라고 믿는 사람들 사이에 말입니다.

볼통　　인민전선에서 지식인들이 중요한 역할을 했습니까?

아롱　　아, 물론이죠. 상당했습니다. 그러나 나는 과거로 다시 거슬러 올라가서 한 사람 한 사람씩 비난하고 싶지는 않습니다. 인민전선은 1934년 2월 사건의 정치적 재판(再版)입니다. 달라디에[17]

17　Edouard Daladier, 1884~1970. 프랑스 급진당의 정치인. 1934년 1월에 우익연합의 세력 확장에 맞선 좌파연합 내각의 총리가 되었다가 한 달 만인 2월 6일 대규모 데모가 일어나자 사임했다. 1936~37년의 인민전선 정부에서 국방장관을 지냈고, 레옹 블룸의 2차 실각 후 총리가 되어 1938년 4월부터 1940년 3월까지 내각을 이끌며 1938년 9월 뮌헨 조약에 서명했다.

는 1934년 사태 때문에 크게 신용이 떨어졌는데 다시 권력을 잡기 위해 급진당을 이끌고 인민전선 정부, 즉 공산당, 사회당, 급진당의 연합정부에 참여했습니다. 반파시스트 지식인들은 인민전선 운동을 지지했고 인민전선의 강령을 기초하는 데도 크게 기여했습니다. 그런데 누가 이 강령을 기초했을까요? 그리고 왜 권력자들은 그것을 곧이곧대로 받아들였을까요? 다시 한 번 말하거니와 그 근본적인 이유는 무지 때문이었습니다. 1934~36년 사이에 프랑스의 기업을 이끌던 대기업가들이 프랑화의 평가절하에 반대했다는 것을 생각해 보세요. 평가절하가 그들 자신에게 유리한데도 말입니다! 그래서 나는 가끔 무지와 어리석음이 역사의 꽤 중요한 요인이라고 생각합니다. 내가 마지막으로 쓰고 싶은 책도 이처럼 역사에서 어리석음의 역할에 대한 것입니다.

미시카 틀림없이 아주 두꺼운 책이 되겠군요……. 인민전선의 경제학적 무지에 대해서 이야기했습니다만, 당신 자신의 경제학 실력은 어디서 얻어진 것입니까?

아롱 내 경제학 실력은 아주 한정된 것입니다. 나는 대학에서 경제학을 공부한 적이 없지만 경제학 책들을 읽었습니다. 잘 알겠지만 독학이라는 게 그리 어려운 일은 아닙니다. 나는 1936년인가 1937년에 마르졸랭과 함께 고등사범에서 경제학 강의를 했습니다. 처음에는 꽤 학생이 많았는데 나중에는 아주 적어졌습니다. 경제학 같은 것은 자기들과 무관한 것이라고 생각했나 봅니다. 오늘날이라면 아마 전혀 다르겠지만요. 그 시절에 고등사범에서 나는 세계적 경기 침체에 관한 강연을 했습니다. 그때 나는 국제유동성이니 유동자본이니 세계가격이니 하는 등의 낱말들을 썼습니다. 그런데 그들(인민전선)은 이 낱말들의 의미조차 몰랐습니다. 그들은 물론 정연한 논리를 갖고 있었지만, 경제를 이야기하기 위해서는 이런 말들이 절대적으로 필요하다는 것을 깨닫지 못했습니다.

볼통 당신은 마르크시즘에 전혀 매료되지 않았죠, 특히 그때는?

아롱 그건 좀 더 복잡한 문제입니다. 사실은 나는 마르크시즘에 크게 매료됐었습니다. 내가 지식인의 길을 택했을 때, 그리고 역사의 주역인 동시에 방관자가 되기로 결정했을 때, 나는 우선 마르크스, 특히 『자본론』을 공부하기 시작했습니다. 나는 있는 그대로의 현실과 꼭 있어야만 하는 당위성을 동시에 우리에게 가르쳐 줄 진정한 역사철학을 발견하고 싶었습니다. 그런데 흔히 마르크시즘은 "프롤레타리아 편에 서 있어야 한다" 또는 "전사(前史)의 종말인 사회주의로 귀착되어야 한다"는 등의 결론과 함께 역사의 포괄적인 해석으로 일반에게 알려져 있었습니다.

그러나 거의 1년간 마르크시즘을 공부한 후 나는 유감스럽게도 그것이 정확치 못하다는 결론을 내렸습니다. 역사의 분석만으로는 앞으로 취해야 할 정치의 방향을 이끌어 낼 수도 없고, 또 인간 사이의 모순이 제거될 사회의 도래를 예견할 수도 없었습니다. 우선 마르크시즘에 대한 내 태도를 결정한 것은 이런 방

향에서였습니다. 오늘날까지도 나는 브레즈네프의 마르크시즘
이 아닌 — 그것은 참 지겨운 것이죠 — 마르크스의 마르크시즘
에 커다란 흥미를 간직하고 있습니다. 마르크스의 마르크시즘
은 너무나 흥미롭습니다.

미시카 그리고 공산주의, 그러니까 볼셰비키 혁명이나 소비에트
현상 같은 것은 어떻습니까? 그것들에 대한 당신의 반응은 어떤
것이었습니까? 그 현상들에 전혀 어떤 매력을 느끼지 않았나요?
모스크바도 가 본 적이 없지요?

아롱 아뇨, 가 봤습니다. 그러나 아주 늦게, 이미 내 생각이 완
전히 굳어진 다음에야 갔습니다. 왜냐고요? 1920년대는 당신들
의 청년 시절과는 엄청난 차이가 있습니다. 그때는 공산주의자
가 아니면서 모스크바에 간다는 일이 결코 용이한 일이 아니었
습니다. 그리고 뒤아멜이나 파브르뤼스처럼, 가더라도 호텔을
이리저리 전전해야만 했습니다. 그때는 소련의 현실에 대해 별
로 아는 것이 없었죠. 아직 어떤 쪽에도 치우치지 않았던 나는
그 현실에 대해 아무것도 모르면서도 꽤 흥미를 느꼈습니다. 그
러나 결코 매력을 느끼지는 않았습니다. 왜냐하면 나는 폭력을
좋아하지 않는 사람이었고, 또 이미 그때부터 기질적으로 자유
주의자였기 때문입니다. 나는 메시아 사상이나 밀레니엄 사상은
전혀 믿지 않았습니다. 그러므로 1920년대의 나에게 볼셰비즘
은 특별한 사유의 대상이 되지 못했습니다. 그러나 1930년대에
들어와서는 온 사회가 점점 더 전체주의의 예감에 휩싸이게 됐

습니다. 그런데 그 전체주의란 히틀러인 동시에 또 스탈린이었습니다.

볼통 하지만 스탈린보다는 히틀러가 좀 더 강하지 않았습니까?

아롱 네. 나도 말로도 그리고 다른 모든 사람들도 한결같이 반히틀러주의자였죠. 나는 반파시스트였지만, 그러나 자기가 싫어하는 모든 것을 파시즘 안에 한데 집어넣는 그런 반파시즘에는 반대했습니다. 돌이켜보면 내가 소련의 현실을 보려 하지 않던 것은, 1930년대 당시 프랑스의 가장 큰 위협이 히틀러라고 생각했기 때문인 것 같아요.

볼통 그 당시에는 히틀러와 스탈린을 같은 차원에서 보지 않았나요?

아롱 일부 현상이 매우 비슷하다는 것은 알면서도 그들을 비교하는 일은 주저했던 것 같습니다. 국가사회주의가 평화시에 그 나라를 지배한 것은 6년밖에 안 됩니다. 그것이 완전히 전체주의적으로 된 것은 전쟁 동안이었습니다. 그리고 이제 와서는 그것이 한 병적 인간의 어처구니없는 모험으로 보이지 않습니까? 그런데 공산주의는 지속적입니다. 그것은 소련의 커다란 역사적 변혁을 이룬 후에 소련의 국경선을 넘어서 다른 곳으로 파급됐습니다. 스탈린이 히틀러보다 엄청나게 많은 숫자의 무고한 사람들을 죽였다는 것을 오늘날은 우리 모두가 알고 있습니다.

볼통 그 기간 동안에도 소련의 강제수용소를 고발한 사람들이 있었죠?

아롱　물론이죠. 수바린 같은 사람이었습니다. 그는 스탈린에 관한 책을 썼는데, 나도 그때 읽어 봤습니다. 1937년에 출판된 것으로 기억하는데, 출판하기까지 많은 어려움이 있었습니다. 갈리마르도 그 책의 출판을 거부했죠. 한 2, 3년 전인가 그 책이 다시 출간됐습니다. 한번 읽어 볼 만한 책입니다. 정신이 번쩍 들게 하는 좋은 책입니다. 수바린은 공산주의자였고 몇 년 동안 사회주의 인터내셔널의 파리 대표이기도 했습니다. 그는 트로츠키주의자였는데 곧 트로츠키와 불화를 일으켰습니다. 소비에트 체제가 어떤 조직으로 돼 있는지를 일찍이 알아차린 프랑스인이었습니다.

　　그러나 내가 소련에 대한 종전의 나의 시각과 판단에서 진정 벗어날 수 있었던 것은 히틀러와 스탈린 간의 조약(1939년의 독·소 불가침조약 — 옮긴이) 때부터였습니다. 히틀러와의 전쟁에서 이기기 위해 소련과의 동맹을 희망하고 있던 때였으므로 우리는 이 사태를 접하고는 공포에 떨었습니다. 희망을 가질 필요가 없었거나, 아니면 우리가 옳았거나! 하여튼 오늘날에 와서도 뭐라 말하기 힘든 일입니다. 예를 들어서 소련을 아주 나쁘게 생각하던 내 친구 마네스 스페르베르도 가장 직접적인 제일의 위험이 히틀러이므로 소련과의 관계를 딱 끊어서는 안 된다고 생각했습니다. 오늘날 과거를 돌이켜볼 때, 나는 그때 우리가 취했던 태도가 옳았는지 의심스럽습니다. 그러나 하여튼 사태는 그렇게 돌아갔습니다. 진실을 말한다면, 두 개의 악마적인 위협에 동시에 맞서 싸운다는 것은 매우 어려운 일이었고, 그중의 하나와 동맹을 맺어야만 했습니다. 그것은 물론 유쾌한 일은 아니었겠지만, 그러나 그것이야말로 우리가 매우 받아들이기 힘든 엄연한 역사적 현실이었습니다.

미시카　수바린이 좀 과장했다고 당신은 생각했겠지요?

아롱　아니요, 반드시 그렇지는 않습니다. 사실은 그것에 대해서 별로 생각하지 않았습니다. 누구나 그렇듯이 나도 내가 예측하고 있는 현실에 대해서는 약간 비겁했던 것 같습니다. 소련과의 동맹이 필요하다는 배수진이 항상 쳐져 있었던 거죠.

볼통　그리고 어떻든 소련은 역사의 의미, 프롤레타리아 그리고 좌파 투쟁의 화신이라는 생각이 항상 있었겠죠.

아롱　그렇습니다! 게다가 소련을 지지하는 사람들이 다른 사람들보다 더 잘 우리와 공감할 수 있었죠. 히틀러주의자들을 우리는 항상 경멸했는데, 스탈린주의자들과는 깊이 공감할 수 있었습니다. 그러니까 반파시스트 진영의 여러 파가 심정적, 이성적으로 친밀감을 갖고 있다는 것이 오늘날까지도 쉽게 이해가 되는 것이죠. 정치적으로 보면 말도 안 되는데. 그러나 여하튼 이 기형적 동맹이 결정적으로 와해되기 위해서는 전쟁을 치러야만 했고, 또 전후의 기간을 경험해야만 했습니다.

미시카　1939년 8월의 독·소조약에 놀랐습니까?

아롱　최근에 아내가 다시 상기시켜 주었지만, 그때 나는 5분이나 "어떻게 이런 일이"라는 말을 되뇌었다는 겁니다. 나는 그일을 곰곰 생각해 보고는 결국 그것이 논리적인 일이라는 결론을 내렸습니다. 내가 그렇게 생각했다는 증거가 두 개 있습니다. 1939년 6월 프랑스 철학회 발표에서 나는, 히틀러가 만일 필요성을 인식하기만 한다면 결국 스탈린과 동맹을 맺을 것이라고 말했습니다. 그러나 "지금 이 순간에는 그럴 가능성이 희박해 보인다"고 덧붙였는데, 그건 틀린 말이었죠. 또 한 가지는 내 친구 장 뒤발이 히틀러와 스탈린의 동맹이 필연적이라고 내가 언젠가 그에게 이야기했다고 말해 주었습니다.

사실 그 순간에 나는 거의 숨이 막힐 지경이었으며, 독·소동맹의 가능성을 거의 받아들이려 하지 않았습니다. 왜냐하면 전쟁이 터질 것이 분명했기 때문입니다. 전쟁이 터지기 한 달 전인 7월 고등사범에서 원로 사회학자인 마르셀 모스[18]와 그리고 원로 역사학자인 마르크 블로흐[19]와 함께 한 이야기가 생각납니다. 블로흐는 아주 단순한 논리로 설득력 있게, 그해 여름 중에 전쟁이 터질 것이라고 말했습니다. "서유럽인들은 폴란드를 수호하려 하고 있지. 한편으로 히틀러도 핀란드 문제를 해결하려 하고 있고, 호전주의자들은 서로 너무나 접근해 있기 때문에 그들 중

---

18 Marcel Mauss, 1873~1950. 프랑스의 사회학자이며 인류학자. 뒤르켐의 제자.
19 Marc Bloch, 1886~1944. 프랑스의 중세사학자. 1942년에 레지스탕스에 참가해 1944년에 독일군에 의해 총살됐다.

누구도 뒤로 물러설 것 같지 않은걸. 그러니까 전쟁은 피할 수 없을 것으로 보이는군." 그의 말에 이어 나는, 영국과 프랑스가 폴란드를 보장하겠다고 나선 것이 히틀러와 스탈린 사이의 동맹을 유발한 것이라고 덧붙였습니다. 소비에트에 맞서 폴란드를 지키기 위해 전쟁도 불사할 것이라는 영국과 프랑스의 결의를 보고 소련은 히틀러의 독일에 대항해 혼자 고립해 있을 수 없다는 확신을 갖게 된 것이죠.

그런데 우리는 소련에게 더 이상 줄 것이 없었습니다. 폴란드의 보장을 약속한 순간, 아직 어린애 같았던 우리는 공중분해되고 말았습니다. 우리는 "그래도 어떻게 저항해야지" 하고 말했었죠. 이 저항이 전쟁을 막을 수 있게 되기를 희망하면서 말입니다. 그게 틀린 생각이었습니다. 저항은 너무 때가 늦었습니다. 히틀러·스탈린의 동맹을 촉발하는 그 저항이라는 것은 전쟁으로 이어질 수밖에 없는 것이었습니다.

볼통　저서에 대해 이야기해 봅시다. 첫 번째 저서인『역사철학 입문』을 출판한 것은 전쟁이 터지기 한 해 전인 1938년이었죠. 이 책은 역사적 사건들 사이의 관계, 그 사건들에 대한 설명, 그리고 역사적 진실들을 다루고 있습니다. 당신은 먼 지평선에 이상적인 사회를 건설해야 한다는 식으로 역사에 의미를 부여하는 사상을 거부하며, 또 동시에 역사는 아무런 의미가 없다는 사상도 거부합니다. 당신은 역사에 대한 결정적인 설명을 피하고 다

만 역사 속에서 인간이 맞붙어 싸우는 거대한 속박의 덩어리를
제시했습니다. 그런데 인간이 자신의 자유를 발견하는 것은 이
런 행동 속에서입니다. 당신 저서의 주요 사상을 좀 펼쳐 보여 줄
수 있겠습니까?

아롱   항상 나를 이끌어 주는 주요 관념이 셋 있습니다. 그 첫 번
째는 인간 및 인간의 과업에 대한 해석이 다양할 수 있다는 생각
입니다. 과거를 해석하는 데 있어서 이런 태도를 소위 역사적 상
대주의라고 부르죠. 이 책의 제2부에 나오는, 내 두 번째의 관념
은 결정론에 관한 것입니다. 나는 마르크스적 결정론과 비슷한,
역사에 대한 포괄적 결정론이 있을 수 없다는 것을 논리적 이론
을 통해 증명하려 했습니다. 그리고 이 책의 마지막 부분, 이것
이야말로 내 정치적 태도의 기본을 밝힌 것입니다. 여기서 정치
활동의 조건을 논했습니다. 사르트르적 의미의 앙가주망(현실 참
여)이라는 말을 사용하지 않았지만 그와 거의 비슷한 두 낱말을
썼습니다. 첫 번째는 '선택'이고, 두 번째는 '결단'입니다. 한 사회
안에서 정치적 사상을 갖기 위해서는 우선 기본적인 선택을 해
야만 한다는 것을 나는 강조하고 싶었습니다. 기본적인 선택이
란, 우리가 살고 있는 사회 체제를 인정하는가 아니면 거부하는
가 하는 것입니다. 만일 혁명적인 생각을 갖고 자기가 살고 있는
사회를 거부한다면 그는 폭력과 모험을 선택할 것입니다. 이 기
본적인 선택에서부터 결단이 나오는 것이며, 이 정확한 결단에
의해 한 개인은 자신을 스스로 규정하는 것입니다. 1945년 이후

에 나는, 왜 내가 현재의 사회와는 다른 사회를 지지하지 않는가를 설명하려 애썼습니다.

볼통　　그 다른 사회라는 것은 무엇입니까?

아롱　　소련에 있는 것과 같은 종류의 사회를 말하는 것이죠. 내가 살고 있는 사회는 미국이건 프랑스건 영국이건 독일이건 간에 소위 자유민주주의의 사회죠. 그러나 이 사회 안에서도 매순간마다 자기 자신을 규정해 줄 선택이 필요합니다. 예를 들면 알제리의 독립을 지지할 것인가 아니면 프랑스령 알제리를 지지할 것인가 같은 것, 그리고 어떤 정부를 지지하는가 같은 것입니다.

내가 이 책에서 정치활동에 관해 강조하고 싶었던 것은, 우리가 살고 있는 이 시대에 있어서 정치활동이란 단순한 심심풀이이거나 어떤 부수적인 것이 아니라는 사실이었습니다. 단순히 급진 사회당이 프랑스를 통치할 것인가 아니면 온건파가 프랑스를 통치할 것인가를 아는 문제가 아닙니다. 우리 세기에는 우리가 살고 있는 사회에 대한 결단이 곧 우리 자신에 대한 결단이라고 나는 말했죠. 전체주의 국가에 살지 자유주의 국가에 살지를 선택하는 것은 가장 기본적인 선택이며, 이 선택에 의해 우리 각자는 현재의 자기 자신, 또는 앞으로 되고 싶은 자기 자신의 모습을 확립할 수 있는 것입니다. 정치를 철학적으로 생각할 수 있다는 것, 그리고 또 개인은 정치에 의해 자기 자신을 정립할 수 있다는 것을 보여 주려고 나는 애썼습니다. 그 이후에 쓴 나의 모든 글들은 정치와 역사에 대한 나의 이러한 태도에 토대를 둔 것입니다.

볼통   사람들은 당신의 『역사철학 입문』이야말로 프랑스 최초의 실존주의적 작품이라는 말을 가끔 합니다.

아롱   아, 잘 모르겠습니다. 전후에 이 책이 역사에 대한 실존철학이라고 말하는 사람도 있었습니다. 하지만 나는 실존주의가 무엇인지 잘 모릅니다! 사르트르와 내가 제기한 문제도 대충 이런 것이었습니다. 전후에 그를 다시 만났을 때 그는 내게 『존재와 무』를 주었는데 거기에는 다음과 같은 헌사가 있었습니다. "친애하는 친구에게. 존재적 역사철학의 존재론적 입문" 이 비슷한 말이었습니다. 다시 말하면, 현상학적으로 말해 나의 역사 분석은 존재적(ontique)인데 그의 책은 존재론적(ontologique)이라는 이야기였습니다. 그것은 인간 현실의 한 특정 분야, 즉 역사의 본질이 무엇인가 하는 문제였습니다. 우리는 같은 문제를 놓고 자주 토론을 벌였는데, 나의 『역사철학 입문』이나 그의 『존재와 무』에 보면 그런 토론의 흔적이 여기저기서 발견됩니다.

볼통   그 당시에 당신은 "인간은 역사 속에 있다. 인간은 역사적이다. 따라서 인간은 역사 그 자체다"라는 삼단논법을 사용했습니다. 정말로 그럴까요?

아롱   네. 철학의 테크닉을 한번 이용해 봅시다. 우리는 제5공화국에 살고 있고, 제5공화국은 제4공화국에서 나왔으며, 또 제4공화국은 제3공화국에서 나왔습니다. 결국 우리는 역사 속에서 살고 있습니다. 우리는 또 프랑스인입니다. 프랑스는 1천 년 전에 생긴 나라입니다. 이런 식이죠. 두 번째 명제, "인간은 역사적이다"라는 말은 자기가 태어난 역사적 환경에 의해 인간이 형성된다는 의미입니다. 인간은 자기가 있는 체제와 사회 속에서, 그리고 그 체제와 사회에 의해 형성됩니다. 그리고 마지막으로 "인간은 곧 역사 그 자체다"라는 말은 인류 전체가 하나의 역사라는 의미입니다. 그것은 인류가 한갓 육식동물이던 때부터 시작되어, 글쎄 언제쯤 끝날까요, 아마 인간이 단순히 육식동물이 아니고 진정한 인간이 되는 순간에 끝이 날 대모험이죠. 나는 종말을 알지 못하므로 단순히 "인간은 미완의 역사다"라고 말할 뿐입니다.

볼통　책 끝머리에 당신은 역사란 자유스러운 것이라고 썼습니다. 어떤 성격이나 숙명처럼 미리 결정되거나 쓰인 것이 아니고, 인간 그 자체만큼이나 예측할 수 없는 것이기 때문이죠. 그로부터 40년이 지나 온갖 사건들을 다 경험하고 난 지금도 이 역사철학에 동의합니까?

아롱　물론이죠. 그러나 좀 더 자세한 설명이 필요합니다. 전혀 예측할 수 없었던 역사적 대사건들도 있었고, 소위 '둔한 변화'라는 것도 있어요. 만약 전쟁만 없다면 지금으로부터 20년이나 30년 후 프랑스의 인구가 대강 얼마가 될 것이라는 것은 쉽게 예견할 수 있습니다. 그러나 역사적 사건에 대한 전체적인 결정론은 없습니다. 결국 우리가 가장 관심을 갖는 것, 즉 체제의 질, 국가의 성격, 인간의 성질 같은 것들은 대체적으로 예견할 수 없는 것들입니다. 내가 좋아하는 명제를 다시 한 번 되풀이해야겠습니다. "인간이 예측 불허의 존재인 것과 마찬가지로 역사도 예측을 불허한다." 우리는 개개인에 대해서 최악의 경우와 최선의 경우를 생각해 볼 수 있죠. 내 개인적으로 말해 본다면 나는 그 누구에 대해서도 절망하고 싶지 않습니다. 결국 우리 시대가 절망의 이유를 너무나 많이 보여 주긴 했지만 나는 결코 인간에 대해서 절망하지 않습니다.

c) 프랑스의 쇠퇴

미시카 당신의 책이 출판된 1938년은 최악의 해였습니다. 전쟁이 임박한 것으로 보였으나 이 기간 동안에 프랑스의 각 사회계층에는 평화주의가 지배적이었죠. 왜 그랬습니까?

아롱 왜냐하면, 전쟁의 결과가 어떻게 되든 여하튼 전쟁은 프랑스에는 파멸이라는 생각을 온 프랑스인들이 갖고 있었기 때문이죠. 1차대전으로 많은 피를 흘린 프랑스는 비록 최후에는 승리를 한다 할지라도 또 한 번의 출혈을 감당할 수 없었던 겁니다. 모두들 심한 감정의 동요를 겪고 있었죠. 1933년에서 1939년 사이에 프랑스인들은, 전쟁에 대한 두려움 때문에 오히려 전쟁으로 치닫는 데 필요한 모든 일을 한 셈입니다. 1936년에 지식인들은 끊임없이 탄원서를 써 댔습니다. "다행히 우리는 무력을 사용하지 않았어"라고 모두 말했죠. 그리고 1938년에는 또 모두들 이렇게 이야기했어요. "전쟁을 모면했네. 그것만으로도 얼마나 다행인가." 더 이상 옴짝달싹도 할 수 없을 정도로 궁지에 몰렸을 때 비로소 사람들은 이 불행을 사실로서 인정하게 되었습니다.

미시카   그러나 그 시기에 가장 특기할 만한 사건은 스페인 내전이었고, 프랑스가 이 전쟁에 개입해야 한다고 주장한 사람들도 꽤 많지 않았습니까?

아롱   주로 공산주의자들, 그리고 공산주의자와 가까운 일부 사람들이었죠. 그러나 다른 나라의 전쟁에 개입하는 것과 직접 전쟁을 치르는 것은 전혀 다른 일입니다. 스페인 문제는 좀 다른 것이었어요. 거기서는 우익 혁명, 다시 말해서 일종의 파시스트 혁명이 일어났죠. 그 혁명은 무솔리니의 이탈리아와 히틀러의 독일의 지지를 받았습니다. 인민전선 정부가 안고 있던 고민은 공식적으로, 공공연하게 스페인의 공화당을 지지해야 할 것인가, 아니면 대외 간섭을 최소한으로 줄여야 할 것인가의 문제였습니다. 레옹 블룸은 스페인 문제에 개입하지 않기로 결정했습니다. 왜냐하면 만일 프랑스가 이 전쟁에 개입한다면 다음번에 어떤 전쟁이 일어났을 때 프랑스를 지지하지 않겠다고 영국이 통고했기 때문입니다.

볼통   당신 자신은 스페인 문제 개입을 지지했습니까, 아니면 중립적인 태도였습니까?

아롱   나는 레옹 블룸의 태도가 옳다고 생각했습니다. 프랑스
의 국론을 심각하게 분열시킬 어떤 대의를 위해 정부가 스페인
내전에 개입할 권리는 없기 때문이죠.

볼통   네, 하지만 그 대의는 민주주의가 아니었던가요! 그리고
히틀러파와 파시스트들이 프랑코를 돕고 있었고요.

아롱   그때 프랑스 국민의 반수는 스페인 내전 개입에 반대했
습니다. 국민의 절반이 반대하는 외교적 모험을 정부가 감행하
기란 쉬운 일이 아닙니다. 외교적 협약이 독일이나 이탈리아의
개입을 어느 정도 저지한 것은 사실입니다. 그러나 프랑코 정부
가 2차대전에 참전하지 않았다는 사실을 부연해야겠습니다. 이
사실이야말로 우리가 옳았다는 방증이지요.

미시카   지도계급은 국제문제를 제대로 알고 있었나요? 경제 문
제에 대해서보다는 좀 나았던가요?

아롱   들어 보시오. 전체적으로 볼 때 보수주의자건 사회주의자
건 대부분의 사람들이 국가사회주의가 무엇인지, 소비에트 현상
이 무엇인지를 알지 못했습니다. 전쟁이 터지기 직전의 몇 년간
나는 헤르만 라우슈니히를 자주 만났습니다. 최근에 그의 책들,
특히 『니힐리즘의 혁명』이 다시 출판됨으로써 요즘에도 꽤 이
름이 알려져 있는 사람입니다. 나치즘에 대한 그의 세밀한 분석
을 알고 있는 프랑스인이 별로 없었습니다. 19세기에 교육을 받
은 사람들은 20세기의 사건들을 이해하기가 매우 어렵습니다.
레옹 블룸은 매우 탁월한 사람이었지만 그의 지식은 1914년 이

전에 형성된 것입니다. 그는 1930년대의 경제, 특히 대공황을 전혀 이해할 수 없었습니다. 국가사회주의도 깊이 알지 못했습니다. 공산주의에 대해서만은 곧 형안을 갖게 됐죠. 그는 자신의 구식 교육을 보충하기 위해 열심히 애쓴 사람입니다. 그러나 그러한 그도 공산주의나 나치즘에 관한 한 오늘날 우리가 쉽게 이해할 수 있는 일, 즉 전체주의적 현상에 대해 완전히 이해하지 못했습니다. 시베리아로 추방된 7만 5천 명의 러시아인 때문에 온 유럽이 발칵 뒤집히는 그런 현상을 19세기 말에 상상이나 할 수 있었겠습니까? 러시아로 가기 위해서 여권이나 비자가 필요하다는 사실이 아직 이 나라가 근대국가가 아니라는 것을 증명한다고 생각하는 게 고작이었죠.

그런데 1914년 이후 세계는 과도한 폭력의 길에 들어섰기 때문에 19세기 사람들로서는 이해하기 어려워졌습니다. 그들보다 다음 세대인 우리가 더욱 영민하다는 이야기는 아닙니다. 다만 우리는 1차대전 이후 뭔가 새로운 일이 일어나고 있다는 것을 옛날 사람들보다 더 빨리 간파했다는 것뿐이죠. 19세기 말의 자유민주주의 유럽, 물론 그것은 유럽인들에게 있어서만 자유민주주의적이고 아시아나 아프리카인들에게는 그런 것도 아니었지만, 그러한 부르주아적 유럽이 죽어 가고 있었던 것입니다. 우리가 대결하지 않으면 안 되었던 체제들은 우리의 체제와 근본적으로 다른 체제였습니다. 오늘날까지도 과거 국가사회주의의 일부 과도한 악마적 현상들은 이해하기가 매우 곤란합니다.

소련도 역시 마찬가지입니다. 마르크시즘과 인민의 번영을 표방하는 국가가 어찌해서 오늘날 스페인보다 생활수준은 낮으면서 군사적 강대국이 될 수 있는지 도저히 이해할 수가 없습니다. 전통적인 사고방식으로서는 그것을 비정상이라고밖에 볼 수 없습니다. 마르크시즘의 이름으로 군사 대국의 제국을 건설하다니……. 결국 그것을 이해하기 위해서는 시간이 필요했습니다.

미시카 블룸에 대해 아주 가혹하게 이야기 하시는군요. 당신 말을 들으면 그는 모든 것에 실패한 것 같은데…….

아롱 아니요, 그렇지 않습니다. 그를 예로 든 것은 그가 다른 사람들에 비해 아주 훌륭했기 때문입니다. 그는 도덕적으로 보나 지적으로 보나 당시의 지도계급에서는 가장 탁월한 사람이었습니다. 결코 그를 깎아내릴 생각이 없어요. 오히려 그를 깊이 존경합니다. 그러나 그를 항상 옳은 일만 한 사람으로 만드는 것은 좋지 않습니다. 그는 항상 용기 있고 존경할 만한 사람이었지만 경제를 알지 못했습니다. 인민전선의 정책을 이해하지 못했죠. 누구나처럼 그도 가끔 오류를 범하는 평범한 사람일 뿐입니다. 그러나 다른 많은 사람들에 비하면 그는 독특한 지적, 도덕적 스타일을 갖고 있었습니다.

미시카 그 당시 지도계급 중에서 특기할 만한 사람은 누구누구입니까?

아롱 아주 머리 좋은 사람이 있었죠. 폴 레노,[20] 그 사람 하나뿐입니다. 나는 전후에도 그와 알고 지냈습니다. 그도 내게 우정을 갖고 있었고, 나 역시 그에게 우정을 느꼈습니다. 그는 그 누구보다도 프랑화 평가절하의 필요성을 인식했고, 2년 앞서서 그에 필요한 경제조치를 건의했었습니다. 그는 국가사회주의와 히틀러주의의 의미를 알았으며, 따라서 온건파 친구들을 설득하려 애썼습니다. 그는 기갑사단이 무엇인지를 알았으며, 드골 장군 또는 드골 대령을 잘 알았습니다. 1930년대의 근본적인 문제들에 대해 레노 혼자만이 정확한 판단을 내리고 있었다는 의미죠.

그러나 '역사의 비극'이라는 게 있습니다. 그토록 오랫동안 다른 사람에 비해 훌륭한 판단력을 지니고 있던 이 사람이 마침내 권력을 잡았을 때, 그는 오로지 재앙을 지켜보는 역할밖에 할 수 없었습니다. 재앙도 보통 재앙입니까! 그는 페탱 원수에게 자기의 권한을 넘겨주었고, 자기가 가장 혐오하던 당에 권력을 이양하고 말았습니다. 레노는 자기 세대에서 발군이었던 사람이 겪을 수밖에 없는 비극을 가장 적나라하게 보여 주는 하나의 예입니다. 재난이 일어나기 직전에야 권력을 잡았고, 결국 그 재난에 의해 완전히 몰락했죠. 이 사람의 예는 1914~18년 전쟁 당시의 카이요[21]를 연상시킵니다.

---

20 Paul Reynaud, 1878~1966. 우익 공화주의 정치인. 재무장관, 식민지장관, 법무장관을 거쳐 1940년 총리가 됐다.

21 Joseph Marie Auguste Caillaux, 1863~1944. 프랑스의 정치인. 1911년 총리로 있으면서 독일과 아가디르 사건(2차 모로코 사건)에 관해 협상.

미시카   달라디에[22]는 어떻습니까?

아롱   전쟁 전에는 그를 알지 못했습니다. 그때는 정치인도 신문기자도 아니었기 때문이죠. 딱 한두 번 봤을 뿐입니다. 제일 기억에 남는 것은 1947년 헤이그에서 본 것입니다. 그때 유럽에 관한 무슨 회의가 있었죠. 지금도 눈에 선합니다. 그는 혼자서 마치 과거 속을 배회하듯 도시의 광장을 한가롭게 걷고 있었습니다. 아무도 그를 눈여겨보지 않았죠. 이래서는 안 되는데, 하는 기분을 느꼈습니다. 그래서 나는 가까이 가서 — 그와 아는 사이가 아니었는데도 — 그와 꽤 오랫동안 이야기했습니다. 그제서야 그는 과거를 벗어나 현재로 되돌아온 느낌이었습니다. 그 후 두세 번 더 그를 보았습니다. 그는 사람들이 생각하는 것 이상으로 자신의 과오를 의식하고 있는 듯했습니다. 물론 사태에 대처하는 데 필요한 강인한 의지를 그가 갖고 있지 못했던 것은 틀림없습니다. 그러나 개인의 책임은 그 국가의 집단적 책임 속에 파묻혀 버리는 것이라고 나는 생각합니다. 다시 말해서 1936년부터는 히틀러를 막아 낼 길이 전쟁밖에 없었다는 것입니다. 비록 프랑스인들이 결코 원하지 않는 전쟁이었지만.

볼통   그것이 역사의 본질인가요?

---

22 Edouard Daladier, 1884~1970. 1939년 급진당 내각의 총리. 독일이 폴란드를 침공하자 영국과 함께 독일에 선전포고를 했고, 이어 폴 레노에게 정권을 이양하고 그 내각에서 전쟁장관을 지내다가 1940년 비시 정부에 의해 체포되었다.

아롱　그렇습니다. 프랑스인들이 전쟁을 원하지 않은 것도 옳은 생각이었고요.

볼통　히틀러가 라인란트를 점령한 1936년에는 전쟁 없이도 그를 저지할 수 있지 않았을까요?

아롱　그랬지요. 누구나 알고 있는 사실입니다. 그때라면 아무런 전쟁의 위험이 없었죠. 히틀러는 고위 지휘관들에게 신중하라는 지시와 함께 독일군을 라인란트에 투입했습니다. 만일 프랑스군이 전진했더라면 독일군은 후퇴했을 것이 틀림없습니다. 오늘날에 와서는 누구나 그 사실을 알게 됐죠. 1936년 3월에 역사의 흐름을 바꿔 놓을 수도 있었다는 사실을. 이것이 내 역사철학의 한 부분이 됐습니다. 역사의 흐름을 바꿔 놓기 위해서는 정확한 판단과 약간의 용기만 있으면 됐죠. 그러나 불행하게도 히틀러의 예상은 적중했습니다. 그때 프랑스에는 정부가 없어서 이런 결정을 내릴 수 없었습니다.

미시카　그때 프랑스에 정부가 없었다고요?

아롱　그게 아니라, 1938년에 독일군이 빈에 진주했을 때 프랑스에는 정부가 부재한 상태였습니다. 1936년 3월에는 알베르 사로[23]가 있었죠. 그는 소위 '용납할 수 없다'는 말이 무엇을 뜻하

23　Albert Sarraut, 1872~1962. 급진 사회당 정치인. 1933년 10~11월에 총리, 1936년 1월에 다시 총리가 됐으나 파업과 같은 사회문제, 히틀러의 라인란트 점령과 같은 정치문제로 그해 6월에 사임하고 레옹 블룸의 인민전선 정부에 정권을 이양했다.

는지를 일찍이 우리에게 가르쳐 준 사람입니다. 스트라스부르가 독일의 포화 밑에 놓이는 것을 용납할 수 없다고 그는 말했지만, 그 말은 이미 용납한다는 의미였던 것입니다.

볼통　전전(戰前)에 가장 크고 중요한 마지막 사건은 1938년의 뮌헨 협정이었죠. 결국 뮌헨 협정은 당시 정치인들의 직무유기이고 또 치욕이죠?

아롱　단순하게 말하기 어렵습니다. 그 당시에 나는 생클루 고등사범에서 강의를 하고 있었습니다. 뮌헨 협정 바로 다음 날 나는 프랑스가 한 일, 그리고 우리가 과거에 했던 것이 결코 명예스러운 일이 아니라는 것을 반시간 동안이나 설명하고 나서 강의를 시작했습니다. 그러나 무슨 일이 있어도 전쟁은 피해야 한다고 주장하는 사람들은 참으로 쉬운 방법을 택한 것이라고 나는 덧붙였습니다. 우리가 전쟁을 피한다 해도 히틀러가 전쟁을 일으킬지 안 일으킬지는 아무도 알 수 없다고 말했습니다. 그때 프랑스와 영국이 히틀러의 목표를 저지하려 했음에도 그가 전쟁을 일으켰다는 것을 지금 우리는 압니다. 그러나 군인들의 어떤 음모가 있었다는 것도 역시 우리는 압니다. 내 친구 라우슈니히가 내게 이야기해 준 적이 있습니다. 그러니까 오늘날에 와서도 확실하게 말할 수는 없습니다.

　나는 뮌헨 협정이 곧 전쟁이요 불명예라는 오늘날의 통설과는 좀 달리 생각합니다. 1938년에 전쟁을 반대한다는 것은 사실은 곧 전쟁의 위험을 감수하는 것이었습니다. 그렇다면 1939년

이 아니고 1년 앞서 1938년에 전쟁이 터진다고 해서 더 나을 게 뭐가 있었겠습니까? 그러니 오늘날에도 이러쿵저러쿵 말할 게 못 됩니다. 다만 한 가지 확실한 것은 뮌헨 협정이 결코 명예스러운 것이 아니라는 사실입니다. 그러나 현실정치의 차원에서는 오늘날에도 그에 대해 치열하게 토론해야 합니다. 여하튼 뮌헨 협정에 찬성했는가 반대했는가에 따라서 '좋은' 사람과 '나쁜' 사람을 확연하게 구분짓는 그런 것은 매우 부당하고 또 어처구니없는 것으로 보입니다.

아주 명백한 예를 하나 보여 드리죠. 1938년 뮌헨 협정 후 나는 사르트르와 시몬 드 보부아르와 함께 점심을 든 적이 있습니다. 그 둘은 뮌헨 협정을 찬성했습니다. 평화주의에 의거한 것이었죠. 타인의 생명을 좌지우지할 권리가 그 누구에게도 없다고 그들은 말했습니다. 그런데 그 후에 사르트르는 "뮌헨 협정 지지자는 모두 추잡한 놈들(salauds)이다"라는 구절이 있는 소설을 썼습니다. 뮌헨 협정에 관한 한 누구나 모순적인 견해를 가질 수 있었으며, 또 그 견해 때문에 어느 누구를 단죄하거나 찬양하는 일이 불가능하다는 것을 보여 주는 좋은 예지요.

미시카　그 당시에 IFOP[24]가 뮌헨 협정에 대해 처음으로 여론조사를 했죠. 두 개의 설문이 있었는데, "뮌헨 협정에 찬성하는

---

24 Institut français d'opinion publique. 시장조사나 사회과학적 조사를 위한 민간 여론조사 기구.

가"에는 57퍼센트가 긍정했고 37퍼센트가 부정했습니다. 두 번째 질문 "이제부터 프랑스와 영국은 히틀러의 새로운 요구사항들을 거부해야 한다고 생각하는가"에는 70퍼센트가 긍정, 17퍼센트가 부정했습니다. 이것은 서로 모순적인 대답이 아니겠습니까?

아롱   아니요, 충분히 이해할 만합니다. 테드(에드워드) 케네디가 미국의 대통령 후보가 아니었을 때 그의 인기도는 상당히 높았습니다. 그런데 대통령 후보로 부상하면서 그의 인기는 절반으로 떨어졌습니다. 뮌헨 협정에 대한 이 여론조사도 거의 비슷한 현상을 나타내고 있습니다. 70퍼센트의 프랑스인들이 다음번에는 저항해야 한다고 주장했지만, 그 다음번이란 아직 주어져 있지 않은 상황 아닙니까? 뮌헨 협정 후 프랑스인 대다수가 진짜로 다음과 같이 생각했습니다. "안 돼, 더 이상 이런 식이면 곤란해! 한계가 있어야지!" 그러나 진짜로 저항할 기회가 주어지지도 않았는데 이 저항의 의지가 무슨 의미가 있겠습니까? 그리고 또 그것을 반영하는 여론조사도 무슨 소용이 있습니까?

미시카   찬 뮌헨파와 반 뮌헨파는 그 사람들의 기질에서 나온 겁니까, 아니면 특정 정치세력이나 사회세력에서 나온 겁니까?

아롱   단정하기 곤란하군요. 반 뮌헨파에는 공산주의자들, 그리고 케리이(Kérillis)나 레노 같은 일부 민족주의자들이 있었습니다. 레옹 블룸처럼 뮌헨 협정을 반쯤만 반대한 사람도 있었죠. '비겁한 위안'이라는 말, 잘 아시죠? 찬 뮌헨파는 인민전선을 혐오하

는 사람들이었습니다. 그들이 나치 체제를 지지했다고는 말할
수 없습니다. 그러나 나치 체제에 공감하는 사람들이 그렇지 않
은 사람들보다 더 뮌헨 협정을 지지하기 쉬운 것은 사실이었습
니다. 개인의 기질 문제라고는 할 수 없는 것이, 뮌헨 협정을 지
지했던 사람이 나중에 레지스탕스의 영웅이 된 경우도 있습니
다. 또 뮌헨 협정을 반대했던 사람 중에서 레지스탕스의 영웅이
되지 못한 사람도 많습니다. 대체적으로는 반 뮌헨파가 나중에
레지스탕스의 주류를 형성했지만, 자신 있게 말할 수 없습니다.
아마 그 누구도 그렇게 단언할 수는 없을 겁니다.

　　본질 문제를 이야기해 본다면, 프랑스의 존망이 걸려 있는
그런 중대한 문제에서는 현재의 힘, 다시 말해서 군사력을 우선
점검해 봤어야 합니다. 그때 영국은 스핏파이어(Spitfire) 전투기를
갖고 있지 못했습니다. 싸움에서 영국을 승리하게 만든 이 전투
기를 영국은 1938년에 아직 갖지 못했고 1940년에야 겨우 갖게
되었습니다. 그리고 또 다른 어려움도 있었죠. 그것은 주데텐 지
역에 대한 독일의 요구가 완전히 부당한 것만은 아니라는 사실
이었죠. 왜냐하면 주데텐에는 독일인들이 많이 살고 있었기 때
문입니다. 체코슬로바키아에 독일인들을 그대로 살게 하기 위
해 세계 전쟁을 일으킨다는 것은 뭐랄까, 좀 도덕적인 인사들이
라도 한번쯤은 떠올려 볼 수 있는 문제였습니다. 프랑스의 입장
에서 이 협정은 단순히 명예롭지 못한 것이었지만, 다른 측면에
서 볼 때 베네스[25]는 이것을 거부할 수도 있었습니다.

볼통   그렇지만 협정이 영국, 프랑스, 히틀러 사이에서 서명됐는데 베네스가 어떻게 그것을 거부할 수 있었겠습니까? 그는 정식 대표도 아니고 회의에 초청을 받지도 않았는데요.

아롱   거부할 수 있었습니다. 전쟁이 끝난 후에 베네스가 뭐라고 말한 줄 아십니까? 1946년에 그에게 어떤 손님이 찾아왔습니다. 손님의 이름은 말하지 않겠습니다. 베네스는 창문을 활짝 열고 이렇게 말했습니다. "보십시오. 프라하가 이렇게 고스란히 남아 있습니다. 이건 전적으로 내 덕분입니다."

볼통   그렇다고 칩시다. 아마 협정을 거부할 수 있었겠죠. 하지만 그래 봤자 당신이 아까 말한 대로 고작 전쟁을 1년 앞당기는 결과밖에 무엇이 됐겠습니까? 그것을 1939년 9월까지 연기함으로써 기껏해야 군비 확장을 좀 도왔다는 것뿐이겠죠.

아롱   아니, 그렇지 않습니다. 적어도 2년은 더 연장됐을 겁니다.

미시카   2년 동안에 우리가 군사력을 기를 수 있었을까요?

아롱   그렇습니다. 현대적 전차의 수가 훨씬 많아졌을 것이고 비행기도 마찬가집니다. 아시다시피 1940년의 패배는 단순히 물자의 부족에 기인하는 것이 아니고 근본적으로 군사 전략상의 패배였습니다. 그러니까 1938년에 전쟁이 터졌다면 어떤 일이

---

25   Edyard Benès, 1884~1948. 체코슬로바키아의 정치인. 뮌헨 협정에 책임을 지고 1938년에 대통령직에서 사임하고 1941년 런던에서 망명 체코 정부의 대통령 역임. 1945년에 프라하로 돌아가 다시 대통령이 됐으나 1948년 공산당 쿠데타 후 정계에서 은퇴했다.

생겼을까를 점치는 것은 매우 어려운 일입니다.

미시카 군사적 준비가 전혀 돼 있지 않았던 책임은 인민전선의 사회법에 있나요?

아롱 별로 없죠. 레옹 블룸은 군수산업 분야에 대해서는 주 40시간 노동법의 예외를 인정했습니다. 인민전선 집권 후의 혼란이 몇 개월간 산업노동을 약화시킨 것은 사실입니다. 하지만 인민전선의 정책이 직접적으로 패전에 책임이 있다고는 생각지 않습니다. 그렇게 생각한다면 우스운 일이죠. 인민전선 정부가 군수산업 기금을 위한 여러 법을 통과시켰다는 것도 덧붙여야겠군요. 이런 점에서 인민전선에는 죄가 없다는 것을 인정해 주어야 합니다.

미시카 그러면 군부의 책임은요?

아롱 그것에 대해 여러 번 썼고, 또 아직도 할 말이 많습니다. 하지만 지금은 그럴 계제가 아니라고 봅니다. 1940년의 패배는 본질적으로 군사적 차원의 패배였습니다. 프랑스 군대는 존재했으나 그때와 같은 상황에 대처할 능력이 전혀 없었습니다. 적은 이런 군대와 싸워서 승리를 거둔 것이죠. 1940년의 패전의 책임 소재는 다시 거론하지 맙시다. 그럴 만한 권한이 내게는 없습니다. 특히 이 자리에서 몇 마디로 말해 버릴 성질의 것이 아니죠. 그것에 관해서는 본격적인 논쟁이 있어야만 할 것입니다. 다만 전전의 몇 년간, 전쟁으로 치닫던 그때의 분위기만 이야기한다면 나는 전쟁의 위협만이 히틀러를 저지할 수 있었다고 생각합니다. 그러나 1936년 이후에 히틀러가 다른 상대국들보다 군사적으로 더 강해짐에 따라 전쟁의 위협은 점점 더 효력을 상실해 갔습니다. 히틀러는 전쟁을 원하고, 다른 나라들은 그것을 원하지 않게 됐죠.

사태 전개 속에서 우연이 작용한 부분은 다음과 같은 것입니다. 즉, 1936년부터 전면전의 위협으로밖에는 히틀러를 저지할 수가 없었습니다. 그래서 1938년에 그 위협을 가했는데 그는 우리를 우습게 생각했죠. 그의 생각이 옳았습니다. 우리는 항복했으니까요. 1939년에도 그는 전쟁의 위협을 믿지 않았습니다. 그러나 기습적으로 일어난 전쟁을 그는 받아들였습니다. 왜냐하면 이번에는 그 자신이 전쟁을 원했으니까요. 그러나 그는 철저한 준비 없이 약간 즉흥적으로 전쟁에 뛰어들었습니다. 그가 엄청난 군사력을 쌓았다고 우리가 믿었던 게 진짜 이상한 일이죠. 그건 사실이 아니었으니까요. 프랑스 진격을 시작했을 때 독일에는 비행기가 2천 대도 없었습니다. 1939년에 독일은 전시 동원 체제를 갖추지도 않은 채 전쟁을 시작했습니다. 스탈린그라드 패전 이후에야 전시 동원 체제를 완전히 갖추었죠. 이 모든 것이, 히틀러가 주역이고 다른 나라들이 희생자인 모험담입니다.

볼통　언제부터 평화주의를 내팽개쳤습니까?

아롱　어떤 의미에서 나는 평생 평화주의자입니다. 언제나 전쟁을 혐오했으며, 전쟁에 대한 내 글들도 전부 그런 논조입니다. 그러나 알랭과 같은 의미의 평화주의, 모든 전쟁을 철저하게 배격하는 그런 평화주의는 1932년인가 1933년에 이미 버렸습니다. 알랭은 버트런드 러셀의 다음과 같은 말을 즐겨 인용했었죠. "전쟁을 함으로써 우리가 피하고자 하는 모든 불행은 전쟁 그 자체에 비하면 아무것도 아니다." 1932년인가 1933년부터 나는 이 공식이 틀린 것이라고 생각했습니다. 다시 말하면, 적의 승리라는 결과는 전쟁의 불행보다 훨씬 더 나쁜 것이죠.

볼통 전쟁이 반드시 모든 다른 불행보다 더 나쁜 것은 아니다?

아롱 오늘날 당신들 생각은 어떻습니까? 그 문제에 관해서는 끝없는 논쟁을 벌일 수 있습니다. 만약 히틀러 치하의 독일을 용납한다면 3세대쯤 뒤에 가서는 그 환경도 살 만하다고 말할 수 있을지…….

미시카 전쟁에 돌입하면서도 프랑스는 평화주의적이었습니까?

아롱 반쯤 그랬죠. 전쟁에는 할 수 없이 끌려들어 갔습니다. 하지만 전쟁을 각오하고는 있었을까요? 그건 또 다른 문제입니다.

미시카 전쟁을 피할 수 없다고 생각한 것은 언제부터입니까?

아롱 들어 보시오. 1936년부터 나는 전쟁이 터질지도 모른다고 생각했으나, 곧 그것을 피할 수도 있다는 희망을 갖게 됐습니다. 1938년 이후에, 예를 들어서 A. 코제브 같은 최고의 지성인도 전쟁 가능성을 믿지 않았습니다. 그는 영국의 자본주의가 이미 유럽을 히틀러에게 넘겨줬다고 생각했습니다. 그러므로 1938년 이후에 히틀러가 압도적으로 우세한데 구태여 전쟁을 일으킬 이유는 없다고 생각했습니다. 코제브가 잘못 생각한 거죠. 왜냐하면 국가사회주의는 본질적으로 히틀러라는 인간 그 자체였는데, 코제브는 단순한 개념에서부터, 또 혹은 커다란 기본 세력에서부터 역사를 해석하려 했기 때문입니다. 히틀러가 언젠가 영국 대사에게 한 이야기를 알고 계시죠? "나는 나이가 좀 든 다음에, 다시 말해서 50세나 또는 그 이후에야 전쟁을 하고 싶습니다." 정치활동에 어떤 기상천외한 개인적 성격이 가미되었음을 보여주는 것이죠. 그는 또 가끔 "나만이 이 전쟁을 지휘할 수 있다"고 말했습니다. 그러므로 그가 원숙한 나이에 도달했을 때 전쟁은 필연적으로 터지게 마련이었습니다.

미시카　그 당시에 이것이 개인적인 모험의 차원이라는 것을 감지했습니까?

아롱　어느 정도까지는 그랬습니다. 히틀러주의는 공산주의와 같은 역사적 운동이기보다는 결국 한 개인의 모험으로 보였습니다. 만약 히틀러가 소련과 공산주의를 파괴했다면 히틀러주의는 아마도 역사적 운동이 되었을 것이고 현재와 같은 공산주의의 확대도 없었을 것이라고 말할 사람도 있겠죠. 그러나 어떻든 공산주의에는 좀 더 지적이고 좀 더 이데올로기적인 내용물이 있다고 나는 생각합니다. 하나의 제국을 건설하려면 소련처럼 해야 합니다. 다시 말하면, 모든 인민의 평등을 선언하고 위선적이나마 인민들 자신이 스스로 통치한다고 주장해야 합니다. 그렇게 해서 20세기에 그들은 위선적인 방법으로 하나의 제국을 건설했습니다. 하지만 히틀러처럼 한 종족이 우세하고 그 외의 다른 종족들은 열등하다고 선언하는 것은 좋은 지배 방법이 아니죠. 그건 한마디로 이치에 닿지 않는 일입니다.

미시카 세계대전을 한 인간의 의지에 귀속시키는 것은 역사에서 개인의 역할을 지나치게 높게 생각하는 게 아닐까요?

아롱 내 말뜻은 그런 게 아닙니다. 1차대전 이후에 또 한 번의 대전을 위한 조건은 모두 성숙해 있었습니다. 베르사유 조약(제1차 세계대전을 종식시키기 위해 프랑스의 클레망소, 미국의 윌슨, 이탈리아의 오를란도, 영국의 로이드 조지 등의 대표와 독일 대표가 1919년 6월 28일 베르사유궁에서 서명한 조약 — 옮긴이)에 의해 재편된 유럽 체제는 결코 안정된 것이 아니었습니다. 뱅빌[26]이 말했듯이 "베르사유 조약은 약한 자에게는 너무 강하고 강한 자에게는 너무 약한" 것이었습니다. 독일은 베르사유 체제를 받아들일 수가 없었습니다. 그런데 프랑스의 동맹국들은 너무나 허약했습니다. 소련과 독일 사이에 있는 동유럽 국가들은 소련 아니면 독일에게 제공된 먹이였습니다. 그러므로 1차대전과 같은 세계대전이 다시 일어나는 데 필요한 조건은 모두 갖추어진 셈입니다.

나는 '연쇄 전쟁'이라는 표현을 썼는데, 이것은 1차대전이 2차대전을 이끌고 왔다는 뜻입니다. 그러나 2차대전이 가진 특정한 형태, 그 시기와 양식 등은 대체로 히틀러에게 귀속시킬 수

---

26 Jacques Baimville, 1879~1936. 보수적이며 국수주의적인 프랑스의 역사학자. 바레스와 모라스의 제자로, 프랑스의 왕정을 찬양하는 저서들을 남겼다.

있습니다. 마치 프랑스의 제국전쟁과 혁명전쟁의 책임을 일부 나폴레옹에게 돌릴 수 있듯이 말입니다. 프랑스 군대가 리스본에서 모스크바까지 뻗쳐 있었다는 것은 히틀러의 행적만큼이나 망상적인 것입니다. 더구나 그것도 걸어서 그만큼을 가다니! 나폴레옹이 프랑스인이기 때문에 그것이 국가적 영광이 아니겠느냐고 말하며 모든 사람들이 그것을 정상으로 생각하고 있지만, 그러나 그것은 전혀 정상적인 일이 아닙니다.

볼통   1934년에서 1938년 사이에 독일에 다시 가 봤습니까?

아롱   아니요. 1945년인가 1946년에 전쟁의 폐허 속에서 다시 가 본 적이 있죠.

미시카   전쟁 직전 프랑스의 상황으로 다시 이야기를 돌려 볼까요? 그 당시의 큰 사건은 인민전선이었습니다. 당신은 경제적 관점에서만 이야기했습니다. 그러나 인민전선은 또한 일종의 정신상태이고, 분위기이고, 어떤 이념의 발로가 아니겠습니까? 이러한 열기를 당신은 전혀 갖고 있지 않았던 듯한데, 그건 왜 그렇습니까?

아롱   그 문제를 다시 거론하는군요! 좋습니다. 좌파 인사들에게 인민전선은 위대한 사회사의 한 순간이고 사회개혁의 순간이었습니다. 그들은 분명 대대적인 파업과 노동자들의 흥분, 그리고 유급휴가를 생각하고 있었습니다. 또 노동시간의 단축과 임금 인상도 생각했죠. 몇 주일 동안에는 분명 평화혁명과 비슷한 서정적인 환상이 있었습니다. 그러나 프랑스 국민의 절반은 일종의 무정부 상태와 공장 점거, 그리고 기존 질서의 심각한 동요를 기억하고 있습니다. 우파도 아니고 좌파도 아닌 사람들, 혹은 나처럼 그 둘을 다 포용하고 싶었던 사람들은 서로 상반되는 진한 두 감정을 느꼈습니다. 한쪽 진영에게 이것은 위대한 사회 개혁 운동이요, 또 다른 진영에게는 개탄할 만한 결과를 초래할 어처구니없는 경제 정책이었습니다. 좌익에서 인민전선을 마구 찬양했을 때 그들은 이미 자신들의 패배를 찬양한 것과 같았습니다. 왜냐하면 그로부터 6개월에서 12개월 후에 인민전선은 좌초했기 때문이죠. 그리고 그 실패는 비합리적인 경제 정책 때문이었습니다.

볼통   네, 그러나 그때의 국제 상황도 심각하게 긴박했었죠!

아롱   물론이죠. 하지만 그런 상황까지도 다 고려했어야지요.

볼통   파업이니 공장 점거니 하는 것을 이야기하셨지만, 민주 체제에서는 그런 일이 하나도 이상할 것 없지 않습니까!

아롱   물론이죠. 나는 파업에 반대하는 것이 아닙니다. 다만, 온 나라가 히틀러의 권력 부상에 위협을 느끼고 있는 그런 상황 속에서 프랑스 국민 일부의 정신상태를 말한 것뿐입니다. 프랑스가 섬나라였다면 이야기가 다르겠죠. 하지만 그때 우리는 이미 파국적이라고까지는 말할 수 없어도 정치적으로 매우 위험한 역사적 상황에 놓여 있었습니다.

미시카   한마디로 그것을 '비합리적'이라고 하셨지만, 사회적 지배보다는 인간 해방이 오히려 합리적이 아닐까요?

아롱   아닙니다! 평균 노동시간이 주 45시간이던 시절에 그것을

40시간으로 단축시키는 것은 결코 합리적이라고 할 수 없습니다. 인간의 생활조건을 향상시키기 위해 유동자산의 축소가 필요한 것은 아니었습니다. 그런데 인민전선은 그렇게 했습니다. 그리고 자기들이 좌익이라고 해서, 또 인민의 복지를 원한다고 해서, 그 결과가 명약관화한 경제 조치들을 적용할 하등의 이유가 없는 것이죠. 더 말해 볼까요? 그만 합시다! 당신들은 우리와 다른 세대입니다. 그 시대를 살아 본 경험이 없어요. 나는 지금 내가 말하는 것과 조금도 다름이 없는 그런 상황을 경험했습니다. 다시 말하면 명백한 경제적 과오에 대한 분노, 그리고 영광스러울 수도 있는 한 개혁운동이 다소 비참한 참패로 끝날 것이라는 데 대한 절망감이었습니다. 내 성격은 항상 상반되는 감정에 휩싸이는 것인데, 이 사태에 대한 나의 태도도 그런 것이었습니다.

볼통   하지만 실패의 책임은 그 누구에게 있다기보다는 그 당시의 상황에 있지 않았을까요?

아롱   인민전선의 정책에 내가 동조하지 않았다는 것은 그 이전의 정책을 찬성한다는 이야기가 아닙니다. 그 이전의 정책 역시 똑같이 비합리적입니다. 우익의 일부, 예를 들어 주간지 〈나는 도처에 있다〉, 〈순박한 사람〉, 〈그랭구아르〉의 사람들은 참 무시무시한 극단적 우익이었죠. 그들의 존재는 나를 좌익으로 만들었을 뿐만 아니라 분노에 떠는 미치광이로 만들었습니다. 게다가 1933~36년 사이에 그들의 경제 정책은 경기 침체를 연장시키는 결과를 낳았으며 동시에 인민전선의 승리를 확실하게 해 주었습니다. 1936년의 혼란은 대부분 그 이전의 우익의 어처구니 없는 정책 때문에 야기된 것이고, 또 그것에 의해 정당화되기도 했습니다. 그러므로 나를 좌익이니 혹은 우익이니 하고 일률적으로 분류해서는 안 됩니다! 그렇게 분류하고 싶은 생각이 간절하겠지만 절대 그렇게는 되지 않을 걸요.

볼통   안 합니다. 다만, 프랑스 역사상 그처럼 큰 사회정치적 해방의 순간에 어떻게 당신은 그렇게 아무 흥분이 없었는지를……

아롱   다시 말하거니와 그들은 꼭 필요한 사회개혁을 했습니다. 그러나 그 개혁은 훨씬 전에 이루어졌어야만 했죠. 그리고 또 그 개혁은 별로 운이 좋지 않은 경제 정책과 함께 시행됐습니다. 그러니까 오늘날에도 과거 인민전선의 부정적 요소를 버리지 않고 막연히 사회개혁을 찬양하는 것은 옳지 않습니다. 나와 같은 일부 사람들은 인민전선이 집권한 지 보름 만에 그들 자신이 "경제 정책은 잘못됐다"고 말하던 것을 쉽게 잊을 수 없습니다.

미시카   "좌익은 자신들의 패배를 찬양하기를 좋아한다"고 말한 적이 있죠. 무슨 의미입니까?

아롱   파리 코뮌을 예로 들어 봅시다. 비록 코뮌 참가자 중에는 존경할 만한 사람들이 많이 있지만 모든 점에서 이것은 혐오스럽고 끔찍한 사건입니다. 이 인민 저항은 적어도 한 번 이상 무자비한 방법으로 진압되었고, 프로이센-독일군에게 패한 프랑스 정부군은 독일인들이 보는 앞에서 파리 시민들을 격퇴했습니다. 프랑스 역사에서 그토록 가슴 아픈 사건은 아마 없을 겁니다. 그런데 사람들은 항상 이 사건을 찬양만 하죠. 정말 나는 울고 싶을 정도입니다. 외국 군대에 패한 정부군이 자기 국민과의 싸움에서 승리를 거두는 그런 일보다 더 끔찍한 일이 어디 있겠습니까! 그런데도 사람들은 항상 코뮌의 위대성만 이야기하고 있죠. 코뮌에 참가했던 사람 중에는 훌륭한 사람들이 많이 있습니다. 그건 틀림없습니다! 그러나 프랑스의 한 역사적 사건으로서 그것은 가슴 아픈 일입니다. 당신들은 그렇게 생각하지 않습니까?

볼통   가슴 아프죠. 그러나 내가 가슴이 아프다는 것은 그것이 좌익의 승리 아닌 인민의 탄압으로 끝났기 때문입니다.

아롱   나는 민란(民亂)을 찬양하고 싶지 않습니다. 민란을 혐오합니다. 그리고 코뮌의 내란은 프랑스 역사 속에서 가장 타기할 만한 것입니다. 왜냐하면 수많은 사망자 이외에는 아무것도 얻은 것이 없으니까요.

미시카   1936년에는 뭔가 얻은 게 있나요?

아롱   아, 물론이죠. 우선 인민전선은 끔찍한 사건이 아니었습니다. 그리고 약간의 개혁도 이루어졌고요. 더욱 중요한 것은 우리에게 커다란 추억을 남겨 주었다는 것입니다. 경제학자들은 정책의 실패나 잘못된 조치들을 기억하고 있지만, 일반 민중은 어떤 아련한 추억을 먹고사는 것이 사실입니다. 노동자들이 어떤 해방의 추억에 향수를 느끼며 살고 있다는 것은 인정합니다. 그러나 나는 희극놀음을 할 수는 없어요. 나는 노동자가 아니고 부르주아 가정에서 태어났습니다. 그러므로 나는 부르주아입니다. 그럼에도 불구하고 나는 1937년에 실현된 사회개혁들을 1936년 이전에 열망하고 있었습니다. 인민전선 정부가 성공할 것을 마음속으로 간절히 바랐죠. 그런데 경제적 현실을 조금만 더 파악하고 있었다면 충분히 피할 수 있는, 실패가 뻔히 내다보이는 정책에 대해 나는 절망이라고까지는 할 수 없어도 좀 실망했던 게 사실입니다.

미시카 "우익과 극우파의 신문들이 끔찍했다"고 하셨는데, 무엇이 그렇게 끔찍했습니까?

아롱 모든 것이요. 그 신문들은 증오에서 자양분을 취했고 증오를 살찌웠습니다. 프랑스에 끊임없는 내란의 분위기를 조성했습니다. 레옹 블룸에 대해서나 유대인 좌익 노조 또는 노동자들에 대해서 그들이 이야기하는 내용은 듣는 사람을 거의 미치게 만들었죠. 당신들은 전전의 우익을 잘 모릅니다. 나 같은 사람이 그들과 동조한다는 것은 생각할 수도 없는 일이었어요. 그래서 〈형이상학과 도덕〉이라는 잡지에 인민전선의 오류를 지적하는 글을 썼습니다. 그러나 오늘날의 우익 — 예를 들어 기 몰레[27]나 지스카르 데스탱—에는 동조할 수 있습니다. 아마 당신들은 동조할 수 없겠지만 나는 그것이 가능합니다.

---

27 Guy Mollet, 1905~1975. 프랑스 정치인. 1946년에서 1969년까지 사회당 사무총장을 지내면서 제4공화국에서 몇 번이나 중재자의 역할을 담당했고, 1956년에 총리를 지냈다.

전쟁 전의 우익은 경제적 현실을 잘 몰랐을 뿐만 아니라 자신들의 권력이나 기득권 수호에만 열을 올렸죠. 그들은 아직 현대 경제의 기본, 즉 성장을 이해하지 못했습니다. 그러므로 그들은 오늘날의 우익과 본질적으로 다릅니다. 모라스적 우익의 자취는 별로 남은 게 없습니다. 신(新)우익은 어떤가는 또 별개의 문제죠.

볼통 그때의 우익이 끔찍하다고 하시는데, 독일에서 돌아온 후 프랑스에도 파시즘의 위험이 있다고는 생각하지 않으셨다면서…….

아롱 이런 이유에서였습니다. 즉, 선거에서 국회의원으로 뽑힌 우익 정치인들이 모두 온건하며 비(非)과격파였기 때문입니다. '불의 십자가'(우익 단체 이름)는 전혀 파시스트가 아니었습니다. 그 구성원들은 모두 과거의 전우들이었습니다. 라로크 대령[28]도 파시스트의 우두머리가 될 만한 카리스마적 인물이 아니었습니다. 어떤 선거에서는 우익이 압승을 한 적도 있었죠. 그러나 그것은 파시스트 우익이 아니었습니다. 적당한 말로 표현해 본다면 그 당시 우익의 지도자들은 자신의 이익이 무엇인지조차 의식하지 못하고 그저 단순히 자신의 지위에만 연연하던, 좀 머리가 모자란 사람들이었습니다. 그런데 극우파나 파시스트 중에는 지적인 사람들이 많이 있었습니다. 그들은 어떤 파벌을 이루고 있었지

---

28 François La Rocque, 1885~1946. 군인이며 정치인. 1918년에 프랑스 사상 최연소 사령관이 됐다. 1928년에 예편해 정치에 투신, '불의 십자가' 총재가 됐다.

요. 하지만 파시즘을 표방하는 대(大)정당은 없었습니다. 국가사회주의 정당이 대거 진출한 독일의 선거와 비슷한 선거가 프랑스에서는 없었습니다. 독일에서 있었던 것과 같은 국가사회주의의 화(禍)가 그 당시의 프랑스에는 없었다고 내가 말하는 것은 이런 의미에서입니다.

미시카 전쟁 전 프랑스의 상황을 묘사하는 당신의 이야기를 들으면 아무런 자아의식도 없이 궁지에 몰려 있는 한 나라의 모습이 떠오르는군요.

아롱 아니죠, 쇠퇴해 가는 한 나라의 모습입니다. 1930년대에 나는 프랑스가 멸망의 심연 속으로 떨어지고 있다는 기분, 프랑스가 몰락하고 있다는 절망감 속에서 살았습니다. 전쟁의 참화를 미리 예견할 수도 있었죠. 여하튼 프랑스는 더 이상 존재하지 않았습니다. 이제는 프랑스인들 상호간의 증오에 의해서만 그 명맥이 이어지고 있었습니다.

미시카 그런데 왜 그런 쇠퇴의 길을 걷게 됐을까요?

아롱 아, 그건 잘 모르겠습니다. 몇 마디로 대답할 수 없습니다. 다만 나는 전쟁을 피해야겠다는 강박관념과 깊은 슬픔 속에서 그 쇠퇴의 현장을 밀도 있게 경험했습니다. 그때 나는 좌익 인사들에게 말해 주고 싶었습니다. 꼭 전쟁을 해야 한다면 그 적은 다른 프랑스인들이 아니라 나치 독일이라고요. 전혀 상황을 이해하지 못하고 있는 우익 인사들에게도 똑같은 말을 해 주고 싶었습니다. 내 평생 언제나 그랬듯이 나는 내 생각을 다른 사람들에게 표현할 기회도 별로 없이 두 진영 사이에 끼어들게 되었습니다. 내 주위의 많은 프랑스 사람들도 이 나라의 몰락을 알고 있었습니다. 나중에 파시스트가 됐거나 또는 전쟁중에 대독(對獨) 협력을 한 사람들을 단죄할 때 그들의 정상을 참작해 준 근거가, 그들이 1930년대에 프랑스의 쇠퇴를 막으려고 투쟁했다는 것입니다. 예를 들어서 드리외 라로셀[29] 같은 사람에게 파시즘은 프랑스의 몰락을 막아 주는 한 방법이었습니다. 국가사회주의의 유럽 안에서 프랑스의 지위를 되찾으려는 한갓 꿈이었죠. 그러나 그것은 바보 같은 것이었습니다.

미시카 절망과 슬픔이 당신의 청춘 시대의 지배적 감정이었습니까?

아롱 1930년대에는 그랬습니다. 그러나 그때 나는 젊었고 한 개인으로서는 행복했습니다. 가족과 친구들에 둘러싸여 행복하게 살고 또 자신의 일에 만족하면서 동시에 한편으로는 국가의 몰락에 절망을 느낄 수 있는 것입니다. 1930년대를 회고해 보면 그 양쪽의 감정을 동시에 진하게 느꼈습니다. 에리크 베이유, A. 코제브, A. 쿠아레, R. 마르졸랭, 말로, 사르트르 등 내 친구들은 모두 탁월한 지식인이고 모두들 뭔가 했으며 어떤 명성을 얻었

---

29 Drieu La Rochelle, 1893~1945. 프랑스의 작가. 프랑스의 몰락이라는 감상에 젖고 구질서에 향수를 느껴 파시즘에 열렬히 가담하고 독일 점령군에 협력했고 1945년에 해방이 되자 자살했다.

습니다. 우리는 코제브와 함께 세계의 역사를 논했고 마르졸랭과 함께 경제 재건을 논했습니다. A. 쿠아레와 에리크 베이유는 아주 높은 수준의 철학자들이었습니다. 그들도 역시 깊은 절망감을 갖고 프랑스의 몰락과 전쟁의 예감을 느꼈습니다. 그 이상 무엇을 말할 수 있겠습니까? 1930년대와 같은 눈부신 지적 분위기와 뜨거운 우정의 열기를 나는 그 후에 다시 경험할 수 없었고, 또 동시에 그토록 지독한 역사적 절망감도 그때 이후에는 느끼지 못했습니다. 왜냐하면 1945년 이후에 프랑스는 변했으니까요. 하지만 또 다른 역사가 시작되었죠!

2

어두운 시대, 1940~1945

a) 런던으로

미시카　1939년 9월에 전쟁이 터졌습니다. 당신도 군에 입대했나요?

아롱　물론이죠. 나는 기상(氣象)관측대에서 군복무를 했습니다. 별로 영광스러운 자리가 아니었죠. 사르트르도 내 후임으로 거기서 복무했습니다. 샤를빌 근처에 있는 OMI라는 기상관측소였습니다. 몇 주 후에 중대장과 소대장이 다른 곳으로 배속돼 갔기 때문에 나는 대원이 12명에서 15명쯤 되는 분대의 분대장이 됐습니다. 나의 상관인 중대장과 소대장은 모두 기술자들이었죠. 우리는 전쟁이 계속되는 얼마 동안 거기 머물러 있었습니다. 조그만 기구를 띄워 올리는 일밖에는 별로 한 일이 없습니다. 그래서 내 일을 할 수가 있었죠. 엘리 알레비[1]의 『사회주의의 역사』를 읽고 요점을 정리했습니다. 마키아벨리 연구도 했습니다. 그것은 내가 전쟁 전에 착수했던 작업입니다.

얼마 후, 내가 있던 장소에 공격이 개시됐습니다. 몇 주 동안의 전투와 후퇴는 정신적으로 견딜 수 없는 것이었습니다. 자신이 완전히 쓸모 없는 인간, 아무것도 할 수 없는 인간으로 생각됐습니다. 이어서 퇴각하는 부대와 휩쓸렸고, 피난하는 민간인과 합류했습니다. 그때의 몇 주간이 얼마나 고통스러웠는지는 경험해 보지 못한 사람은 알 수 없을 겁니다.

미시카   상부로부터 명령은 받았겠죠?

아롱   아, 항상 받은 것은 아닙니다. 독일군이 오는 것이 보이거나 또는 그런 감이 오면 퇴각합니다. 포로로 잡히지 않은 건 순전히 운이었어요. 우리는 루아르강을 건너서 지앵으로 갔습니다. 폭격을 받아 부상자가 2, 3명 나왔습니다. 하늘에서 폭탄이 비 오듯 하는데 우리는 그저 속수무책으로 아무 일도 못하고 있었습니다. 그때 기상분대가 가진 무기라고는 1885년이나 88년식 소총이 전부였습니다. 독일군은 한 번도 보지 못했어요. 우리 위 상공을 선회하는 비행기들을 보긴 했지만, 1885년식 소총을 가지고 그것을 격추시킨다는 것은 말도 안 되는 일이었죠. 그때 나는 일종의 수치심과 분노를 느꼈습니다. 그런 시대에 그런 조건

---

1   Elie Halévy, 1870~1937. 프랑스의 역사학자, 정치 저술가.

속에서 산다는 것은 참을 수 없는 일이었죠.

6월 20일인가 22일에 우리는 보르도 근처에 당도했습니다. 그때 페탱 원수의 연설을 들었습니다. 좀 불분명하지만 그때가 어렴풋이 기억납니다. "전쟁을 끝마치기 위해 노력할 것이다"라고 그가 말한 것 같습니다. 그러나 그 '노력'이라는 말은 아마도 내 상상의 소산인 듯합니다. 하여튼 나는 오토바이를 하나 얻어 타고 아내가 있는 툴루즈로 갔습니다. 거기서 영국으로 떠나기로 결심하고, 아내의 동의를 얻어 마침내 6월 26일에 영국에 도착했습니다.

볼통 라디오에서 페탱 원수의 연설을 들었을 때, 어떤 기분을 느꼈습니까?

아롱 주위의 모든 프랑스인들과 똑같은 감정이었죠. 나는 차라리 안도감을 느꼈습니다. 싸움에서 패한 군인들, 그리고 가족끼리 서로 헤어진 프랑스인들 속에서, "휴전을 하다니, 끔찍한 노릇이로군!" 하고 말한다는 것은 매우 어려운 일이었습니다. 분노와 동시에 연민을 느꼈다는 게 솔직한 심정이었죠. 일반 사람들과 마찬가지로 그 비겁한 안도감을 갖지 않을 수 없었습니다.

그러나 휴전이 비록 전쟁의 임시적인 종말이 될 수는 있어도 그것이 곧 종전을 뜻하지는 않는다는 것을 나는 알았습니다. 그때 권력을 잡은 페탱 정부에 대해서 나는 아무런 환상도 갖지 않았습니다. 그 정부는 소위 '주전론(主戰論)'에 반대하는 프랑스인들, 그리고 독일과의 화해를 지지하는 프랑스인들을 대변하고 있었습니다. 그런데 그해 6월에 나를 사로잡고 있던 의문은 '영국이 1940년 여름 동안 버틸 수 있을 것인가?' 하는 것이었습니다. 내가 1940년 6월에 영국을 향해 떠난 것은 전쟁을 향해 떠난 것과 마찬가지였습니다. 떠나고 싶어 한 사람들의 생각이 모두 그랬죠. 그러나 내 주위에는 떠난 사람이 매우 적었습니다.

볼통   1940년 6월에 휴전이 선포됐을 때 페탱 원수에 대한 당신의 감정은 정확히 어떤 것이었습니까?

아롱   분노하거나 화를 내기보다는 진지하게 생각하려고 애썼습니다. 페탱은 프랑스 국민 대다수의 지배적 감정을 표현하고 있는 사람으로 보였지요. 툴루즈에 도착해 아내와 친구들을 다시 만났을 때, 그곳의 분위기는 전혀 딴판이었습니다. 왜냐하면 이미 내 주위의 사람들은 레지스탕스 투사들이었으니까요. 예를 들어 캉길렘 같은 친구는 이미 6월 22, 23일부터 휴전에 반대하고 있었습니다. 하지만 그는 사실 몇 구역 건너에서 군인과 민간인이 후퇴를 계속하고 있는 그 국가적 참화를 잘 모르고 있었던 것이죠.

미시카   패주의 길을 따라온 당신은 혼자 뒤처져 뭐가 뭔지 모르겠다는 기분을 느꼈겠죠?

아롱   아니요, 전혀. 프랑스군의 가장 강한 사단이 벨기에에서 패했다는 것을 알았을 때부터 패전은 분명해 보였습니다. 전투를 시작한 지 한 10여 일 후에 그 소식을 들었죠. 나처럼 아무런 정보도 갖지 못한 사람들은 10일 후에 그것을 알았습니다. 솜에서의 저항은 성공할 수가 없었습니다. 독일군은 그때 수적으로나 군수 물자의 면에서 월등하게 앞서 있었습니다. 가장 강한 사단을 이끌고 벨기에와 네덜란드로 서둘러 달려간 것이 패배의 원인이었습니다. 그들은 전장에서 싸워 패한 것이 아니라 포위됐던 겁니다. 그 순간부터 모든 게 끝장 난 것이죠.

미시카 어찌해서 그토록 막강한 프랑스군이 4, 5일 만에 그런 전투에서 패할 수 있었을까요?

아롱 예나의 프로이센 군대는 나폴레옹을 맞아 24시간 만에 완전히 참패하고 말았습니다.[2] 1940년에 프랑스에는 한 100여 개 사단이 있었죠. 그건 대단한 것입니다. 그러나 특공대가 벨기에에서 패함으로서 승패는 진작에 판가름 났죠. 그것은 고전적인 포위전술에 의한 것이었습니다. 1914년의 슐리펜[3] 계획도 벨기에를 거쳐 프랑스군 전체를 포위한다는 것 아니었습니까? 1940년에 폰 만슈타인 원수는 아르덴 숲 횡단을 결정했고 결국 프랑스군과 영국군은 다른 군대로부터 고립됐습니다. 그 뒤의 이야기야 별로 중요한 게 아니죠. 그러나 러시아(소련)는 전

---

2 Jena는 동부 독일의 도시. 1806년 10월 14일에 나폴레옹은 이곳에서 프로이센 군대를 크게 이겼다. 이 승리는 나폴레옹에게 베를린으로 가는 길을 열어 주었다.

3 Alfred Schlieffen, 1833~1913. 독일군 원수. 1차대전 당시 그의 '슐리펜 계획'은 동부 프랑스의 강력한 군대의 힘을 약화시키기 위해 우선 벨기에를 침공하는 우회 전술을 포함하고 있었다. 1914년에 몰트케의 독일군이 이 전술을 변형해 채택하여 초기에 성공하는 듯하다가 마른 전투에서 패퇴하고 말았다.

투가 시작된 지 2주 만에 프랑스가 잃어버린 사단보다 훨씬 많은 수의 사단을 잃어 버렸습니다. 그 사실을 잊어서는 안 됩니다. 100~150개 정도의 사단이죠. 진실을 말하자면 독일군은 다른 모든 군대들보다 엄청나게 우세했습니다. 그러나 결국 (1940년 레닌그라드 전투에서) 독일군은 1812년(러시아 원정)의 프랑스군처럼 겨울이라서, 먼 거리 때문에, 그리고 아직도 약간 원시적인 소련의 특징 때문에 패하고 말았습니다.

볼통 영국에 도착해서는 무엇을 발견했습니까? 패닉이었나요?

아롱 아니요, 전혀 그렇지 않았습니다. 내가 떠나온 프랑스에서는 전 국민이 거리에서 방황했고, 여기저기에 폐허와 절망이 깔려 있었습니다. 그때 나는 영어도 거의 몰랐어요. 그런데도 나는 어떤 선량한 영국인이 이런 격려의 말을 하는 것을 알아들을 수 있었습니다. "크리스마스까지는 당신네 나라를 되돌려 줄 수 있을 것이오." 영국은 그때가 '가장 좋은 시절'이었고 또 가장 영광스러운 시기였던 게 사실이지만, 여하튼 일반 민중은 위험을 전혀 느끼지 못하고 있었습니다. 언제나처럼 잔디는 나무랄 데 없이 잘 손질돼 있었고, 섬 안에서 영국인들은 너무나 평온하게 살고 있었습니다. 그러나 프랑스에서 온 나의 눈에는 전쟁의 위협을 받고 있는 나라가 이렇게 평온할 수 있다는 게 놀랍기만 했습니다.

볼통 영국으로 향하기로 결심했을 때, 드골 장군의 호소를 들은 뒤였습니까? 그러니까, 드골의 휘하에 들어가기 위해 영국으로 향했나요?

아롱　개인적으로 그의 얘기를 들은 적은 없습니다. 툴루즈에 들렀을 때 그 얘기를 처음으로 들었어요. 영국으로 가는 배 안에서는 물론 들었죠. 그러나 당시는 "드골과 합류하기 위해 떠난다"거나 단순히 "영국으로 떠난다"는 식으로 말할 수 있는 계제는 아니었습니다. 밖으로 나가 싸움을 계속하려는 사람들과 함께하느냐, 아니면 체념하고 프랑스에 눌러앉느냐의 문제였을 뿐이죠. 물론 잘못된 생각이었습니다. 왜냐하면 프랑스는 체념하고 주저앉아 있지만은 않았으니까요. 레지스탕스도 있었고, 또 다른 현상들도 있었습니다. 그러나 그 순간에 주어진 선택은 전쟁을 계속하는 사람들을 도울 것인가, 아니면 고국으로 돌아갈 것인가 하는 문제였습니다. 나는 내 아내와 함께 첫 번째를 선택했습니다.

볼통　어떤 경로로 프랑스를 떠났습니까?

아롱　보르도 근처에 왔을 때 우리 분대에서 탈영해 베이욘으로 가서 하룻밤 잤습니다. 내가 잔 곳은 파리 은행의 온갖 돈을 실은 기차였습니다. 너무 코믹하고, 한편으로는 철학적이기까지 했습니다. 그 재난의 순간에 유동자산이라는 게 얼마나 덧없어 보였던지. 화폐에 친근감을 느껴 본 것은 그때가 처음이었습니다. 베이욘에서 생장드뤼즈로 갔죠. 아마 자동차로 갔을 겁니다. 거기에는 영국으로 떠나는 폴란드군 사단이 있었습니다. 나처럼 보잘것없는 10여 명의 사람들과 함께 폴란드인들에 섞여 배에 올랐습니다. 배 이름은 에트리크호였습니다. 휴전 방송을 들은 것은 그곳에서였습니다. 놀라운 일은 결코 아니었죠. 협상을 시작했을 때 이미 그런 결과를 예상했으니까요.

그 후 런던의 올림피아 홀에 수천 명의 프랑스 군인이 모였습니다. 우리는 어떤 수용소에 이송되었는데, 거기서 한 영국 장교가 한 사람 한 사람에게 "프랑스로 되돌아가고 싶습니까?" "영국에서 민간인으로 남아 있고 싶습니까, 아니면 영국 군인으로 있겠습니까?" "드골파 운동에 참여하겠습니까?" 등의 질문을 했습니다. 물론 나는 드골 운동에 참여했죠. 7월 초였습니다.

미시카   다른 프랑스인들은 어땠습니까? 많은 사람들이 영국에 머물기를 원했나요?

아롱   거기 있던 사람 중에는 극소수였습니다. 대부분이 프랑스로 되돌아가고 싶어 했죠. 그들은 전쟁이 끝난 것으로 생각했던 겁니다. 프랑스는 전쟁에 패하고 점령됐지만, 하여튼 전쟁은 끝났다는 것이죠. 그들은 영국으로 가기 위해서, 또는 드골을 만나기 위해서 영국으로 온 것이 아니었습니다. 덩케르크나 불영해협의 다른 항구들에 있다가 독일군에 포위돼 더 이상 프랑스 영토 안에서는 퇴각할 길이 없었기 때문에 영국으로 간 사람들입니다. 그렇다면 얼마쯤이나 영국에 남았을까? 잘 알 수는 없지만 그리 많지는 않았습니다.

나는 전차부대에 들어갔습니다. 그중에는 나중에 유명하게 된 사람이 둘 있었습니다. 하나는 나중에 노벨상을 받은 프랑수아 자코브였습니다. 그 당시에는 의과대학생이었죠. 또 한 사람은 장관이 된 갈레이였습니다. 나는 기상관측대의 그 따분한 추억 때문에 전차부대에 지원했습니다. 그러나 사람들은 전차부대에 있기에는 내 나이가 너무 많다고 생각했습니다. 글을 쓸 줄도 알고 계산도 할 줄 알았으므로 나는 전차부대 회계로 배속됐습니다. 몇 주 동안 파운드, 실링, 펜스를 계산하기 바빴죠. 프랑스인에게는 좀 힘든 이 계산(프랑스 돈 1프랑이 100상팀인 것과 달리, 당시 영국의 1파운드는 20실링, 1실링은 12펜스로 십진법이 아니었다 — 옮긴이)에 곧 익숙해졌습니다. 그러나 나는 이 일이 마음에 안 들었습니다.

미시카　거기서는 어떻게 나왔습니까?

아롱　전쟁 동안의 나의 운명, 아니, 아마도 내 평생의 운명이 한 사람과의 만남으로 완전히 뒤바뀌었습니다. 드골 사령부의 공병대장이던 앙드레 라바르트라는 사람이 나의 책을 읽었습니다. 어느 날 그가 런던으로 자기를 찾으러 오라는 편지를 내게 보냈습니다. 드골 장군이 그에게 프랑스어 잡지를 하나 만들도록 지시했기 때문입니다. 나는 서아프리카 프랑스군에 합류할 런던의 프랑스인들과 함께 다카르로 떠날 예정이었는데, 그 사흘 전에 라바르트를 만나러 갔습니다. 런던에서 그는 끈질기게 나를 설득했습니다. "전차부대의 회계야 아무라도 할 수 있는 것 아니오? 프랑스어 잡지가 꼭 하나 필요한데 당신 없이는 그것을 할 수가 없소" 등등이었습니다. 나는 생각해 볼 시간을 달라고 말했죠. 두 가지 상반된 생각 때문에 쉽게 결정을 내릴 수가 없었습니다. 하나는 내가 전투를 하기 위해 영국으로 왔다는 것이고, 또하나는 그 시기에 잡지를 만든다는 것도 매우 보람 있는 일이라는 생각이었습니다. 왜냐하면 그때는 프랑스 바깥에서 프랑스의 존재가 너무 희미했기 때문이죠. 내 자신도 정확히 알 수 없는 어떤 충동에 이끌려 나는 이 잡지 일에 손을 대기로 결심했습니다.

볼통   잡지 이름을 기억합니까?

아롱   〈자유 프랑스〉였습니다. 잡지는 영국에서 큰 반향을 일으켰고 또 전 세계로 배포되었기 때문에 곧 유력한 잡지가 됐습니다. 그때 독일군이 점령하고 있던 프랑스에서는 몇 년 동안이나 아무것도 외부로 나오지 못했었죠. 장폴 사르트르도 〈콩바〉지에 이 잡지에 대한 기사를 썼을 정도입니다.

프랑스에 매우 잘 알려진 영국의 탁월한 혁명사학자 콥을 요 며칠 전에 만났더니 그는 "당신을 만나본 적이 있습니다. 전쟁중에 〈자유 프랑스〉로 당신을 만나러 갔었죠. 그때 그 잡지는 유일하게 프랑스의 지성을 나타내 주는 것이었습니다"라고 말하더군요. 그 몇 년 동안 그 잡지의 독자였다는 겁니다. 처음에는 드골파 항독 투쟁의 기관지로 출발했죠. 그러나 곧 그 운동과는 얼마간의 거리를 유지하게 됐습니다. "이 잡지를 우리가 좋아했던 것은 그것이 선전용 잡지가 아니었기 때문이었죠"라고 콥은 그때를 회상했습니다.

볼통   당신이 총책임자였습니까?

아롱 아니요, 라바르트였습니다. 하지만 일은 내가 더 많이 했죠. 그는 섭외 부분만 맡았습니다. 월간이었는데 2, 3명이 주로 만들었습니다. 그중에는 스타로라는 사람도 있었습니다. 체코 테셴 지방 출신으로 1차대전에도 참가했고 꽤 오랫동안 공산주의자였는데 그 후에 철저한 반공주의자가 됐습니다. 상당히 재능이 있는 사람이었습니다. 군사전략 상식이 특히 뛰어나 항상 클라우제비츠[4]를 인용하곤 했지요. 내가 클라우제비츠의 사상과 접한 것은 이것이 두 번째였는데 전적으로 그 덕분이었습니다(첫 번째는 전쟁 전에 독일에 체류할 때였습니다). 스타로의 군사 관계 기사는 영국의 신문이나 잡지에 나는 기사 중 가장 탁월한 것이었습니다. 전문가들도 그의 기사를 주의 깊게 읽었죠. 그는 가끔 25페이지씩 독일어로 기사를 쓰기도 했습니다. 그러면 내가 그것을 번역하고 간추려서 다시 쓰곤 했죠. 〈자유 프랑스〉 창간호에는 스타로의 내용에 나의 문체가 혼합된 프랑스의 패전 기사가 실렸습니다. 드골 장군이 그 기사를 읽었습니다. 여백에 장군의 메모가 씌어 있는 타자본 잡지를 나는 지금도 간직하고 있습니다.

볼통 그 분석 내용을 장군도 옳다고 생각했나요?

---

4 Karl Clausewitz, 1780~1831. 프로이센의 장군이며 군사이론가. 러시아군 장교로 나폴레옹 군대와 싸웠고, 워털루 전쟁에서 탁월한 역량을 발휘했다. 그의 저서 『전쟁론』은 근대 군사이론에 지대한 영향을 끼쳤다.

아롱   네, 좋은 문장 옆에는 마치 학교 선생이 하듯이 'B'자를 써 놓았습니다. 좋다(bien)는 뜻이죠. 예를 들어 "프랑스는 훌륭한 도로망과 전략적 군대를 갖고 있다"는 문장 옆에 'B'라고 써 넣었습니다.

볼통   아주 좋다(très bien)는 뜻의 'T. B'는 없고요?

아롱   없었습니다. 그의 평가는 'B'를 넘지 않았죠.

볼통   그러니까 그 스타로라는 사람과 당신이 있었군요. 또 한 사람은 누구입니까?

아롱   라바르트가 있었고, 그리고 르쿠트르라는 이름의 여자가 하나 있었습니다. 섭외에 탁월한 재능을 갖고 있었죠. 그 외에도 그녀가 모든 기사를 읽고 교정을 봤습니다.

매호마다 내가 쓴 사설과 기사가 하나씩 있었습니다. 그 기사들은 모두 『폭군에 대항하는 인간』이라는 내 책에 수록됐습니다. 그 책은 미국에서 먼저 출판되고 나서 프랑스에서 출판됐죠. 그 당시 프랑스에서 일어나고 있는 일에 대한 분석 기사도 있었습니다. 이 글들이 『휴전에서 전 국민 봉기까지』라는 제목의 내 저서가 됐습니다. 그 외 여러 기사들이 있었는데 우리는 나중에 여기저기서 그 기사들을 인용하곤 했죠.

그러던 중에 우리는 1943년 런던에서 두 작가를 발견해 냈습니다. 쥘 루아와 로맹 가리[5]였습니다. 나는 로맹 가리의 첫 번째

---

5   Romain Gary, 1914~1981. 러시아 태생의 프랑스 소설가.

소설 『유럽의 교육』의 첫 번째 독자였습니다. 그 소설을 읽고 무척 감동했었죠. 그 이후 지금까지 나는 그와 우정을 맺고 있습니다.

미시카 점령된 프랑스에 대한 당신의 도덕적 감정은 어떤 것이었습니까?

아롱 1940년에서 41년의 겨울에는 도덕적인 죄의식을 느끼지 않게 됐습니다. 왜냐하면 프랑스에서는 폭격이 그쳤는데 런던은 그제서야 폭격이 시작됐으니까요. 하지만 1943년에 쥘 루아나 로맹 가리와 이야기를 나누면서 나는 분명 어떤 모멸감을 느꼈습니다. 다른 사람들은 프랑스 상공에서 전투기를 조종하며 생명의 위험을 무릅쓰고 있는데 나는 아무런 위험 없이 안전하게 있다는 것이 몹시 수치스러웠던 거죠. 이런 관점에서 보면 가장 편안했던 망명 시기가 나에게는 가장 괴로운 '집중포화'의 시기였습니다.

볼통 왜요? 여하튼 그때는 혼란과 폭력의 시대 아니었던가요?

아롱 아니요, 그건 별로 문제가 아니었습니다. 그 시절에 대한 이야기는 모두 다소 과장돼 있어요. 밤마다 런던이 폭격을 당하는데 좀 기분이 나쁘긴 했지요. 하지만 1943년과 44년의 연합군의 폭격에 비하면 그건 아무것도 아니었죠. 그 시기에 런던에 가해진 폭격 중 가장 규모가 컸던 두 번의 폭격은 500톤급이었습니다. 그런데 1943년이나 44년에는 500톤은 보통 정도밖에 되지 못했습니다. 그리고 런던 같은 도시에서는 개인이 폭격당할 위험은 매우 적었습니다. 내 친구가 말했듯이 나는 '확률의 보호

속에서' 침대 안에 가만히 엎드려 있었습니다.

미시카   방공호로 피하지는 않았고요?

아롱   한 번도요. 나는 오히려 그 집중포화 속에서 잠을 더 잘 잘 수 있었습니다. 그 이유는 물론 심리학적으로 즉각 설명할 수 있죠. 잠을 잘 잘 수 없는 건 심리적 불안감이 있기 때문인데, 그런 사람은 차라리 아주 위험한 상황에서 오히려 잠을 더 잘 잡니다. 그래서 나는 폭격 속에서 잠을 잘 잤습니다.

b) 드골과 페탱

미시카   그 시절에 드골 장군과의 관계는 어땠나요?

아롱   처음에는 그저 그런 관계였죠. 나는 언제나 좀 뒤에 숨어 있는 편이었거든요.

볼통   왜요?

아롱   유대인이라서요. 앞에 나서야 할 필요성도 없었고요. 게다가 나는 다른 필명을 쓰고 있었습니다. 내 아내가 계속 프랑스에 머물고 있었고 내 봉급으로 생활을 하고 있었으므로 내가 런던에 있다는 사실이 프랑스 정부 당국에 알려져서는 안 됐기 때문입니다.

드골 장군과 가장 긴밀한 관계를 가졌던 것은 물론 라바르트였습니다. 처음에는 그 관계가 매우 우정에 넘치는 것이었는데 차츰 서로 혐오하는 관계로 바뀌고 말았습니다. 라바르트는 뮈즐리에 제독과 아주 가까운 사이였고, 따라서 뮈즐리에와 드골의 불화에 끼어들게 되었습니다. 나도 역시 이 불화에 약간 개입됐었고 그것에 관한 좀 고통스러운 추억도 갖고 있습니다. 그것은 망명자들 사이의 싸움이었지만 그 배경에는 심각한 정치적 이견이 있었습니다. 예를 들어서 내 개인적으로는 휴전이 성립되고 연합군이 북아프리카에 상륙한 그 시점에 드골파 운동이 임시정부로 탈바꿈하는 것에 찬성할 수가 없었습니다. 연합군이 북아프리카에 도착하면—나는 그들이 북아프리카를 거쳐 유럽 탈환을 시작할 것이라고 확신했었습니다—비시 정부나 그 군대가 연합군과 접촉해 다시 전투를 시작해 줄 것이라는 막연한 희망을 나는 그때 갖고 있었습니다. 따라서 나는 비시 정부를 극렬하게 비난하는 드골파의 선전이 나의 희망과는 반대 방향으로 가고 있다고 애석하게 생각하고 있었습니다. 그 시기에는 어떻든 이쪽과 저쪽의 프랑스인들이 화해를 해서 내란을 막는 것이 가장 바람직한 일이었죠. 마침내 그것은 이루어졌습니다. 그러나 북아프리카에서였죠. 그곳에 있는 프랑스 군대가 드골파와 연락을 갖고, 또 한데 합쳤습니다.

한편 런던에서 나는 비시 정부와 런던 정부에 동시에 파견된 특이한 외교관과 알게 되었습니다. 캐나다 대사인 뒤피였습니다. 그는 정기적으로 비시 정부 내의 여러 경향과 또 그가 비시 정부 사람들과 함께 나눈 대화들을 나에게 전해 주었습니다. 그것은 1942년 11월 11일까지 계속됐습니다. 1940년에는 모든 열강들이 비시 정부에 대사를 파견했다는 것을 잊어서는 안 됩니다. 미국도 그랬고 소련도 그랬습니다. 그러니까 드골 장군은 오로지 몇천 명의 프랑스인들과 자기 이름, 그리고 강한 웅변으로 프랑스 국가의 정통성을 주장했던 것이죠. 그런데 바다 건너 본토에는 해군도 있고, 주권도 있고, 페탱 원수도 있었습니다. 따라서 나중에 드골에게 소급적으로 국가 정통성이 주어지는 것은 그 당시로서는 받아들이기 힘든 것이었습니다.

미시카 결국 드골과 당신의 불화는 비시 정부의 정통성 때문이었던가요?

아롱 아니요. 왜냐하면, 의회의 동의를 얻었다는 점에서 비시 정부의 정통성은 의심의 여지가 없었으니까요. 그러나 독일군이 너무 가까이 있었으므로 그 정통성은 좀 불안정했던 게 사실입니다. 의회의 승인이 비시 정부의 정통성을 인정하는 결정적 요인은 아닙니다. 거의 온 세계 국가들이 비시 정부를 승인했다는 게 결정적 요인이죠. 그리고 또 프랑스 군대의 고급 장교들, 해군, 그리고 영토가 그쪽에 있었다는 것도 비시 정부의 정통성을 돕는 것이었죠. 이런 모든 이유들 때문에 연합군과 합류해야만 했습니다. 결코 비시 정부에게만 그 일을 맡겨 둘 수는 없었죠. 그런데 시리아 전쟁 이후 드골파와 대항해 싸우던 비시 정부군의 대부분은 드골의 휘하에 들어오기를 거부했습니다. 물론 비시 정부와 드골 사이의 이러한 싸움이 드골만의 책임은 아닙니다. 그렇게 말한다면 그건 사리에 어긋나는 일입니다! 여하튼 프랑스인들은 1940년 6월부터 같은 국민들끼리 총을 겨누는 내란에 돌입했습니다.

볼통   이해할 수 없군요. 당신은 영국에 있으면서 드골파의 레지스탕스를 대변하는 잡지를 만들지 않았습니까? 그러니까 당신은 골리스트(드골주의자)인데 어떻게 비시 정부를 지지할 수 있었습니까?

아롱   아니요, 내 말은 비시 정부의 사람들을 한마디로 반역자로 몰아붙여서는 안 된다는 것입니다. 그리고 또 휴전이 일단 조인됐으므로 전쟁을 다시 시작할 좋은 기회, 다시 말해서 연합군이 우리에게 병력을 줄 수 있는 적당한 기회를 기다렸어야만 한다는 것입니다. 그러므로 지금 이 시점에서 과거를 돌이켜보면 비시 정부가 주력 부대를 보존하는 것이 최선의 방법이었습니다. 주력 부대란 해군, 북아프리카 사단, 그 외의 군대를 말하죠. 비시 정부가 전쟁할 능력도 없는 상태에서, 그리고 연합군과 독일군의 병력 차이가 개선되기도 전에 비시 정부로 하여금 전쟁에 돌입하도록 요구하는 것은 무리였습니다.

미시카   하지만 드골의 행동은 국가적 에너지를 동원하기 위한 것 아니었습니까? 그런데 사람들은 그 에너지를 동원시키지 못했죠. "한쪽에는 정통성을 보존해야 할 비시 정부가 있고, 또 한쪽에는 자유 프랑스가 있다"는 말만 되풀이했던 것이죠.

아롱   나는 드골이 아니고 단지 정치 저술가였을 뿐입니다. 프랑스가 연합군과 손을 잡아야 한다는 기본적인 관점에서는 드골과 완전히 동감이었습니다. 그러나 다시 반복하거니와 나는 내란이 일어나서는 안 된다고 생각했습니다. 그리고 단시일 안에 모집된 수천 명의 군대를 이끄는 드골뿐만이 아니라 가능한 모든 군대가 연합군에 합세하기를 나는 원했습니다.

하여튼 우리의 잡지는 드골파 잡지, 특히 자유 프랑스의 잡지라고 전 세계에 알려져 있었습니다. 아마 드골 장군은 못마땅했겠지만 이 잡지는 단순한 프로파간다 잡지 이상의 해설 잡지였죠. 자유 프랑스의 대의를 위해서 가장 필요한 것은 무엇이었을까요? 그 당시에 이미 몇 개나 존재했던—최근에 콥이 내게 상기시켜 줬는데 — 프로파간다 잡지였겠습니까, 아니면 고도의 지적 잡지였겠습니까?

볼통　하지만 당신은 결국 드골파 아니었습니까?

아롱　내 방식으로 그랬죠. 나는 즉흥적인 개인 숭배 같은 것은 좋아하지 않았습니다. 그것에 대해 한두 개의 기사를 쓰기까지 했는데 지금 와서는 그런 기사를 쓴 것을 후회합니다. 그중의 하나가 특히 후회스러운데, 다른 하나보다는 더 잘된 글이지만 좀 더 공격적인 내용을 담고 있는 것이었습니다. 제목이 "보나파르트의 그림자"입니다. 어쨌든 드골파에는 일종의 광신적 분위기가 있었던 게 사실이고 그런 분위기는 내 감각과 전혀 맞지 않는 것이었습니다. 아까도 말했듯이 내 감정은 휴전이나 그 후의 사태에 대해서는 그들과 판이했던 겁니다.

그래서 나는 드골파 프로파간다의 극치라 할 수 있는 모리스 슈만[6]의 프로파간다에 참여하지 않았습니다. 이 프로파간다 작업으로 슈만은 드골파에서 드골 바로 다음의 2인자가 됐죠. 나는 그들과 동조하지도 않으면서 단순히 자리를 탐해 그런 일에 참여할 마음은 추호도 없었습니다. 고국의 관리나 군인의 명예가 손상되는 그러한 프로파간다가 되지 않기를 나는 빌었습니다. 그런데 이 프로파간다는 바다 건너에 있는 군인과 장교들에게 스스로 죄인이라는 기분을 갖게 만들었고, 따라서 그들로 하여금 쉽게 드골 장군과 합세할 수 없도록 만들었던 겁니다. 처음에 그들이 국가적 영웅인 페탱 원수에게 복종하고 무명의 드골 장군에게 복종하지 않았다고 그들을 비난할 수 있을까요?

그러나 그건 그렇고, 하여튼 내 판단은 틀렸습니다. 사람들은 제각기 자신들의 위치를 고수했고, 전쟁은 또 전쟁대로 진행됐기 때문에 결국 프랑스 국민은 양극으로 나뉘지 않을 수 없었습니다. 그러한 분열 현상에 반대하는 사람이 있다 하더라도 그런 사람들은 나처럼 책이나 쓰거나 혼자 고립될 수밖에 없었죠……. 그러나 그때 내가 원했던 것은 프랑스인의 대다수가 원했던 것입니다. 즉, 페탱 원수와 드골 장군이 같은 목표를 갖기를 바랐

---

6 Maurice Schumann, 1911~1998. 프랑스의 정치인. 1940년 런던에서 드골의 항독 투쟁에 참가해, BBC 방송의 자유 프랑스 대변인이 됐다. 그 후 인민공화파의 창당에 기여하고 초대 당수, 하원의원, 외무장관, 총리 등을 역임하고 1974년부터 상원의원을 지냈다.

고, 그들의 싸움이 결코 서로 용서할 수 없는 것으로 되지 않기만을 마음속 깊이 빌었지요. 대부분의 사람들은 그 두 사람이 화해하기를 원했습니다. 연합군이 북아프리카에 상륙했을 때 드골 자신이 동료들에게 이렇게 말했습니다. "만일 페탱이 알제로 출정한다면 우리는 더 이상 그 옆에서 할 일이 없어." 그건 사실이 아니었습니다. 아마 그는 페탱의 후임자가 되었을 걸요.

그러나 베이강 장군과 그의 참모 몇 명이 간청한 대로 1942년 11월에 페탱이 북아프리카로 떠났다면 아마도 틀림없이 모든 프랑스인들이 그를 국가적 영웅으로 생각했을 겁니다. 비시 정부, 그리고 페탱이 진정 비난받아야 할 일은 그들이 1942년 11월에 모든 것을 구출할 수 있었다는 것을 몰랐다는 사실입니다. 그들이 전쟁에 뛰어들었다면 프랑스의 자원을 보존하고 프랑스인의 통합을 도모할 수 있었습니다. 1942년 11월에 런던의 드골파에 대해서 내가 크게 실망했던 것은 비시 정부가 북아프리카로 출병할지도 모른다는 소식에 이들이 당황까지는 아니라 하더라도 매우 불안해 하는 반응을 보였다는 사실입니다. 가망 없는 일이었지만 나는 비시 정부가 북아프리카로 출병할 것을 열렬히 바라고 있었죠. 페탱이 만일 알제로 진격하다면 기본은 지켜지고, 프랑스인들의 통합은 이루어질 것이라 생각했습니다. 하지만 그런 일은 일어나지 않았고, 대독 협력자들만 남았습니다. 비록 페탱 원수의 보호는 받을 수 없어도 그에 의해 자신의 행위가 정당화되는 그런 협력자들 말입니다. 페탱 원수가 다수의 반대쪽 저편에 서게 되자 프랑스 국민 전체는 올바른 편이 되었습니다. 물론 페탱은 북아프리카로 떠나지 않았고, 그럴 기회도 없었으며, 그런 기대는 한갓 지식인의 공허한 추론에 불과하다고 말할 사람도 있겠죠. 그러나 나는 프랑스의 결정적이고 근본적이고 철저한 분열은 1942년 11월에 시작됐다고 생각합니다. 휴전이 조인된 후 그 시기까지에는 어떤 합리적인 행동을 할 수 있었고 또 전쟁을 다시 시작할 수도 있었습니다. 물론 비시 정부는 그렇게 하지 않았지만.

그런데 1942년 11월부터 비시 정부와 페탱 원수는 전보다 더 불합리하고 손해가 되는 일만 하게 됐습니다. 그때부터는 페탱 원수의 인격과 존재가 프랑스를 보호해 주고 있다는 신화가 무너지고 말았습니다. 그는 오히려 아주 혐오스러운 일들에 자신의 권한을 부여하기까지 했죠.

미시카 레지스탕스와 대독 협력 사이에 제3의 길이 있었다는 말씀인가요?

아롱 아니요, 그런 말이 아닙니다. 휴전 조인 후 프랑스 정부는 일련의 사건들을 통해 성공할 수 있는 수단들을 갖고 있었다는 이야기입니다. 비시 정부는 전함도 갖고 있었고 중립지대인 북아프리카에 군대도 주둔시키고 있었습니다. 그런데 이 중립지대의 군대는 한쪽 진영에서 다른 진영으로 쉽게 넘어갈 수 있는 것이었습니다. 프랑스의 이해에 따라 그 군대는 적절한 시기에 적당한 쪽으로 넘어갔습니다. 이런 상황 속에서 휴전과 1942년

11월 사이의 조심스러운 정책은 그런 대로 수긍이 가는 것입니다. 그런데 드골은 형세나 관망하는 기회주의를 일체 배격하는 정열적인 인간이었습니다. 그는 독일 카드로 노름하는 사람들을 잘 알고 있었고 비시 정부의 상징과도 같은 비겁함을 결코 인정할 수가 없었죠. 그가 고위 정치인들에게 책임을 돌리는 것은 옳은 일이라 할 수 있지만, 그러나 사병, 장교, 장성들에게 책임을 묻는 일은 좀 논란의 여지가 있습니다. 왜냐하면 그들은 언제고 명령만 떨어지면 출병할 준비가 돼 있던 사람들이니까요. 그들에게는 물론 선택의 순간이 문제였죠. 그런 문제가 제기된 것은 1942년 11월이었습니다. 그때 페탱은 모든 프랑스 국민을 화합시킬 수 있었던, 그리고 자기 자신도 국가적 영웅이 될 수 있었던 북아프리카 출병을 하지 않았습니다. 그 이유는 설명이 돼야겠죠. 내가 그 설명을 시도해 보긴 했습니다만.

그러나 역사는 내 판단을 틀린 것으로 만들어 주었습니다. 왜냐하면 프랑스를 위해 유익할 수도 있었을 형세 관망주의자들이 모두 나쁜 방향으로 돌아섰기 때문이었습니다. 그런데 극단적인 상황과 맞부딪치면 언제나 그렇듯이 나는 최악의 것을 모면할 방법을 모색했습니다. 내게 있어서 최악의 것이란 내란입니다. 내가 나중에 알제리의 독립을 지지하는 태도를 취했던 것도 이런 정신에서였습니다.

볼통　　분열과 내란에 대한 당신의 강박관념은 참으로 놀라운 것이군요.

아롱   그건 사실입니다. 나의 이런 강박관념은 1930년대에 독일에서 돌아온 후에 시작됐고 그 후 1934년, 1936년 그리고 스페인 내전을 치르는 동안에 차츰 커졌습니다. 외침(外侵)이라는 심각한 위험에 직면할 때면 꼭 이 나라는 내란을 시작한다는 느낌을 항상 가졌습니다. 나는 항상 내란을 피해야 한다는 강박관념을 가졌고 또 내 자신이 프랑스가 내란의 문턱에 임박했던 시기들을 살아왔습니다. 그러므로 어떤 사태에 직면할 때마다 나는 나와 똑같은 생각을 하는 사람들에게 우리와 다른 생각을 갖고 있는 사람들이 반드시 반역자는 아니라는 것을 이해시키려고 노력해 왔습니다. 그것은 내 평생을 지배해 온 일종의 정언적(定言的) 명령이었습니다. 그것이야말로 내가 스스로에게 부여한 조그만 사명감입니다.

미시카   프랑스인의 역사의식에 중요한 위치를 점하는 휴전협정으로 다시 이야기를 돌려 볼까요. 당신은 그것을 이해한다고 말했는데, 그렇다면 그것을 옳다고 생각했습니까?

아롱   네, 아까도 말했듯이 피난민과 패주군에 섞여 프랑스를 횡단해 본 사람이라면 휴전을 비난하기가 어렵습니다. 그러나 내가 기억하는 한 휴전에 대한 내 감정적 반응은 심한 거부감이었습니다. 그것은 '히틀러와는 대화를 할 수 없다. 끝까지 싸우든가 아니면 죽는 길이 있을 뿐이다'라는 원초적인 느낌에서 비롯된 것이었죠. 물론 깊은 성찰을 거치지 않은 즉각적인 반응이었습니다.

하지만 내 경우에는 그 감정적인 첫 반응에 이어 곧 좀 더 복합적이고도 미묘한 뉘앙스를 풍기는 성찰이 뒤따랐습니다. 첫 번째로 떠오른 의문은 '어떤 조건으로 휴전이 조인될 것인가?' 하는 것이었습니다. 함대는 어떻게 되며 또 북아프리카 사단은 어떻게 될 것인가? 함대와 북아프리카가 적의 통제를 받게 될 것이라고 상정할 수도 있었습니다. 휴전과 관련된 또 하나의 의문은 '북아프리카 사단은 항전할 수단을 갖고 있는가?'라는 것이었습니다. 그러니까 북아프리카 사단을 프랑스로 불러들이는 결정을 해서는 안 되고 북아프리카 출병을 늦어도 6월 초까지는 결정해야 한다고 그때 나는 생각했습니다. 만일 북아프리카 출병이 너무 늦어진다면 그 사단을 지킬 병력이 부족해지기 때문입니다. 영국은 아무것도 줄 것이 없었는데, 미국은 자기들이 가진 것을 모두 영국에 주어 버렸죠. 휴전에 대한 정당한 견해를 갖기 위해서는 '휴전의 조건이 무엇인가?' '북아프리카에서 항전할 수 있는 기회는 어떤 것인가?'라는 의문들의 답을 알아야만 했습니다. 그 모든 상황들을 이해하고 났을 때 나는 휴전이 사실상 불가피하다고 생각하게 됐습니다.

그 후에는 이 휴전이 비록 프랑스에게는 좋지 않게 됐지만 연합군에게는 유리한 방향으로 작용했다고 생각했습니다—처칠도 그렇게 생각했죠. 만일 프랑스가 북아프리카에서 항전했다면, 즉 이 지역에 영·불 주력 부대가 편성되어 이탈리아를 위협했다면 독일은 어쩔 수 없이 동맹국을 도우러 가지 않을 수 없었을 것입니다. 그랬다면 1941년에 지중해에서는 대전투가 벌어졌겠죠. 한편 소련에 대한 공격은 지연되었을 것입니다. 그런데 히틀러에게 가장 중요한 결정은 소련 공격이었습니다. 어떤 점에서 프랑스와의 휴전은 독일의 동방 야욕에 크게 기여했습니다. 물론 휴전을 원했던 프랑스인들은 거기까지는 생각을 하지 못했죠. 그러나 결과는 그렇게 됐습니다. 그 결과 해방이 되고 난 후 그 어떤 전범재판소도 대독 협력자의 기소이유를 '휴전'이라고 기재하지는 않았죠.

미시카　네. 휴전이 독·소 조약의 재판(再版)이라고 한 것도 그런 의미에서죠?

아롱　그렇습니다. 그런 내용의 글을 쓴 적도 있지만 역사적으로 볼 때 휴전은 독·소 조약의 재판입니다. 역사의 아이러니죠.

　그러면 히틀러와 스탈린 사이의 조약은 무엇이었을까요? 프랑스인들로 하여금 마지막까지 소련을 위해 투쟁하도록 만든 것이죠. 스탈린의 이러한 요구에 프랑스인들은 흔쾌히 부응했습니다. "당신들도 우리를 위해 똑같은 일을 해 주겠지?"라는 기대와 함께 말입니다. 물론 프랑스인들은 소련을 위한다는 생각이 없었지만, 실실적으로는 그렇게 했습니다.

볼통　프랑스는 신속한 패전 덕분에 오히려 살아남았다고 생각합니까?

아롱　내 책의 한 구절을 인용한 말이군요. 하지만 그것은 별

개의 문제입니다. 프랑스는 1차대전에서 15만 명의 인명 손실로 국세가 심각하게 약화됐습니다. 그런데 또다시 100만~200만의 인명 손실은 프랑스에게 거의 치명적인 타격을 줄 것이며, 프랑스는 다시 회생하지 못할 것이라고 나는 생각했습니다. 만일 1940년의 몇 주 동안 프랑스군이 잘 싸우다가 1941년에 가서야 패전했다면 인명 손실은 훨씬 더 많았을 겁니다. 솔직하게 말한다면 모든 전쟁에는 인구학적 측면이 있는 법입니다. 이런 의미에서 물질적, 정신적으로 프랑스인들에게 커다란 충격을 준 이 패전은 그 신속성 덕분에 오히려 프랑스가 정치적, 경제적, 인구적 측면에서 쉽게 재기할 수 있는 가능성을 주었습니다. 재난 덕분에 생명을 유지했다고 생각하는 것은 물론 유쾌한 일이 아닙니다. 재난 자체는 틀림없이 끔찍한 것이죠. 그러나 비록 이 명제가 매우 역설적이긴 해도 이것은 나의 깊은 성찰에서 나온 것입니다.

미시카　신속한 패전은 물론 인구적 측면에서는 유리한 것이었겠죠. 하지만 심리적 측면에서도 그럴까요?

아롱　앞서 이야기한 바와 같습니다. 아마도 연합군에는 유리했고 또 프랑스의 인구 유지라는 면에서 유리했던 휴전은 프랑스 국민을 분열시켰다는 파국적 결과를 가져왔습니다. 필연적으로 내란을 유발했죠. 만일 비시 정부가 없었다면, 그리고 또 라발[7]을 비호해 줄 페탱이 없었다면 프랑스 국민은 합심해서 독일에 대항해 싸웠을 것입니다.

이런 의미에서 비시 정부의 부정적 요소는 상당한 것입니다. 그 정부 때문에 프랑스는 두 진영으로 나뉘었고, 이러한 분열은 오늘날까지도 지속되고 있습니다. 그 시대를 살았던 사람은 모두 이쪽 아니면 저쪽 편입니다. 그 시대를 살아 보지 못한 당신들은 아마도 나의 소심함을 구식이라고 생각하겠지만요.

미시카   우리는 역사에 대해 선악의 마니케이즘적 관점을 갖도록 교육받았습니다.

아롱   말로의 한마디를 인용해 보겠습니다. "정치란 마니케이즘이다. 그러나 그것을 너무 과장해서는 안 된다." 우리가 살아온 시기들, 특히 1930년대, 38~39년, 휴전, 42~44년, 알제리 사태 등의 시기에 관해 흑백논리를 과장해서는 안 됩니다. 그 시기에는 매번 내란의 가능성이 있었습니다. 그럴 때마다 흑백논리로 생각하기는 쉬웠죠. 그러나 그렇게 생각하지 않으려는 사람이 단 하나라도 있어야만 했습니다. 오늘날에는 다양한 의견을 가진 사람들이 많이 있습니다. 다양한 관점과 다양한 분석이 대부분의 역사적 사건에 적용되는데, 비시 정부에 관한 한 그렇지 않죠. 이것에 관해서는 역사가들이 모두 나보다 훨씬 엄격한 판단을 내리고 있습니다.

---

7   Pierre Laval, 1883~1945. 프랑스의 정치인. 사회당 국회의원으로 출발, 여러 장관을 거쳐 1940년 비시 정부의 부통령이 됐다. 대독 협력 정책을 지지했고 페탱·히틀러 회담을 주선하기도 했다. 1945년 종전 후 교수형당했다.

볼통　런던에서 프랑스인들의 생활은 어땠습니까?

아롱　저마다가 달랐지요. 그들은 프랑스로 되돌아가지 않고 영국에 남아 있는 사람들로서 대부분 열렬한 골리스트였습니다. 순수하고 소박한 의미에서 골리스트도 많았습니다. 그런가 하면 로제 캉봉 같은 사람도 있었습니다. 그는 전쟁 전에 영국 주재 프랑스 대사였다가 휴전 후에도 런던에 머물러 살았는데 끝까지 골리스트가 되지 않았습니다. 주미 대사였던 알렉시스 레제도 골리스트로 돌아서지 않았는데 그 이유는 망명지에서의 임시정부 수립에 반대했기 때문이었습니다. 런던에서 〈프랑스〉라는 신문에 글을 쓴 사람들도 골리스트가 아니었습니다. 왜냐하면 그들은 철저하게 제3공화국 사람들이었기 때문이었죠. 그들은 드골이 독재적, 전제적 속셈을 갖고 있지 않은지 의심했습니다. 그들 눈에는 드골이 모라스적 성향을 가진 군인으로 보였고 따라서 골리스트가 될 수 없었죠. 프랑스에서 크게 성공했고 종전 1, 2년 후에 비극적인 죽음을 당한 피에르 부르당 같은 사람도 있었습니다. 그도 반(反)드골파가 아니면서 골리스트도 아니었습니다. 그러니까 온갖 색채의 인간들이 다 모여 있었던 거죠. 그런 사람들이 서로 모여 이야기하고 토론도 했습니다. 그것은 프랑스 정치의 축소판 같은 것이어서 약간 우스꽝스럽기도 했고, 여하튼 전형적인 망명 정객들의 모습이었습니다. 그들은 프랑스의 해방 이후에나 실현될 수 있는 문제들을 추상적으로 토론하고 있었습니다. 예컨대 "드골은 어떤 정부를 세울 것인가?" "정당들은 어떻게 재건될 것인가?" 하는 등등의 것이었습니다.

그러다가 드골파 내부에도 앞서 이야기한 분열이 일어났습니다. 뮈즐리에 제독과 드골 장군 사이의 불화, 그리고 뮈즐리에의 북아프리카 출정이 그것이었죠. 라바르트가 뮈즐리에 제독과함께 지로 장군[8]의 편으로 돌아선 것도 바로 이때였습니다. 이때의 온갖 싸움들을 아마 프랑스 본토 사람들은 상상도 할 수 없었을 것입니다. 그건 전혀 재미가 없었습니다. 적어도 내게는 그랬습니다.

미시카 런던에서의 일상생활은 어땠나요?

아롱 히틀러가 러시아를 공격한 순간부터 런던 공습은 점점 뜸해졌습니다. 런던의 생활은 과거와 판이하게 달라졌습니다. 왜냐하면 사상 처음이자 마지막으로 런던이 유럽 대륙의 수도가됐기 때문입니다. 체코, 폴란드, 벨기에, 네덜란드 등 온 유럽 사람들이 다 모여 있었죠. 그리고 여기저기서 사람들은 유럽 문제를 토론하고 있었습니다. 대(大)런던 안에 일종의 유럽 사회가 형성된 것이죠.

---

8 Henri Giraud, 1879~1949. 프랑스의 장군. 1940년에 독일군 포로가 됐으나 1942년 4월에 탈출해 11월 연합군이 북아프리카에 상륙한 후 프랑스군 북아프리카 사단의 사단장이 되었다. 그해 12월 다를랑이 암살되자 알제리에서 '군민사령관'의 자격으로 프랑스 주권을 대표했다. 드골과의 불화에도 불구하고 1943년 6월 알제리에서 결성된 프랑스 민족해방위원회의 공동위원장이 됐다. 그러나 점점 드골에게 밀려나 11월에 공동위원장 직을 사임하고 다음해 4월에는 총사령관 직마저 사임했다.

1944년은 V1(보복병기 1호Vergeltungswaffe 1. 독일이 2차대전 때 세계 최초로 개발한 전략미사일 — 옮긴이)의 시대였습니다. 그런데 이 폭격도 나중에 사람들이 말하듯 그렇게 비극적인 것은 아니었습니다. V1 폭탄이 100여 개나 런던 상공에서 떨어져도 사람들은 평온하게 일을 계속할 수 있었죠. 그 V1 폭격기 오는 소리가 멀리서부터 들리면 사람들은 폭탄이 자기 근처에 떨어질지 아닐지를 침착하게 가늠해 보곤 했습니다. 아주 가까이에 떨어지면 책상 밑에 숨었습니다. 나도 한 번인가 그렇게 했어요. 유리창이 모두 깨진 것으로 보아 V1이 근처에 떨어졌다는 것을 알 수 있었죠. 그러나 대부분 폭발에 의한 폭풍이었으므로 책상 밑은 가끔 훌륭한 대피소였습니다.

볼통   독일군은 1941년 6월에 소련을 침공했습니다. 전쟁의 흐름이 바뀌고 있다고 생각했습니까?

아롱   나는 전쟁사가가 아닙니다. 하지만 우리는 히틀러가 두 전선에서 전쟁을 일으키려 한다는 느낌을 받았습니다. 그는 1차대전 때의 독일군의 과오를 반복하지 않겠다고 맹세했지만, 일본이 미국을 공격한 진주만 공습—참으로 중요한 사건이었죠—후에 미국에 선전포고를 했습니다. 그 이유가 오늘날에 와서도 참으로 불분명하고, 또 이해하기 힘듭니다. 최근에 제바스티안 하프너란 사람이 쓴 『히틀러에 대한 주석』[9]이라는 주목할 만한 책이 나왔습니다. 저자에 의하면 일본과의 동맹조약이 요구하지도 않는데 독일이 미국에 선전포고를 한 것이야말로 히틀러의 커다란 과오, 또는 죄악이라는 것입니다. 만일 히틀러가 미국에 선전포고를 하지 않았다면 루스벨트는 히틀러에 대한 선전포고를 자기 국민에게 설득시키기가 매우 어려웠을 것입니다. 1940년 이래 히틀러는 미국이 국제법 규약과 정반대로 중립을 지키고 있는 것을 참을성 있게 바라보고 있었습니다. 결국 미국은 반(半) 교전국의 태도를 취하고 있었습니다. 그러나 그렇다고 해서 히틀러가 미국과의 전쟁을 포기한 것은 아니었죠. 그러다가 갑자기 결단을 내렸습니다. 그때 우리는 이제 전쟁은 이긴 것이나 다름없다고 생각했습니다. 오로지 시간문제였습니다. 미국, 소련, 영국이 전쟁에 뛰어들었을 때부터 우리의 낙관론은 한갓 희망의 소산만은 아니었죠. 우리의 낙관론의 이유는 분명했습니다. 물론 전투 개시 직후 소련의 첫 번째 패배는 불안과 불확실성을 안겨 주었습니다. 그러나 1941년 겨울부터 아마도 독일은 전쟁에 진 것 같습니다.

미시카　　전쟁이 계속되는 동안 당신은 '프랑스 시평(時評)'이라는 제목으로 비시 정부의 상황에 대한 월평을 〈자유 프랑스〉에 싣고 있었죠. 왜 그랬습니까? 런던에 있는 항독 투쟁자인 당신에게 비시 정부가 그토록 관심의 대상이었던 이유는 무엇입니까?

9　　Sebastian Haffner, *Anmerkungen zu Hitler* (1978).

아롱 들어 보시오. 아마도 나는 전차부대의 회계를 맡는 것이 훨씬 더 잘 어울렸는지도 모릅니다. 그런데 잡지의 편집장이 돼서 매달 큼직한 기사를 두 개씩 써 내야만 했죠. 프랑스인과 영국인 독자에게 동시에 잘 읽힐 기사는 프랑스 본토에 대한 이야기였습니다. 그런데 비시 정부의 검열 상황 속에서도 프랑스 국내 신문들은 내가 필요로 하는 거의 모든 것을 싣고 있었습니다. 그 나라를 잘 알고 있고 또 그 나라 신문을 열심히 읽는 사람이라면 누구든지 그 나라 상황에 대한 훌륭한 기사를 쓸 수가 있었습니다. 그 3, 4년 동안은 내 평생 유일하게 신문을 정독했던 시기입니다. 그때 쓴 기사들은 오늘날에 와서는 역사적 일화 류의 흥밋거리에 불과하죠. 다른 역사학자들은 내가 갖고 있지 못했던 자료들을 근거로 역사서를 쓰기도 했습니다. 그러나 내가 근거로 한 정보가 프랑스 국내에서 나온 것이라고 해서 내 분석이 틀리다고 말할 수는 없습니다. 12월 13일의 사건이나 라발의 면직을 설명하는 일, 프랑스 본토와 국외에 있는 정치인들의 면모를 프랑스인과 영국인들에게 설명하는 일, 또 영국과 미국에 대한 이들 정치인들의 자세와 비시 정부 내부의 암투를 설명하는 일 등은 결코 쓸데없는 일이 아니었습니다. 사람들은 이 모든 것을 막연히 추측은 하고 있었지만, 나는 그것을 해설하고자 했습니다. 또 한편으로는 프랑스의 경제도 해설했는데 그 분야에 관해서는 자료가 많았습니다. 왜 그런 일을 마다하겠습니까? 국외의 프랑스인과 국내의 프랑스인들 사이의 유대관계를 유지하는 일, 그것도 최대한의 객관성을 가지고, 그렇게 하는 일이야말로 그 잡지가 해야 할 기능이었습니다.

볼통 그 기사들을 모아 놓은 책을 읽고 놀란 것은, 1942년 11월까지 당신은 아무런 분노 없이 비시 정부에 대한 해설 기사를 썼다는 것입니다. 당신은 그것을 단순한 하나의 사실로 받아들이고 있었습니다. 참으로 이상하더군요.

아롱 또다시 똑같은 비난을 하는군요! 뭐랄까, 나는 흰 종이 앞에서 욕설을 퍼붓는 사람들을 좋아하지 않습니다. 우선 비시 정부의 정통성 자체를 부인했던 르네 카생[10]의 기사를 〈자유 프랑스〉가 게재했다는 것을 상기시켜 드려야만 하겠군요. 그리고 또 처음에는 휴전 반대 기사도 있었습니다. 그러나 휴전과 비시 정부가 하나의 기정사실로 굳어진 이래 나는 사태의 진전을 파악하려 애썼습니다. 물론 이러한 내 태도가 결국은 그 현실을 기정사실로 인정하게 된 것은 사실입니다. 그 당시 런던에 있던 사람들도 내가 비시 정부에 대해 너무 관대하다고 생각했습니다. 그들은 내가 유대인이라서 비시 정부에 대한 과도한 반감을 상쇄하기 위해 무의식적으로 이런 관대한 태도를 취하고 있다고 생각했습니다. 또 어떤 사람들은 그것을 단순히 나의 사고 패턴

---

10 René Cassin, 1887~1976. 프랑스의 법학자. 런던에서 드골 망명정부의 행정관을 지냈고, 1944년에는 알제리 자문회의 위원이 됐다. 전후에 여러 국제회의에 참석했고 세계인권선언을 기초하여 1968년에 노벨 평화상을 받았다.

이라고 생각했습니다. 일반적으로 나는 적수를 헐뜯기보다는 그들을 이해하고 분석하기를 훨씬 더 좋아합니다.

미시카　비시의 프랑스도 역시 프랑스죠. 하지만 그 정부는 어떤 정부였던가요? 그 순간에 권력을 잡았지만, 그러나 이미 전쟁 전부터 있어 왔던 강력한 파시즘, 국가주의, 반유대주의의 흐름을 대표하고 있는 정부가 아니었던가요?

아롱　그렇기도 하고 안 그렇기도 합니다. 페탱 원수 집권 직후 그의 인맥은 대부분이 모라시앵(모라스주의자)들로 구성되어 있었습니다. 비시 정부 초기의 법률고문인 라파엘 알리베르는 골수 모라시앵이었습니다. 그러나 그 후 실시된 선거에서 프랑스행동연합¹¹은 단 한 명의 국회의원도 당선시키지 못했습니다. 국가주의적 운동이라고요? 이탈리아의 파시즘과 비슷한 국가주의를 이야기하는 지식인들, 단체들, 분파들이 있었지만 그 모든 것이 아주 불투명했습니다. 그러니까 당신 말은 틀렸습니다. 단순히 패전을 계기로 일부 사람들이 권력을 잡았을 뿐입니다. 그들 중에 물론 처음에는 모라시앵들도 있었죠. 그러나 내가 아는 한 결

---

11 Ligue d'action française. 1908년 샤를 모라스, 자크 뱅빌, 폐옹 도데 등의 극우파 국수주의자들이 〈프랑스 행동(Action française)〉라는 일간지를 창간했다. 앞서 드레퓌스 사건 때 퓌조와 보주아 등에 의해 국수주의적이고 반드레퓌스적인 '프랑스 행동위원회'가 결성됐고, 이것이 프랑스행동연합으로 바뀌었다. 모라스의 사상을 추종하는 이 운동은 완전한 국수주의를 표방하고, 반의회적 권력분산형의 세습 왕정을 지지하고, 가톨릭교회를 질서 유지의 보루로 삼았다. 2차대전 중에 비시 정부를 지지해 해방 후 불법 단체로 해산됐다.

코 모라시앵도 아니고 국가주의자도 아닌 피에르 라발 같은 사람도 있지 않았습니까? 게다가 제3공화국에서 넘어온 사람들, 사회주의자나 인민전선의 위정자도 있었죠. 스피나스가 바로 그런 예입니다. 그러니까 다양한 배경의 사람들이 패전 후에 모여 임시적이건 결정적이건 패전을 인정하고 눈앞에 세워진 정부를 인정했던 것입니다. 반유대주의라면, 네, 그런 경향은 있었습니다. 모라스가 반유대주의자였죠. 그러나 전쟁 전부터 프랑스에 존재하고 있던 은밀한 세력, 다시 말해 제3공화국 당시 존재하고는 있었으나 다수파는 아니었던 여러 운동, 여러 이념, 여러 사람들을 드러내 준 것이 바로 비시 정권이라는 당신의 도식에 나는 찬성할 수 없군요.

볼통 여하튼 비시 정권 초기는 그랬다 치고, 나를 놀라게 한 것은 독일의 압력으로 1942년 4월에 라발이 다시 요직에 앉게 된 이후, 그리고 또 1942년 11월 이후까지도 당신의 '프랑스 시평' 논조가 한결같이 침착했다는 것입니다. 비시 정부의 성격이 바뀌지 않을 것이며 차츰 더 대독 협력의 방향으로 나갈 것이라는 사실을 당신은 너무나 잘 알고 있지 않았습니까? 다시 한 번 묻고 싶은데, 당신의 그 같은 관용은 도대체 어찌된 것입니까?

아롱 내가 혐오하는 줄 뻔히 알면서 나의 글쓰기 습관을 빌미로 나를 비난하는 당신의 태도를 이해할 수 없군요. 비록 나의 기사가 똑같은 필치로 쓰이긴 했지만, 그것은 점점 심각해지는 비시 정권의 위험을 묘사하고 분석했습니다. 나는 끊임없이 그것을 제시했습니다. 결국 마지막에는 "권력을 잡은 폭도들"이라는 기사가 나오지 않았습니까? 아마도 내가 다른 논조로 써야 했는지도 모르겠습니다. 그러나 그 다른 논조들은 또 다른 신문, 잡지들이 도맡아 내고 있었어요. 다른 출판물들은 당신이 좋아할 만한 비분강개조의 필치로 연일 글을 써 내고 있었습니다. 그러니까 선택이 필요했죠. 베르나노스[12]처럼 쓸 수도 있었겠죠. 그러나 그러자면 특별한 재능이 있어야 했습니다. 그런 재능을 갖고 있지 못할 바에는 천한 욕설의 필치로 떨어지는 일이라도 피해야 했습니다.

볼통   그러나 인민전선, 레지스탕스, 비시 정권에 대해서 당신의 태도가 한결같음을 확인했기 때문에 아까 이야기한 것과 같은 의문을 떨치지 못하겠습니다. 당신은 어떤 선택을 했는데 아마도 그것을 끝까지 고수하지 못한 듯합니다. 그래서 자신의 선택과 좀 어긋난 행동을 취했고, 또 그렇게 하지 않을 수가 없었던 건 아닐까요?

아롱   위대한 정치학 저서들은 읽었습니까? 토크빌이나 마키

---

12 Georges Bernanos, 1888~1948. 프랑스의 작가. 〈프랑스 행동〉지 기고가로 출발했으나 곧 정치에 대한 도덕적 비판에 힘을 쏟아 프랑스 부르주아지의 과오를 신랄하게 비난했다. 스페인의 프랑코 봉기도 처음에는 지지했으나 나중에는 가톨릭교회가 프랑코 및 모라스와 결탁한 것에 분개했다. 비시 정권에 반대하여 1940~45년 브라질에서 쓴 『영국인에게 보내는 편지』는 레지스탕스의 정신적인 원동력이 되었다.

아벨리 같은? 그들의 문장에서 쉽게 격분하는 어조를 발견했습니까? 전혀 없습니다. 그들의 감정은 불과 몇 개의 냉소적인 문장 또는 몇 마디의 말에만 나타나 있을 뿐입니다. 아마도 당신은 '프랑스 시평'의 필치를 너무 과장하는 것 같군요. 내 감정은 쉽게 노출돼 있습니다. 그러나 나의 독자는 프랑스 국외에 있는 프랑스인들이었고, 또 주저 없이 프랑스의 사태를 혐오할 준비가 돼 있는 영국인들이었습니다. 물론 내가 베르나노스였다면 다른 방식으로 썼겠죠.

내가 마음대로 분노를 터뜨리지 못한 이유가 하나 더 있습니다. 평온한 런던에 있으면서 분노를 터뜨린다는 것은 참으로 온당치 못하다고 생각했습니다. 그런 분위기에서 영웅적으로 행동하는 것은 너무나 쉬운 일이었기 때문이죠. 오히려 프랑스에 남아 있는 프랑스 사람들을 생각하면서 '그들을 대신하여 내가 할 수 있는 일이 무엇일까?'를 자문해 보아야만 했습니다. 당신은 전쟁에 대한 나의 기사에서 내 평소의 필치를 잘 발견했습니다. 그 당시에 내 글을 읽은 사람들은 내가 손쉬운 정열에 휘말려 들지 않고 점잖은 표현을 쓴 것에 대해 매우 고마워했습니다. 프랑스인과 페탱에 대한 나의 이런 태도도 이미 앞에서 언급했었죠.

당신은 1944년 9월 사태에 대한 IFOP의 여론조사 내용을 이야기했는데, 그 조사에 의하면 페탱이 독일의 지그마링엔[13]에서 돌아오기 이전까지는 58퍼센트의 프랑스인들이 페탱이 기소되고 유죄판결을 받을 가능성을 믿지 않았다는 것입니다. 나는 물론 이 여론조사에 어떤 가치를 부여하는 것이 아닙니다. 다만 나는 프랑스의 대중이 페탱 원수를 반역자로 생각하지 않았다는 것을 알게 됐을 뿐입니다. 반역자로 생각하기는커녕 많은 사람들이 과거의 영광을 지닌 그의 이미지에 연연하고 있었으며, 그의 모습에서 프랑스인들에게 더 이상의 고통을 안겨 주지 않기 위해 자신을 희생하는 한 위대한 인간을 보았죠. 그들은 불행한 시기에 자기들과 함께 있어 준 한 노인을 존경했습니다. 물론 프랑스 국민은 페탱을 경멸했습니다. 레지스탕스의 투사들도 그를 경멸했죠. 그러나 마음속 깊이 골리스트인 동시에 페티니스트(페탱주의자)인 조용한 다수가 있었다는 사실을 잊지 마시오. 나는 여러 번 그것을 이야기했고 또 글로 쓰기도 했습니다. 왜 현실을 부정하려 합니까? 프랑스 국민은 4천만~5천만 명의 영웅으로 구성된 것이 아닙니다. 오늘날에 와서 당신들은 이 나라의 몰락을 상상도 하지 못하겠죠. 프랑스 국민들은 불행했습니다. 드골은 별로 알려져 있지 않았고 또 너무 멀리 있었습니다. 그런데 페탱은 바로 어제의 영웅이었고 바로 곁에 있었습니다. 그들은 그를 필요로 했고, 페탱 원수가 프랑스인들을 보호해 준다는 신화를 받아들인 것입니다. 그것은 1940년 6월에 영국에 홀로 있던 드골이 프랑스의 정통성을 대표한다는 신화를 꽤 많은 프

---

13 Sigmaringen, 독일 서부의 도시. 1944~45년 페탱 원수가 이곳에 머물면서 비시 정부의 연장인 프랑스 '통치위원단'을 이끌었다.

랑스인들이 받아들였던 것과 똑같습니다.

　짧은 기간 동안에 신화가 많기도 하다고 당신은 생각하겠죠. 하지만 정치에서는 신화가 상당한 역할을 합니다. 특히 커다란 불행의 시기이거나 또는 나중에 그랬듯이 커다란 행복의 순간에도……. 가끔 진실은 너무 산문적이고 지루하게 보일 때가 있습니다. 증거를 들어 볼까요? 내가 비시 정부의 현실을 묘사하려 했던 것을 방금 당신은 못마땅해 했죠. 한편에는 영웅이 있고, 또 한편에는 악당이 있다고 생각하고 싶겠죠.

볼통　그 시기 역사에 대한 사람들의 서술 방식 자체가 가끔 매우 혼란스러워 그렇습니다. 당신이 어떤 사태를 분석하는 것을 보면서, 그것이 단순히 그 사태에 대한 이해인지 아니면 당신이 그 내용에 동의하거나 또는 동의하지 않는다는 것인지, 나는 사실 구별하기가 매우 어렵습니다.

아롱　용서하기 위해서는 이해하는 것만으로 충분치 않습니다. 이해하고 또 설명해야 합니다. 그러나 어떤 사태를 이해하고 설명한다고 해서 그것이 이 사태를 옳다고 인정하는 것은 아닙니다. 그러나 나는 보편적 양심인 척하는 위선을 떨고 싶지는 않습니다. 그건 천박한 일이죠. 정치평론을 하는 사람들은 대부분 상대방을 향해 불같은 분노를 터뜨리며 글을 쓰거나 — 그게 베르나노스라면 문제 없지만 — 아니면 보편적 양심의 대변자로 자처합니다. 장폴 사르트르는 그 두 역할을 동시에 취했습니다. 그는 마치 높은 곳에서 아래를 내려다보듯 이쪽 저쪽의 태도를 동시에 비난했고, 그러면서 자기가 좋아하지 않는 사람들에 대해서는 무섭게 펜을 휘둘렀습니다. 여하튼 나는 그에 대해서 존경과 우정의 마음을 간직하고 있으므로 나의 이 말은 결코 어떤 원한에서 나온 것이 아닙니다. 그는 보편적 양심이었던 동시에 광란의 폭풍이었습니다. 그런데 나는 보편적 양심도 아니고 또 광란의 폭풍도 아닙니다. 나는 가끔 대독 협력을 한 프랑스 작가들을 가혹하게 비판하기도 하지만, 평범한 국민들을 가혹하게 비판할 생각은 전혀 없습니다. 프랑스 국민보다 더 영웅적인 국민은 많이 있어요. 폴란드 국민도 그렇고, 덴마크 국민도 그렇습니다. 그러나 프랑스 국민은 어디까지나 프랑스 국민입니다. 그런데 종전 후 사람들은 프랑스 국민을 짓밟는 수많은 영화를 만들었고 수많은 책들을 써 냈습니다.

c) 홀로코스트

미시카 자연스럽게 프랑스의 반유대주의로 이야기를 돌려야겠군요. 비시 정부는 반유대법을 통과시켰습니다. 그러나 〈자유 프랑스〉에는 비시 정권의 유대인 정책에 관해 한마디의 언급도 없군요. 왜 그렇습니까?

아롱 그건 사실입니다. 거기 대해서는 설명을 좀 해야겠군요. 반유대법은 1940년 10월 30일에 공포됐습니다. 독일이 요구하기도 전이었죠. 비시 정부의 단독 결정이었습니다. 그 후 '유대인과 프랑스'라는 전시회가 있었고, 1942년 겨울에 벨로드롬(자전거 경주장) 일제검거 선풍이 몰아쳤죠.

그러면 왜 내가 이 사태에 대한 논평을 하지 않았느냐? 사실은 나도 왜 그랬는지 알 수 없다고 말하고 싶습니다. 지금 회고해 보면 몇 가지의 이유가 발견됩니다. 그 첫째는 우리가 런던에 있는 프랑스의 항독 투사였다는 사실입니다. 프랑스인으로서 우리는 분명 모든 반유대 조치를 반대하고 있었죠. 그러나 그것에 대해 가능한 한 언급을 하지 않는다는 일종의 묵계가 있었습니다. 게다가 나 자신이 유대인이기 때문에 더욱더 그 이야기를 회피했죠.

그리고 또 한 가지, 좀 더 근본적이고 좀 더 납득하기 쉬운 이유가 있습니다. 유대인에 대한 프랑스의 모든 조치들을 내가 가슴 아프게 생각했던 것은 정확히 말해서 내 자신이 유대인이라서가 아니라 프랑스인이기 때문입니다. 유대인에 대한 일부 프랑스인들의 태도를 가능한 한 생각하지 않으려는 것은 나를 보호하기 위한 일종의 예방조치였습니다. 그래서 프랑스의 다른 현실보다 이 현실에 대해 훨씬 덜 이야기했던 것 같습니다. 게다가 영국이나 미국 신문들이 유대인 문제를 비교적 적게 취급했다는 것도 또 하나의 이유가 될 수 있습니다. 히틀러의 프로파간다는 이것이 유대인 전쟁이라는 것을 끊임없이 되뇌고 있었습니다. 그래서 의식적으로나 무의식적으로 나는 이 침묵의 관례를 고수했던 것이죠. 연합군 측에도 반유대주의자들이 있었습니다.

　히틀러의 프로파간다에 맞서는 가장 쉽고 가장 단순한 방법은 이것이 유대인을 해방시키기 위한 전쟁이 아니라는 것을 선언하는 것이었겠죠. 프랑스를 해방시키기 위해, 또 전체주의에 대항하기 위해 전쟁을 하는 것이지 유대인을 위해서 전쟁을 하는 것은 아니다, 라고 말입니다. 그래서 나나 다른 많은 사람들이 당연히 취급해야만 했던 유대인 문제를 그렇게 소홀하게 다루었던 것입니다. 이제 와 생각하면 물론 가혹하게 비판해야 할 태도입니다. 처칠이나 루스벨트가 유대인 학살에 대해 아무런 비난을 하지 않은 것도 그런 이유에서입니다. 미국의 한 외교관이『유대인들이 죽을 때』라는 책을 썼는데, 이 책에서 그는 루스벨트와 처칠로부터 몇 마디를 얻어 내기 위해 자기가 기울인 노력에 대해 이야기했습니다. 그 몇 마디 말만 있었으면 아마도 상당수의 유대인을 구출할 수 있었을 텐데 그의 노력은 수포로 돌아갔다는 것입니다. 이 전쟁을 지휘한 사람들은 공공연하게 유대인을 위한다는 태도를 취하려 하지 않았습니다. 그들은 히틀러주의자들에게 "학살이 계속된다면 당신들이 그 대가를 치르게 될 것이오"라는 말조차 하지 않았습니다. 아주 신중하게 그리고 은밀하게 유대인 구출 활동을 벌이려던 교황도 그것을 공개적으로 말하지는 않았습니다.

미시카　집단학살에 대해서, 그리고 최종적인 해결 방법에 대해서 영국으로 전해진 정보는 어떤 것이었습니까?

아롱　사실 나는 내가 들은 소식을 정확히 알 수가 없었습니다. 물론 유대인 박해가 있다는 것은 알았죠. 영국에서 나는 가스 사형실의 존재를 알 도리가 없었습니다. 수백만 명의 유대인들이 학살되고 있다는 것은 알았던가? 아마 그것도 몰랐던 것 같습니다. 그러나 이제 와 생각해 보면 그것도 일종의 내 감정 위안의 방편이 아니었던가 싶습니다. 나는 그런 일을 생각하고 싶지 않았던 겁니다. 물론 서부의 유대인들이 동부로 추방됐다는 것은 알았어요. 강제수용소가 있다는 것도 알고 있었고요.

볼통　그 사실을 알고 있었다고요?

아롱　물론이지요.

미시카　그럼 집단학살은요?

아롱　집단학살은 상상도 하지 못했습니다. 독일에서 살아 봤기 때문에 그 국민을 잘 알고 있었고 히틀러주의자들의 최악의 행동들을 상정해 봤지만, 부끄럽게도 그와 같은 한 민족의 말살은 상상도 하지 못했습니다. 유대인이나 보헤미아 사람들을 절멸시키는 일, 도대체 무엇 때문에 그런 일을 하겠습니까? 영국에서는 유대인 문제에 대한 영국 및 연합국의 냉담에 항의해 폴란드계 유대인 사회주의자 두 명이 자살을 했습니다. 런던에 있는 우리는 그 사실을 알았죠. 다른 사람들이 그랬듯이 우리도 그 사실을 좀 더 알아보려 하지 않았는데, 그건 잘못된 일이었죠. 내 자신에 대해 좀 가혹하게 말해 본다면, 그때 나는 원하기만 했다면 사태를 충분히 알 수 있었습니다.

볼통　　그런데 왜 사람들이 그것에 대해 알고 싶어 하지 않았다고 생각합니까?

아롱　　부분적인 이유는, 거기까지 생각이 미치지 않았기 때문입니다. 그리고 또 그들은 유대인을 위해 전쟁을 하고 싶지 않았고요. 참 말하기도 끔찍한 일이지만, 그건 사실입니다. 물론 영국이나 미국은 유대인에 대한 히틀러의 행동을 비난했습니다. 어느 면에서 독일은 유대인을 잘못 취급했기 때문에 패전했다고도 말할 수 있습니다. 왜냐하면 그 때문에 독일계 유대인 대학자들이 국외로 도망쳤고, 그 결과 영국과 미국 내에 반독일 열기가 생겨났기 때문이죠. 그러나 앞에서도 말했듯이 전쟁 동안에는 침묵의 관례가 있었습니다. 비판을 하기는 했으되 유대인 문제에 관한 한 일종의 지적, 감정적 비겁함이 있었습니다. 힘러[14]가 10만여 명의 유대인과 트럭을 교환하자고 제의했을 때 연합국은 그것을 거부했습니다.

볼통　　그러니까 그런 태도는 비교적 일반적인 경향이었군요?

14　Heinrich Himmler, 1900~1945. 독일의 정치인. 1923년 뮌헨에서 민족주의자들의 무장폭동에 참가. 그 후 나치당의 경찰기구인 SS에 들어갔고 히틀러의 신임을 받아 친위대장으로 임명됐다. 1934년에는 게슈타포의 우두머리가 되어 온갖 탄압 조치와 공포 분위기를 조성했다. 히틀러는 1945년에 그가 베르나도트 공의 중개로 연합국과 접촉했다는 사실을 알고 그를 내무장관에서 해임했다. 종전 후 영국군에게 체포돼 극약 자살했다.

아롱 '비교적'이라는 말을 쓸 필요조차도 없다고 생각합니다. 연합국이 알고 싶어 하지 않았던 일은 많이 있습니다. 뉘른베르크 재판[15]도 그중 하나지요. 연합국에는 소련도 포함돼 있고요. 폴란드의 카틴에서 1만 명의 장교를 학살한 것이 누구인지를 미국과 영국은 너무나 잘 알고 있었습니다. 그것은 히틀러의 군대가 아니라 소련 군대였죠. 런던에 있던 폴란드 망명정부와 모스크바 정부 사이에 알력이 생긴 것은 이것 때문입니다. 소련 안에서도 무서운 범죄가 있었습니다. 결국 내가 집단학살을 분명히 알게 된 것은 훨씬 뒤, 그 얘기들이 봇물처럼 저술되고 출판될 때였습니다.

미시카 그때 당신의 반응은 어떤 것이었습니까?

아롱 당신이라면 받아들일 수 있었겠습니까? 유대인이라면 그 누구도 그것을 인정하거나 받아들일 수 없었습니다. 내가 개인 자격으로 할 수 있는 유일한 말은, 그 후부터 내 자신이 운수 좋게 살아남은 사람으로 여겨졌다는 것입니다. 그 나머지 말은 할 수가 없습니다. 당신은 나와 다른 세대이지만 나처럼 유대인이니까 그 사건을 생생하게 느낄 수 있으리라 생각합니다. 그러나 나는 그 사건으로 인해서 독일 국민의 원수가 되지도 않았고, 또 그렇다고 어떤 죄의식을 느끼지도 않았습니다. 그렇습니다. 나

---

15 나치 독일의 24명의 지도자와 8개 기관에 대한 국제군사재판. 1945년 11월 20일에서 1946년 10월 1일까지 계속됐다.

는 보편적인 양심이 아닙니다. 다만 그 사건은 아직도 바로 내 곁에 있는 듯 내 마음을 아리게 합니다.

볼통　전쟁 후에 왜 그에 대해서 글을 쓰지 않았습니까?

아롱　무엇을 쓸 수 있었겠습니까? 폴리아코프의 『증오의 성무일과(聖務日課)』란 책을 읽어 봤겠죠? 그 책이 방금 당신이 비난한, 나의 비시 정부 기사와 똑같은 논조로 쓰였죠. 이 책은 분석의 책입니다. 그런데 책을 읽어 보면 이것을 쓴 사람은 아주 열정적이고 그 사건에 깊은 분노를 느끼고 있다는 것을 알 수 있어요. 하지만 이것은 또 역사서이기도 합니다. 특별한 글재주를 갖지 않은 한 이 사태에 대해서는 분석의 방법이 가장 적당하다고 생각합니다. 그 외의 방법들은 모두 공허하지요. 나는 정치학회에서 몇 번 이 사태에 대한 연설을 했었는데, 내 필치와는 너무나 달리 격한 감정으로 했습니다. 나의 평소의 차분한 필치도 이런 사건 앞에서는 그만 허물어지고 맙니다. 이 격한 감정, 이 공포의 감정을 떨쳐 버리기 위해 글을 쓰려고 해도 제대로 되지 않습니다. 그 감정들은 여전히 남아 있습니다. 그러나 유대인들은 그것을 극복하고 살아야 합니다. 하지만 그 사건이 전혀 일어나지 않았던 듯이 살아서는 안 되고, 또 그렇다고 해서 추억의 망령 속에 살아서도 안 됩니다.

미시카　『유대인 문제 고찰』이라는 사르트르의 책은 어떻습니까?

아롱　참 좋은 책이지요. 하지만 사르트르는 유대인을 모릅니다. 그는 모든 유대인이 자기의 옛날 친구인 레이몽 아롱과 비숫한 줄 알고 있습니다. 그래서 유대인들은 모두 완전히 탈유대화했고, 철저하게 프랑스인이고, 대부분의 유대 전통을 모르고 있으며, 따라서 단지 타인들이 유대인이라고 불러 주기 때문에 유대인일 수밖에 없다는 것입니다. 사르트르는 나처럼 유대인 같지 않은 유대인도 함께 박해를 받았다는 사실을 잘 알았기 때문에 진짜 골수 유대인의 현실을 소홀히 다룬 책을 썼습니다. 그러자 이때까지는 유대인이라고 할 수도 없었던 사람들이 철저한 유대인들과 공동운명을 느끼게 되고, 새롭게 유대인이 됐습니다.

미시카   시오니즘은 어떻습니까? 1945년부터 활발하게 전개되고 있는 시오니즘 운동에 대해서는 어떤 입장입니까?

아롱   나는 이전에도 시오니스트가 아니었고 앞으로도 결코 그렇게 되지 않을 것입니다. 그 이유는 첫째, 내가 유대교 신자가 아니기 때문이며, 둘째, 근동(近東)에 이스라엘 국가를 새로 수립하는 것은 수많은 전쟁의 화근이 되기 때문입니다. 유대 국가는 저주받은 땅에 세워질 것이 아니라 평화를 약속해 주는 땅에 세워져야 한다고 나는 믿어 왔습니다. 예루살렘 대학에서 명예박사 학위를 수여받으면서도 이 문제를 이야기한 기억이 납니다. 이렇게 말했죠. "성서를 믿는 세 종파(유대교, 기독교, 이슬람교—옮긴이)의 성도(聖都) 예루살렘, 그토록 많은 전쟁의 무대가 되었던 예루살렘, 아직도 패한 자들의 한탄이 메아리치고 있는 예루살렘." 그러나 이스라엘은 존재합니다. 그리고 앞으로도 계속 존재할 겁니다. 나는 어떤 점에서는 이스라엘에 애착을 갖고 있죠. 하지만 나는 여전히 프랑스 국민입니다.

볼통   전쟁이 끝나자 당신은 이렇게 말했습니다. "사건이 너무나 끔찍해서 그것에 대해 글을 쓸 수도, 논평도 할 수 없다." 그런데 그것을 역사 속에 새겨 두는 유일한 방법은 이스라엘 국가 수립을 지지하는 일이 아니었을까요?

아롱   디아스포라[16]로 흩어져 있는 유대인들은 스스로 선택할 자유가 있습니다. 이스라엘 안에서도 그들은 스스로 유대인이 되기를 선택할 수 있지요. 그러나 프랑스의 유대인이 되기를 선택하고 프랑스 동포들과 똑같은 권리를 달라고 주장한다면 그는 자신의 조국이 프랑스이지 이스라엘이 아니라는 것을 인정해야 합니다. 육신의 조국과 정신적인 조국을 동시에 갖는 것도 가능합니다. 프랑스의 기독교인들이 프랑스 국민이기 이전에 기독교도인 것과 마찬가지죠. 다만, 이스라엘은 종교국가가 아닙니다. 반쯤 종교국가인 군사국가입니다. 그러므로 프랑스 시민인 나는 프랑스인으로서 정치평론을 하는 것이지, 유대인으로서 하는 것은 아닙니다.

이스라엘에는 1956년에 처음 가 봤습니다. 여기에 대해서도 내게 질문할 수 있겠죠. 1948년 이스라엘이 건국될 때 물론 나는 이스라엘 사람들과 깊은 공감을 느꼈습니다. 그러나 그것은

---

16 diaspora, 1세기 로마에 의한 유대인의 강제 이산(離散).

내게 커다란 정신적 사건이라고는 말할 수 없습니다. 맹세코 말하건대 사실이었으니까요. 오늘날에는 조금 입장이 달라졌습니다. 1948년에 내가 좀 더 적극적으로 행동하지 못한 것을 후회하고 있습니다. 1967년의 6일 전쟁으로 크게 충격을 받은 것도 사실입니다. 그때 나는 이스라엘이 완전히 멸망할지도 모른다고 잠시나마 생각했습니다. 물론 틀린 생각이었지만, 그 이후 나는 나를 사랑하고 있는 그대로의 나를 인정해 주는 이스라엘 사람들과 화해했습니다. 이스라엘의 친구이지만 시오니스트는 아니고, 이스라엘 사람도 아니고 프랑스인인 나를 그들은 있는 그대로 인정해 주었습니다.

여하튼 나는 1948년 당시보다 지금의 이스라엘 국가가 더 애틋하게 느껴집니다. 어떤 면에서는 전쟁이라는 사태가 서서히 내 머릿속에 파고들어 왔는지 모릅니다. 1945~46년이었다면 그 전쟁이 내게 그렇게 큰 의미가 있지 않았을 거예요. 역설적이죠. 하지만 뭐, 사실이 그렇습니다.

미시카   당신의 내면에서는 침전물을 가라앉혀 순수한 생각만을 곱게 떠올리는 일이 매우 완만하게 일어나는 것 같군요. "유대인 레이몽 아롱은 1930년에는 프랑스 사회에 완전히 통합되었고 완전히 종교를 버렸기 때문에 거의 유대인이라고 말하기조차 힘들었다. 그런데 독일의 반유대주의와 1945년의 대살육을 목격하자 이 모든 것이 그를 변모시켜 이제는 더 이상 프랑스 사회와의 통합도 어려울 지경이 되었다", 뭐 이런 식인가요?

아롱 아니요, 그렇지 않습니다. 나는 프랑스 사회와의 일체감을 버린 적이 한 번도 없습니다. 나는 아무것도 옹호하지 않아요. 유대인은 누구나 자기 자신을 선택할 자유가 있다고 생각합니다. 나는 비시 정권에도 불구하고, 또 반유대주의에도 불구하고 프랑스를 택했습니다. 그래서 나는 다른 모든 프랑스인들과 똑같은 관계를 갖고 있는 프랑스 시민입니다. 유대인이라고 해서 내가 프랑스 사회에 덜 통합돼 있다고는 말할 수 없습니다. 오히려 나는 과거 그 어느 때보다 더 프랑스 사회에 잘 통합돼 있습니다. 그것은 우선 나이 때문이고, 두 번째는 소위 명성이라는 것 때문입니다. 반유대주의 문제를 사람들이 물어 올 때마다 나는 항상 이렇게 대답하죠. "지금 현재 나는 아무런 반유대주의도 못 느낀다. 하지만 나는 지금 프랑스에서 소위 '궁정 유대인'(17~18세기 독일 내 왕국들에서 고위 재정, 행정을 담당했던 유대인들 — 옮긴이) 같은 처지에 있다." 사회적 지위가 어느 수준에 오르면 한 개인은 더 이상 유대인으로 여겨지지 않아요. 나도 오늘날 프랑스 사회에서 유대인 취급을 받고 있지 않습니다. 물론 내가 유대인이라는 것을 사람들은 잘 알고 있죠. 그러나 나는 유대인이라기보다는 단순히 레이몽 아롱으로 알려져 있습니다. 사람들 생각에 나는 어쩌다 우연히 유대인이 된 사람, 특정 사건들에 민감한 반응을 보이는 사람쯤으로 돼 있습니다.

볼통 30여 년 전보다는 지금에 와서 더욱 당신의 유대인 신분을 주장하고 있는 것 아닙니까?

아롱   물론입니다. 코페르니크가 습격 사건 같은 것이 발생할 때면 언제나 방송국에서 내게 코멘트를 청해 옵니다.

3

해방의 환상에서 깨어나다

a) 프랑스 재건

볼통　런던에서 돌아와 보니 프랑스인들은 어떤 모습이었습니까? 변해 있었나요?

아롱　친구들 얘기부터 해 봅시다. 말로를 다시 만났는데 그는 열렬한 반공주의자가 돼 있었습니다. 전쟁 전에 내가 그와 나누었던 마지막 이야기는 전쟁에 대한 것이었죠. 넷이서 저녁식사를 하면서 나는 그에게 공산당과 손을 끊으라고 간청했어요. 그날 저녁 내내 우리는 함께 토론했습니다. 그는 나의 제의를 거절했습니다. "달라디에가 공산주의자들을 투옥시키지만 않는다면 그렇게 하겠소"라고 그는 말했습니다.

　사르트르도 다시 만났습니다. 그는 1938~39년과는 달리 지식인 세계와 문학인 세계에서 거물이 돼 있었습니다. 그리고 전보다 훨씬 더 공산주의자들과 가까워져 있었습니다. 전과는 달리 정치에도 무척 관심이 많아졌고요. 서로 좋아하지 않았던 말로와 사르트르 두 사람은 전쟁을 계기로 완전히 서로 태도가 바뀌었습니다. 나는 그 두 사람을 다 좋아했지만 결코 그 둘과 동시에 우정을 교환할 수는 없었습니다. 왜냐하면 사르트르와 말로 사이에는 사실상 대화가 없었으니까요.

수년 동안의 전쟁 후에 일반 프랑스인들이 어떻게 변했는지 평가해 본다는 것은 아무런 의미가 없습니다. 전쟁중에는 생활 조건이 너무나 어려웠죠. 그것 자체가 또 하나의 전쟁이었습니다. 그때는 암시장의 시대였습니다.

또 한편 레지스탕스의 투사들을 만나보고는 열등감을 느꼈습니다. 그때의 상황으로 미루어 보면 1940년에 영국으로 떠나기로 했던 나의 결정은 전혀 다른 의미를 지녔습니다. 그것은 마치 프랑스에 남아 있는 프랑스인들의 고통과 위험에서 도망치기 위한 것으로 보였습니다. 1940년 6월의 내 행동은 분명 그런 것이 아니었는데 말입니다.

미시카 독일 점령하에서 책을 냈던 친구들에 대해서는 어떤 평가를 내렸습니까?

아롱 그 얘기는 이미 한 것 같은데요. 나는 절대로 다른 사람들에 대해 도덕적 차원의 평가를 하지 않습니다. 전쟁 동안에 내가 아무런 고통도 받지 않았고 또 심각한 위험에 직면하지도 않았으므로 다른 사람들에 대한 그 어떤 도덕적 평가도 할 권리가 내게는 없다고 생각합니다. 게다가 내 가까운 친구들은 죄가 될 만한 일을 하나도 하지 않았습니다. 사르트르가 점령하에서 연극을 하나 발표했지만 그것은 은유적으로 반(反) 비시, 반독일적인 것이었습니다. 〈피가로〉지 기자들은 1942년 11월까지 다소 비시 지지파였습니다. 그러나 그들을 비난하고 싶은 생각은 추호도 없었습니다. 〈피가로 리테레르〉(문예판)의 기사를 찬양하는 글을 〈자유 프랑스〉에 쓰기까지 했던 나는 더욱 그럴 수가 없었죠. 〈피가로 리테레르〉는 그 당시에 프랑스의 지나친 지성에 폭언을 퍼부으며 그것이 패전의 원인이라고 주장하는 사람들에 대항해 프랑스의 문학을 옹호했습니다. 그러므로 마음에 들지 않는 몇몇 기사들에도 불구하고 나는 항상 〈피가로〉지를 바리케이드의 이편에 놓았습니다.

미시카　부역자 숙정에 대해서는요?

아롱　무슨 말을 하라는 겁니까? 나는 그것에 대해서 한 번도 쓴 적이 없습니다. 우선 그럴 기회가 없었죠. 청산은 1944~45년에 일어났는데 나는 그때까지 주로 〈자유 프랑스〉에 글을 쓰고 있었고 주간 화보판에 약간 우스운 글들을 가끔 쓰는 정도였습니다. 두 번째 이유는 그 문제에 대해 내가 어떤 입장을 취할 충분한 도덕적 권한이 없다고 생각했기 때문입니다. 개인적으로는 숙정을 혐오했지만 그러나 숙정 같은 것이 불가피하다는 사실은 알고 있었습니다. 〈자유 프랑스〉의 '프랑스 시평'에서도 이 주제에 관해 약간 썼죠. 나는 약간 모리아크와 같은 편입니다. 물론 일부 사람들과 레지스탕스 투사들, 그리고 유대인들이 그를 완전히 지지하지 않는다는 것은 잘 알지만.

볼통 1945년 5월 해방의 순간에 주위의 분위기는 어땠습니까?

아롱 그 문제에 관해서는 훨씬 더 옛날 이야기를 해 봐야겠군요. 1918년 11월에 나는 열세 살이었습니다. 그때 우리는 베르사유에 살고 있었는데 부모님이 나를 파리로 데리고 갔습니다. 온 국민이 기쁨 속에서 혼연일체가 됐던 그 하루 동안의 광경을 나는 평생 잊을 수가 없습니다. (1차대전) 종전이 되던 날, 그리고 그 다음 날의 파리 광경은 실제로 본 사람이 아니면 아무도 상상할 수 없을 겁니다. 사람들은 아무나 거리에서 부둥켜안았습니다. 부르주아, 노동자, 회사원, 젊은이, 늙은이 가리지 않고요. 민중의 광란, 기쁨의 광란이었죠. 증오도 없었고 온통 기쁨과 안도뿐이었습니다. 모두들 한결같이 "이겼다!"는 말만 되풀이하고 있었어요. 그저 기쁨에 충만해 있었습니다.

그와 대조적으로 1945년 5월의 파리에는 쥐 죽은 듯한 슬픔만이 짙게 깔려 있었습니다. 내 기분도 그런 것이었죠. 그날 밤에 나는 쥘 루아와 이야기를 나누었는데 그도 나처럼 이 슬픔, 이 절망감에 놀라움을 느끼고 있었습니다. 전쟁이 끝나긴 했지만 그것은 프랑스의 승리가 아닌 연합국의 승리였습니다. 1918년 11월처럼 기뻐 날뛰는 모습은 찾아볼 수가 없었습니다. 5월 8일의 광경이 생생하게 생각납니다. 파리 사람들의 분위기를 알아보기 위해 파리 시내를 걷고 있었는데 어디쯤에선가 지로 장군을 만났습니다. 그는 혼자 망연자실한 표정으로 거닐고 있었습니다. 그래서 그에게 달려가 인사를 했는데 그는 아무 말 없이 다시 걷기 시작했습니다. 그것은 비록 용기가 있었지만 실패하고 만 한 인간의 모습이었습니다. 바로 그날 그를 기억하고 있는 사람은 하나도 없었죠. 정치란 그런 것입니다.

미시카 패자는 한없이 불행해지는 게 정치의 생리죠.

아롱 정치에서는 그저 이겨야 합니다. 아니면 아예 정치를 하지 말거나.

볼통 프랑스가 가진 것이라고는 온통 의혹밖에 없었던 그 5년간의 전쟁 기간을 그 당시의 프랑스인들은 잊고 싶어 하지 않던가요?

아롱 그건 말하기 어렵습니다. 그 어느 프랑스인이라도 그 질문에 답할 수 있는 사람이 있을 것 같지 않군요. 그런데 임시정부의 대통령이었던 드골 장군이 그 기간 동안의 상황을 곧 변질시켰습니다. 그는 마치 자기가 프랑스의 영구적인 정통성이라도 되는 양 생각했습니다. 그 자신이 항상 옳은 편이었으므로 프랑스 전체도 자동적으로 옳은 편이 된 것이죠. 아주 놀라운 것은 1940년과 44년의 일부 사건들이 완전히 지워진 것이었습니다.

사르트르와의 대화가 생각납니다. 왜 신문에 "프랑스 귀환 유대인 환영"이라는 기사가 단 한 줄도 실리지 않는지에 대해서 우리는 이야기했습니다 — 모리아크의 글도 단 한 줄 실리지 않

앗습니다. 이 침묵의 깊은 이유는 아마도 사람들이 과거의 일을
지우개로 싹 지워 버렸기 때문인 것 같습니다. 레지스탕스 투사
중에는 유대인들이 많이 있었습니다. 레지스탕스 안에서는 유
대인도 다른 사람들과 마찬가지로 프랑스인이었습니다. 그래서
아무도 이런 기사를 쓸 생각을 하지 못한 것이죠. 유대인들은 마
치 하나도 쫓겨나지 않았던 듯이 고국 프랑스로 돌아왔습니다.
나는 이러한 사태를 일종의 잊고 싶은 의지, 또는 프랑스의 원상
회복이라고 생각했습니다.

미시카   독일이 했던 것과 같은 양심 성찰을 프랑스는 거부했던가
요?

아롱   패전해서 전승국들의 강요에 의해 억지로 한 거지, 독일
이 언제 자신의 양심 성찰을 한 적이 있나요?

미시카   강제건 아니건 아무튼 문제 제기가 있었잖아요.

아롱   프랑스인의 책임이라는 것은 독일 국민의 것과는 비교할
수 없는 것이죠. 그리고 독일인에게는 양심 성찰은 없지 않았습
니까? 많은 프랑스인들은 양심 성찰을 했습니다. 물론 개인적인
차원에서지만.

그건 그렇고, 그보다 더 중요한 문제가 있었습니다. 전쟁
을 치르고 난 후 프랑스 국민의 분위기가 싹 달라진 겁니다.
1944~45년부터 프랑스는 1930년대의 프랑스와 완전히 달라졌
습니다. 우익도 전 같지 않고 좌익도 전 같지 않았어요. 뭔가 희
망적인 기미가 보였죠. 내 주위 사람들, 우리 세대가 진지한 열정

을 갖기 시작한 겁니다. 그 진지한 열정이란 민족적 정열이었습니다. 우리는 앞서 말했던 것 같은 1930년대의 쇠퇴의 추억을 갖고 있었습니다. 그러나 1944~45년에는 조국을 재건하겠다는 단호하고도 깊은 의지가 보였어요.

볼통 〈콩바〉지에 쓰신 기사에 잘 나타나 있더군요. 범상치 않은 낙관론과 의지론이 보였습니다. 그런데 〈콩바〉지에는 어떻게 들어가게 됐나요?

아롱 1946년 3월에 들어갔지요. 앙드레 말로가 드골 장군 2기 내각에 들어가 비서실장을 두 달 지낸 후였죠. 보잘것없다고는 할 수 없어도 별로 대단한 직위는 아닌데, 하여튼 그게 나의 첫 번 관직이었습니다. 행정관서의 일이 어떻게 돌아가는지를 알게 됐고, 그것을 보고 나니 거기에 머물고 싶은 생각이 전혀 없었습니다!

우선 매일 아침 8시에서 10시 사이에 손님을 접견해야 했습니다. 제일 중요한 문제는 신문이었죠. 1945년 말에 내가 도착했을 때는 극히 일부만 제외하고는 모든 것이 자리가 잡혀 있었습니다. 신문은 복간된 것도 있고 없어진 것도 있었습니다. 레지스탕스에 가담했거나 가담하지 않았던 사람들이 신문을 인수해 다소 온건한 이름을 붙였습니다. 예전 신문사 관계자들이 몇 명 찾아왔는데, 대독 협력자로 알려진 사람들이었죠. 그건 맞기도 하고 틀리기도 했습니다. 여하튼 하루는 〈시대〉지의 국장이던 샤스트네 씨가 왔습니다. 나는 그에게 내 생각, 다시 말해서 이런 일을 전혀 좋아하지 않지만 어쩔 수 없다는 생각을 털어놓았습니다.

만일 드골 정부가 몇 달만 더 계속됐다면 나는 국가가 몰수한 모든 인쇄 시설을 한데 통합한 회사의 발족을 한사코 저지했을 겁니다. 나중에 드페르[1]가 그런 회사를 창설했지만, 모든 종류의 인쇄 시설을 한 회사로 통합시킨다는 발상은 참으로 어처구니없어 보였습니다. 이런 식의 국영회사는 관리 능력이 없어 몇 년 못 가 해체될 거라고 나는 확신했습니다. 그래서 나는 그 부처의 법률 담당자가 기초한 초안을 버리고 전혀 다른 안을 내놨어요. 인쇄 시설들은 각기 모든 책임자, 모든 신문에 신속히 귀속되어야 한다는 내용이었습니다. 그 초안을 몇 년간 보관하고 있었지만 나중에 쓰레기통에 버렸습니다. 내 생각에 아주 합리적으로 보이는, 그리고 또 다른 수많은 불쾌한 결정들을 미리 막을 수도 있었던 이 계획의 초안은 이렇게 해서 없어져 버리고 말았습니다. 그 외에는 이렇다 할 일을 한 게 없습니다.

그렇지만 말로와 나는 함께 〈피가로 리테레르〉를 관장했고, 가끔 신문용지 배분에 대해서도 논의했습니다. 어느 날 드골 장군의 비서실장인 팔레브스키의 전화를 받았습니다. 인쇄 허가제

---

1 Gaston Defferre, 1910~1986. 프랑스의 변호사이며 정치인. 1933년 이래 사회당의 투사였고 2차대전 중에는 레지스탕스에 참여했다. 전후 하원의원, 상원의원, 마르세유 시장 등을 거쳤고 1956~57년 기 몰레 내각에서 해외영토장관을 지냈다.

를 철폐하라더군요. 그 당시에는 인쇄 허가가 있어야만 인쇄를 할 수 있었습니다. 그러나 신문용지도 없으면서 덮어놓고 인쇄 허가를 내준다는 것은 별 의미가 없는 일이었지요. 용지를 어떻게 배분할 것인가가 여전히 중요한 문제였습니다. 신문 파지는 쌓였지만 용지 공급은 점점 줄어들었어요. 파지가 꽤 많이 모였을 때는 이미 신문이 내리막길을 걷고 있었지요. 그것은 꼭 필요하면서도 아주 나쁜 제도였습니다. 수많은 신문이 창간됐지만 1년이나 1년 반 안에 대부분 사라졌습니다.

신문 문제만이 아니었습니다. 풍요한 사회에서라면 마음대로 얻을 수 있는 온갖 것들을 얻기 위해 사람들이 많이 몰려왔습니다. 휘발유를 포함해 모든 것이 얻기 어려운 시대였죠. 이런 일들이 별로 신나는 것은 아니었지만 여기서 약간 배운 것도 있고 또 약간 재미있기도 했습니다. 그리고 또 정부 청사에서 8~10시간 일하는 것이 『순수이성 비판』을 세 시간 동안 읽는 것보다 훨씬 덜 피곤한 일이라는 것도 알았죠. 힘들고 짜증나는 일이기는 했지만 지적인 노력을 필요로 하는 일은 아니었으니까요.

b) 정치 바이러스

볼통　　신문기자 생활 얘기를 계속해 볼까요? 그러니까 1946년 3월에 〈콩바〉지에 들어가셨죠.

아롱   그보다 먼저, 내 인생에 지대한 영향을 끼친 어떤 결정에 대해서 이야기해 보겠습니다. 이제 와 생각하면 어리석은 짓이었지만 여하튼 그런 결정을 내렸습니다. 뭐냐 하면, 1939년 8월에 임용됐던 툴루즈 대학으로도 가지 않고, 전쟁 전에 옮긴 보르도 대학으로도 가지 않은 것 말입니다. 보르도 대학 문학부가 사회학 강의를 부탁해 왔는데 말이죠.

거부한 첫 번째 이유는, 내가 정치 바이러스에 중독돼 있었기 때문입니다. 나중에는 정치에 흥미를 잃었지만 그 당시에는 정말로 중독이 돼 있었어요. 게다가 나는 파리에 살고 싶었습니다. 수년 동안 망명 생활을 했는데 친구들이 많이 모여 있는 파리를 떠나 보르도에서 산다는 게 내키지 않았어요. 파리에 살면서 보르도에서 가르칠 수도 있었겠으나 그건 좋지 않다고 생각했어요. 그러나 그건 변명에 불과했고, 진짜 깊은 이유는 두 가지였습니다. 하나는 정치 때문이고 또 하나는 보르도에서 30, 40여 명의 학생을 놓고 사회학 강의를 하는 것이 프랑스의 재건에 진정으로 동참하는 길이 아니라고 생각했기 때문이었죠. 파리에서 정치활동을 하는 것이 프랑스의 재건에 좀 더 직접적이고 유효한 기여를 하는 것이라는 환상을 가지고 있었습니다.

그때 나는 신문에 기사를 쓰지 않았습니다. 내 전쟁 기사는 대부분 잡지에 실렸고, 다소 아카데믹해서 저널리즘과 학술논문의 중간쯤 되는 것이라고 할 수 있었죠. 내가 처음으로 기사를 쓴 신문은 〈콩바〉였습니다.

내 결정이 어리석은 것이었다고 아까 말했죠? 그런데 지금 생각하면 뭐가 뭔지 모르겠습니다. 그때의 선택이 잘한 것인지 못한 것인지 말하기가 매우 어렵습니다. 〈피가로〉에 30여 년간 글을 쓴 것이 프랑스의 정치에 과연 기여를 했는지, 유효한 기여를 했는지 모르겠군요. 나로서는 그렇다고도 그렇지 않다고도 말할 수도 없어요. 만일 처음부터 쭉 교수로 있었다면 1955년이 아니라 1947년에 파리의 소르본 대학 교수가 됐을 겁니다. 왜 내가 언론계에 몸을 담았는지 알 수가 없습니다. 언론 경력은 생활비를 벌기 위해서 시작된 것이었습니다. 돈이 한 푼도 없었거든요. 대학에서의 조용한 생활은 박차 버렸는데, 어떻든 먹고살아야 했습니다. 말로는 〈콩바〉의 편집국장인 파스칼 피아와 아주 친했습니다.

미시카 〈콩바〉의 분위기는 어땠습니까?

아롱 프랑스의 전형적인 분위기로, 약간은 흥분되고 또 아주 멋진 분위기였습니다. 〈콩바〉에는 아주 밀도 깊은 기사들이 많았습니다. 여러 난을 담당하던 일고여덟 명의 사람들은 나중에 대학 교수가 됐습니다. P. 카우프만, 메를로퐁티, 모리아크의 사촌 등이었죠.

처음에는 프랑스의 정당에 관해 대여섯 건의 기사를 썼는데, 왜 그런지는 모르지만 그 기사들이 파리의 일부 독자들에게 인기가 좋았습니다. 그 후 논설위원이 됐죠. 또 한 사람의 논설위원은 알베르 올리비에였습니다. 그러니까 나는 언론계에서 곧장 높은 자리에서부터 출발했습니다. 그때는 그것이 매우 즐거웠습니다. 그래서 항상 자만심에 젖어 있었죠. 나는 별로 읽히지는 않지만 몇 권의 난해한 철학서를 쓴 철학 교수로서 언론계 생활을 시작했습니다. 그러므로 이 방면에서도 일을 잘할 수 있다는 것을 딴 사람들에게 보여 주고 싶었습니다.

그러나 몇 주, 몇 달 지나 일단 나의 능력이 증명되고 나니 열정이 좀 시들해졌어요. 〈콩바〉에 글을 쓰던 일부 철학자들은 "『역사철학 입문』보다 신문기사 쓰기를 더 좋아하다니 참으로 이상한 일이군요"라고 내게 말하곤 했습니다. 그들의 말에 일리가 있다고 생각했으나, 어쨌든 나는 앞에서도 말했듯이 정치에 참여하고 프랑스의 부흥에 참여하고 싶다는 일념과 환상을 갖고 있었습니다. 그래서 나는 첫 번째 정치 논쟁의 시기인 1946년 3월에서 1947년 4월에 이르기까지 〈콩바〉에 머물러 있었습니다. 당시 사회당과 공산당이 지지하는 제1헌법이 쟁점이었는데, 나는 그 헌법안을 반대하는 캠페인을 주도했습니다. 헌법안을 부결시킨 국민투표 바로 다음 날 쓴 사설이 생각납니다. 제목은 "패배에 의해 살아남다"였고, 내용은 헌법안의 부결을 속으로 은근히 다행스럽게 생각하고 있는 사회당에 관한 것이었습니다. 사회당은 공산당과 합작해 손을 잡고 싶은 생각이 추호도 없었거든요.

요즘은 찾아볼 수 없는 논설 논쟁이 그때는 있었습니다. 제3공화국 시대에도 그런 논쟁이 있었는데, 종전 후에 다시 살아났

습니다. 카뮈, 올리비에, 모리아크 그리고 내가 유발하기도 했고,
한편에서는 레옹 블룸이 촉발하기도 했습니다. 정치적인 동시
에 지적인 논쟁이었는데, 가끔 너무 지적일 때도 있었지만 내 생
각에는 적당한 수준이라고 여겨집니다. 오늘날의 프랑스 신문들
은 논설을 매일 싣지도 않지만 논설위원들 사이의 대화도 없어
요. 내가 만일 〈르 몽드〉의 이러저러한 기사를 지적하면 정상적
인 대화의 일부로 받아들여지지 않고 마치 그 기사에 대한 공격
으로 간주됩니다. 그러나 그 당시에는 논쟁이 있었습니다. 과거
사 청산에 대한 논쟁, 드골과 임시정부의 관계에 대한 논쟁, 프랑
스의 미래, 일상적인 사건들에 대한 논쟁들이었죠. 그 후의 언론
계 생활보다 〈콩바〉 시절을 내가 특히 그리워하는 것은 그런 이
유에서입니다. 그때의 신문사 분위기는 오늘날보다 훨씬 활기에
넘쳐 있었습니다. 오늘날의 프랑스에는 독백과 욕설 이외에 아
무것도 없습니다.

볼통　　그 시기에 흥미로운 사건이 또 하나 있었죠. 당신은 장폴
사르트르, 시몬 드 보부아르, 메를로퐁티, 말로 등과 함께 〈현대〉
지의 창간 동인 아니었습니까? 그 잡지에서 무엇을 기대했습니
까?

아롱　　그건 사르트르의 잡지였습니다. 그는 이미 소설도 썼고 철
학서도 썼으며 희곡도 썼습니다. 그리고 정치활동도 하고 싶어
했습니다. 그래서 〈현대〉라는 잡지를 구상했죠. 이 잡지는 본질
적으로 정치 잡지는 아니었고, 행동의 잡지라기보다는 문학 잡

지에 더 가까운 것이었어요. 초(超)정치적이라고나 할까. 그래서 그는 나와 같은 친구들, 또 장 폴랑[2]이나 앙드레 말로 같은 선배 문인들에게 〈현대〉지의 지도위원을 맡아 줄 것을 부탁했습니다. 그러나 내 기억으로는 폴랑과 말로는 응하지 않았습니다. 나도 이 잡지에 서너 건의 기사를 썼는데 그중 하나가 꽤 괜찮은 것이었어요. 페탱의 재판에 관한 것이었습니다. 당시의 분위기에 부합되는 기사는 아니었지만 별다른 문제 없이 〈현대〉지에 실렸습니다. 다른 기사들은 별로 중요한 것들이 아니었죠.

말로의 비서로 들어가면서 〈현대〉지를 떠났습니다. 그리고는 다시 안 돌아갔습니다. 해방의 환상, 즉 모든 레지스탕스 투사들이 하나의 공화파 연합을 이루어 프랑스를 재건하겠다는 환상이 완전히 깨져 버렸습니다. 레지스탕스 진영 안에는 공산주의자들도 있었죠. 소련과 미국 사이에 즉각 적대관계가 형성된 것으로 미루어 프랑스의 레지스탕스 진영 내부에도 조만간 분열이 일어나리라는 것을 확신할 수 있었습니다. 그 당시 내가 사르트르 같은 사람들에게 늘 이야기한 것은, 국제관계와 프랑스 국내 문제가 너무나 긴밀하게 연결돼 있어서, 두 강대국의 관계가 긴장되면 레지스탕스 내부의 결속도 유지되지 못할 것이라는 점이었습니다. 과연 국제적 냉전이 시작되기 전에 레지스탕스 내

---

2 Jean Paulhan, 1884~1968. 프랑스의 작가. 1941년 독일군 점령 치하에서 베르코르와 함께 '심야총서' 등의 출판사를 만들기도 했다.

부에는 이미 분열이 생겼습니다. 그러나 〈현대〉지 내부에서는 환상이 좀 오래 지속됐는데, 그것은 지도위원 중에 공산주의자가 없었기 때문이었죠. 그러나 사르트르도 메를로퐁티도 언제나 "공산주의자들과의 이 싸움은 집안싸움이다"라고 서슴지 않고 말하곤 했습니다. 그 말을 들을 때마다 나는 그들이 순진하다고 생각했어요.

한편 나는 곧 세계의 전반적인 정세를 파악했습니다. 1945년 말에 이미 소련이 동독에 계속 머물 거라는 확신을 갖게 됐습니다. 따라서 독일 통일은 이루어지지 않을 것이며 두 개의 독일이 생겨날 것이 틀림없었습니다. 나는 여기서 프랑스·독일 동맹이 이미 시작됐다는 결론을 끌어냈습니다. 물론 아주 조금밖에는 예상하지 못했지만 말입니다.

볼통 다시 이 시절의 〈콩바〉 이야기로 돌아가 볼까요. 〈콩바〉는 단시일 내에 커다란 성공을 거두었고 단시일 내에 망했는데, 왜 그랬을까요?

아롱 나는 가끔 이런 농담을 했어요. "파리에서는 모든 사람이 〈콩바〉를 읽는다. 그런데 불행하게도 모든 사람이란 다해 봤자 4만 명일 뿐이다." 그건 사실이었습니다. 정치계나 지식인 사회에서는 모두가 카뮈, 올리비에, 그리고 나의 사설을 열심히 읽었습니다. 〈콩바〉는 지적인 독자 사이에서는 큰 성공을 거두었지만 신문의 경영을 위해서는 충분한 숫자가 되지 못했죠. 게다가 초

지성적 신문이라는 성격상, 그리고 또 그 당시의 분위기가 분위기였던 만큼 각자가 자기 생각하는 바를 마구 써 댔습니다. 그래서 한 지면에도 서로 상충하는 기사가 실리기 일쑤였어요. 예를 하나 들어 보죠. 두 번째 헌법안이 국민투표에 부쳐졌을 때 나는 이번엔 통과시켜야지, 끊임없이 헌법만 만들고 고치고 할 수는 없지 않겠는가, 라는 내용의 긴 사설을 썼습니다. 그런데 바로 그 다음 날 알베르 올리비에는 "왜 거부하지 못하는가?"라는 제목의 사설을 썼습니다.

그러나 독자가 꾸준히 한 신문을 구독할 때는 거기서 어떤 정보나 교양을 얻으려기보다는 자신의 생각이 옳다는 것을 확인받고 싶어 한다는 것을 나는 나중에야 알았습니다. 신문이 서로 상반되는 여론을 옹호하고 그것들을 모두 정당화해 줄 때 그 신문은 한정된 독자를 가진 오피니언 페이퍼(여론지)는 될 수 있으나 전성기 시절의 〈콩바〉가 가졌던 20만 독자를 확보할 수는 없습니다. 이런 점에서 〈콩바〉지가 망한 것은 지적인 신문의 성격상 어쩔 수 없는 것이었습니다.

약간의 내분도 있었지요. 카뮈가 떠났다가 다시 돌아왔고, 카뮈와 피아와의 관계가 좋지 않았죠. 독자가 차츰 떨어지는 것을 놓고도 기자들은 자기들끼리 욕을 하기 바빴습니다. 누구는 올리비에의 책임이라고 하고, 또 누구는 레이몽 아롱의 책임이라고 하고, 또 누구는 아무개를…… 이런 식이었습니다. 요컨대 아무도 그 이유를 몰랐던 거죠. 아마 모두의 책임일지도 모릅니다.

각자가 자기의 독자를 갖고 있었습니다. 그런데 이들 모두를 합쳐 놓은 것은 많은 독자의 반감을 샀습니다. 게다가 경영자 자신도 지식인이며 작가였습니다. 인쇄공장과의 관계도 매우 어려웠습니다. 노조원들이 단호하게 말하던 것이 기억납니다. "누군가 사장이 있어야 합니다!" 분명한 건 알 수 없지만 인쇄공들은 아마 우리의 사상에 동조하고 지식인들과 공감을 느낀 사람들이었겠죠. 하지만 그들도 어쩔 수 없이 봉급을 바라는 노동자들이고, 그들의 봉급에 대해 누구하고든 상의를 해야만 했습니다. 다시 말하면 지식인 중에서도 사장이 하나 있어야 했지요. 나중에 장자크 세르방슈라이버[3]가 사장이 됐는데, 그도 자기 나름으로 지식인이고 동시에 사장이었습니다.

미시카   1946년 1월에 드골이 (임시정부 주석에서) 하야했습니다. 드골 하야에 동의했나요?

아롱   동의하고 말고의 문제가 아니었습니다. 다만, 이해는 할 수 있었습니다. 드골은 어쩔 수 없는 상황 속에 놓여 있었지요. 비록 의회를 다루는 탁월한 능력을 가지고 있었지만 끊임없는

---

3   Jean-Jacques Servan-Schreiber, 1924~2006. 프랑스의 언론인, 정치인. 1948~53년 〈르 몽드〉의 외신부장, 그 후 프랑수아즈 지루 여사와 함께 주간지 〈렉스프레스〉를 창간했다. 1969년 급진사회당 사무총장에 이어 1971~77년 당수를 지내고, 그 후 J. 르카뉘에와 함께 중도파인 개혁당을 창당했다. 『아메리카의 도전』, 『프랑스의 각성』 등 저서가 있다.

토의와 협상이 계속되는 의회 제도 안에서 프랑스를 통치하고 싶지 않았던 것입니다. 제헌의회에서 한두 번 그의 연설을 들은 적이 있습니다. 원하기만 했다면 그는 자신의 역사적 비중, 그리고 탁월한 설득력으로 총리로서 프랑스를 통치할 수도 있었습니다. 그러나 나는 그가 언제고 다시 집권하겠다는 희망과 신념을 갖고 있다는 것을 알고 있었습니다. 앙드레 말로와의 대화가 생각납니다. 그는 장군의 측근들과 이야기를 하고 난 후 "우리는 6개월 후에 되돌아올 것이다"라고 내게 말했죠. 그런데 12년이 걸렸습니다.

그 당시에 나는 드골이 다시 돌아와야만 할 필연적인 이유를 발견할 수 없었습니다. 어떻든 의회 제도는 지속될 것이라고 생각했기 때문이죠. 『대분열』이라는 저서에서 나는 "제4공화국은 지속될 것이며, 그것은 다른 형태로 바뀔 수 없을 것이다"라고 썼습니다. 그게 바로 내 생각이었죠. 1947년에 씌어 1948년에 출판된 책입니다.

볼통 드골 하야에 관한 IFOP의 여론조사를 찾아보았습니다. 1946년 3월에 40퍼센트가 그의 하야에 반대했고, 32퍼센트가 찬성했으며, 28퍼센트는 무관심을 표명했습니다. 드골은 아마도 만장일치를 얻을 수는 없는 사람이었나 봅니다.

아롱 1944~46년 사이의 드골 정부는 탁월한 국가수반이 있다는 것만 제외하고는 제3공화국이나 제4공화국과 별로 다를 게 없었습니다. 그러니 경제적 곤란이나 의회의 문제 같은 것들을 드골 장군 혼자서 어떻게 해결할 수 있었겠습니까? 1946년에 하야했을 때 일반 국민이나 정치인들은 그가 탁월한 국가수반이라는 추억 자체를 전혀 갖고 있지 못했습니다. 사람들이 내게 그런 항의를 표시했을 때 나는 다음과 같이 대답했었죠. "네, 그는 집권했고 온갖 권력을 손아귀에 넣었죠. 그건 사실입니다. 그러나 직통전화 한 대도 없었습니다." 그것이 1944년 해방 당시의 프랑스의 상황이었습니다.

한편 1944년과 1945년에 드골은 이미 외교 정책에 대한 집념을 갖고 있었어요. 그 당시 프랑스인들은 외교 정책보다는 국가 재건에 더 관심을 갖고 있었는데 말입니다. 1944~45년의 국내정치에서 드골은 다른 내각 수반과 특별히 다르다고 할 만한 어떤 정책을 제시하지는 못했습니다. 게다가 플레방[4]과 망데스 프랑스[5]가 경제 정책에 관한 토론을 벌였을 때 지식인들은 모두 망데스 프랑스 쪽을 지지했습니다. 그게 옳았을까요, 틀렸을까요? 내 생각에는 망데스 프랑스가 하고자 했던 것은 옳은 방향

---

4 René Pleven, 1901~1993. 프랑스의 정치인. 1940년 런던에 있는 드골의 호소에 응하여 적도아프리카 군단의 자유 프랑스 병합을 추진했다. 프랑스 민족해방위원을 지냈고 1945년 이후 레지스탕스 민주사회연합을 창설, 그 후 해외영토, 재무, 국방장관 등을 역임했다.

5 Pierre Mendes France, 1907~1982. 프랑스 정치인. 급진사회당 국회의원으로 출발해 1938년 블룸 내각에서 차관을 지내고 2차대전중 비시 정부에 의해 투옥됐다가 1942년에 탈옥해 영국으로 건너가 자유 프랑스에 합류했다. 1954년 외무장관 겸 총리로 있으면서 인도차이나 전쟁을 종식시켰다.

이었어요. 하지만 그것을 실현시킬 수단을 갖고 있지 못했습니다. 여하튼 드골은 플레방을 선택했고, 그 결과 프랑스의 경제 조건을 알고 있는 지식인들의 신망을 잃고 말았습니다.

드골이 집권한 것은 1940년 페탱이 집권한 것과 똑같은 방식에 의해서였습니다. 그러나 드골은 페탱과는 달리 정치를 말살하기 위해서가 아니라 정치를 소생시키기 위해 집권했기 때문에 필연적으로 정당들의 활동이 활발하게 전개되기 시작했습니다. 프랑스 국민은 일부는 우익, 일부는 좌익, 또 일부는 사회주의, 일부는 공산주의였습니다. 자신의 소속 정당이 드골과 사이가 좋은가 나쁜가에 따라 각 개인들도 드골을 좋아하거나 싫어했습니다. 드골은 초정파적이었고 정당을 혐오했지만, 정당 제도를 부활시키지 않을 수 없었습니다. 왜냐하면 프랑스로 돌아올 때 그는 공화국과 민주주의를 재건하겠다고 결심했기 때문이었죠. 다른 도리가 없었습니다. 그런데 그는 정당정치를 하고 싶지 않았기 때문에 정치를 떠났습니다. 내게는 그것이 너무나 논리적으로 보였죠.

1946년의 프랑스에는 세 개의 블록이 있었습니다. 한쪽에 공산주의자, 또 한쪽에는 반공주의자, 그리고 세 번째는 단 한 사람으로 형성된 블록, 즉 드골 장군이 있었습니다. 한편에는 드골과 모든 정당 사이의 싸움이 있었고 또 정당들 사이에서는 공산주의자와 그렇지 않은 사람들 사이의 싸움이 있었습니다. 이러한 싸움은 제4공화국의 불행한 특성이었는데, 아마도 알제리 문제가 없었다면 제4공화국의 수명은 훨씬 오래 지속됐을 겁니다. 그러나 알제리 문제를 해결하는 일, 또는 드골에 대항해 지탱하는 일 따위가 제4공화국으로서는 감당하기 힘든 것들이었습니다.

볼통　　"드골의 하야를 좋게도 나쁘게도 생각할 것이 없었다"고 하셨는데, 그러나 그 당시 당신은 정부에서 일하고 있었습니다. 지식인으로서 또는 언론인으로서 완벽한 영향력을 행사할 수도 있었는데 왜 구태여 직접 정치활동을 하려 했습니까?

아롱　　말로와의 친분 때문이었죠. 처음에 나는 그와 무척 친했습니다. 그가 처음으로 드골과 만나기 전―이 첫 번 만남은 괴테와 나폴레옹의 만남과 비교되기도 합니다―그와 오랫동안 이야기를 나눈 적이 있습니다. 그의 골리즘은 거의 기독교적 개종에 가까웠습니다. 그런데도 그의 주장은 매우 논리적으로 보였어요. 민족감정이나 민족주의에 사로잡혀 있다는 것을 알 수 있었습니다. 다시 말해 혁명과 단절했으며, 전후 프랑스에서 유일하게 실현될 수 있는 정치적 시(詩)는 드골 장군이라고 생각하고 있었습니다. 그러니까 말로는 정치를 너무 역사 혹은 시적인 측면에서 생각했어요. 그가 나중에 그런 식의 골리스트가 된 것은 아주 당연한 일이었습니다.

그러나 나는 결코 앙드레 말로 식의 골리스트가 될 수는 없었습니다. 드골 자신도 그런 말을 했었죠. 어느 날 드골이 불쾌하게 생각할 만한 기사를 내가 하나 썼더니 그다음 날 드골이 말로에게 이렇게 말했다는 겁니다. "그는 전혀 골리스트가 아니로

군." 드골 장군에게 충성을 바치고 그의 견해가 어떤 것이든 무
조건 그를 지지하는 것이 골리스트라면, 나는 한 번도 골리스트
였던 적이 없습니다. 해방 전에도 그랬고 해방 후에도 그랬습니
다. RPF[6] 당원이었을 때도 나는 여러 문제에서 드골과 전혀 다른
견해를 표명하곤 했었지요. 그러나 어떤 의미에서 여러 번 나는
골리스트였던 것이 틀림없습니다. 해방 당시에는 드골 정권이
최선의 것이며 그 정부를 도와야만 한다고 생각했고, 1958년
에는 비록 조건들이 마음에 안 들긴 했지만 드골의 재집권이 차
라리 바람직하다고 생각했습니다. 드골 정도라면 알제리 문제에
어떤 결단을 내릴 수 있을 거라고 생각했기 때문이죠. 내 나름의
이런 골리스트 되기 방식이 그는 못마땅했던 것 같습니다. 진정
한 골리스트라면 그를 신뢰하는 것과 동시에 자신의 신념을 그
의 신념에 따라 수정하기까지 해야 했겠죠. 하지만 나는 그렇게
할 수는 없었어요. 그래도 앙드레 말로의 비서실장이 되는 데는
아무런 지장이 없었습니다.

미시카   앙드레 말로와의 우정은 좀 놀랍군요. 두 사람의 성격이
너무나 다른데……. 한 사람은 차갑고 또 한 사람은 뜨겁고!

아롱   정확한 말입니다. 하지만, 반드시 비슷한 성격 사이에만
우정이 맺어지나요? 앙드레 말로는 대단히 학식이 깊은 사람이
었습니다. 그와 나는 문학, 역사, 정치 등 공통의 화제를 많이 갖

---

6   Rassemblement du peuple français, 프랑스 인민연합.

고 있었죠. 원시종교에 미치기 전까지만 해도 그는 매우 날카로운 정치평론가였습니다. 그런데 가끔 낭만주의가 그의 현실감각을 흐려 놓기 일쑤였습니다. 1946년부터 1949년이나 1950년까지 그랬어요. 하지만 프랑스 정치 혹은 세계정치에 관해서 그와 이야기하는 것은 대부분 아주 즐겁고 유익한 일이었습니다. 우정이란 반드시 성격의 조화에서 오는 것은 아니잖아요. 서로 다른 두 성격은 가까워질 수도 있고 또 그렇지 않을 수도 있는 것입니다. 사르트르와 말로는 끝내 가까워지지 못했는데, 나는 그들의 한중간쯤에 있었어요. 나는 그 두 사람과 서로 다른 측면에서 각기 달랐습니다. 우리 셋이 함께 이야기를 나눈 적은 없어요. 사르트르와 말로는 각기 상대방에 대해 즐겨 이야기했지만 항상 우호적인 것만은 아니었습니다.

불행하게도 말로와의 우정은 끝까지 지속되지 못했습니다. 언제쯤부터인가 그는 고독한 은둔생활에 들어갔습니다. 드골의 장관을 지내던 시절에는 내 글에 대해서 가끔 분노를 터뜨리곤 했습니다. 그래도 가끔 우리는 만났죠. 전부터 그에 대해 품고 있던 우정과 존경심을 나는 한참 동안 견지하고 있었습니다. 하지만 나이가 들어 감에 따라 서로 거리감이 생기고, 점점 만나지 않게 되고, 그렇게 슬프게 된 것이죠. 나와 사르트르와의 관계가 그랬듯이 말로와 나의 관계도 소원해졌습니다. 요즘 세상은 정치적 선택이 다르면 우정을 간직하기 어려운 시대인 것 같습니다. 정치란 아마도 너무나 심각하고 비극적인 것이어서 우정이 그 압력을 감당하기 어려운가 봅니다. 나와 사르트르의 관계에서 그것은 분명한 사실입니다. 그러나 말로와 내가 점차 소원해진 것은 나의 드골 지지가 불충분했기 때문이 아닙니다. 거기엔 좀 더 인간적인 원인이 있습니다. 그것을 밝히려면 말로의 말년의 생활을 이야기해야 되겠는데, 지금 여기서는 그럴 계제가 아닙니다.

볼통   아까 말씀하신 소위 '정치 바이러스'는 언제까지 붙어 있었나요?

아롱   정치 바이러스라는 것이 정치인이 되고자 하는 욕망을 말하는 것이라면, 나는 그 바이러스에 심하게 감염된 것은 아니었고 또 재빨리 몰아냈습니다. 그런데 만일 정치적 사건에 대한 끊임없는 관심을 뜻하는 것이라면, 나는 전쟁중에 거기 감염됐고 그 후로도 전혀 치유되지 못했다고 할 수 있습니다. 1947년에서 1977년까지 30년에 걸쳐 〈피가로〉지에서 논평을 계속하는 동안 나는 항상 초정치적인 태도를 견지했습니다. 나는 한 번도 나를 정치인이라고 생각한 적이 없었어요. 왜냐하면 어느 정당의 후보도 된 적이 없었으니까요. 두꺼운 책을 쓰는 저자인 동시에 일상적 사건에 시사평론을 하는 정치 담당 언론인, 그리고 정치 저술가일 뿐이었습니다. 다만, 1939년 이전의 철학도의 모습과 고등사범 시절의 정치관을 생각하면서 바이러스니 중독이니 하는 말들을 쓴 것입니다. 그 시절에는 정치에 대해 좋지 않게 생각하고 있었어요. 신문을 읽는 일조차 매우 드물었고, 어쩌다 읽으면 내가 미리 비난하기로 작정하고 있는 구절들만 용케 찾아내곤 했습니다. 1939년 이전에는 입으로 논설을 썼고, 그 이후에는 글로 논설을 썼다고 할 수 있어요. 결국 그렇게 됐습니다.

c) 얄타, 세계 분할의 신화

미시카   1945년 8월 히로시마에서 처음으로 원자폭탄이 터졌죠. 그 당시에 이 사건은 어떻게 받아들여졌습니까?

아롱   즉각 중대한 사건으로 받아들여졌죠. 핵폭탄의 발명은 세계사의 엄청난 전환점이었습니다. 곧 추측이 만발했죠. 이것으로 더 이상 전쟁이 있을 수 없다는 건가? 인류는 자멸할 것인가? 대강 이런 식이었습니다. 사람들은 이 사건에 대해 즉각 고찰하고 논평했으며, 역사적 의미와 중요성을 결코 간과하지 않았습니다. 너무 지나치게 논리를 비약시키기까지 했죠. 폭탄 하나로 도시의 절반을 파괴할 수 있다는 단순한 사실만으로 이제는 종전과 같은 형태의 전쟁이 사라질 것이라고 희망하는 사람들도 있었습니다. 그때까지만 해도 TNT 2만 톤에 해당하는 히로시마의 폭탄이 별것이 아니라는 사실을 아직 몰랐던 거죠. 오늘날에는 메가톤 급의 폭탄이 있지 않습니까.

미시카   그것은 무서운 사건으로 여겨졌었나요?

아롱   항의의 움직임 같은 것은 없었습니다. 공산당은 흥분했고, 일반 여론은 대체로 승인하는 태도였으며, 미국의 장성들은 안도감을 나타냈습니다. 원자탄 덕분에 섬나라 일본을 침공할 필요가 없어졌기 때문이죠. 군 장성들은 만일 일본을 침공한다면 불과 몇 주 만에 약 50만 명의 병력 손실이 있을 것이라고 트루먼 대통령에게 말했다는 겁니다. 그러니까 이 무기에 대해서는 아무런 도덕적, 정신적 저항이 없었어요. 이에 대한 논의가 시작된 것은, 그리고 미국이 별 쓸데도 없이 소련에게 본때를 보여주기 위해 이 무기를 사용했다고 사람들이 비난하기 시작한 것은 훨씬 뒤, 냉전 시대로 돌입하면서부터였습니다.

볼통 그렇지만 유럽이 미국에 대해 어떤 적의를 보이기 시작한 것은 히로시마 때문 아니었나요?

아롱 아니요, 절대로. 국민이건 통치자건 4, 5년의 전쟁을 치르고 나면 아무런 양심의 가책 없이 최악의 잔혹행위를 저지를 수 있다는 사실을 잊어서는 안 됩니다. 드레스덴 폭격도 어쩌면 히로시마 폭격보다 더 무서운 폭격이었어요. 하룻밤 사이에 30만 명(드레스덴 폭격은 사흘간 네 차례에 걸쳐 이루어졌고 희생자는 공식적으로 약 3만 5천 명으로 추산된다 — 옮긴이)이 죽지 않았습니까. 대부분이 피난민이었죠. 도쿄가 완전히 불에 탔던 폭격 당시에는 9만 명의 사망자가 났습니다. 그러나 모든 사람들이 이 폭격, 이 무차별 파괴를 전쟁의 자연스러운 형태로 받아들였습니다. 히틀러에 비견할 수 없을지는 몰라도, 여하튼 전쟁에서 이기기 위해 이쪽도 결코 정당화될 수 없는 무시무시하고도 쓸데없는 일을 저질렀다는 것을 사람들이 깨닫기까지에는 전쟁의 미몽과 극도의 폭력에서 벗어나는 시간이 필요했습니다.

　무조건 항복이라는 터무니없는 명제를 채택하지 않았다 하더라도 일본은 패전할 것이 분명했습니다. 일본은 더 이상 해군도 화물선도 갖지 못했으며 자기들 섬나라 안에 고스란히 갇혀 있는 상태였습니다. 만일 협상을 받아들였다면 일본은 만족할 만한 강화 조건을 따낼 수도 있었을 겁니다. 그러나 루스벨트는 무조건 항복을 원했습니다. 이것은 미국의 남북전쟁에서 그 유래를 찾을 수 있는 강화 조건입니다. 남북전쟁 당시에는 이 형태가 그 나름의 의미를 지니고 있었습니다. 왜냐하면 그때 가장 큰 문제는 미합중국의 존망 자체였으니까요. 남북전쟁을 일으킨 사람들은 무조건 항복하고 연방정부를 승인해야만 했습니다. 내란에서는 무조건 항복이 의미가 있습니다. 그러나 외국과의 전쟁에서는 말도 안 되는 것입니다. 히로시마는 부분적으로는 무조건 항복의 형태입니다.

볼통　유럽 문제로 되돌아가 보죠. 1945~46년 사이에 소련이 점진적으로 동유럽의 일부를 병합했는데, 그때 그것을 막을 수도 있었나요?

아롱　동유럽의 점진적인 소비에트화 현상을 사람들은 당장은 지켜보고만 있었죠. 미국은 항의를 했습니다. 왜냐하면 얄타 협정에 의해 소련도 민주 방식의 재건을 받아들일 의무가 있다고 생각했기 때문이었죠. 그러나 소련과 미국이 생각하는 민주 재건은 그 의미가 각기 달랐습니다. 또 한편으로, 소련 점령 지역과 영국이나 미국 점령 지역 사이에 넘나들 수 없는 견고한 장벽이 생기는 것을 우리는 확인했습니다. 그걸 막을 수 있었느냐고요? 첫 번째로 주목해야 할 것은 동유럽이 소비에트화한 것은 얄타 때문이 아니라는 사실입니다.

볼통 하지만 세계가 분할된 것은 얄타 때문이라고 흔히들 말하지 않습니까?

아롱 아니요, 그것은 신화에 불과합니다.

볼통 그렇다면 얄타에서는 무엇이 결정됐습니까?

아롱 소련이 일본에 개입할 수 있는 시기와 조건이 우선 결정됐습니다. 그 시기란 유럽에서 전쟁이 끝난 지 3개월 후였습니다. 독일 내 점령 지역에 대한 인준도 있었죠. 이 지역은 런던에 있는 대사위원회(Comité des ambassadeurs)에 의해 구획이 정해졌고, 승인은 2분 만에 이루어졌습니다. 얄타에서는 독일 점령 지역의 분할을 실제적으로 논의하지 않았습니다. 그 외 다른 보상 문제 및 부차적인 문제에 대한 협상이 있었습니다. 그중에서도 특히 중대한 결과를 가져온 결정이 하나 있었는데, 그것은 동쪽에서 오는 군대와 서쪽에서 오는 군대가 멈춰서야 할 경계선을 정하는 것이었죠. 유럽 분할의 원인으로 간주된 것이 바로 이 분계선 설정이었습니다.

유럽의 미래에 관한 것으로는 유럽 민주주의의 회복을 위한 조건을 결정적으로 선언한 것이었습니다. 소련군에 의해 해방된 나라들이 소련식 모델에 따라 재건되는 것은 미국도 영국도 인정하지 않았어요. 아마도 언젠가 그렇게 되리라고 생각은 했을지 모르나, 그들은 결코 그것을 수락하지는 않았습니다. 그 가장 좋은 증거는 미국과 소련 사이의 불편한 관계가 폴란드 정부 문제에서 시작됐다는 것이죠. 얄타 회담에서 소련은 완전히 공산주의자들로 구성된 루블린(폴란드 도시) 위원회의 확대를 지지했습니다. 이론상 확대 공산당 정부를 수립하기 위해 폴란드 동부 출신의 정치인들도 참가했습니다. 그러나 그들은 몇 달 못 가서 모두 자리에서 물러났습니다. 소련군에 의해 해방된 체코슬로바키아에서도 그 즉시에는 자유선거가 있었습니다. 헝가리에서도 선거는 비교적 자유스러웠습니다. 왜냐하면 소농(小農)을 대표하는 당이 다수 의석을 차지했는데 그 당은 전적으로 소련 계열의 당이 아니었거든요. 체코슬로바키아에서도 공산당은 38퍼센트의 득표율을 올렸는데, 절대다수는 아니었습니다.

그러니까 얄타에서 유럽 혹은 세계 분할을 했다는 말은 전설적인 이야기에 불과합니다. 이미 얄타 회담 이전에 처칠과 스탈린 사이에 세계 분할에 대한 비밀협약이 있었습니다. 그러나 미국은 그것을 비난하고 거부했습니다. 그 비밀협약에서 퍼센티지가 정해졌습니다. 예를 들어서 그리스는 90퍼센트가 영국, 10퍼센트가 소련의 통제하에 들어간다는 것이었습니다. 아마 루마니아는 80~90퍼센트가 소련, 10~20퍼센트가 연합국의 통제를 받는 것으로 돼 있었을 겁니다. 참으로 비열한 이런 식의 협약은 얄타에서 다시 거론되지 않았습니다. 그 후 세계 분할이 아니라 유럽 분할을 야기한 것은 각국 군대의 움직임이었습니다. 서유럽 사람들은 그들 군대의 저지선이 곧 서구 민주주의의 저지선이 될 것이라는 것을 예견할 수도 있었을 것입니다. 그러나 그들은 그런 것을 미리 생각하려 하지 않았고 또 소련의 행동을 미리 승인하지도 않았습니다.

소련은 동유럽에서 자기들이 하고 싶었던 것을 그대로 했습니다. 스탈린 자신이 (유고슬라비아의) 질라스에게 이렇게 말했죠. "이런 전쟁에서는 승자가 자신의 이념과 체제까지 함께 갖고 들어가게 마련이야." 서유럽인들은 이러한 소비에트화를 지켜보기만 했습니다. 저지할 능력이 없었으니까. 소련 군대가 여기저기 진주했을 때 우리는 최후통첩이라고 위협하며 모스크바 정부에 압력을 가할 수도 있었습니다. 소련군을 물러나게 할 만한 군사력은 갖고 있었죠. 또 한편으로는 그것이 용납할 수 없는 일이라는 것을 말로 선언할 수도 있었습니다. 이런 선언은 결국 용납한다는 의미밖에 되지 않는 것이기는 하지만. 1945~46년에 서방이 한 것이 바로 그런 것이었습니다. 동유럽에서의 소련의 행동을 용납할 수 없다고 우리는 선언했죠. 그러나 미국은 다른 데서와 마찬가지로 곧 여기서도 군대를 철수시켰습니다. 미국이 소련에 항의했기 때문에 외교적 긴장감은 고조됐으나 여하튼 미국은 소련의 행동을 묵인했습니다.

미시카　서유럽은 동유럽을 희생시켜 평화를 산 건가요?

아롱 그건 동유럽인들이 즐겨 쓰는 도식이죠. 아마 솔제니친이 쓴 표현 같습니다. 그러나 진실은 그렇게 간단한 것이 아니라고 생각합니다. 소련 군대가 진주해 유럽의 일부분을 점령했고 그곳이 소비에트화하는 것을 서유럽은 확인했으며, 그것이 그들의 이해에 상충하는 것이기 때문에 이 현상을 좋아하지 않았습니다. 그러나 그것을 저지하기 위해서는 대대적인 수단을 동원해야 되는데 그럴 능력도, 정치적 용기도 부족했습니다. 소련의 이런 팽창을 용납하지 않았어야 한다고 사후에 말하기는 쉽습니다. 하지만 히틀러의 독일을 무찌르는 데 혁혁한 공을 세운 소련이 곧 위험한 존재, 아니 어쩌면 크나큰 악이 됐다고 어떻게 국민들을 설득할 수 있었겠습니까? 민주주의는 악과 동맹을 맺고 전쟁을 할 수는 없는 것이죠. 그러니까 소련과 손을 잡고 전쟁을 했으므로 소련은 민주주의이지 결코 전체주의 체제가 될 수는 없었던 것입니다. 같은 동맹국인 한 소련은 전체주의 국가로 간주될 수 없었습니다. 만일 그렇게 간주된다면 하나의 악과 맞서 싸우기 위해 또 다른 악과 손을 잡았다는 사실에 대해 사람들이 일종의 정신적 저항감을 느꼈을 것입니다.

나중에 가서 정치인들을 비난하기는 쉽습니다. 만일 루스벨트가 소련이나 유럽을 더 잘 알았다면 아마 달리 행동했겠죠. 그러나 당시의 사태는 2차대전의 논리적 성격에 딱 부합하는 것이었습니다. 왜냐하면 이 전쟁은 잠재적 적대 세력들이 연합한 덕분에 이긴 전쟁이기 때문이죠. 그 잠재적 적대 세력들이 각기 유럽의 절반씩을 나눠 가졌습니다. 대다수의 프랑스인들은 서구에서 미국의 영향력이 동유럽에서 소련의 영향력과 맞먹는 것이라고 생각했지만, 실은 유럽의 절반이 이미 소비에트화했을 때 그 나머지 절반은 미국의 도움으로 재건될 가능성만을 갖고 있었을 뿐입니다.

볼통　그러나 어쨌든 소련식의 민주주의가 무엇을 뜻하는지는 알았을 것 아닙니까?

아롱　당신은 지금 1981년의 시점에서 말하고 있습니다. 그러나 1945년에는 아무도 그것을 알지 못했어요. 알고 있던 사람도 물론 있었죠. 최소한 루스벨트는 몰랐습니다. 루스벨트는 이 모든 것을 전혀 믿지 않았어요. 처칠은 좀 더 많이 알고 있었죠. 그는 유럽의 정치인으로서 노련한 경험을 갖고 있었습니다. 소련이 점령한 국가들이 소련의 위성국가가 되리라는 것을 그는 의심치 않았습니다. 그러나 그것을 저지할 수는 없다고 생각했던 것 같습니다. 결국 그게 가능한 일이었을까요? 네, 어떤 의미에서는 가능했죠. 그러나 어디까지나 추상적으로 가능했습니다. 미국은 소련보다 훨씬 강했고, 소련은 전쟁으로 기진맥진한 상태였습니다. 핵무기도 아직 갖지 못했죠. 그러나 미국도 단 두 개의 원자폭탄을 갖고 있었는데 그것을 일본에서 다 써 버렸다는 사실을 상기해야 합니다. 미국에는 더 이상 원자폭탄이 없었습니다. 1945년에도 1946년에도 그들은 원자폭탄을 갖지 못했습니다. 물론 그 제조 방법은 알고 있었지만 아직 만들지는 않았죠. 게다가 앞서도 말했듯이 일본의 항복을 받아 낸 후 미국은 관례대로 서둘러 군대를 철수시켰습니다. 그러니까 이 순간부터 소련의 결정에 영향을 미칠 미국의 능력은 극소화되고 말았습니다.

스위스에서는 호텔 수위까지도 즉각 깨달았던 일을 미국이 완전히 이해하기까지에는 수삼 년이 걸려야만 했습니다. 독일이 제거되고 유럽의 한가운데에 커다란 공백이 뚫린 순간부터 이 공백은 소련의 세력으로 메워질 운명이었습니다. 소련이 소비에트 국가가 아니었다 하더라도 그건 변함없는 사실이었습니다. 한편에는 초강대국 러시아가 있고, 그 반대편에는 아무것도 없다는 사실만으로도 위험은 충분했습니다. 그런데 더군다나 이 러시아가 소비에트 공화국이었으므로 소련이 이 공백을 메우리라는 것은 분명한 사실이었습니다. 우선 '문서상의 전승국'인 영국, 프랑스 그 외 나라들을 재건시켜야 했습니다. 그 후에는 이어서 패전국을 재건시켜야 했습니다. 독일 재건의 필요성은 조금이라도 정치적 감각을 갖고 있는 사람들에게는 너무나 자명한 것으로 보였지요. 그런데 정치적 감각이 없는 사람들은 이것을 이해하는 데 2, 3년이 걸렸고, 그것도 아주 힘들게 이해를 했습니다. 드골도 이것을 이해하기가 무척 힘들었죠. "라이히(독일제국)는 더 이상 안 돼"라고 그는 줄곧 말했었으니까요.

볼통　　독일이 분할되고 그곳을 여러 군대가 점령한 것은 결국 잘못된 일이었나요? 어떻게 했어야 옳았을까요?

아롱　　소련으로 하여금 동독에서 물러나도록 강요할 수는 없었습니다. 어떤 사람들은 독일을 통일시켜 중립국으로 만들 수도 있었다고 생각했지만, 나는 절대 그렇게 믿지 않습니다. 그 이유는 간단합니다. 1945년 가을부터 소련이 동독을 소비에트화했기 때문입니다. 동독을 소비에트화했다는 것은 그들이 그곳에 머물고 싶다는 의지의 표현입니다. "우리 것이 된 것은 계속 우리 것으로 남아 있어야 하고, 그 나머지 것은 협상할 수 있다"는 것이 예나 지금이나 소련 외교의 기본 원칙이죠. 그러므로 동독을 탈(脫)소비에트화한다는 것은 매우 가능성이 희박한 것이었습니다. 하지만 오스트리아의 해방은 가능했어요. 왜냐하면 소련은 이 나라를 소비에트화하지 않았기(또는 하지 못했기) 때문이죠. 그들이 언제고 떠나지 않을 수 없었던 이유가 바로 그겁니다. 오스트리아는 해방이 되겠지만 동독은 결코 그렇게 되지 못할 것이라고 내가 생각했던 이유도 그것이고요. 오스트리아 문제에 대해서는 200여 차례나 회담이 열렸으나 아무런 결실도 맺지 못했습니다. 그런데 어느 날엔가 소련이 떠나기로 결심했습니다. 그러자 불과 20여 회의 회담만으로 사건이 해결됐습니다.

그러나 소련이 서유럽에 간섭할 수 없다고 생각한 순간부터 서독의 재건은 절대적으로 필요한 일이었습니다. 나는 즉각 이런 확신을 가졌고 그 확신은 확고부동한 것이었습니다. 1945년 말부터 나는 이렇게 말했습니다. "독일과 프랑스의 역사적 반목은 끝났다. 1945년 독일의 패전은 1815년의 프랑스의 패전과 맞먹는 것이다. 독일은 가까운 장래에 위협적인 존재도, 평화의 교란자도 될 수 없다. 지금 유럽의 가장 큰 세력은 무수한 위성국가를 거느린 소련이다. 만일 세력 균형을 이루고 싶다면 유럽에 미군이 주둔해야만 하며, 더 나아가서 하나의 서유럽 공동체를 재건해야만 한다. 그런데 서독을 떼놓고는 서유럽 공동체를 만들 수가 없다." 아직 집권하기 전의 드골 장군은 지금의 서독 정부의 시초라고 할 3개 지역 창설안에 반대했지만, 나는 당당하게 그것을 지지하는 글을 썼습니다. 본(Bonn) 정부의 수립은 꼭 필요한 것이라고 나는 생각했지요. 바로 그 순간이 독일과 프랑스의 새로운 관계를 정립하는 데 가장 적당한 시기였습니다. 독일인들의 사기는 땅에 떨어져 있었죠. 적이 이처럼 패했을 때는 승자가 아량을 보여야지 결코 우월감을 보여서는 안 되고, 패자와 새로운 관계를 수립해야 합니다.

그래서 나는 1945, 46년에 독일로 갔습니다. 1946년에 프랑크푸르트 대학에서 강연을 했고, 곧 독일인들과 접촉하기 시작했습니다. 그때 사람들은 내게 "당신은 행운아다. 유대인이기 때문에 당신은 그런 말을 할 수 있는 것이다"라고 말했습니다. 내 평생 유대인이 행운이라는 이야기는 그때 처음 들어 봤어요. 그러나 하여튼 그 당시에는 유대인이 다른 누구보다 더 쉽게 독일과의 화해를 주장할 수 있었습니다.

볼통 골리스트와 공산주의자들은 독일과의 화해를 반대했죠. 독일과의 화해를 지지한 사람들은 누구였습니까?

아롱 개인적으로는 합리적인 생각을 가진 모든 사람들, 그리고 공적으로는 일부 사람들뿐이었죠. MRP,[7] 카뮈 그리고 그 외 많은 사람들이 지지했습니다. 그러나 내가 그들과 다른 점은, 나는 좀 더 정치적인 방식의 화해를 생각했다는 것입니다. 하지만 다른 많은 사람들도 화해의 필요성을 느끼고 있었습니다. 지도를 들여다보기만 하면 분명하게 드러나는 사실이었죠. 소비에트 지역은 라인강에서 불과 200킬로미터밖에 떨어져 있지 않았고, 서독이 강대국이 아니라는 것은 분명한 사실이었습니다. 오늘날 그 나라는 경제 강국이 됐지만 군사적 강대국은 아닙니다. 또 한편 독일연방공화국(서독)의 존재로 인해 사상 처음으로 프랑스는 제일선에 서지 않게 됐습니다. 독일이 위협적인 강대국(소련)과 프랑스의 사이에 끼어들게 됐죠. 이 모든 것이 지도를 보면 금방 눈에 들어옵니다. 소련의 팽창주의는 의심할 여지가 없었어요. 소련은 이미 폴란드를 소비에트화했습니다. 아주 신속하게 다른 동유럽 국가들도 소비에트 체제로 전환시키고 있었죠. 그러나 이제부터는 위험이 독일에서부터 오는 것이 아니고 소련으로부터 온다고 3년, 4년 또는 5년 동안에 프랑스 국민을 납득시키는 일은 참으로 어려운 일이었습니다.

그런데 1950년 한국전쟁 때부터 대부분의 프랑스인들이 이 생각을 받아들이기 시작했습니다. 독일 문제에서는 이미

---

7 Mouvement Républicain Populaire, 프랑스 인민공화파.

1947년에 독일의 마셜 플랜[8] 참여를 인정했습니다. 다시 말해 프랑스는 서유럽 국가들과 서부 독일 사이의 우호적 협조 관계를 인정한 것이죠.

미시카   전쟁의 결과는 미국과 소련 두 강대국의 승리였습니다. 유럽은 약화됐고 특히 프랑스는 이제 지역 강대국에 불과하게 됐습니다. 정치 지도자들과 여론은 이것을 충분히 인식했나요?

아롱   말로 표현하지는 않았으나 물론 그들은 이런 생각을 했죠. 알다시피 1914년의 전쟁은 유럽 전쟁으로 시작됐습니다. 나중에 미국의 개입으로 결국 세계대전이 됐죠. 1939년의 전쟁도 유럽 전쟁으로 시작해 1940년만 해도 히틀러의 독일이 이겼습니다. 그런데 1940년부터 독일의 침공을 받은 소련이 참전하고 이어서 미국이 참전하고, 또 일본이 아시아에서 대전쟁을 일으킴으로써 실질적으로 제2차 세계대전이 되고 말았습니다. 사실은 이것이야말로 진정한 제1차 세계대전이라고 할 수 있습니다.

결국 유럽연합이라는 개념은 한갓 옛날 생각이 되고 말았어요. 유럽연합에서는 프랑스가 강대국이었습니다. 그런데 1945년의 세계연합에서는 4천만 인구의 프랑스가 분명 강대국은 아니었습니다.

미시카   그러나 당신의 이야기와는 좀 다른 방향을 보여 주는, 다시 말해서 프랑스인들이 꿈에서 깨어나지 못했다는 두 번의

---

8   조지 마셜 미국 국무장관이 1947년에 제안하고 1948년에 채택된 유럽 재건 계획.

IFOP 여론조사가 있습니다. 1944년 12월에는 프랑스가 강대국의 위치를 되찾았다고 믿는 사람이 64퍼센트였습니다. 1945년 3월에는 70퍼센트가 라인강의 좌안(左岸)을 프랑스가 병합해야한다고 생각했습니다.

아롱   첫 번째 여론조사에 대해 말해 보자면, 당시 프랑스는 유엔 안전보장이사회의 5개 상임이사국 안에 들었습니다. 아직도 그렇죠. 법적 측면에서는 우리는 세계적 강대국이라 할 수 있습니다. 두 번째 여론조사, 그것은 1918년에도 많은 프랑스인들이 생각하고 있던 것입니다. 게다가 사람들은 1936년의 사건, 즉 독일의 라인란트 점령이라는 추억을 머릿속에 간직하고 있었습니다. 프랑스인들과 드골은 몇 년 동안이나 독일인의 사고방식으로 생각을 하고 있었습니다. 드골은 독일과 화해를 하고 싶어 했지만 그 독일은 중앙정부를 가져서는 안 되며 루르 자치지구와 라인란트 자치지구를 인정해야만 한다고 생각했습니다. 그런 조건으로 그는 독일에 손을 내밀었습니다. 과거에 위험스러웠던 존재에 대해 온갖 조심을 다하면서 동시에 그들과의 화해를 제안하는 것이 내게는 일견 모순적으로 보였습니다. 이러한 화해는 조각조각 분리된 독일하고는 이룰 수가 없는 것입니다. 중앙정부가 없는 독일 영토, 그것은 아무 의미도 없습니다. 국토와 중앙정부를 함께 갖춘 서독과 화해를 했어야만 합니다. 그런데 "라이히는 안 돼"라는 말은 "중앙정부는 안 돼"라는 말과 같은 의미였습니다. 아무런 의미가 없는 말이었으나…… 여하튼 그것이 1950년과 그 이후까지 드골과 앙드레 말로의 공식 독트린이었습니다.

미시카 프랑스와 미국 사이의 초기의 오해는 어떻게 된 것입니까? 바로 이 해방의 순간에 시작된 것 아닌가요?

아롱 드골 장군과 루스벨트 대통령의 관계는 항상 불편했습니다. 루스벨트는 비시의 카드로 노름을 했고, 꽤나 오랫동안 드골 장군의 정통성을 인정하지 않았습니다. 그래서 둘 사이에는 원한의 감정이 싹트게 됐죠. 또 미국이 인도차이나의 프랑스인들에 대해 아주 좋지 않은 감정을 갖고 있었다는 것도 이야기해야겠군요. 루스벨트는 프랑스인들이 인도차이나로 다시 돌아가는 것을 매우 못마땅하게 생각했습니다. 불행하게도 그는 프랑스인들이 인도차이나로 다시 돌아오는 것을 막지 못했습니다. 그 편이 훨씬 다행스러운 일이었을 텐데⋯⋯. 그러나 그 당시에는 아무도 루스벨트를 고맙게 생각하지 않았습니다. 과거에 친 프랑스적이었던 루스벨트가 프랑스의 패전에 너무나 놀라서 프랑스의 장래나 재건을 더 이상 믿지 않게 되었다는 말은 사실입니다.

그러니까 종전 후 거의 즉각적으로 긴장이 생겨났습니다. 사실상 전쟁에 이긴 초강대국과 과거의 위치를 되찾으려는 상처받은 옛 강대국 사이의 관계가 평탄할 리 없었습니다. 집권한 사람이 누구이든지 간에 두 나라의 관계는 불유쾌할 수밖에 없었죠.

볼통 네, 하지만 해방 당시에 프랑스는 미국보다 소련을 더 평가하고 있었다는 인상인데요.

아롱　　그럴지도 모르죠. 왜냐하면, 우선 프랑스인들은 소련 사람들을 보지 못하고 미국 사람만 봤기 때문입니다. 두 번째로, 미국의 폭격은 목표물을 훨씬 넘어서 마구 퍼부어 댔습니다. 미국의 폭격기가, 이론상으로는 정확하나 실제적으로는 영국보다 훨씬 부정확하게 하늘 높이에서 폭탄을 떨어뜨리는 동안 땅에 있는 사람들은 감정적인 분노를 터뜨렸습니다. 또 한편 그 시절에는 소련에 대한 일종의 신화 같은 것이 있었는데, 그것은 소련이 당한 거대한 손실에 의해 어느 정도 정당화되기도 했습니다. 미국은 수만 명의 사망자를 냈는데 ― 물론 그것도 큰 숫자죠 ― 소련에서 죽음을 당한 수백만 명의 군인 및 민간인에 비하면 별것 아니었습니다.

　　스탈린이 프랑스의 독일 지역 점령을 거부했고, 미국인들이나 마찬가지로 스탈린도 드골 장군의 얄타 회담 참가를 승인하지 않았으며, 스탈린도 나중에 미국인들이 그러했던 것과 조금도 다름없이 경멸감을 갖고 프랑스에 대해 이야기했다는 사실을, 이상하게도 프랑스인들은 알고 싶어 하지 않았습니다. 그렇다고 해서 유럽인들이나 프랑스인들이 소련 아니면 미국 둘 중 하나로 피난을 가야 할 일이 생겼을 때 동쪽(소련)으로 향할 것이라고는 생각할 수 없습니다. 절대 그렇지 않죠.

볼통　　1944년 11월에 실시된 또 다른 여론조사는 소련에 대한 프랑스 국민의 호감을 보여 주고 있습니다. 61퍼센트가 독일을 패전시키는 데 소련이 가장 큰 역할을 하고 있다고 대답했고,

29퍼센트만이 미국이 가장 큰 역할을 했다고 대답했습니다.

아롱　　이 문제에 관해서는 〈피가로〉지 사장인 피에르 브리송과 나눈 대화를 인용해야겠군요. "1914년 전쟁을 이긴 것은 분명히 미국입니다. 1917년에 그들이 상륙하지 않았다면 우리는 전쟁에서 졌을 것이 틀림없을 것이니까요"라고 내가 말했더니 그는 "하지만 그들은 거의 아무것도 하지 않았죠. 단지 마지막에 도착했을 뿐입니다. 우리 프랑스인들의 전적과 그들의 전적을 비교해 보세요"라고 소리쳤습니다. 그래서 나는 이렇게 대답했습니다. "그건 틀림없는 사실이에요. 우리는 가장 무거운 짐을 걸머졌고 가장 비싼 대가를 치렀습니다. 우리는 필설로 이루 다 표현할 수 없을 만큼 영웅적이었죠. 하지만 마지막에 도착해 전쟁을 이긴 것은 미국인들입니다. 승리의 혜택을 가장 많이 받는 쪽이 반드시 승리자는 아닙니다. 승리자는 단순히 제일 마지막에 온 사람일 뿐입니다." 2차대전에서 영국과 특히 미국이 소련을 돕지 않았다면 소련은 끝까지 버티기가 매우 힘들었을 것입니다. 승리에 대한 소련의 기여가 물리적으로 미국의 기여보다 훨씬 우세한 것이었다 하더라도 최종적인 분석을 해 보면 결정적인 기여는 역시 미국의 몫입니다. 만일 미국의 기여가 없었더라면 영국이 끝까지 버티지 못했을 것이기 때문에 나는 미국의 지원을 결정적 요인으로 생각합니다. 그리고 또 한 가지 분명한 것은, 만일 미국의 도움 없이 소련이 영국하고만 함께 전쟁을 이겼다면 아마도 유럽 전체가 소비에트화했을 것입니다.

미시카 지식인들 사이에도 이처럼 소련에 대한 호감이 있었습니까?

아롱 네, 소련이 프랑스의 많은 지식인이나 노동자 집단을 매혹시켰던 몇 번의 주기가 있습니다. 그 첫 번째는 1917년과 1919년이었는데, 투르 대회[9]로 끝장이 났습니다. 이때 사회당 내 다수파가 코민테른(공산주의 인터내셔널)의 조항을 수락했죠.

1936년에는 공산당의 지도에 따라 노조가 변모했습니다. 공산당 당원 수도 급격히 늘었죠. 왜냐하면 공산당이 좌익의 다수파였으니까요. 그리고 전후에는 공산주의자로서 영웅적인 레지스탕스 운동을 벌였던 사람들의 추억이 또 상당한 역할을 했습니다. 그들은 소련이 전쟁에 가담한 1941년부터 레지스탕스에 뛰어들었습니다. 그래서 많은 프랑스인들의 머릿속에서는 공산주의 레지스탕스 투사들의 용기와 소련 군인들의 영웅적인 용기가 혼동되기 일쑤였습니다. 그때 말로에게 그런 이야기를 했더니 말로가 다음과 같이 이야기했었죠. "오늘날 소련의 신화는 마르크시즘이 아니라 적군(赤軍) 때문이다." 그러니까 전쟁이 끝난 직후에는 영웅적인 소련에 대한 환상이 있었어요.

그런데 몇 년이 지난 후, 스탈린이 초강력 권력을 휘두르던 그 옛날 소련의 본모습을 다시 발견하게 된 것이죠. 예를 들면

---

9 1920년 프랑스 사회당 전당대회. 이 대회에서 공산당과 사회당이 처음으로 분리됐다.

자기들 의사에 반해 다시 소련으로 돌아간 군인 및 민간인 죄수들이 모두 강제수용소에 수용됐습니다. 당신들도 알다시피 영국과 미국이 그들을 소련으로 강제 송환했죠. 우리는 그 사실을 매우 뒤늦게야 알았습니다. 그것도 역시 사람들이 알고 싶어 하지 않는 부분이죠.

불통 〈피가로〉지에 들어가신 게 그 무렵이었죠. 당신의 기사가 실린 첫 번 신문은 1947년 6월 29일자입니다. 그때를 '레이몽 아롱이 우익을 택한 순간'이라고 말할 수 있을까요?

아롱 아니요. 나는 단지 〈르 몽드〉와 〈피가로〉 사이에서 하나를 선택했을 따름입니다. 전에도 몇 번 그 이야기를 했었는데. 〈콩바〉에서 나온 뒤 두 곳에서 제의를 받았고, 지금에야 하는 말이지만 금전적인 제의는 두 곳 다 비슷했습니다. 그래서 주저하고 있었는데 말로가 대신 선택을 해 줬어요. "아마 뵈브메리보다는 피에르 브리하고 더 친하기 쉬울 거요"라고요. 그의 생각이 옳았습니다. 그 외에 좀 우스꽝스러운 동기가 하나 더 있습니다. 〈르 몽드〉에서는 오전에도 근무를 해야 했어요. 그런데 나는 오전 시간에는 좀 더 진지한 일, 즉 학교 일을 하고 싶었거든요. 그래서 나는 석간신문 대신 조간신문을 택했습니다.

그리고 전통적으로 〈피가로〉가 우익 신문으로 알려져 있긴 했지만 브리송 자신은 전후에 사회당에 투표했습니다. 그는 영국의 노동당을 지지하는 사람이었습니다. 아마도 나는 커다란 외교 문제에서는 뵈브메리와 의견의 일치를 보기 힘들었을 겁니다. 물론 알 수는 없지만……. 1977년에 병들어서 입원했을 때 뵈브메리의 편지를 받았는데, 편지를 보고 나는 무척이나 감동했어요. 내가 〈르 몽드〉에 들어오기를 그토록 바랐으며 오늘날까지도 그 아쉬움을 지니고 있다는 것이었습니다. 만일 내가 〈르 몽드〉에 들어갔다면 이 신문이 아주 다르게 발전했을 것이며, 〈르 몽드〉와 〈피가로〉의 싸움도 전혀 다른 국면을 맞이했을 것이라고도 했지요. 여하튼 이 이야기는 1977년에 나온 것이고 나의 결정은 1947년에 내려진 것입니다. 30년의 세월이 흐른 것이죠. 나는 1947년 봄부터 1977년 봄까지 정확히 30년 동안 〈피가로〉에 있었습니다. 오랜 세월이죠.

제2부

민주주의와 전체주의

레이몽 아롱은 소르본 대학교 교수이자 〈피가로〉지의 논설위원이었고, 철학자·역사가이자 경제를 아는 사회학자였다. 평생을 전체주의에 반대하고 진정한 자유와 인도주의, 국가 통합을 위해 고민했다.

4

대분열, 1947~1956

a) 냉전의 승자는

볼통 〈피가로〉 이야기를 다시 해 보죠. 앞에서 이야기했듯이 당신은 1947년 봄에 거기 들어갔습니다. 그것이 당신 방식의 '냉전'이었습니까?

아롱 아니요, 절대. 이미 말한 대로 나는 〈르 몽드〉와 이 신문 중에서 선택했을 뿐입니다. 처음에는 두 신문의 차이가 별로 없었습니다. 〈피가로〉는 처음에는 우익 신문으로 알려져 있었는데 사장인 브리송은 이 신문을 다른 방향으로 끌고가기로 결심했습니다. 전쟁 전에 〈피가로〉는 아카데믹하다는 평을 받았었고 한정된 독자를 갖고 있었으며 발행 부수는 8만 부 정도였습니다. 그런데 종전 후 이름이 알려지는 바람에 처음으로 대규모

전국지가 됐습니다. 〈피가로〉와 〈르 몽드〉의 사이가 벌어진 것은 훨씬 뒤의 일입니다. 뵈브메리와 브리송 사이에 공감대가 없다는 것은 사실입니다. 하지만 그래도 서로 대화는 할 수 있었습니다. 요컨대 내가 〈피가로〉를 택한 것은 내 나름의 냉전을 선택한 것이 아니었습니다.

볼통　　그러나 여하튼 그 시절의 당신의 선택은 냉전의 시작과 시기적으로 일치하지 않습니까?

아롱　　냉전이 언제 시작됐나요? 역사가들마다 의견이 좀 다르죠? 누구는 1944년이라고 하고 또 누구는 1945년이라고 말합니다. 요즘 통용되는 시대구분으로는 1947년입니다. 그리스 내전이 사실상 이미 냉전의 소산이죠.

　　1945년에 폴란드의 새 정부를 구성하는 조건을 놓고 미국과 소련 사이에 싸움이 일어났습니다. 그 후 독일 문제를 놓고 끊임없이 협상을 했죠. 가장 상징적인 사건은 독일 문제에 대한 서방 측과 소련 사이의 협상 결렬입니다. 1947년에 일어난 일이죠. 소련과의 협상이 불가능하다는 것을 깨달은 서방 측은 우선 영국 점령 지역과 미국 점령 지역을 통합하고, 이어서 프랑스 점령 지역을 통합함으로써 서독을 재건하기로 결정했습니다. 그러니까 1947년부터 서독만의 새로운 국가 창설이 분명하게 윤곽을 드러냈고, 그것은 비록 잠정적으로나마 독일 분단을 인정한다는 것을 뜻했습니다. 나는 그것이 '옛 독일'의 분할이라고 생각했습니다. 그리고 그 기간은 고작해야 한 세대를 넘지 않을 것이라고 생각했어요. 20년 전에도 그렇게 생각했고 오늘날에 와서도 여전히 그렇게 생각합니다. 그런데 독일이 둘로 분단됨과 동시에 유럽도 둘로 분단됐습니다. 1950년에 프랑크푸르트 대학에서 강연을 할 때 나는 대부분이 학생들인 청중에게 이렇게 말했습니다. "유럽이 분할돼 있는 한 독일도 분단돼 있을 것이다." 독일은 분할의 상징인 동시에 원인이고 기원인 듯이 보였습니다. 소련이 독일의 일부를 손에 쥐고 있는 한 유럽 전체는 두 지역, 다시 말해서 하나는 소련식으로 통치되는 지대, 또 하나는 우리가 소위 민주주의라고 부르는 방식에 의해 통치되는 지대로 갈려 있을 겁니다.

미시카 1947년은 또 마셜 플랜이 나온 해이기도 합니다. 마셜 플랜은 유럽 분단의 요인이었습니까, 아니면 그 결과였습니까?

아롱 마셜 플랜은 유럽의 상황, 다시 말해 빈곤이나 동유럽의 소비에트화 같은 현상에 대한 대응 조치였습니다. 소련의 팽창을 군사적이 아니라 정치적, 경제적으로 저지하기 위한 의지의 표현이었지요. 소련의 프로파간다, 그리고 프랑스 국내 경우라면 공산당의 프로파간다를 이겨 낼 수 있기 위해서 유럽 국가들의 힘을 길러 주는 것이 이 계획의 취지입니다. 그 필요조건은 유럽의 경제 재건이었습니다. 서유럽을 재건시켜야 했으므로 거기에 당연히 독일을 포함해야 했습니다. 독일이 유럽·대서양 집단 기구 안에서 스스로의 위치를 깨달은 것은 마셜 플랜에 참여하고부터였습니다.

소련에도 마셜 플랜을 제안했는데, 그것을 수락할지는 스탈린이 결정할 문제였습니다. 알다시피 소련의 간섭이 있기 전까지는 체코 정부도 그것을 수락했었죠. 마셜 플랜을 구상한 사람들은 소련이 여기 참여하는 것을 반대하지는 않았으나, 소련이 참여할 것이라고는 결코 생각하지 않았습니다. 나중에 프랑스 주재 미국 대사를 지낸 나의 친구 볼랑도 소련이 이 계획을 거부할 것이라고 확신했습니다. 만일 소련이 그것을 수락했다 하더라도 미국 상원이 그것을 인준했을까요? 미국이 제공하는 그 많은 달러를 스탈린이 거부한 것을 보고 놀라는 사람들도 있었지만 소련 문제 전문가들은 스탈린의 이 거부를 전혀 놀라워하지 않았습니다. 미국이 내놓은 돈을 분배하기 위해서는 유럽 국가 전체가 함께 머리를 맞대고 의논해야 했기 때문에 아마도 스탈린은 그것을 수락할 수 없었을 겁니다. 그는 소련 또는 동유럽 국가들이 이런 식의 유럽 회의에 참석하는 것을 용납할 수 없었어요.

볼통 냉전 시기에 다음과 같은 중대한 사건들이 잇달아 일어났었죠. 1948년 2월 프라하 정변, 1948년 5월부터 1949년 5월까지 스탈린에 의한 베를린 봉쇄, 1953년 6월 소련에 의한 동베를린 봉기 진압, 1956년 10월부터 11월 부다페스트 봉기 진압 등이었습니다. 또 아시아에서는 1949년 1월에 중국혁명 성공, 1950년 2월에 중·소 우호조약 체결 등이 있었습니다. 인도차이나 전쟁도 있었고, 1950년에 발발한 한국전쟁도 있지요. 이런 여러 사건들 앞에서 새로운 세계대전이 일어날 것이라는 위협을 느끼지는 않았습니까?

아롱   가끔은 그런 느낌을 갖기도 했습니다. 그러나 전면전으로 까지 발전할 커다란 위험이 있다고는 생각하지 않았습니다. 냉전 초기인 1948년에 출판된 『대분열』에 그런 이야기를 썼습니다. 그 책 제1장의 제목이 '불가능한 평화, 있음직하지 않은 전쟁'이었습니다. 유럽과 전 세계에서 소련과 서방의 경쟁은 수년간 더 계속될 전망이었습니다. 그 두 세계 사이에 진정한 협정이 맺어질 것 같지는 않았습니다. 그러나 미국도 소련도 전쟁을 일으킬 마음이 없었으며 또 전쟁을 일으켜야 할 이해관계가 없었지요. 그것이 핵시대의 서막이었습니다. 소련도 히틀러의 독일과 마찬가지로 팽창주의적이었지만 성격은 전혀 달랐습니다. 스탈린은 아주 신중한 성격이었죠. 냉전 시기 동안에도 그는 여전히 신중했습니다. 예를 들면 베를린 봉쇄 같은 것도 결코 미리 공표한 적이 없습니다. 그저 기정사실이 됐을 뿐이죠. 소련 사람들은 끊임없이 철도를 고쳐야 된다느니, 수로를 고쳐야 된다느니 하는 말만 했습니다. 그리고 마침내는 봉쇄가 된 거죠. 만일 미국이 다른 방식으로 대응했다면 아마도 스탈린은 봉쇄까지 하지는 않았을 겁니다.

미시카   다른 방식의 대응이라뇨?

아롱   소련의 구실이 별것이 아니며, 철도나 하천을 보수한다 하더라도 기차나 선박의 통행에는 아무런 지장이 없다는 것을 소련에 따끔하게 말했어야 한다는 것이죠. 영국의 우익 정치인인

베번(Aneurin Bevan, 1897~1960)은 즉각 베를린 봉쇄가 소련의 허세이며 따라서 겁낼 이유가 하나도 없다고 말했습니다. 군 수송대를 파견해 동독 지역을 지나서 베를린까지 당도하도록 하는 것만으로 충분하다고 그는 말했습니다. 그렇게 되면 베를린 봉쇄가 자연스럽게 풀릴 것이라는 게 그의 주장이었습니다.

사실은 미국 군대가 철수하면서 유럽에는 서방 측 군대가 별로 없었기 때문에 미국은 베를린 봉쇄를 그대로 받아들이지 않을 수 없었습니다. 하지만 미국이 베를린 봉쇄를 극복한 방법은 군대를 보내 저지하는 것보다 훨씬 더 빛나는 성공이었습니다. 250만 명에 달하는 베를린 시민들에게 거의 정상적인 일용품 보급을 공수로 할 수 있다는 것을 보여 주었기 때문이죠. 일용품 보급의 공수는 결국 기술적, 정치적 무훈이 됐고, 베를린과 서방측 사이의 지속적인 연결선이 됐습니다. 아직도 그 흔적이 좀 남아 있어요. 그때가 말하자면 냉전의 절정기였습니다. 대접전이래야 몇 명의 사고사가 있었을 뿐입니다.

볼통　소련은 1949년 7월에 원자탄을 제조했습니다. 이로써 세력 균형이 깨지고 전쟁의 위험이 고조되지는 않았나요?

아롱　유럽인들이 진정으로 전쟁의 공포를 느낀 순간은 한국전쟁이 발발한 1950년, 특히 미군이 밀리던 처음 몇 주간이었습니다. 콩카르노를 통해 앙드레 말로의 편지를 받은 것이 생각납니다. 그는 프랑스인들에 대해 이렇게 말했죠. "정어리를 사재기하면서 전쟁을 준비하는 이상한 국민이야." 그때는 정말 거의 공황에 가까운 과도한 전쟁 공포증이 있었습니다. 주로 소련의 프로 파간다에 의해 조성된 것이었죠. 예를 들어서 북한이 남한을 침략했을 때 동독의 신문들은 "이제 곧 서독 차례가 될 것이다"라고 썼습니다. 한국은 분단 독일과 비슷한 인상을 주었죠. 그러니까 한국에서 일어난 일은 독일에서도 일어날 수 있었던 일입니다. 그러나 그 두 나라를 비교할 수는 없었습니다. 남한은 서독과는 다른 의미를 지니고 있었죠. 한국에서는 국지전으로 끝날 가능성이 있었으며, 실제로 미국은 그렇게 했습니다.

미시카　그 당시에 〈피가로〉에 실린 당신의 기사를 보면 매우 놀라고 있었다는 것을 알 수 있겠더군요. 대체로 다음과 같은 내용의 글이었습니다. "미국인들은 참으로 이상하다. 거대한 중국 땅에서 공산주의가 승리하도록 내버려 두고 이제 와서는 아주 작은 한국 땅을 위해 싸우려 하고 있다."

아롱　미국인들이 옳았습니다. 만일 중국에서 공산주의를 저지하려 했다면 베트남 전쟁 이상의 대참화를 초래했을 것입니다. 그런데 한국전에는 개입한 이유는, 만일 그렇게 하지 않으면 그 무기력한 수동성이 커다란 상징적 의미를 갖게 될 것이기 때문이었죠. 그것이 트루먼 대통령과 애치슨 국무장관의 결정적 동기였다고 생각합니다. 나는 1950년 12월 초에 워싱턴에서 애치슨과 대화를 나누었습니다. 그는 한국전에 개입할 것을 트루먼 대통령에게 권고한 이유가 다음과 같은 것이었다고 말했습니다. 즉, 이것은 미국이 약속을 지킨다는 것을 세계만방에 보여 줄 첫 번째 기회라는 것이었죠. 북한으로부터 군사적 침략을 받은 남한을 돕지 않는다면 전 세계는 미국의 약속을 의심하게 될 것입니다. 크게 보면 미국이 한국전에 개입한 것은 유럽을 안심시키기 위해서였습니다. 또 한편 남한은 미국과 유엔의 보호 아래 세워진 나라입니다. 비교적 자유로운 선거에 의해 수립된 이 나라가 유엔과의 모든 관계를 거부하는 북한에 의해 파괴되도록 내버려 두는 것은 미국에게는 정치적 패배이며 진정한 정신적 몰락일 것입니다. 따라서 세계 전체의 상황을 고려해 보면 미국의 한국전 개입은 완전하게 정당화될 수 있다고 나는 생각합니다. 다시 말해서 우리는 북한의 남침에 그것 자체가 가진 이상의 의미를 부여했던 것입니다.

오늘날에 와서는 남침을 구상한 것이 북한의 일인자인 김일성 혼자였다는 것을 알게 됐습니다. 물론 스탈린도 청신호를 보냈지만 남침을 스탈린 자신이 주도했는지는 알 길이 없습니다. 마오쩌둥은 또 어떤가 하면, 그는 그 당시에 북한의 의도조차 알지 못하고 있었다고 오늘날의 미국 사학자들은 생각하고 있습니다. 이제 와서 보면 중공은 전혀 한국전에 참여하고 싶어 하지 않았다는 것을 알 수 있습니다. 중공은 미 8군의 북진을 두 번 경고했습니다. 중공군의 공격이 개시된 것은 미국이 이 경고를 진지하게 받아들이지 않았기 때문입니다. 한국전은 양대 진영 사이에 일련의 오해가 시작된 가장 첫 번째의 중대한 사건이었습니다.[1]

볼통   인도차이나 전쟁은요? 공식적으로는 퐁텐블로 회의[2]가 결렬된 때부터 시작됐죠. 거기에 대해서는 어떻게 생각하셨습니까?

아롱   베트남전은 실질적으로는 1946년 12월에 시작되었습니다. 그 진짜 시초는 퐁텐블로 회의가 아닙니다. 이 전쟁의 이유는 여러 가지가 있는데 가장 직접적인 것은 프랑스의 포병이 하이퐁 항을 포격한 것입니다. 수천 명의 사망자를 낸, 결코 정당화될 수 없는 행동이었지요.

볼통   당시 사람들은 그것을 비난했나요? 당신도 비난했습니까?

아롱   어떻게 그런 일이 있을 수 있는가, 라고 생각했습니다. 1946년 12월 전쟁이 터진 날에 나는 〈콩바〉에 기사를 써야 했습니다(〈콩바〉의 논조는 전쟁과 재점령에 공공연하게 반대하는 것이었습니다). 내 기사에 나의 당혹감과 모순적인 감정이 잘 나타나 있습니다. 프랑스가 인도차이나를 무력으로 다시 점령하는 것을 내가 지지하지 않은 것은 분명합니다. 드골주의자인 말로는 "인도차이나를 다시 손에 넣으려면 10년이라는 세월과 50만 명의 인명이 필요할 것이다"라고 말했습니다. 그의 말은 틀렸습니다. 10년의

---

1   아롱의 이러한 6·25 이해는 윌리엄스(William Appleman Williams) 등이 주도하는 위스콘신 학파의 '수정주의(Revisionism)' 학풍의 영향을 받은 듯하다.

2   1946년 7~9월, 독립을 요구하는 베트남 대표과 식민지 지위 유지를 요구하는 프랑스 사이에 파리 근교 퐁텐블로에서 열린 회담.

세월로도, 50만 명의 인명으로도 부족합니다. 1950년대에 뭐라고 쓰고 말했건 간에, 인도차이나를 잘 알고 있던 말로는 근본적으로는 나와 같은 견해를 갖고 있었습니다. 프랑스의 기도가 애초부터 틀린 것이라고 그는 판단했죠. 프랑스의 빈약한 재정과 국가 재건의 필요성에 비추어 볼 때 이것은 어리석기 짝이 없는 행동이라는 것이었어요. 그러나 그 당시 프랑스의 애국심이 너무나 강한 나머지, 영토의 일부를 포기한다는 것은 대중의 여론이 결코 용납하지 않는 일이었습니다. 특히 나의 글을 읽는 독자들의 여론이 그랬습니다. 그러니까 나의 글과 나의 감정 사이에는 약간의 차이가 있었습니다. 결코 바람직스러운 현상은 아니었죠.

사실 나는 인도차이나 전쟁에 대해서 기사를 별로 쓰지 않았습니다. 그 대신 1951년에 출판된 『연쇄 전쟁』이라는 책에서 나의 생각을 매우 분명하게 밝혔습니다. 이 전쟁은 엄밀히 말하자면 소련의 팽창을 저지하는 세계전략의 맥락 속에서만 정당화될 수 있다고 나는 말했어요. 그러나 프랑스에만 국한시켜 볼 때 인도차이나 개입은 미친 짓이었습니다. 1946년 말부터 정부가 협상을 시도했다는 것을 상기해야만 합니다. 하지만 정부는 끝까지 밀고 나갈 용기, 다시 말해 베트남의 독립을 인정할 용기를 갖지 못했습니다. 게다가 1947~48년부터는 프랑스의 영토 유지가 문제가 아니라 공산주의에 대항해 싸우는 것이 큰 문제였습니다.

1949년에 미국은 입장을 바꿨습니다. 미국은 프랑스가 인도차이나에 다시 돌아가는 것을 반대해 왔는데, 인도차이나가 '해방된'(매우 이상한 정의이기는 하지만) 세계의 일부가 되자 그때까지 반대해 오던 프랑스의 인도차이나 정책을 지지하기 시작했습니다.

볼통 그러니까 1946년에는 프랑스의 인도차이나 재귀속을 좋지 않게 생각하셨군요? 그런데도 그 당시에는 명확한 입장을 표명하지 않았습니다. 왜 그랬습니까? 공적으로 말하기가 매우 어려웠나요?

아롱 그렇게 어려운 건 아니었지만 별 효과가 없는 일이었습니다. 1946~47년에 나는 아무런 영향력도 없는 미미한 존재였어요. 나중에 1950년대 말에 내가 알제리 문제에 대해 어떤 입장을 취했을 때는 글이 커다란 반향을 일으켰죠. 왜냐하면 그때는 레이몽 아롱의 이름이 권위 있게 됐기 때문입니다. 하지만 1946~47년에는 레이몽 아롱이 도대체 누굽니까? 철학 책을 몇 권 썼고, 전쟁 5년 동안 사라졌다가 돌아와 대학에 가지 않고 신문기사를 쓰는 그런 불상(不詳)의 인물이었어요. 물론 언론계에 들어가자마자 곧 어떤 지위에 오른 건 사실입니다. 하지만 어떤 지위 이상의 그 무엇을 얻기 위해서는 알다시피 재능뿐 아니라 얼마간의 시간이 필요합니다. 좋은 기사는 누구나 쓸 수 있어요. 문제는, 현실에 부합하는 기사를 얼마나 자주 쓰느냐 하는 것입니다.

미시카 그러니까 당신의 가치 기준은 유효성이군요. 효과가 없다고 생각되면 아무런 입장도 취하지 않나요?

아롱　　아니요, 아니요, 그건 아닙니다. 그런 이야기가 아니에요. 그저 인도차이나 개입이 불합리하다고 쓰는 것은 별 의미가 없었다는 이야기죠. 원칙 문제에서는 모든 사람의 의견이 일치했습니다. 전현직 외무장관들, 특히 식민지부 장관들은 모두 프랑스 연방, 다시 말해 식민지의 관계를 평등의 관계로 바꾸는 계획을 지지했습니다. 그러나 협상에 대한 논의는 훨씬 어려운 일입니다. 그 당시 나는 협상의 세부사항도 잘 알지 못했고요. 게다가 사람에게는 각기 자기 역할이 있는 법입니다. 내가 만일 이 문제에서 도덕적, 이상적, 원칙적인 입장을 취했다면 나는 1946~49년 사이의 인도차이나 문제에 대해 좀 더 많은 글을 썼어야 합니다. 프랑스의 주력 부대를 인도차이나에 투입시키는 것이 얼마나 무모한 짓인가를 모든 사람들에게 이야기하면서 말입니다. 그런데 나는 찬성도 반대도, 그 어느 편의 글도 쓰지 않았습니다. 만일 내가 그런 식의 기사를 썼다면 나의 명성은 꽤 높아졌겠죠. 그러나 나는 내 미래의 명성을 위해 글을 쓸 생각은 없었습니다. 다만 그 시절에 가능하게 보이는 일, 유용하게 보이는 일에 대해서만 썼습니다. 인도차이나 전쟁에 대해 글을 쓴다는 것은 별로 효과가 없다고 생각했을 뿐입니다.

중국 군대가 국경선에 집결했을 때 모든 사람의 눈에는 다시 한 번 프랑스군의 베트남 주둔이 잘못된 것으로 보였습니다. 1950년부터 여러 내각들은 모두 개인적으로는 그것을 수긍하고 있었어요. 그러나 그들은 궁지에 몰려 있었고, 인도차이나에서 어떻게 발을 빼야 할지를 몰랐습니다. 프랑스 정부가 인도차이나 전쟁을 고집할 것인지 내게 물어 오는 미국인들이 가끔 있었습니다. 나의 대답은 "프랑스 정부는 퇴각할 힘조차 없는 허약한 정부입니다"였어요. 이런 사태 속에서 후퇴를 하려면 용기가 필요했습니다. 전쟁에 끼어들어서 수십억 프랑을 소모하고 수천, 수만 명의 인명을 잃고 난 뒤에 "우리가 잘못 생각했다. 우리는 이제 떠난다"라고 말하려면 크나큰 용기와 권한이 있어야만 합니다. 예를 들어 르네 플르방(당시 총리)에게 후퇴의 필요성을 설득하는 일은 매우 쉬운 일이었겠죠. 그 자신도 손을 떼고 싶어 한다는 것을 나는 잘 알고 있었으니까요. 하지만 도대체 어떻게 말입니까?

미시카   그런 얘기를 신문에 써 봤자 쓸데없다고요?

아롱   아니요, 물론 유용한 일이죠. 하지만 프랑스 평론가의 거의 절반이 그 얘기를 썼습니다. 이 문제에 대해 내가 좀 더 글을 많이 썼더라면 좋았을 것이라고 말한다면, 나 역시 별 이의가 없습니다. 하지만 지금 나는 아무런 후회도 없습니다. 왜냐하면 프랑스의 인도차이나 정책에 반대하는 기사 몇 개를 썼다 하더라도 아무것도 바꿔 놓지 못했을 것이라고 확신하니까요. 사실 그 당시 사석에서 나와 대화를 나눈 책임자들은 모두 나와 똑같은 견해를 갖고 있었습니다.

볼통   다시 냉전 문제로 돌아가 보죠. 1947~56년까지의 기간 동
안 도대체 누가 이겼습니까? 소련인가요?

아롱   '냉전'이라는 표현 자체가 승자와 패자가 있는 전쟁을 연
상시키죠. 나는 그 당시에 '호전적인 평화'라는 좀 색다른 표현
을 자주 썼는데, 그 호전적인 평화가 오늘날까지도 계속되고 있
지 않습니까? 냉전 기간을 1947년부터 1953년까지로 한정해 본
다면, 다시 말해서 독일에 주둔한 3개 점령국의 불화에서부터 극
단적 형태의 냉전의 종식을 뜻하는 스탈린의 죽음에 이르기까
지, 서방 측은 실패를 거듭했으나 결국 승리했습니다. 여하튼 서
방은 패하지 않았습니다. 베를린 봉쇄에서도 이겼고, 한국전쟁
에서도 지지는 않았습니다. 군대를 너무 북쪽까지 진격시키지만
않았더라면 아마 더 많이 이겼을지도 모릅니다. 미국은 결국 군
사분계선을 침범하는 군사적 간섭을 용납하지 않겠다는 것을 단
호하게 표명했으며, 그렇게 함으로써 서방 측, 특히 유럽인들에
게 미국의 결의를 재확인시켜 주었지요.

미시카   프라하 정변은 어땠습니까? 그리고 또 동베를린 노동자
들의 봉기 진압은?

아롱   프라하에 관한 한 소련의 무력 개입은 없었습니다. 공산
당의 최후통첩이 있었고, 이어서 베네시 대통령의 양보와 항복
이 있었죠. 절반쯤의 인민민주주의가 완전한 인민민주주의로 바
뀌는 과정이었다고나 할까요. 그런데 서방 측은 무엇을 할 수 있
었을까요? 서방 측은 프라하에 파견할 군대가 없었습니다. 게다

가 현지에는 거의 합법적이라고 인정된 정부가 있었습니다. 이 정부는 공산주의자가 아닌 사람들을 추방함으로써 새로운 정부로 변질됐죠. 그러나 이 정변은 서방 측이 저지할 만한 성질의 것이 아니었습니다.

1953년의 베를린에서도 서방 측은 아무것도 할 수가 없었습니다. 인민 봉기는 그들이 손댈 수 없는 것이었죠. 서방 측은 동독의 인민 탄압을 저지하기 위해 필요한 군사적 수단을 갖고 있지 못했습니다. 미국 대통령이 스탈린이나 그 후계자에게 노동자의 저항을 억압하지 말라는 최후통첩을 보낼 수 있다고 생각합니까? 그것은 틀림없이 중요한 봉기였습니다. 하지만 그 당시에는 이미 동유럽의 소비에트 체제가 인기가 없었고 수천 명의 동독인들이 서독으로 도망쳤다는 사실을 사람들이 알고 있었습니다. 그들은 '사회주의적 해방'보다는 차라리 자본주의를 그들의 '발(足)'로 선택했던 것입니다. 그때 스탈린이 동유럽 국가들에게 강요했던 체제는 현재의 체제보다 훨씬 나쁜 것이었다는 것을 말해 두어야겠군요. 1949~52년까지의 시기에 동유럽 사회주의 체제의 지지자가 되려면 탁월한 무지의 능력이 있어야만 했습니다. 유럽의 소비에트 지역이 얼마나 굶주리고 있는지는 누구나 쉽게 알 수 있었으니까요. 왜냐하면 전쟁을 치른 후 소련이 너무나 궁핍해져서 그들은 동유럽, 특히 동독에서 최대한의 전리품을 뽑아 내려고 안간힘을 썼기 때문입니다.

미시카　대서양 조약으로 이야기를 옮겨 볼까요. 이 문제에 대해 글을 많이 쓰셨고 거의 투쟁하다시피 했는데…….

아롱   나는 미국의 한국 개입을 열성적으로 지지했었죠. 북한의 남침 소식이 전해졌을 때 나는 "힘의 시련"이라는 글을 썼습니다. 그러니까 나는 미국의 한국 개입을 지지했던 것이죠.

마셜 플랜에 대해서는 그것을 거부할 하등의 이유가 없었습니다. 단지 달러를 필요로 하는 유럽 국가들에게 그것을 제공한다는 것이었기 때문이죠. 오늘날까지도 유럽 국가들은 그것을 받고 있습니다. 그런데 북대서양 조약은 서방 국가들의 집단안보에 대한 다소 모호한 조약입니다. 한 나라가 정당화될 수 없는 외부 침략을 받았을 때 다른 나라들이 이 나라를 돕기 위한 온갖 조치를 취한다는 약속이죠. 그러나 대서양 조약을 비난하는 다음과 같은 두 가지의 프로파간다가 있습니다. 첫째는 유럽의 중립을 지지하는 생각에서 나온 프로파간다, 둘째는 골리스트와 중립주의자들로부터 나온 프로파간다인데, 이것은 조약의 문구가 너무 모호하고 또 유럽에 대한 미국의 공약을 정확하게 밝혀 놓지 않았다고 비난하는 것이었습니다. 내 개인적으로는 조약 그 자체에 비하면 조약의 세부적인 문구 따위는 별로 중요하지 않다고 생각했습니다.

북대서양 조약 기구인 나토(NATO)에 대해서는 대서양 조약에 분명하게 명기되지 않았습니다. 그것은 한국전쟁 발발 이후 한국전이 유럽까지 확대될 전망이 보이는 가운데 군사 기구로서 발족됐습니다. 이 기구는 한국에 대한 잘못된 해석 때문에 생겨난 것인데, 그 해석에 의하면 스탈린은 한국전과 아시아전을 시초로 하여 유럽까지 침략하는 포괄적인 전략, 즉 하나의 마스터 플랜을 갖고 있다는 것이었습니다. 군사 기구가 탄생한 것은 바로 그때였습니다. 그러나 북대서양 조약은 1차대전 이후에 유럽이 미국에게 바라던 것이었습니다. 유럽은 자기들이 침략을 받을 때 미국이 개입하겠다고 약속해 주기를 바랐던 것입니다. 오늘날까지도 나는 북대서양 조약을 거부한 사람들을 이해할 수 없습니다.

미시카 그러나 1949년에는 중립주의의 주장이 다소 고귀한 동기에서 나온 것이 아니었을까요? 다시 말해서 프랑스의 독립이나 유럽의 독립 같은……. 이것은 전혀 당신의 마음을 사로잡지 못했나요?

아롱 참 이상한 방법으로 문제 제기를 하는군요. 1939년에 우리가 미국과 동맹을 맺고 있었다고 해서 그것이 프랑스의 독립에 배치된다고 생각할 수 있겠습니까? 북대서양 조약은 결코 프랑스의 독립을 손상하지 않습니다. 우선 그것은 세계의 일부에만 적용되는 조약입니다. 따라서 그 이외의 다른 세계 지역에서는 우리가 하고 싶은 것을 마음대로 할 수 있습니다. 또 한편 이 조약은 프랑스의 외교적 자주성을 제약하지 않습니다. 공격을 받은 나라를 도와준다는 상호 공약일 뿐입니다. 도대체 어떤 점에서 이것이 한 국가의 독립을 손상시킨다는 것입니까?

볼통 우리의 군사적 자유를 제한하지 않을까요? 통합된 기구

안에서 우리는 우리의 자율성을 별로 행사할 수가 없을 텐데요.

아롱　　그건 별개 문제입니다. 통합된 기구는 1950년에 시작됐지 북대서양 조약에서부터 비롯된 것이 아닙니다. 요컨대 이 기구가 발족된 것은 서유럽의 안보가 집단안보로 이루어질 수밖에 없다는 생각에서입니다. 따라서 어떤 계획을 미리 세워야만 했습니다. 그건 새로운 사실이 아닙니다.

1939년 프랑스가 주력 군대를 보유하고 있었을 때 프랑스의 작전권을 가진 것은 프랑스 정부, 프랑스 장성들이었습니다. 그런데 나토 안에서 프랑스는 전쟁의 경우에만 실질적으로 개입할 수 있습니다. 게다가 모든 계획은 만장일치로 결정되도록 규정됐습니다. 결국 프랑스 정부는 프랑스의 이해와 상충된다고 판단되는 계획이라도 수락하지 않을 수가 없습니다. 나토는 우발적 전쟁에 대한 대비와 동맹국 군사력의 통합 조치를 포함하고 있습니다. 그래서 그 당시나 오늘날에나 통합 기구에 들어가지 말아야 한다는 논의가 끊임없이 일고 있습니다. 그러나 전쟁이 터졌을 때 유럽 방위에 참여하고 싶다면 프랑스는 평화시에 다른 북대서양 조약국들과 함께 계획을 수립해야만 할 것입니다. 그리고 또 우리의 핵 군사력에 관해서도 — 물론 그 당시에는 전혀 그런 문제가 제기되지 않았지만요. 프랑스가 나토에 들어가건 않건 지금 우리가 갖고 있는 똑같은 행동의 자유를 그때도 가질 수 있다는 것을 부연해야겠습니다.

이제 와서는 나토 문제가 완전히 해결된 것 같습니다. 우리는 연합사령부의 통제 밖에 있으니까요. 프랑스의 여론은 나토에 다시 들어가는 것을 절대 반대합니다. 이미 논의될 대로 논의된 문제를 오늘날에 와서 새로이 크게 문제 삼는 것은 어리석은 일이겠죠. 우리는 동맹국의 일원이면서 나토 연합사령부의 통제는 받지 않습니다. 이로써 이로운 점도 있고 또 논란의 여지도 있지만……

볼통 그 당시 소위 중립주의자와 그 외 사람들 사이에서 나토에 대한 논의가 왜 그토록 활발했습니까?

아롱 사람들의 논쟁은 나토에 대해서가 아니었습니다. 북대서양 조약을 반대하는 가장 큰 이유 중의 하나는 독일의 재무장이었습니다. 예를 들어 뵈브메리는 독일의 재무장이 북대서양 조약 안에 이미 내포되어 있는 것이라고 썼습니다. 마치 계란 안에 병아리가 미리 예정되어 있는 것과 같다는 뜻이죠. 두 번째 논란은 조약의 문안에 대해서였습니다. 미국의 의무가 명확하게 규정되어 있지 않다는 것이었어요.

그러나 전쟁이 터질 경우를 대비해 미리 계획을 세운다는 생각에는 별다른 반대가 없었던 것으로 알고 있습니다. 드골 장군의 반대도 이것 때문이 아니었습니다. 그는 2차대전의 기억, 특히 아이젠하워의 명령을 어기고 스트라스부르 철수를 저지했던 기억을 간직하고 있습니다. 드골 장군은 항상 군사적 자율성의 일부를 상실하면 프랑스의 특정 이해를 희생시켜 가며 공동방위집단의 이해에 부응하는 명령을 받게 될 것이라는 강박관념을 갖고 있었지요. 이 점에 관해서 그는 아주 단호했어요. 그러나 단 한 번 그것이 유보된 적은 있었습니다. 전쟁의 위험이 바로 코앞에 닥쳐 유럽을 위한 연합통수의 필요성을 느낀 순간이었습니다. 그러나 1949년이나 50년에 북대서양 조약을 비판한 것은 미국의 공약이 충분치 못하다는 점에 대해서였습니다. 프랑스 군대는 너무나 약했고 미국의 힘은 너무나 강했기 때문에 드골은 미국이 유럽 방위를 위해서 미국의 전 병력을 투입하겠다고 약속할 것을 요구했습니다. 미국이 다시 한 번 전쟁의 초기가 아니고 종반에 참여할 것을 그는 두려워했던 것입니다. 오늘날에 와서 보면 별로 의미가 없는 논쟁입니다.

볼통　1951년에 당신은 20세기의 전쟁을 분석한 『연쇄 전쟁』을 출판했습니다. 놀라운 것은 유럽이 방어전략에서 탈피해야 한다고 역설한 것이죠. 책의 말미에 가서는 냉전이 전면전의 시작인지 아니면 대용물인지를 자문하고 있습니다. 이제 옛날을 돌이켜보면 냉전은 전면전의 대용물이라고 할 수 있을까요?

아롱　그것은 두 세계 사이의 극단적인 형태의 경쟁이었습니다. 이 경쟁은 오늘날까지도 전면전 없이 전개되어 오고 있습니다. 결국 냉전은 전면전의 대용물이었습니다. 솔제니친도 전쟁 없는 이 전쟁이 서구에게는 연속적인 패배 또는 재난을 의미한다고 말했습니다. 그는 탈식민도 서구의 패배를 나타내는 한 양상이라고 생각했습니다. 식민지에서 해방된 수많은 나라들이 소련의 블록에 속하게 되었다는 것이 서구 몰락의 증거이며 징후라는 것이었습니다.

개인적으로 나는 탈식민이 우선 불가피하다고 생각했으며, 두 번째로 그것은 서구가 옹호하는 가치에 부합되는 것이라고 생각했습니다. 서구의 쇠퇴는 어쩔 수 없는 추세였습니다. 2차대전이 끝난 순간부터 이것은 역사의 한 페이지에 이미 씌어 있었던 것이죠. 유럽은 자신의 제국을 보존할 수가 없습니다. 미국의 보호를 받는 유럽이 강대국으로 남아 있을 수 없다는 것은 너무나 분명한 사실이었죠. 금세기(20세기) 초만 해도 유럽은 세계의 중심이었습니다. 영국은 지구의 상당 부분을 덮고 있는 강력한 제국이었습니다. 오늘날 영국은 작은 강대국, 2류 강대국으로 떨어지고 말았습니다. 프랑스도 유럽 안에서는 강대국이었습니다. 그런데 지금은 지역적인 강대국에 불과합니다. 양차대전이 없었다 하더라도 유럽의 쇠퇴는 불가피했을 것입니다. 물론 훨씬 완만하게 아주 서서히 오기는 했을 테지만……. 그런데 서구와 소비에트 세계 사이의 경쟁은 아직도 해결되지 않았습니다.

볼통 경쟁은 계속되고 있지만 세력관계는 변모하고 있지 않습니까? 냉전이 시작된 이래 전적표는 어떻습니까?

아롱 전쟁이 끝난 직후에 미국은 초강대국이 됐고 이에 필적할 나라는 없었습니다. 경제적으로 말하면 미국의 생산은 전 세계 총생산의 반 이상입니다. 전쟁 직후에는 미국과 유럽의 생산능력과 생활수준이 현격하게 차이가 났습니다. 오늘날에 와서는 미국과 유럽의 생활수준과 노동생산성이 같은 수준에 이르렀어요. 그러므로 유럽에 비해서 미국이 상대적 하락세를 보였다고 말할 수 있겠죠. 아무리 미국의 지배가 강했다 하더라도 유럽의 재건과 발전을 막을 수 없었다는 산 증거입니다.

군사력 관계의 측면에서 보면 미국은 1945~47년에 엄청난 핵 우위와 함께 잠재적으로 세계 1위의 군사 강대국이었습니다. 오늘날에는 1위의 군사 강대국이 소련입니다. 미국은 이제 2위의 군사 강대국에 불과합니다. 핵무기에서는 소련과 동등하고 해군과 공군에서는 약간 우세하며 지상군은 소련보다 훨씬 열세입니다. 그리고 또 소련은 최근 몇 년 동안 세계 곳곳의 문제에 개입하는 역량을 길렀습니다. 미국인들의 말대로 그들은 "세계 도처에 병력을 파견할 능력"을 습득한 것입니다. 이런 관점에서 1947~48년과 1980년의 상황을 비교해 보면 군사적으로 가장 발전한 것은 소련입니다.

그러나 경제적, 이데올로기적, 정신적 측면에서 보면 소련은 잃은 것이 많습니다. 소련의 경제 제도는 비효율적이며, 동유럽의 생활수준이 서구의 생활수준보다 훨씬 열등하다는 것을 이제는 거의 모든 사람들이 인정하고 있습니다. 오늘날까지도 유럽은 과학 생산, 기술 혁신, 문화 부흥의 면에서 전 세계의 90퍼센트를 점하고 있습니다. 소련은 이데올로기적 영향력의 대부분을 상실했습니다. 오늘날 소련은 군사 강대국이고 아마도 제국주의 강대국이지만 경제는 완전히 실패했습니다.

미시카　서구의 경제적 우위를 생각해 보면 소련의 이와 같은 군사적 발전은 좀 놀라운 것 아닙니까?

아롱 그렇게 놀라운 건 아닙니다. 1962~63년에서 1972년까지 미국은 베트남전을 위해 많은 지출을 했습니다. 그러니까 그 나머지 일에는 별로 지출을 못 한 것이죠. 게다가 소련은 아마 1962년부터인가 상당한 군사적 노력을 기울였고, 그 이래 해마다 군사 예산을 3~5퍼센트씩 증가시켰습니다. 소련 경제는 어떤 의미에서 군사경제죠. 자산은 모두 군사적 생산에 돌립니다. 거기서 남는 것을 국민의 생활에 돌립니다. 마치 전시처럼 최대한 절약하면서 말입니다. 그래도 군비의 증가에는 한계가 있습니다.

볼통 냉전은 서방 측의 군사 체계를 재검토하도록 해 주었습니다. 왜 당신은 그 당시에 독일의 재무장을 원했습니까?

아롱 비교적 단순한 이유 때문이었습니다. 그 시기에 서구의 안보는 다음과 같은 두 가지 측면에서 생각해 볼 수 있었어요.

첫째, 서구에 대한 모든 침략은 미국에 대한 침략이라고 미국이 엄숙하게 선언하는 것입니다. 그리고 국지(局地) 방위에는 관심을 갖지 않는 것입니다. 유럽의 군사적 공백을 인정하지만 미국의 이러한 선언만으로 소련의 직접적인 군사 침략을 막을 수 있다는 것입니다.

둘째, 이처럼 먼 나라의 선언으로는 불충분하다고 생각할 수 있습니다. 한국전의 경험으로 우리는 미국의 전쟁 선언이 어느 정도의 보장책이 될 수 있는지를 다시 생각해 보게 되었습니다. 이 경우에 우리는 재래식 무기로 최소한의 국지 방어를 해야 하는 것입니다.

그런데 영국과 프랑스가 재무장을 결심한 이상 서독이 유럽 집단방위에 참여하지 않는다는 것은 경제적, 군사적 이유에서 납득하기 어려운 것입니다. 그러므로 나는 독일의 재무장 그 자체를 원한 것이 아니라, 서구 전체의 재무장으로 인해 독일의 재무장이 당연히 필요하게 됐다고 생각한 것입니다. 물론 그것은 마음에서부터 우러나는 생각은 아니었습니다. 한국전쟁이 한창이던 1950년 가을 미국의 애치슨 국무장관이 영국과 프랑스의 총리에게 독일의 재무장을 제의했을 때 프랑스의 첫 반응은 가능한 한 이 결정을 지연시키려는 것이었습니다. 아마도 J. 모네[3]의 생각에서 힌트를 얻은 듯 플레방은 독일의 재무장을 지연시키는 동시에 유럽 통일에도 유리한 방법인 CED(유럽 방위공동체)를 제의했습니다.

미시카   1950년에서 1954년 사이에 프랑스에서는 '유럽 방위공동체' CED에 대한 논쟁이 한창이었죠. 그 CED란 도대체 무엇입니까?

아롱   몇 번의 논쟁이 있었습니다. 그 첫 번째는 '중립을 지킬 것

---

3   Jean Monnet, 1888~1979. 프랑스의 경제 전문가이며 국제정치인, 유럽연합의 창시자. 1차대전중에는 공동자원 분배를 위한 연합국 집행위원회의 프랑스 대표, 1919년 국제연맹 사무총장, 2차대전 초에는 연합군 조절위원장, 1943년 알제리에서 프랑스 민족해방위원을 거쳐 1955년 유럽공동체 집행위원회를 창설하고 의장이 됐다.

인가, 아니면 대서양동맹에 가입할 것인가?'라는 문제에 집중되었습니다. 물론 공산주의자들은 반대했지만 일반 대중은 대서양동맹을 받아들였습니다. 왜냐하면 대서양동맹은 미국이 보호해 준다는 일종의 보장이었기 때문입니다. 중립주의 혹은 중립 정책은 그때 상태로서는 매우 어려운 것이었습니다. 왜냐하면 중립의 지지자들은 무장된 중립을 지지했기 때문이죠. 그것이 〈르 몽드〉의 견해였고, 질송과 뵈브메리의 견해였습니다. 그런데 우리는 무장이 돼 있지 않았으므로 재무장과 중립을 동시에 얻을 수는 없었죠. 그것은 탁상공론에 불과했어요. 이러한 견해는 유럽이 미국과 소련에서 동시에 분리돼 독자성과 특수성을 유지해야 한다는 깊은 염원에 부합하는 것이었습니다. 이러한 염원은 오늘날까지도 존속하고 있습니다. 프랑스 국민의 진정한 염원이죠. 그러나 1949년, 50년의 시기에는 그것이 별 의미가 없었습니다.

두 번째 논쟁은 재무장, 특히 독일의 재무장에 대한 것이었습니다. 독일의 재무장을 거부하는 문제도 논의됐지만 동시에 유럽 재무장의 방식, 즉 CED에 대해서도 논의됐습니다. CED는 한마디로 유럽 군대였습니다. 이 유럽 군대를 원하는 상당수의 사람들은 독일과 독일의 재무장에 대해 다른 속셈을 갖고 있었습니다. 그들은 독일, 프랑스, 벨기에, 네덜란드의 사단들이 공통의 사령부를 가질 뿐만 아니라 부대 내 국가 구분이 최소한으로 줄어들기를 원했습니다. 각국이 하나로 융합되는 것이 대원칙이었으니까요. 가장 작은 단위의 분대만이 국가적 특색을 갖고 있어야 한다고 생각했습니다.

독일에 다시 사령부가 창설되는 것을 막아야 한다는 강박관념도 있었습니다. 참모총장이나 최고사령관이 있어서는 안 된다는 얘깁니다. 결국 CED는 유럽 육군부의 창설이라는 계획이 됐습니다. 유럽 육군부가 우선 6개국 군대를 통합해 전투 태세를 갖추고, 그런 후에 그 군대를 미군이나 나토의 지휘하에 둔다는 것이었습니다. 그래서 CED의 반대자들은 이렇게 말했습니다. "CED는 프랑스 군대를 해체하고 독일 군대를 재건했다. 프랑스의 군사적 자주성을 포기했을 뿐만 아니라 이중으로 외국의 지휘를 받게 됐다. 하나는 유럽 육군부, 또 하나는 미군 최고사령관이다."

볼통 그런데 이 제도를 지지하는 사람도 있었습니까?

아롱 엄밀한 의미의 유럽인들, 다시 말해서 모네의 추종자들을 제외하고는 이 계획을 반대하는 사람이 점점 많아졌죠. 어떤 사람들은 독일의 재무장을 반대했고, 또 어떤 사람들은 그 방식을 못마땅하게 생각했습니다. 그 당시 이 문제에 대한 여론조사가 있었습니다. "독일 군대를 재건하는 것이 좋을까요, 아니면 독일의 독자적 군대가 없이 독일을 재무장시키는 것이 좋을까요?"라고 물으면 사람들은 어김없이 두 번째 방안이 좋다고 했습니다. 그런데 "하지만 프랑스 군대의 자주성도 포기해야 할까요?"라고 물으면 그들은 물론 안 된다고 대답했습니다. 결국 논쟁은 극도의 혼란 속에서 이루어졌습니다. 사람들은 자신의 선택을 분명하게 밝히지 못했습니다. 독일을 재무장시키는 바람직한 방법이 두 가지 있었죠. 하나는 유럽 군대를 창설하는 것이고, 또 하나는 독일군을 재건하여 그것을 즉각 나토의 휘하에 두는 것이었습니다.

볼통　　그런데 미국인들은 이 문제를 어떻게 생각했습니까?

아롱　　그들은 이 CED에 열성을 보였습니다. CED는 프랑스인들이 구상했고, 그들 자신이 이것 외에는 다른 해결책이 없다는 말을 하며 시간 낭비를 하다가 마침내는 이것을 거부하려 하고 있었습니다. 그런데 이 말은 분명 바보 같은 소리였죠. 다른 해결책도 있었으니까요. 제네바 회담 이후, 다시 말해서 인도차이나 전쟁을 청산한 후 유럽 방위공동체가 거부됐을 때 사람들은 즉각 또 다른 해결책을 발견했습니다. 그 해결책은 모든 사람들이 이미 알고 있던 것이었습니다. 독일군을 재건시키되, 참모부를 두지 않고 나토의 휘하에 둔다는 안이었습니다. 망데스 프랑스, 그리고 에드가 포르[4]가 총리이던 당시의 프랑스 의회는 두 번째 해결책을 승인했습니다. 첫 번째 안이 부결됐기 때문이죠. 만일 이 두 번째 안을 먼저 상정했다면 아마 이것도 CED와 같은 방식으로 부결됐을 겁니다. 의회는 두 개의 방안을 다 반대했습

4　　Edgar Faure, 1908~1988. 프랑스의 변호사이며 정치인. 1946~58년 급진사회당 국회의원, 1952년 1~2월 및 1955년 2월~1956년 1월 총리 역임. 1963년 드골과 의기투합해 중공과의 외교관계 수립을 추진했다.

니다. 이런 형태건 저런 형태건 간에 여하튼 독일의 재무장은 못마땅했던 거죠.

미시카　CED 안이 실패로 돌아감으로써 유럽은 좋은 기회를 놓친 것 아닙니까?

아롱　유럽이 자주성을 견지할 유일한 기회는 CED라고 일부 프랑스인들이 말하기는 했죠. CED는 최소한 문서상으로나마 유럽에 자주방위의 가능성을 주었으니까요. 하지만 나는 이 견해에 동의할 수 없었습니다. 왜냐하면 유럽 방위군은 근본적으로 실질적인 군대를 창설하기보다는 단순히 독일의 위협을 저지하기 위한 목적으로 구상된 것이니까요. 각국 파견 부대의 권한은 쉽게 제한될 것이라고 나는 생각했습니다. 유럽 공동의 군대를 만든다는 그 거창한 사업이 그토록 많은 속셈과 조심성과 불안감으로 시작되어야 한다는 것이 납득하기 어려웠어요.

볼통　그럼 오늘날에는요? 유럽 군대가 창설될 가능성이 더 많아졌나요?

아롱　그럴 가능성은 전혀 없습니다. 지금은 프랑스 군대, 독일 군대, 벨기에 군대가 있을 따름이죠. 사령부 차원의 통합은 생각해 볼 수 있습니다.

볼통　1950~54년의 이 논쟁에서는 공산주의자들이 평화라는 주제를 온통 독점하고 있었고, CED나 독일의 재무장을 지지하는 다른 모든 사람들은 전쟁 찬성론자처럼 보였죠. 이런 현상을 어떻게 설명하시겠습니까?

아롱 공산주의자들이 평화라는 주제를 독점한 것은 그때가 첫 번째도 아니고 또 유일한 것도 아니었습니다. 1950년은 전쟁이 끝난 지 불과 5년밖에 되지 않은 때였죠. 그런데 동맹관계는 너무나 급속하게 뒤바뀌었고, 너무나 짧은 기간 동안에 히틀러의 위협에 대한 강박관념이 소비에트의 위협에 대한 강박관념으로 탈바꿈했습니다. 너무나 신속하게 이런 일이 일어났기 때문에 프랑스의 일반 대중이 그 변화를 수용하는 데는 큰 어려움이 뒤따랐죠. 안 그랬다면 오히려 더 놀라운 일일 겁니다. 이와 같은 일반 대중의 적응장애를 정치적으로 이용한 사람들이 일부 있었습니다. 그 외에 별로 숫자가 많지 않은 나와 같은 사람들은 독일이 스스로의 군대를 원치 않는 그 시점에서 독일의 재무장은 별로 위험한 일이 아니라고 생각했습니다. 오히려 독일이 한껏 위축돼 있던 그 시기에 독일을 동맹국으로 인정하고, 지나간 역사를 잊고 새로운 프랑스·독일 관계를 재정립하는 것이 바람직한 일이었죠. 그러나 나는 소수파였습니다. 대다수의 사람들은 아마 문제가 제기되지 않기만을 바랐을 거예요.

그런데 〈피가로〉는 피에르 브리송의 필봉을 통해 유럽 방위 공동체를 열렬히 지지하고 있었습니다. 나는 냉담했어요. 그 논의가 처음 시작되던 1950년에 이미 그것이 잘못된 생각이라고 확신했었죠. 프랑스 국민이 이 해결책을 받아들이지 않을 것이라고 생각했습니다. 어느 날 로베르 슈만에게 그런 얘기를 했어요. "참 웃기는 개념이군요. 독일을 동맹국으로 인정하지 않으

면서 독일인들을 마치 동포처럼 생각하다니 말입니다." 그는 웃
으며 이렇게 대답했죠. "그래서 안 될 게 뭐가 있습니까?"

나는 유럽 방위공동체의 위험을 몇 개의 기사에서 분명히 밝
혀 놓았습니다. 그러나 그것을 반대하는 강력한 주장은 펴지 않
았죠. 나는 미국인들과 프랑스인들에게 똑같이 말했습니다. "독
일의 재무장은 불가피하다. 우리가 그것을 찬성하건 반대하건
그건 큰 문제가 아니다. 유럽 방위공동체를 지지하는지, 아니면
독일군의 나토 편입을 지지하는지가 문제일 뿐이다." 나는 오히
려 두 번째 안을 지지하는 편이었습니다.

b) RPF(프랑스 인민연합)에 참여하다

미시카 이야기를 조금 더 뒤로 돌려 볼까요. 1947년에 당신의 인
생에 큰 사건이라고 할 수 있는 일이 일어났죠. RPF(프랑스 인민연
합)라는 정당에 가입한 것 말입니다.

아롱 네, 하지만 앞서도 말했듯이 나는 그전에 이미 한 번 정당
에 가입한 적이 있습니다. 고등사범에 다닐 때 인민을 위한 무슨
일을 해야겠다는 생각에 사회당에 가입했었습니다. 그건 그렇
고…… RPF에는 1947년에 가입했습니다. 모두들 왜 그랬느냐고
물었고, 아무도 내가 왜 그랬는지를 이해하지 못했습니다.

RPF, '프랑스 인민연합'은 드골 장군의 지시를 받는 의회주

의 운동이었습니다. 앙드레 말로는 "레이몽 아롱이 내 뒤를 따랐다. 그가 RPF 당원이 된 것은 나에 대한 우정 때문이었다"라고 말했죠. 그 말에도 일리는 있습니다. 그러나 내 자신과 반대되는 입장, 내 신념을 거스르는 태도를 취할 만큼 그에 대한 우정이 강한 것은 아니었습니다.

내가 RPF에 가입한 데는 두 가지 주요 이유가 있다고 생각합니다. 첫 번째는 런던에서 친 드골 운동에 적극적으로 참여하지 않았다는 약간의 죄책감이었습니다. 앞에서 말한 것처럼 드골 장군에 대해 너무 지나치게 반대 입장을 취했던 나의 행동을 좀 후회했어요. 이제 와 생각해 보면 북아프리카 연합군에 입대한 후 친 드골 운동에 가담해야 했습니다. 왜냐하면 그때부터는 이 운동 말고 다른 선택의 여지가 없었으니까요. 알렉시스 레제 같은 명망 높은 일부 인사들이 프랑스 영토 밖에 정부를 세우는 데 반대했다는 것을 잘 알고 있습니다. 그러나 알렉시스 레제의 생각은 잘못된 것이었습니다. 페탱 원수가 알제리에 군사를 주둔시키지 못한 순간부터 드골 장군은 자유 프랑스 임시정부를 수립하지 않을 수 없었습니다. 내가 만일 회의와 주저와 비판으로 내 결정을 유보하지만 않았다면, 그러니까 친 드골 운동에 적극적으로 참여했다면, 그리고 1933년에 독일인들이 말하듯이 '미트마헨(mitmachen)', 다시 말해 역사적 운동과 보조를 맞추었더라면, 나는 훨씬 더 효과적인 기여를 할 수 있었을 것입니다.

두 번째 이유는 제4공화국의 헌법과 기능이 내 마음에 들지 않았기 때문입니다. 긴 안목으로 보아 제4공화국은 프랑스의 재건과 부흥을 주도할 수 없다고 생각했고, 헌법을 개정할 수 있는 유일한 가능성이 RPF라고 생각했습니다.

그 당시는 드골이 가장 의회에 접근해 있던 시기라는 것도 덧붙여야겠군요. 그때 그는 의회주의 운동을 하고 있었으니까요. 이런 운동을 통해 그는 가장 강력한 반공주의자가 됐고, 공산주의의 위험에 대해 가장 큰 목소리로 경종을 울렸습니다. 공산주의자들을 가리켜 '분열주의자'라고 말한 사람도 그였습니다. 그러니까 두 가지 관점에서, 즉 공산주의 및 소비에트의 문제와 헌법의 문제에서 나는 완전히 그의 견해와 일치했습니다. 그러나 다른 수많은 문제에서는 그와 견해가 달랐지요.

볼통 분열과 내전을 싫어한다고 수차례나 말씀하셨는데, 극렬한 반공주의와 제4공화국 반대를 표방하는 RPF에 가입한 것이 매우 이상하군요. 1947년에서 국회의원 선거가 실시된 1951년까지 당신은 국회의원 후보도 내지 않은 채 제4공화국의 약화를 위한 투쟁만 벌이고 있던 RPF에 속해 있었습니다.

아롱 RPF와 제4공화국 사이에 내전의 분위기는 없었습니다. 1947~51년에도 드골파와 의회 사이에 별다른 싸움이 없었습니다. 그러니까 제4공화국의 기능을 방해한 것은 RPF가 아닙니다. 당시 집권 세력이 드골 장군으로부터 끊임없이 위협을 느꼈기 때문에 오히려 그들 내부에서는 덜 싸우게 되었다는 게 매우 논리적이면서 또한 역설적인 결과입니다. 제4공화국의 역사를 보면 알겠지만 드골 장군의 위협이 잠정적으로 그쳤을 때, 다시 말해 1952년에 RPF가 해체된 후에 제4공화국의 기능이 최악의 상태가 됐습니다.

볼통 그러나 1947년에서 1951년 사이에 RPF는 최악의 정책을 폈었죠. 당신 성질에는 잘 맞지 않는 것이 있었을 텐데…….

아롱 그건 사실입니다. 하지만 다시 말하거니와 1947년에서 1951년 사이에 RPF는 소속 국회의원이 없었습니다. 그러니까 시위를 통해 입으로밖에 반대할 수 없었죠. 그러나 이런 데모와 반대가 정당들의 화합을 방해하지는 않았습니다. 오히려 정당의 기능 수행에 위협을 조성함으로써 RPF는 정당들의 단결에 기여했고, 그러한 단결은 전무후무한 것입니다.

볼통 그러니까 결국 RPF 활동을 통한 드골의 제4공화국 반대 투쟁이 체제 안정의 요인으로 됐다고까지 생각하시는군요?

아롱 글쎄요, 그런 도식을 만드는 건 어디까지나 당신의 자유입니다. 나는 다만 1947년에서 1951년 사이에 RPF가 제4공화국의 체제 유지에 유리하게 작용했다는 이야기를 하고 싶을 따름입니다.

1951년 이후에 RPF는 최악의 정치를 연출하는 당이 됐지만, 그러나 아무런 실현 수단도 갖지 못한 당이었습니다. RPF는 오히려 공산당과 연합해 다수당을 구성했더라면 더 좋은 기회를 잡았을 겁니다. 만일 드골파와 공산당의 국회의원이 다수당을 이룰 만큼 충분히 숫자가 많았다면, 제3세력인 다른 정당들은 어쩔 수 없이 헌법 개정을 수락하지 않을 수 없었을 것입니다. 그것이 이를테면 드골파의 계획이었죠. 그런데 정책연합 덕분에 공산당과 드골파는 다수당이 되지 못했고, RPF가 해체된 순간 제4공화국은 비록 존속했으나 그 어느 때보다 더 지리멸렬하게 됐습니다. 한편 드골 장군 자신은 드러내 놓고 제4공화국과 싸우는 대신 은밀하게 재집권을 위한 작업을 하고 있었습니다. RPF의 수명이 다했다는 것을 알아차린 것이죠. 그는 기회가 오기만을 기다렸으며, 가끔 "그들이 내가 돌아오는 걸 허용하지 않을 거야"라든가 또는 "언젠가 꼭 다시 돌아가고야 말겠어"라고 말하곤 했습니다.

볼통   이 기간 동안에 드골과의 관계는 개선됐나요?

아롱   RPF 시절에는 매우 좋았습니다. 가끔 그를 만나러 가기도 했었죠. 정치적인 화제로 대화를 나누곤 했는데, 대화는 매우 흥미로웠습니다. 그의 행동방식을 보고 좀 놀라기도 했고, 개인적인 이야기를 나눈 적도 있습니다. 우리 집안에서 상(喪)을 당했을 때 그가 아주 감동적인 편지를 보내 주기도 했죠. 찾아가 인사를 했더니 자신이 상을 당했던 경험을 이야기해 주더군요.

이 몇 년 동안에 그와 나 사이에는 진지한 관계가 맺어졌지만, 그러나 그는 내가 엄밀한 의미에서 드골파 또는 충신이 됐다고는 결코 생각하지 않았습니다. 그저 내 저서를 보내 주고 매우 흥미로운 내용의 자필 편지를 한 장 받는 정도였습니다. 물론 다른 많은 사람들에게도 그런 편지를 보냈겠지요.

미시카 RPF에서 열렬한 투쟁활동을 하셨습니다. 어떤 방법으로 투쟁했습니까? 그때 43, 44세였는데, 대자보를 붙였나요?

아롱 네, 투쟁했습니다. 하지만 그런 정도까지 하지는 않았어요. RPF가 주최한 지식인들의 대집회에서 연설을 한 게 생각납니다. 꽤 잘했었죠. 공산주의자들을 조롱함으로써 그들의 입을 다물게 하는 데 성공했습니다. 연설에서 비교적 중도적인 신문인 〈프랑티뢰르〉를 비난했습니다. 공산주의자들이 내 말을 방해하기에 그들에게 이렇게 말했어요. "하지만 내가 〈프랑티뢰르〉를 공격하는 것이 당신들은 은근히 만족스럽지 않습니까?" 이 신문은 공산당의 골칫거리였거든요. 그러자 청중은 웃음을 터뜨렸고, 결국 일단의 공산주의자들은 입을 다물고 말았습니다.

그 후 1년인가 2년 동안 매주 한 번씩 모이는 정책위원회에 소속됐습니다. 위원회에는 퐁피두,[5] 팔레브스키, 샬랑동 등이 있었습니다. 우리는 미래의 드골 정권을 위한 플랜을 짰어요. 나는 자본가와 노동자의 제휴 문제, 오늘날 경영 참여라고 부르는 그 문제를 연구해 발표하기도 했습니다. 그러자 나는 RPF에서 약간 회의론자로 간주됐습니다. 그건 사실이었죠. 하지만 나는 이 모호하고 일반적인 개념을 실제적이고 구체적인 정책으로 구현시키려 했습니다. RPF 사람들은 이것을 '아롱의 회의주의'라고

---

5 Georges Pompidou, 1911~1974. 프랑스의 정치인. 드골의 비서실장 출신이며 1969년 6월부터 대통령 재임중 1974년 사망했다.

불렀습니다.

볼통　그 점에서는 당신답군요. 하지만 회의적 투사였다고는 하지만 당신은 또 언론인 아니었습니까? 그 두 개의 관점을 한데 융화시켰나요?

아롱　언론인으로서 나는 모든 주제에 대해 나의 생각을 썼습니다. RPF의 공식 독트린과 나의 생각이 일치하건 안 하건 그렇게 했죠. 〈피가로〉에서와 마찬가지로 자유스럽게 RPF의 잡지인 〈정신의 자유〉지에 글을 썼습니다. 그러나 약간 힘든 순간들도 있었습니다. 특히 RPF의 기관지인 〈연합〉이 〈피가로〉를 공격할 때가 그랬습니다. 〈연합〉지는 전쟁중의 〈피가로〉의 일부 기사, 아주 불유쾌한 기사를 인용했습니다. 나는 피에르 브리송에게 "만일 나를 파면시키고 싶으면 그렇게 하시오. 선선히 나가겠습니다"라고 말했어요.

볼통　그 시절에 좋은 추억을 갖고 있나요?

아롱　알다시피 나는 타고난 투사가 아닙니다. 그러나 내 친구들, 내 적수들이 생각하고 있는 것과는 달리 나는 그 시절을 후회하지 않습니다. 나는 언제나 드골이 1958년에 했듯이 그렇게 쿠데타에 가까운 상황 속에서 재집권을 하기보다는 좀 더 냉정한 상황 속에서 그렇게 했더라면 얼마나 좋았을까, 라고 생각합니다.

미시카　그런데 RPF의 실패 원인은 정확히 무엇입니까?

아롱　앞에서 이야기했죠. 의회 안에서 RPF가 절대다수를 차지하거나 —그것은 불가능한 일이었죠 — 아니면 공산당과 합쳐 다수를 구성해야 했습니다. 그러나 RPF는 공산당과 함께 집권을 할 수는 없었지요. 제3세력의 정당들로부터 일종의 양보나 항복을 받아 냈어야 하는데, 그것을 하지 못했습니다.

미시카 끝까지 RPF에 남아 있었습니까?

아롱 RPF 안에도 내분이 있었습니다. 한 집단은 피네와 한편이 됐고, 나와 말로는 드골 장군의 편이었습니다. 조금 후에 드골은 자신이 RPF의 운명과는 아무 관계가 없다고 선언했어요. 그것은 이념상의 분열은 아니었습니다. 이 기간 동안 나는 좀 더 적극적으로 정치활동을 하고 싶었을까요? 아마 약간 그랬을 겁니다. 하지만 철저하게 그렇지는 않았어요. 그런데, 뭔가 얻고 싶으면 우선 그것을 요구해야만 하잖아요.

볼통 그런데 막연히 결심만 했다는 것이군요?

아롱 바로 그겁니다.

볼통 당신의 RPF 입당은 아무래도 역설적으로 보입니다. RPF는 사회주의와 자본주의 진영 양쪽에 대해 똑같이 적대적이었습니다. 그런데 당신은 그렇지 않았죠. 한쪽에는 적대적이었지만 반대 쪽 진영에 대해서는 그렇지 않았던 것으로 알고 있는데…….

아롱 내가 매우 복합적인 캐릭터라는 이야기를 하려는 거군요. 사실입니다. 1949년에서 1951년 사이에 드골과도 이런 이야기를 나눈 적이 있습니다. 그는 어떤 의미에서는 전쟁이 일어날 것을 확신했고, 그래서 미국과 밀접한 동맹을 맺기로 굳게 결심한 사람입니다. 유럽의 세력 균형을 유지하기 위해서는, 그리고 유럽과 프랑스를 보호하기 위해서는 미국의 참여가 절대적으로 필요하다는 것을 그는 잘 알고 있었습니다.

1950~51년의 큰 위기 속에서는 양대 진영을 다 거부한다는 것이 별다른 문제가 아니었어요. 그런데 곧 그것이 문젯거리로 등장했습니다. 하지만 나는 그 문제를 별로 심각하게 생각하지 않았어요. 야당 생활을 할 때의 드골 장군의 철학적 견해와 집권 후의 그것 사이에는 큰 차이점이 있습니다.

볼통　RPF는 당신이 찬성한 유럽 계획에 다소 적대적이 아니었습니까?

아롱　아니요, 그건 사실이 아닙니다. 1949년인가 50년에 미셸 드브레[6]는 제3세력의 정당들이 신속하고도 완전하게 유럽을 통합하지 않는다고 비난하는 팸플릿을 썼습니다. 그리고 그는 '유럽합중국'의 대통령을 하나 선출하게 될 '통합 유럽연방 계획'을 기초했습니다. 전쟁중에도 그랬듯이 철저한 대서양주의자인 미셸 드브레는 1949년, 50년에는 드골을 유럽공화국의 대통령

6　Michel Debré, 1912~1996. 프랑스의 정치인. 레지스탕스로 투쟁했고 전후에는 드골 밑에서 행정 개혁을 담당하며 국립행정학교(ENA)를 창설했다. 알제리 전쟁에서는 처음부터 '프랑스령 알제리'의 열렬한 옹호자로서 "알제리에서 프랑스 주권의 포기는 불법적인 행위"라고 주장했다. 1959년 제5공화국 발족 후 초대 총리, 그 후 1966년에는 재무장관을 지냈다.

으로 내세울 꿈을 꾸고 있었습니다.

모네 식의 유럽 계획에 반대하는 유럽 구상이 제기됐습니다. 모네와 드골 사이에는 개인적인 싸움까지 있었죠. 드골은 장 모네가 이미 프랑스인이 아니며, 초국가적이거나 혹은 국적을 이탈한 사람이라고 생각했습니다. 그는 끝까지 모네에 대해 철저하게 적의를 품고 있었습니다. 그러나 장 모네가 훌륭한 프랑스인이 아니라고 말할 수는 없습니다. 그도 역시 애국자였죠. 국가주의나 민족국가를 초월해야 한다는 신념을 갖고 있었을 뿐입니다. 그리고 또 초국가적 기관이나 기구에 의하지 않고는 민족국가를 초월할 수 없다고 생각했던 것입니다. 그런데 드골의 눈에는 초국가주의가 곧 프랑스의 종말로 비쳤습니다. 둘 다 서로 다른 차원에서 존경받을 만한 사람 사이의 적대의식은 돌이킬 수 없는 것이 됐어요. 물론 언제나 그렇듯이 모네는 아주 냉정했지만 말입니다. 그는 통합 유럽 기구를 창설하는 것이야말로 우리 세대가 완수해야 할 과업이라고 확신하고 있었습니다.

볼통 그럼 두 사람 사이에서 당신의 입장은 어떤 것이었습니까?

아롱 나는 모네가 구상하는 통합 유럽 방식이 실현 가능한 것이기를 원했습니다. 물론 큰 기대를 걸지는 않았죠. 나는 언제나 로렌 지방적인 애국심을 간직하고 있었습니다. 때에 따라서 어느 한쪽으로 치우치기도 했지만 항상 유럽 통합을 지지했고, RPF에 입당하기 전이나 후나 그것을 위해 열심히 투쟁했습니다. 그러나 또 한편으로는 수천 년 국가의 역사를 일시에 지워 버릴 수 있을지 의문을 가졌습니다. 프랑스는 너무도 철저한 유럽 국가이고 또 항상 다른 유럽 나라들에 적대적이었으므로, 전쟁 직후가 아니면 프랑스 국가를 초월한 그 어떤 것으로 탈바꿈하기 힘들 것이라고 언제나 생각했었습니다. 나는 독일과의 화해와 밀접한 협조를 열렬히 원했습니다. 그리고 사실 우리는 그 당시에는 가능성으로만 보였으나 지금은 엄연한 현실로 된 하나의 현상을 얻어 냈잖아요? 프랑스의 젊은이와 독일의 젊은이들이 똑같은 문화에 속했다는 것 말입니다. 이제 국경선은 더 이상 별 의미가 없습니다. 이미 기존의 것만으로도 너무 부담스럽죠. 이런 현상은 절대 모네의 꿈이 아닙니다. 오히려 드골 장군의 구상과 가깝죠. 역사에서는 흔히 일어나는 일입니다.

c) 지식인의 아편

미시카   냉전은 프랑스의 인텔리겐차에게 상당한 영향을 미쳤습니다. 동서 분리(자본주의와 사회주의의 대립 — 옮긴이)가 모든 나라의 내부에서도 일어났고, 지식인 세계를 분열시켰습니다. 프랑스에서 특히 심해서 우정이 깨지는 정도까지 되지 않았습니까? 당신은 1955년에 좌익 지식인의 신화를 분석하는 『지식인의 아편』을 출판했죠. 그것은 8년간의 논쟁을 끝맺는 것이었으며, 이 논쟁은 세 가지 이유에서 기본적인 논쟁이라고 할 수 있었습니다. 우선 그것은 전쟁 후 가장 큰 논쟁이었고, 그로 인해 오늘날까지도 프랑스의 인텔리겐차가 분열돼 있습니다. 두 번째로 이것은 좌우익의 간극을 한층 심화시켰으며, 전쟁 후의 정치 논쟁을 귀머거리의 대화로 변질시켰습니다. 이 논쟁의 장본인들은 장폴 사르트르, 모리스 메를로퐁티, 알베르 카뮈, 레이몽 아롱 등이었죠. 당신은 소련에 대한 태도가 지식인들을 가르는 분할선이라고 말했습니다. 어떤 점에서 지식인들은 소련에 반대했습니까?

아롱   우선 그 네 사람 중 내가 유일한 생존자이므로 가능한 한 그 옛날의 문제를 다시 거론하고 싶지 않다는 것을 말하고 싶습니다. 오랫동안 그들에 대해 품고 있던 우정과 함께 그들을 기억하고 싶군요.

소련에 대한 태도는 외교 차원에서나 지식인의 차원에서나 똑같이 중요한 문제로 생각했습니다. 외교적인 측면에서는 소련이 유럽의 절반을 소비에트화했다는 문제가 제기됐습니다. 유럽의 균형을 유지하기 위해서는 미국의 참여가 필요했고 따라서 대서양동맹은 외교적 균형의 필수조건이었습니다.

그 당시의 나에게는 거의 자명한 사실로 보였던 이 명제를 많은 지식인들은 거부했습니다. 그들은 미국 문명에 대해서는 반감을, 소련에 대해서는 호감을 갖고 있었기 때문이죠. 그리고 또 기존의 사회주의 국가 혹은 당시 막 프롤레타리아 혁명이 승리한 나라들에 대해서는 무한한 매력을 느끼고 있었기 때문입니다. 그러니까 "미국과 함께 대서양 국가의 일부가 되기를 수락해야 하는가?"라는 외교적인 논의는 필연적으로 "미국과 소련 두 나라 중에서 어느 나라가 더 좋은가?"라는 또 다른 문제와 결부됐습니다. 개인적으로 말해서 나에게는 미국이 유럽의 아들, 그것도 자유주의 유럽의 아들로 보였습니다. 미국의 상업사회를 혐오할 수는 있으나 여하튼 미국 문명은 자유주의 문명입니다. 미국이 유럽에서 영향력을 행사하는 것은 대부분의 지식인들이 원하는 체제, 다시 말해서 자유주의 체제의 방향에서입니다. 그런데 그 자명한 사실을 받아들이기를 거부하는 것을 나는 이해할 수가 없었습니다.

볼통   그 당시에 당신과 같은 선택을 한 지식인은 별로 없었죠.

아롱   맞습니다. 사르트르는 부르주아 사회를 혐오했었죠. 그는 그때나 그 후나 공산주의자들과 그렇게 가깝지는 않았습니다. 그는 루세와 함께 '민주혁명연합'이라는 정당을 창당했는데, 나는 처음부터 이것이 무리한 일이라는 평가를 내렸습니다. '민주'와 '혁명'이라는 두 명사의 결합은 모순적인 것으로 보였습니다. 민주주의를 지향하는 혁명을 할 수는 있죠. 하지만 상식적으로 말해서 혁명을 민주적으로 할 수는 없습니다. 프랑스 혁명도 한창 혼란하던 시절에는 결코 민주적이 아니었습니다. 그리고 소련 혁명도 우리 서구인의 관점에서 보면 결코 민주적이라 할 수 없습니다. 그런데 그 당시에 사르트르는 소련과 미국의 한중간에 자리 잡고 싶어 했습니다. 그는 '혁명적인 운동'을 원하면서 또 한편으로는 소련과 비슷한 혁명은 원치 않았어요. 그래서 그 당시 그는 공산당을 지지하는 작가와 신문기자들로부터 격렬한 공격을 받았죠.

'민주혁명연합'의 기능에 관한 한 사르트르와 내가 사이가 나빠질 필연적인 이유는 없었습니다. 그러나 그는 대서양 국가에 대한 나의 입장과 내가 〈피가로〉에서 일한다는 사실이 부르주아와 미국에 대한 나의 유대관계를 증명하는 것이라고 생각했습니다. 부르주아와 미국을 그는 똑같이 싫어했죠. 그래서 그는 우리 사이의 우정의 관계가 더 이상 아무런 의미도 없다고 판단했습니다. 지금 다시 이야기하기도 불유쾌한 여러 에피소드들이 있었습니다. 마침내 1947~48년부터 우리는 공식적으로 나쁜 사이가 됐고, 더 이상 만나지도 않았어요. 사르트르는 처음에는 나와, 그다음에는 카뮈, 메를로퐁티와 차례로 우정을 끊었습니다. 메를로퐁티와 카뮈가 죽은 후에는 그들 둘에 대해 아주 감동적인 글을 썼습니다. 내가 죽은 다음에도 나에 대해서 그처럼 따뜻한 글을 써 줄 것인지는 의문이었습니다.

그가 나에 대해 그토록 격분한 또 하나의 이유는 그 자신이 모럴리스트였기 때문이었습니다. 그는 나의 태도가 아무런 죄도 없다는 것을 인정할 수가 없었던 것입니다. 모럴리스트인 그는 자기와 근본적으로 다른 정치적 입장을 가진 사람의 주장을 받아들이기가 매우 어려웠습니다. 그래서 그는 나를 도덕적으로 비난했습니다. 나는 그가 정치적이라기보다는 도덕주의자라고 생각했어요. 그런데 그는 상식적인 타입과는 너무나 다른 스타일의 모럴리스트였기 때문에 가끔 정치 속에 빠져들어 허우적거렸습니다. 그는 그 자신이 혐오하던 순응주의적 부르주아 모럴리스트가 아니라 도착(倒錯)된 모럴리스트, 진정성의 모럴리스트였습니다. 예를 들어 부르주아이며 폴리테크니크(파리 이공대학) 졸업생인 의붓아버지에 대한 감정도 거기서 유래한 것이었습니다. 폴리테크니크 출신의 부르주아를 그는 참을 수 없었던 것이죠.

미시카　사르트르와 완전히 절연하고 난 뒤 고통스러웠나요?

아롱　청년기의 우정을 잃어버린 장년의 슬픔이라는 게 적절한 말일 겁니다. 네, 친구를 잃는 것은 자신의 일부를 잃는 것과 마찬가지거든요.

미시카　하지만 소련에 대한 견해 차이가 어떻게 우정까지도 금가게 할 수 있습니까?

아롱　사르트르가 못 참은 것은 소련에 대한 나의 생각이었습니다. 나는 소련이라면 강제수용소, 전체주의, 팽창주의적 의지 같은 것을 떠올렸습니다. 게다가 나는 소련이 그렇게 된 것은 우연이나 스탈린의 잘못 때문이 아니라 혁명의 초기부터 이미 지금의 현상으로 귀착될 요인을 갖고 있었다는 것을 설명하려 했습니다. 만일 내가 소련이 마르크스주의적이 아니고 스탈린주의적이라고 말하는 데 그쳤다면 아마도 사르트르는 참고 있었을 겁니다. 그러나 사회주의 운동 그 자체를 문제 삼으면 사르트르로에게는 본질 문제를 건드리는 것이 됩니다. 그는 몇 번이나 이렇게 썼어요. "사회주의 운동, 혁명운동에 참여한 사람만이 소련을 비난할 수 있다." 그는 또 "모든 반공주의자들은 개다"라고 쓰기도 했습니다. 공산당원도 아니면서 그는 반공주의에 도덕적인 죄의식을 느꼈습니다.

그런데 내 생각으로는 공산당원이 아닌 사람이 반공주의자가 되는 것은 너무나 자연스러우며, 특히 "우리 편에 서지 않는 것은 우리를 반대하는 것이다"라고 공산주의자들이 말하던 시기에는 더욱 그랬습니다. "우리는 그들 편이 아니므로, 그리고 또 그들을 역겹게 생각하고 있으므로, 따라서 우리는 그들의 반대편이다"라고 말하는 것이 자연스러웠죠. 그러나 사르트르는 이렇게 대답했습니다. "너는 공산주의 운동을 비판할 자격이 없다. 왜냐하면 너는 공산주의 운동의 밖에 있는 사람이니까. 공산주의 운동을 옳은 방향으로 고쳐 주기 위해서는 우선 그 운동에 동조해야 한다." 나는 이 운동의 초기부터 그 결과를 예상했으므로 이런 식의 비판 금지는 받아들일 수가 없었습니다.

미시카　소련의 강제수용소가 오늘날의 논쟁에서 중요한 비중을 차지하고 있는 것은 매우 놀라운 일입니다. 『지식인의 아편』에서 이렇게 말씀하셨지요. "강제수용소의 존재를 부정하는 지식인과 그것을 비난하는 지식인 사이에 경계선이 그어져 있다. 두 진영이 가장 확연히 구분되는 것은 이러한 두 자세다."

아롱　이것은 이 논쟁의 프랑스적 성격이라고 할 수 있죠. 『지식인의 아편』에서 나는 공산주의자들과 논쟁을 한 것이 아닙니다.

강제수용소의 존재를 인정하는 내 친구들, 공산주의자가 아니면서 반공주의자가 되기를 원치 않는 내 친구들과 논쟁을 했고 또 그들과 싸웠습니다. 크게 말해서 근본적으로『지식인의 아편』은 사르트르, 그리고 메를로퐁티와의 대화였으며, 또 똑같은 지점에서 출발한 사람들 사이의 대화였습니다. 그들은 실존주의라는 똑같은 철학을 갖고 있었으며, 똑같이 마르크시즘과 반파시즘에 경도되어 수년간 가까운 친구로 지내다가 결국 거의 불구대천의 원수가 되었습니다. 그 이유는, 한쪽은 단순히 자기가 공산주의자가 아니라고 말하고, 또 한쪽은 자기가 반공주의자라고 말한다는, 오로지 그 사실 때문이었습니다.

카뮈와 사르트르 사이의 싸움도 거의 비슷한 것이었어요. 사르트르는 강제수용소를 부정하지 않았습니다. 그는 〈현대〉지에 쓴 기사에서 약 1천만 명이 강제수용소에 수용되어 있다는 것을 시인했습니다. 그러나 그는 소련을 비난하지 않았습니다.

볼통　하지만 어떻게 강제수용소의 존재를 부정하지 않으면서 동시에 소련을 지지할 수가 있습니까?

아롱　그런 식으로 행동했던 사람들에게 직접 들어 보시지요! 프랑스에서는 다른 어느 나라에서도 찾아보기 힘든 지식인 운동이 있었습니다. 위와 같은 이중적인 태도를 취했던 사람들은 프롤레타리아니 역사니 혁명이니 좌익이니 하는 것에 너무나 매력을 느끼고 있었기 때문에 공산주의와의 결별이라는 결과를 받아들이려 하지 않았습니다. 그리고 또 그들은 소련과의 결별이 당연히 내가 택한 길, 다시 말해 대서양동맹과 반공 연합전선의 길에 이르는 것도 인정하려 하지 않았습니다.

불통   프롤레타리아가 역사의 주역이며, 적대적 모순을 극복하기 위해서는 폭력이 필요하다는 그 혁명 개념과 이상사회의 건설이라는 주제에 지식인들이 그토록 매력을 느꼈던 이유는 무엇일까요?

아롱   내 책 내용을 다시 반복하고 싶지는 않습니다. 그런 물음에 대한 답을 『지식인의 아편』에 썼습니다. 단순하게 말하면 프랑스에서는 좌, 우익이 정확히 구분됩니다. 단호하게 반공을 표방하면 그는 우익으로 분류됩니다. 우익으로 분류되기 싫고 좌익에 남아 있고 싶은 사람은 공산주의자가 아니면서 반공주의자도 되지 않기 위해 안간힘을 쓰지 않을 수 없었습니다.

그때부터 그들은 '좌익'의 개념에 대한 하나의 신화 또는 현실을 간직했습니다. 그리고 지금 현재의 자본주의는 악이어서 그것은 철저하게 비판받아야 하며, 지금 현재의 부르주아지는 혐오스럽고 경멸할 만한 것이어서 그들과 함께 살 수 없다는 식의, 마르크시즘에서 원용한 개념을 간직했습니다. 그러니까 매우 미묘하고도 어려운 입장이 된 거죠. 반공주의자의 편도 아니고, 그렇다고 공산주의자의 편도 아니라는 게요.

메를로퐁티는 "나는 무공산주의자(acommunist)다"라고 말하기도 했습니다. 그런데 그 논쟁은 이념의 영역에서 행해졌습니다. 예를 들어서 카뮈는 사르트르가 소련의 현실을 인정하고 소련에 대해 단호한 태도를 취할 것을 원했습니다. 그러나 자신의 저서 『반항인』에서 소련에 대해 그토록 명쾌한 입장을 취했던 카뮈도 외교적 차원에서는 아무런 결론을 이끌어 내지 못했습니다. 그는 내가 기억하는 한 대서양동맹에 대해 아무것도 쓰지 않았고, 이래라 저래라 제시한 적도 없으며, 한국전쟁에 대해 찬성도 반대도 하지 않았습니다. 그런데 나는 그들보다 훨씬 더 정치적이고 훨씬 덜 이데올로기적이었죠.

사르트르와 카뮈 사이의 그 영광스러운 전투는 너무나 프랑스적인 것이었습니다. 왜냐하면 그들은 각기 너무나 가까운 지점에서 출발해 논쟁을 했기 때문입니다. 즉, 하나는 비(非) 공산주의자이고 또 하나는 반공주의자였죠. 게다가 이 논쟁에는 카뮈의 지중해 사상과 같은 다른 요인들도 있어요. 예를 들어 〈현대〉지에 『반항인』의 서평을 쓴 것은 장송인데, 카뮈는 장송이 아니라 사르트르에게 "〈현대〉지의 편집장에게 보내는 편지"라는 제목으로 편지를 썼죠. 카뮈의 성격을 잘 보여 주는 사례입니다. 여기에는 또한 작가들 사이의 싸움도 작용하고 있었어요.

볼통 이 이데올로기 논쟁과 관련 있는 사람은 고작 10여 명이었는데, 의외로 그 반향은 아주 컸지요.

아롱 우선 의회 얘기를 해 봅시다. 의회에는 이와 비슷한 균열이 없었어요. 사회주의에서 우익까지를 포함하는 하나의 블록이 있었는데, 이 블록의 공통된 특징은 소련에 대한 적대감이었습니다. 그 외에는, 이건 어디까지나 여론조사에 의해 밝혀진 것인데, 공산당에 투표하는 사람들이 한 그룹 있고, 이들은 소련에 대해 다소 호감을 갖고 있다는 겁니다. 하지만 이 두 개념은 동의어가 아니에요. 왜냐하면 많은 사람들이 소련의 장점은 별로 인정하지 않으면서도 공산당에 투표를 했으니까요. 또 한편에는 미국에 대해서는 유보한 채 대서양동맹은 찬성하는 많은 수의 사람들이 있습니다. 그런데 이 두 집단, 두 진영 사이에 중립주의 사상을 가진 10~20퍼센트의 프랑스인들이 있었습니다. 그들은 미국과 소련을 거의 비슷한 정도로 비난하고 있었죠. 이 사람들은 사르트르와 메를로퐁티(그들은 한때는 사이가 좋았다가 나중에 결별했습니다) 등에게서 자신들의 추상적이고 지적이고 철학적인 표현을 발견했습니다. 사르트르나 메를로퐁티 같은 사람들은 반공주의자도 대서양주의자도 되기를 원치 않았으며 다만 결코 실현될 것 같지 않는 혁명 속에서 혁명가가 되기만을 원했습니다.

미시카   그렇다면 과거에 이 논쟁이 왜 그토록 중요하게 여겨졌을까요?

아롱   오늘날에도 이 논쟁에 대한 반응이 전혀 없다고는 할 수 없습니다. 젊은이들 중에는 "결국 이 모든 건 아무 의미도 없어"라고 말하는 사람들이 있잖아요. 이 논쟁이 아직도 어떤 의미를 지니고 있다면 그것은 우선 사르트르와 그 외 몇몇 인물들의 비중 때문이고, 두 번째로는 그 논쟁이 마르크시즘에 대한 철학적 해석을 문제 삼고 있기 때문입니다. 이런 식의 철학적 해석은 그 몇 년 후, 다시 말해 1950년대 말과 60년대 초에 유행이 지나고 말았습니다. 알튀세르 및 그 제자들과 같은 부류, 즉 마르크시즘을 추구하는 지식인들은 코제브 이래 사르트르와 메를로퐁티가 다소 대중화시킨, 소위 실존주의적이나 헤겔적 해석이 아닌 다른 해석을 찾아 냈습니다.

볼통   그러나 당신이 별로 중요하지 않다고 말하는 이 논쟁은 구조주의의 대두와 함께 다시 활기를 띠게 됐죠. "역사의 동인은 무엇인가?" "역사적 이성이란 무엇인가?" "이상적인 사회는 어떤 것인가?"라는 똑같은 물음들이 계속해서 제기되지 않았습니까? 그리고 이러한 질문들이 계속 좌파 정당에 활기를 주었지요. 소련의 성격에 대한 논쟁도 마찬가지고요.

아롱   네, 하지만 두 논쟁을 한데 뒤섞는군요. 소련 체제의 성격에 대해, 그리고 또 그 체제의 변모 가능성에 대해 끊임없이 논쟁이 있었죠. 그런데 또 한편으로는 마르크시즘의 철학적 해석, 또는 마르크시즘과 헤겔과의 관계 등에 대해 지식인들이 논쟁을 벌이고 있었습니다. 이 논쟁은 오늘날까지도 라틴 국가들에서 커다란 영향력을 갖고 있는 게 사실입니다. 이탈리아에서는 그 문제가 항상 생생한 시사성을 갖고 있죠. 라틴아메리카에서도 마찬가지입니다. 왜냐하면 그곳에서는 역사철학에 대한 논쟁이 지극히 현재적(courant)이면서도 동시에 고전적(classique)인 것이기 때문입니다.

앵글로색슨 국가들에서도 마르크시즘이 소생하고 있지만 그러나 그것은 사르트르나 메를로퐁티의 마르크시즘과는 전혀 다

른 것입니다. 그것은 마르크스의 저작 중에서 별로 철학적이 아
닌 부분에서 출발한 마르크시즘이에요. 프롤레타리아의 역사적
소명이니, 역사에서의 이성이니 하는 것이 문제가 아니고 "생산
력은 생산관계를 규정짓고 또 조건짓는가?" "생산관계 혹은 생
산력에서부터 다시 세우는 사회 체제는 영속할 수 있는가?"라는
문제만이 제기됩니다. 제2인터내셔널 당시(1889~1914)에 한창이
던 낡은 논의가 앵글로색슨 국가들에서 재연된 거죠. 다만, 그들
은 1940년 이전까지 알려져 있지 않던 자료와 분석철학의 방법
을 가지고 다시 이 문제로 돌아왔습니다.

볼통   1947년에서 1955년까지 기간 동안 매우 이상했던 현상은
지식인들 사이의 대립관계가 매우 격렬했다는 것입니다. 그 당시
에 프랑스의 정치는 훨씬 더 실용주의적이었고 좌익과 우익 사
이의 경계선은 매우 모호했던 것에 비추어 보면 이런 현상은 더
욱더 이상하게 보입니다.

아롱   사실을 말하자면 파리, 또는 프랑스의 많은 인텔리겐차의
흥미를 끌었던 이 대논쟁들은 프랑스인들의 일상생활에는 아무
런 영향도 끼치지 않았습니다. 적어도 단기적인 조망에서는 그
랬습니다. 1950년대에 가장 사람들의 관심을 끌었던 것은 혁명
의 문제가 아니라 프랑스의 경제 부흥이었습니다. 식민전쟁과
그로 인해 야기된 분열에도 불구하고 부흥은 이루어졌고, 모든
정당의 내부에서도 부흥이 일어났습니다. 대서양주의자들이라
고 해서 모두 인도차이나 전쟁의 지지자는 아니었고 수에즈 파

병의 지지자도 아니었으며 알제리 전쟁의 지지자도 아니었습니다. 논쟁은 순전히 프랑스적인 문제에 집중되지 않을 수 없었죠. 프랑스인들은 자신들이 세계적인 가치 또는 세계적인 문제를 논의한다는 환상을 갖고 있었지만 실은 너무나 편협한 프랑스의 문제를 논의한 것에 불과했습니다.

볼통　그 지식인들의 논쟁을 오늘날에 와서 좀 평가절하하는 것 아닙니까?

아롱　아니요. 그 논쟁은 이제 완전히 죽었다고 생각합니다. 사회주의가 무엇인가, 소련 내부의 현상은 어떠한가라는 문제에 대한 논의는 영원한 논쟁거리죠. 하지만 그 당시 우리의 논쟁의 특징은 메를로퐁티의 다음과 같은 구절로 요약됩니다. "만일 마르크시즘이 잘못된 것이라면 역사에는 아무런 이성도 없다." 이것은 정치 체제의 성격에 대한 논쟁을 역사철학으로 탈바꿈시키는 한 방법이었죠. 그런데 그 역사철학이라는 것은 정치인들이 해결해야 할 여러 현실 문제들과는 너무나 동떨어진 고답적인 문제가 아니겠습니까?

볼통　그런데 왜 그 지식인들은 재건, 이농(離農), 산업화, 성장의 시동 등의 문제를 제쳐두고 프랑스 사회를 환상적으로 변혁시키는 데만 관심을 갖고 있었을까요?

아롱　철학자인 그 지식인들이 왜 그런 현실 문제에 관심을 갖겠소? 그들은 우리가 현재 살고 있는 사회보다 훨씬 더 넓고 보편적인 또 다른 사회를 꿈꾸고 싶어 했습니다.

볼통　그런데 왜 그 현실 문제에 관심을 갖고 있었죠?

아롱　나는 이미 그 수년 전에 현실을 모르고는 정치철학을 할 수 없다는 의식의 대전환을 이루었습니다. 경제학을 공부하지 않고는 사회주의자가 될 수도, 사회주의의 진정한 의미도 알 수 없습니다. 그런데 높은 수준의 철학자이며 존경할 만한 학자인 메를로퐁티는 한 번도 경제 문제를 공부하지 않았습니다. 『휴머니즘과 공포』라는 책 — 모스크바의 재판을 다룬 이상한 책이죠 — 에서도 그는 소련 체제와 자본주의 체제에 대한 최소한의 설명에 그치고 있습니다. 따라서 그 논쟁은 너무 철학적이며, 실증주의적 양식을 가진 사회학자의 이론과는 너무 동떨어진 것이었습니다. 엄밀한 의미에서 그런 사회학자가 아닌 나 같은 사람도 충분히 반론을 제기할 수 있는 그런 논쟁이었습니다.

미시카　그 시절에는 실존주의자들, 혹은 좌파 지식인들이 사상의 영역을 독점하고 있었습니다. 왜 그랬습니까?

아롱　그 독점을 너무 과장해서는 안 되겠죠. 하지만 장폴 사르트르라는 경이적인 인물이 있었다는 것은 인정해야 합니다. 그는 진정한 철학자이면서 희곡도 쓰고 소설도 쓰고, 신문에도 기고하고 정치 문제도 다뤘습니다. 그는 사실상 사상 표현의 모든 영역을 독점했죠. 그리고 또 그는 다양하고 풍부한 재능으로 인해 영향력이 막강했으며, 특히 그 당시 인텔리겐차 사회의 중요한 구성원인 철학 교수들에게 큰 영향력을 행사했습니다.

볼통　그랬지요. 하지만 당신이 사르트르의 이미지를 형성하는 데 기여하지 않았습니까? 지식인들의 태도 변화를 잘 관찰해 보면 사태가 한층 복잡해집니다. 1947년에서 1950년 사이에 사르트르는 PCF(프랑스 공산당)와 친하지 않았고 중립주의자였으며, 1952~53년에야 공산당과 가까워졌어요. 카뮈와는 일찍이 1952년에 절교했지만 당신은 그에게 별로 관심이 없었죠. 그리고 메를로퐁티와는 1955년에 절교했지만 그도 역시 당신의 관심을 별로 끌지 못했습니다. 『지식인의 아편』과 그 후 저서들의 시기에 당신은 사르트르만을 적수로 생각한 듯한 인상입니다. 마치 그의 견해만이 논평할 가치가 있다는 듯이……

아롱   아, 아닙니다. 사르트르의 이미지를 만든 것은 내가 아닙니다. 하지만 사르트르에 대한 나의 관심은 오랜 우정 관계라는 차원을 넘어서서, 중립주의적이며 동시에 공산당과 가까운 전형적인 인물이 바로 그였기 때문입니다. 카뮈하고는 〈콩바〉에서 함께 일한 적이 있지만 사르트르만큼 친했던 것은 아닙니다. 그와 논쟁을 벌일 이유가 없었죠.

『지식인의 아편』에서 카뮈에 대해 좀 나쁘게 한 페이지를 쓴 것은 사실입니다. 지금은 그것을 후회합니다. 그가 내게 편지를 한 통 보냈더군요. 나는 답장에서 그에 대해 이처럼 불유쾌한 논평을 한 이유를 밝히고 나서 다음과 같이 덧붙였습니다. "다음 판에서는 부당한 이 구절을 삭제하겠네." 그는 다시 내게 "삭제하지 마세요. 별로 중요하지도 않으니까요"라고 답장을 보내왔습니다. 이 완전 화해의 편지를 끝으로 카뮈와 나의 개인적인 관계는 끝이 났습니다.

메를로퐁티와는 몇 번인가 잡지에서 논쟁을 벌였었죠. 우리는 서로 화를 내지 않았습니다. 왜냐하면 사르트르보다 그는 훨씬 더 선선하게 우리의 의견 차이를 인정했기 때문입니다. 그리고 나는 그와 가끔 만나 우정을 나누기도 했습니다. 알제리 사태 때도 그로부터 아주 정감에 넘치는 편지들을 받았습니다. 그와 논쟁을 벌였던 것은 1947년인가 출판된 그의 『휴머니즘과 공포』를 내가 별로 좋아하지 않기 때문입니다. 모스크바 재판에 대한 해석이었는데 그 재판을 거의 정당화하는 듯이 보였습니다.

미시카 1947년에서 1956년 사이에 당신은 프랑스의 인텔리겐차로부터 배척받고 있다고 생각했습니까?

아롱 젊은 시절의 우정도 모두 잃고 좀 쓸쓸한 느낌이었죠. 물론 많은 격려 편지도 받았지만 그것은 전혀 모르는 사람들에게서부터 온 편지이기 때문에 별로 감동하지 않았습니다. 그 기간 동안에 프랑스의 인텔리겐차가 나에게 별로 호감을 느끼지 않은 것은 사실입니다. 1955년에 내가 소르본 교수로 뽑혔을 때 그 반대 캠페인은 근본적으로 정치적이었습니다. 내가 우익 인사이고 〈피가로〉에 글을 쓰는 사람이라는 것 등이 이유였죠. 그러나 나는 소르본에 있는 젊은 시절 친구들 덕분에 교수로 임명됐습니다.

볼통 자신을 인정하는 사람들보다 헐뜯는 사람들에게 더 친근감을 느낀다고 몇 번 이야기하신 것 같은데요.

아롱   그건 사실입니다. 순진하던 시절에 나를 사회당으로 이끌었던 나의 자발적 가치체계가 그대로 남아 있었으니까요. 다만 세상이 변했을 뿐 나의 견해는 그때그때 현실에 적응한 것입니다. 각기 상이한 상황 속에서도 나는 한결같은 가치관을 지니고 싶었습니다. 물론 그 상황들에 대한 행동은 각기 다르게 나타나겠지만 말입니다. 평생 내 자신, 내 사상, 나의 가치와 철학에 충실했다고 생각합니다. 정치적 견해를 갖는다는 것은 하나의 이데올로기를 고정시킨다는 의미가 아닙니다. 수없이 변하는 상황 속에서 올바른 결정을 내린다는 의미일 뿐입니다. 내가 전혀 오류를 범하지 않았다는 이야기가 아닙니다. 하지만 나는 내 젊은 시절부터 간직했던 염원과 가치들을 배반하지 않았습니다.

볼통   전쟁 전에 당신은 좌익에 위치했다가 전후에는 우익이라는 낙인이 찍혔습니다. 그런데도 변하지 않았다고요?

아롱   나를 그렇게 분류한 것은 다른 사람들이고, 또 여러 사건들이었습니다. 프랑스인들에 비해 훨씬 너그러운 외국 사람들은 나를 분류하기가 매우 어렵다고 자주 말합니다. 변했다면 그것은 전쟁 전에 내가 너무 무지했기 때문이며, 또 그때의 상황이 지금과 달랐기 때문입니다. 그러나 1945년부터는 판단에서나 실제 행동에서나 그다지 근본적인 오류는 저지르지 않았다고 생각합니다. 1955년의 나는 1930년대의 나와 달랐고, 또 그 이후의 나와도 달랐습니다. 반대편에서 이쪽을 공격해 오는 사람들과 논쟁을 벌이다 보면 그 상대와 반대 방향으로 지나치게 빠져

들어갈 위험이 있습니다. 충분히 그럴 수 있어요. 하지만 이제는 그런 논쟁, 그런 열정에서 해방된 것도 사실입니다. 왜 그럴까요? 나이를 먹었기 때문이죠. 물론 자랑할 만한 장점은 아니지만.

미시카 당신은 프롤레타리아를 신화로서 분석했습니다. 그러나 1950년대에 프롤레타리아는 진짜로 있었습니다. 극렬한 파업도 있었고, 거리의 데모도 있었습니다. 이런 현실을 조금 무시한 것 아닌가요?

아롱 공장 노동자처럼 구체적으로 규정되는 프롤레타리아는 명백한 현실이죠. 그런데 일부 철학자들이 프롤레타리아의 실존을 진정한 실존의 모델로 제시했을 때부터, 그리고 또 프롤레타리아트가 보편계급이며 따라서 이 보편계급이 권력을 잡을 때 비로소 사회 전반의 보편화가 이루어진다는 식으로 마르크스의 사상을 재생시켰을 때부터 프롤레타리아는 하나의 신화가 됐습니다. 그래서 프랑스의 마르크시즘은 너무 단순화됐고, 마르크스의 초기 저작에만 의존했으며, 생존 투쟁을 하는 프랑스 노동자들과 너무 동떨어진 것이 됐습니다. 결국 프랑스 노동자들은 공산당의 지령에 따라 미국 장군의 프랑스 방문을 반대하는 데모를 벌이는 지경에 이릅니다.

미시카 리지웨이[7] 장군의 프랑스 방문을 반대하는 노동자들의 파업들이 공산당에 의해 조종된 것이라고 생각합니까?

아롱 물론이죠. 그러나 노동자들 자신이 어느 정도 이 항의 데모를 지지하지 않았다면 아무도 그들의 파업을 조종할 수 없었던 것도 사실입니다. 노동운동은 당연히 한 정당의 조종만으로 이루어지는 게 아닙니다. 하지만 미국 장군 한 명이 프랑스에 오는 것에 대해 노동자들이 분노를 터뜨리는 것은 누군가가 그들에게 리지웨이는 페스트와도 같다, 그는 비인간적이다, 그의 프랑스 방문은 불순하다, 등등의 설명을 했을 때에만 가능한 이야기입니다.

그 누구도 계급투쟁을 부인하지는 않았습니다. 나 자신도 『계급투쟁』이라는 제목의 책을 썼을 정도입니다. 이 주제에 대한 철학적, 사회학적 논의를 소개해 보면, 복합적인 사회에는 언제나 서로 대결하는 집단들이 있게 마련입니다. 그들은 서로 경쟁하고 적대의식을 보이다가 마침내 국내 생산물을 누가 더 많이 차지하느냐를 놓고 싸움을 벌이게 됩니다.

게다가 사회 전체의 조직에 대한 견해도 각양각색입니다. 노동자들을 이념의 구현자로 간주할 때부터 신화가 발생합니다. 즉, 노동자야말로 현재의 사회와는 판이하게 다른, 더 이상 계급투쟁도 존재하지 않게 될 어떤 사회를 만들어 낼 계급이다, 라는 식의 생각 말입니다. 사르트르 같은 지식인들 그리고 공산주의자들이 만들어 낸 신화가 바로 그것이죠. 그들은 계급사회가 본질

---

7 Mathew Bunker Ridgway, 1895~1993. 미국의 군인. 1942~44년에 공수사단장으로 노르망디 상륙작전에 참전하고, 미 8군 사령관으로 한국전쟁에 참전했다. 1951~53년에 맥아더의 후임으로 유엔군 사령관이 됐고 1953~55년에 미 육군참모총장을 지냈다.

적으로 나쁜 사회이며, 모든 혁명운동은 좋은 방향으로 나아가
고 있다고 생각합니다.

볼퉁   그 방향이 소련의 방향이고 또 강제수용소의 방향인데도
그렇게 생각했나요?

아롱   앞에서도 말했듯이 사르트르는 나중에 솔제니친이 보여
준 현실의 본질을 부정하지는 않았습니다. 단지 메를로퐁티처
럼 계급사회와 악랄한 자본주의 체제에서 벗어나기 위해서는 사
회주의와 소련의 길밖에 없으며, 이처럼 변화된 사회로 인도하는
유일한 길은 공산당이라고 주장했던 것입니다. 그들은 소비에
트 체제의 잔혹성을 모르지 않았습니다. 그러나 그들은 이것이
미래를 위해 어쩔 수 없이 치러야 할 대가라고 생각했지요.

미시카   아무도 소련의 강제수용소를 모르지 않았다고 하셨는데,
하지만 크랍첸코 소송[8]을 예로 들어 봅시다. 크랍첸코에 반대하
는 증언을 하러 갔던 프랑스의 모든 지식인들이 강제수용소의
존재를 부정했었죠.

아롱   "아무도 모르지 않았다"고 한 것은 좀 과장이겠군요. 나
는 단지, 지식인 간의 이 논쟁에서 공산주의자들을 제외한 대부
분의 지식인들이 강제수용소라는 현상에 대한 본질은 알고 있었

---

8   Victor Kravchenko는 소련(우크라이나) 출신 망명객으로, 그의 『나는 자유를 선택
했다』(1946)는 미국과 서유럽에서 베스트셀러가 됐다. 프랑스 공산당 계열 잡지
가 크랍첸코와 그의 책을 비난하자 그는 잡지를 상대로 명예훼손 소송을 제기해
승소했다.

다고 말하려던 것이었습니다. 왜냐하면 그 시기의 프랑스 사상계를 지배하던 메를로퐁티도 사르트르도 그 현상을 아주 분명하게 알고 있었기 때문입니다. 크랍첸코 반대 증언을 했던 지식인들은 대부분 공산주의자들이었습니다. 사르트르도 메를로퐁티도 크랍첸코 반대 증언을 하러 가지 않았습니다. 하지만 당신 말이 맞아요. "모두가 그것을 알고 있었다"라는 내 말이 틀렸어요. 그 사실을 모르는 사람들도 많았습니다. 하지만 그들은 그것을 알고 싶어 하지 않았기 때문에 몰랐던 것입니다. 자신들의 입장을 일단 정한 다음에는 엄연한 현실이라도 사실을 알고 싶어 하지 않았죠. 내가 하고 싶은 말은, 오늘날과 꼭 마찬가지로 그 당시에도 그 사실들이 잘 알려져 있었다는 것입니다. 그 문제에 대해 무수히 많은 책이 나왔기 때문에 그에 관한 증언을 거부하기는 매우 어려웠습니다. 다만, 현실을 있는 그대로 받아들이기보다는 장차 사람들의 염원을 충족시켜 줄 현실을 인정하는 것이 더 바람직하다는 것이 그들의 주장이었습니다.

볼통　크랍첸코 소송은 그 당시의 분위기를 가장 잘 반영하는 것이었나요?

아롱　네, 다만 재판이 좀 의심스러웠다는 것만 빼고는요. 크랍첸코라는 인물에 대해 끊임없이 루머가 나돌고 있었어요. 순수한 재판은 아니었죠. 진실을 말한다면 나는 강제수용소에 대한 논쟁에는 별 관심이 없었습니다. 그 사실은 이미 인정된 것이라고 생각했기 때문이죠. 내 친구들과의 견해 차이도 강제수용소의 존재에 대해서가 아니었습니다. 나는 그들에게 "왜 당신들은 내 눈에 신화로밖에 보이지 않는 한 이념을 위해 이 모든 사실을 용납하려 하는가?"라고 물었습니다. 따라서 나는 수용소에 대해서는 별다른 글을 쓰지 않았습니다.

미시카 그런데 왜 이런 사실 앞에서 민주주의라는 이념이 지식인들의 마음을 움직이지 못했을까요?

아롱 하지만 모든 사람들이 민주주의를 이야기했는걸요. 소련도 민주주의를 말했습니다. 다만 그들은 서구식의 민주주의, 그러니까 미국식의 민주주의가 과연 진정한 민주주의냐고 문제를 제기했죠. 전쟁의 공포에서 방금 벗어난 체제가 의회민주주의 체제로 될 수 있겠습니까? 하지만 의회민주주의는 너무나 산문적이어서 아무도 그것에 열광하지 않았습니다. 잃고 나서야 비로소 아쉬워지는 게 의회민주주의죠. 의회민주주의에 호의적인 주장은 단 하나뿐이었는데, 표현이 다소 거칠기는 하지만 처칠의 주장입니다. 그는 이렇게 말했어요. "의회민주주의는 모든 체제 중에서 최악의 체제다. 하지만 다른 모든 체제를 다 제쳐 놓았을 때 그렇다는 것이다."

그런데 다른 모든 체제에 비해 최선의 것이고 또 최악의 것인 이 체제는 전쟁을 막 끝낸 레지스탕스 투사들의 희망과 열정에 부합하지 않았어요. 충분히 이해할 수 있는 일입니다. 그들에게는 스탈린 체제가 역시 매력적이었죠. 좀 무시무시하기는 했지만 아주 매력적이었어요. 전 세계에 통용되는 발언권이 있고, 제

1인자에 대한 숭배와 사랑이 있으며, 게다가 휴머니즘, 자유, 민주주의의 이름만 내걸면 모든 것이 정당화되는 그런 괴물적이고 악마적인 체제가 얼마나 매력적이었겠습니까.

볼통 그런데 전체주의에 대한 당신의 증오는 어디서 시작된 것입니까?

아롱 어떻게 증오하지 않을 수 있겠습니까? 나는 히틀러의 독일에서 전체주의를 경험했습니다. 사회학자로서 또는 정치평론가로서 나는 산업사회에서 가능한 통치 양식이 어떤 것인가를 숙고해 보았고, 결국 가장 큰 위험과 악은 전체주의 체제라고 생각하게 됐습니다. 그런데 스탈린 체제야말로 완벽하게 완성된 전체주의 체제였습니다. 전체주의 영역에서 스탈린 체제보다 더 완전하게 행위 수행을 할 수 있는 체제는 아마 더 이상 없을 겁니다. 오늘날에 와서는 거의 모든 사람들이 이런 생각에 동조하고 있습니다.

미시카 프랑스의 지식인들은 프랑스의 정치적 권위 상실을 보상하는 어떤 위안을 찾기 위해 전체주의를 택했다고 말씀하셨죠.

아롱 네, 제4공화국을 위해 일하는 것 — 제5공화국을 위해 일하는 것은 또 다른 문제죠—은 프랑스의 영토 안에 머물러 프랑스 사회와 프랑스 경제를 재건하는 극히 한정된 국가적 과업에 매달리는 것을 뜻했습니다. 내가 보기에는 그것이야말로 우리의 목표이고, 지상명령이고, 과제였는데 말입니다. 프랑스인들이 다시 조국을 갖게 되는 일보다 더 중요한 일이 어디 있겠습니까? 그런데 진짜 지식인들은 이런 과업이 그들에게는 어울리지 않는다고 생각하는 것 같았습니다. 프랑스를 근대경제의 선두 집단에 들게 하는 일 따위는 전혀 그들의 마음을 흥분시키지 못했어요. 나도 마찬가지였죠. 그러나 경제를 발전시키는 일이야말로 프랑스인들에게 자기 나라를 수치스럽게 생각하지 않을 가능성을 주는 것입니다. 1940년에 우리는 수치심으로 짓눌려 살았죠. 1945년부터 모멸감에서 벗어나 다시 시작하려 했던 것인데…….

미시카 지식인들의 이러한 급진적 사회관에 관해 이렇게 쓰셨죠. "지식인들은 이 세계를 이해하려고도 변화시키려고도 하지 않는다. 그들은 오로지 이 세계를 비판만 하려 한다." 전쟁 후 지식인들의 이러한 태도 변화를 설명해 주는 것으로는 어떤 것이 있을까요?

아롱 그게 변화인지는 잘 모르겠습니다.

볼통 가끔 좌익 지식인들이 정치적으로 생각하려 하지 않는다고 말씀하셨죠. 그들은 프랑스의 재건도 원치 않았다는 이야기인가요?

아롱 그것은 두 가지 사실을 뜻합니다. 우선 그들은 이데올로기를 더 좋아합니다. 다시 말하면 어떤 특정 경제의 기능, 자유주의 경제의 기능, 의회 제도의 기능 등을 연구하기보다는 소망스러운 사회에 대한 문학적인 표상을 더 좋아한다는 말입니다.

그리고 두 번째는 좀 더 본질적인 불가능성입니다. 즉, 언젠가 누가 내게 물어보았던 질문이기도 한데, "만일 당신이 장관이라면 무엇을 하겠습니까?"라는 질문에 대해 답하기를 거부한다는 것이죠. 1932년 독일에서 돌아왔을 때—그때 나는 참 젊었었죠—외무부 정무차관인 파가농과 대화를 가졌습니다. "당신 얘기를 좀 해 보시오"라고 그가 말했습니다. 그래서 나는 고등사범 출신답게 아주 재기에 넘치는 긴 연설을 했습니다. 15분쯤 듣고 나더니 그는 "아주 흥미로운 이야기군요. 하지만 만일 당신이 내 자리에 있다면 어떻게 하겠소?"라고 말했습니다. 그런데 나는 그 질문에 별로 재기가 넘치는 답변을 하지 못했습니다.

알베르 올리비에하고도 똑같은 일이 일어났는데 이번에는 위치가 바뀌었어요. 그는 〈콩바〉지에 정부를 반대하는 아주 재치 있는 기사를 썼죠. 내가 그에게 물었습니다. "그의 위치에 있다면 당신은 어떻게 하겠소?" 그는 이렇게 대답하더군요. "그건 내 일이 아닙니다. 장관이 해결책을 찾아야지, 나는 비판만 하면 그만입니다." 그래서 나는 그에게 이렇게 대답했습니다. "언론인의 역할에 대해 나는 그렇게 생각하지 않는데요." 그리고 나는, 파가농 씨 덕분에 평생 언론인으로서의 나 자신에게 "만일 내가 장관이라면 나는 어떻게 했을까?"라는 질문을 던지고 있다는 말을 했습니다.

볼통   지식인들은 스스로 그런 질문을 하지 않는다는 것인가요?

아롱   별로 안 하죠. 그들은 기술자나 전문 관료들만이 그런 질문을 하는 것으로 생각합니다. 그들은 우리의 기존 체제가 갖고 있는 악(그런데 모든 체제는 각기 그 나름의 악을 지니고 있어요)에 대해 너무나 불안하고 초조해 하고 있으며 보편사회로 인도할 해법을 너무나 갈망하고 있습니다. 그들도 인플레 퇴치나 독일의 재무장 같은 문제에 자기 나름의 견해를 갖고 있기는 하지만, 그것은 정확한 상황 분석에서 나온 것이라기보다는 어떤 공리(公理)와 정언적 명령에서부터 출발한 것입니다.

5

탈식민

볼통　당신은 1955년에 소르본의 사회학 교수로 발탁됐습니다. 당신의 인생에 중요한 전기였죠. 언론계에서 그토록 화려한 위치를 점했던 당신이 대학으로 되돌아간 이유는 무엇입니까?

아롱　우선 언론인의 직분에서 내 능력을 충분히 발휘하지 못하고 있다는 기분을 느꼈기 때문입니다. 그래서 좀 더 자아를 실현하고 일종의 소명에 응답하기로 결심했습니다. 그 소명감에는 좀 더 깊고도 개인적인 이유가 있습니다. 나의 부친은 원하던 직업을 실현하지 못해서 말년에 좀 불행하게 됐을 때 셋째 아들인 내가 당신이 못 한 것을 해 주기를 간절히 바랐습니다. 나는 아버지에 대해 언제나 빚을 진 듯한 기분이었고, 언론인이나 정치인으로 남아 있는 한 이 빚을 갚지 못한다고 생각했습니다. 나는 꼭 교수가 돼야 했고 또 훌륭한 책들을 써야만 했습니다. 그래서 나는 소르본의 교수가 되기를 진정 원했습니다. 교수로 발탁되기 위해 필요한 일은 하나도 하지 않았지만 항상 그것을 원하고 있었던 것은 사실입니다. 가장 큰 실수는 교수 선발이 있기 3, 4주 전에 『지식인의 아편』을 출간한 것이었습니다. 하지만 앞에서도 말했듯이 고등사범 시절의 몇몇 친구들이 단호하게 나를 위해 이야기해 주었습니다.

사람들이 나를 반대한 것이 정당한 것이었다는 얘기를 덧붙여야겠군요. 나는 교수직에 필요한 과정을 밟지 않았으니까요. 몇 년간의 지방 근무도 거치지 않았죠. 1939년에 지방대학에 임용됐지만 전쟁 때문에 수행할 수가 없었잖아요. 그리고 앞에서도 말했듯이 프랑스로 되돌아온 이후에는 보르도의 대학에 가기를 거부했습니다. 그러니까 나의 임용에 결사반대한 일부 동료들은 충분히 그럴 만한 이유를 갖고 있었습니다. 물론 좀 더 결정적인 이유는 정치적인 것이었을 테지만 말입니다.

a) 알제리의 비극

볼통   소르본에 부임한 이후 약 15년간 수많은 저서를 내셨지요. 하지만 역설적이게도 1957년에 출간된 첫 저서는 학술서가 아니라 정치적 책인 『알제리의 비극』이었습니다.

아롱   네, 하지만 1957년에는 세 개의 시론(試論)을 모은 『금세기의 희망과 공포』도 출간했죠. 그 시론 중의 하나인 『쇠퇴에 대한 고찰』에서 탈식민에 대해 이야기했습니다.

볼통　하지만 『알제리의 비극』은 성격이 좀 달랐죠. 그것은 정치 선전책자였고, 커다란 물의를 일으켰습니다. 당신은 그 책에서 알제리의 독립은 피할 수 없는 것이라고 주장했습니다. 〈피가로〉에는 책의 좋은 구절들이 인용되지도 못했고, 책 내용을 발췌해서 실은 것은 〈르 몽드〉였습니다.

아롱　그 책이 나오기까지의 시대적 상황을 잘 고찰해야 합니다. 1954년에 제네바 협상이 있었고, 제1차 베트남전이 이로써 청산됐죠. 그 후 튀니지의 독립에 대한 망데스 프랑스의 발의가 있었고, 이것이 북아프리카 탈식민의 시초였습니다. 1954년 가을에 알제리 혁명이 시작됐고, 1955년에는 나토의 테두리 안에서 독일이 재무장됐으며, 1956년에는 흐루쇼프의 스탈린 격하 연설이 있었습니다. 엄청나게 중요한 사건들이 연속적으로 일어났죠.

그때 프랑스의 가장 큰 문제는 "인도차이나 전쟁이 끝난 다음에 북아프리카에서는 어떤 일이 일어날 것인가?"라는 것이었습니다. 인도차이나 전쟁에 대해서 그동안 내 의견을 충분히 발표하지 못했고 또 충분히 글을 쓰지도 못했다고 생각했기 때문에 이번에는 나의 최선을 다하기로 결심했습니다. 예를 들어, 어리석은 짓이라고 여겨지던 수에즈 파병 직후에 대통령을 만나러 가기도 했습니다(이집트에서 나세르 집권 이후 운하 지역에 대한 협정은 무시됐고 영국군은 철수했다. 1956년 7월 26일에 나세르가 운하를 국유화하자 이스라엘은 이집트군을 공격했고, 영국과 프랑스도 운하의 북쪽 지역을 무력 점거했다. 그러나 미국과 소련의 개입을 두려워한 이 나라들은 작전을 중지하고 군대를 철수시켰다 — 옮긴이). 대통령은 한 시간 조금 넘게 나를 아주 따뜻하게 맞아 주었는데, 처음부터 끝까지 거의 그가 혼자 말했기 때문에 그는 나와의 이 대화를 매우 만족하게 생각했습니다. 토크빌도 루이필리프 왕과 인터뷰하고 나서 똑같은 이야기를 한 적이 있어요. 왕이 처음부터 끝까지 혼자 말했다는 겁니다. "그래서 그는 나를 매우 만족스럽게 여겼다"고 토크빌은 결론지었죠. 여하튼 이번 사태에서 나는 좀 더 효과적인 방법, 다시 말해 정치인들에게 직접 이야기하는 방법을 시도했습니다. 그래서 나는 모로코 사태 이후 알제리의 독립이 불가피하다는 사실을 일찍 확인할 수 있었죠.

전환점은 모로코 사태였습니다. 〈피가로〉지 내부에도 상당한 위기를 몰고 왔어요. 프랑수아 모리아크가 신문사를 퇴사한 것도 이때였습니다. 독자들이 그의 견해를 받아들이지 않았던 것이죠. 그는 모로코의 군주 모하메드 5세를 다시 왕위에 앉히고 모로코를 독립시켜야 한다고 말했습니다. 그의 주장은 절대적으로 옳은 것이었죠. 나의 견해도 그와 같았습니다. 하지만 나는 〈피가로〉를 떠나는 대신 사장인 피에르 브리송과 총리인 에드가 포르의 중재를 떠맡았습니다. 에드가 포르 총리가 점심식사 자리를 마련했고 그 자리에 내가 브리송을 데리고 나갔죠. 그 당시에 브리송은 모하메드 5세의 복귀 문제에서 상당히 큰 영향력을 갖고 있었습니다.

미시카   〈피가로〉지의 도움 없이는 이런 일을 할 수 없었나요?

아롱   그건 좀 심한 말이군요. 하지만 그때 에드가 포르의 위치는 좀 허약한 편이었습니다. 〈피가로〉는 그 당시에 정치적 영향력이 상당했습니다. 총리는 이 조치에 대한 사람들의 반응이 어떻게 나올 것인가를 알고 싶어 했습니다. 결국 에드가 포르는 모하메드 5세의 복귀를 성사시켰습니다. 그런데 그 방법이 너무나 이상해서 아무도 납득할 수가 없었어요. 하지만 결국 그가 원했던 대로 모든 것이 된 셈입니다.

　　모로코가 독립한 후 알제리도 이웃 두 나라보다 낮은 대우는 원치 않을 것이 확실해 보였습니다. 알제리 문제에 관한 한 내가 유리했던 것은, 내가 알제리에 대해 구체적으로 알지 못했다는 것이었습니다. 알제리에 한 번도 가 본 적이 없었는데, 다만 분명한 자료와 논리를 토대로 글을 썼습니다.

볼통   그런 여건이 그렇게 유리했나요?

아롱   알제리를 잘 알고 있는 사람들은 프랑스령 알제리 이외의 알제리를 생각하기가 매우 어려웠을 것이라고 생각합니다. 그런데 나는 프랑스령 알제리의 문제를 세계적 상황에 비추어 추론할 수 있었죠. 공화전선[1]이 선거에서 이겼을 때 나는 보고서를 하나 작성해 기 몰레에게 보냈습니다. 이 보고서가 『알제리의 비극』이라는 책자의 첫 부분입니다. 기 몰레로부터는 아무런 반응도 없었어요. 그는 아무 대답도 하지 않았죠. 그에게 이것은 다른 여러 자료들 중의 하나였을 뿐입니다. 그는 나를 특별히 알지 못했습니다. "이렇게 생각하는 사람이 또 하나 있군" 하고 혼잣말을 했겠죠.

그 후 나는 많은 사람들과 토론했습니다. 프랑스령 알제리냐 알제리의 독립이냐, 두 가지 선택지가 있을 뿐이라는 말도 했습니다. 알제리를 위한 온갖 자유주의 정책은 아무런 의미가 없었습니다. 독립의 권리를 인정하거나 아니면 전쟁이 계속되거나, 두 개의 선택지밖에 없었지요. 하지만 이 사람 저 사람에게 이야기를 한다는 것과 흰 종이에 검은 글씨를 채워 팸플릿을 만드는 것은 별개의 문제였습니다. 조금 망설인 끝에 나는 책자를 발행하기로 결심했습니다. 이것은 랑데르노 정치(서로 잘 알고 서로 같은 얘기만 주고받는 소집단 — 옮긴이) 안에 떨어진 작은 폭탄이었죠. 이 책자에 이어 즉각 수스텔[2]의 책자가 나왔습니다. 제목이 『알제

1 Front republicain, 1956년 1월 24일부터 1957년 5월 21일까지의 좌파 연합내각. 망데스 프랑스를 중심으로 한 급진당, 기 몰레의 사회당, 미테랑의 민주사회주의 항전동맹, 샤방 델마스의 사회공화당이 집결해 선거 연합 체제를 만들었다. 이 연합전선에 표를 몰아 준 유권자들은 망데스 프랑스가 총리가 되기를 원했으나 사회당이 320만 표를 얻어 기 몰레가 총리가 됐다. 기 몰레는 알제를 방문했다가 알제리 거주 프랑스인들의 데모에 굴복하여 알제리 주재관 카트루를 라코스트로 교체하고 알제리에서의 수색과 고문을 묵인했으며 수에즈 파병을 하는 등 식민주의 정책을 수행했다. 이에 따라 국고 부담이 늘어 새로운 세금 징수를 추진했으나 의회에서 부결되어 결국 1년 4개월 만인 1957년 5월에 공화전선이 해체되고 중도파와 공산당의 연정이 들어서게 됐다.

리의 드라마와 프랑스의 쇠퇴, 레이몽 아롱에 대한 답변』이었던 것 같습니다.

볼통 당신의 책자는 어떤 반응을 얻었습니까?

아롱 몇 주, 몇 달 동안 사람들이 그 이야기를 꽤 많이 했습니다. 정치인 중에는 자신도 그렇게 생각했지만 감히 말하지 못했던 것을 이 책에서 발견했다는 사람들이 많았습니다. 에드가 포르와의 대화가 생각납니다. 그는 모로코 독립에서 자기가 수행한 역할을 회상하며 이렇게 말했어요. "나는 모로코를 해결했잖소. 알제리 문제는 누군가 딴 사람이 해결해야죠." 그의 주변에는 다수당인 사회당과 온건파가 있었습니다. 지배적인 여론은 알제리의 독립이 불가피하다는 것이었습니다.

피에르 브리송과 〈피가로〉 논설위원 루이가브리엘 로비네의 대화를 예로 들 수도 있습니다. 나는 최소한 한 번 이상 브리송

---

2 Jacques Soustelle, 1912~1990. 프랑스의 정치인, 인류학자. 민족지 연구를 위해 라틴아메리카, 특히 멕시코를 여러 번 현장조사했다. 전쟁 전에는 반파시즘 지식인 연맹 위원과 〈위마니테〉지 기자를 했고 전쟁중에는 런던에서 드골 위원회의 공보위원, 이후 1945년 공보장관, 1945~46년 식민지장관을 역임하고, 1947년 골리스트 정당인 RPF를 공동 창당했다. 1951~58년 국회의원, 1955년에 알제리 총독으로 있으면서 프랑스령 알제리, 이슬람 지역의 정치적 통합 등을 지지했다. 1958년 5월 사태에서 드골의 복귀를 찬성, 그해 드골에 의해 공보장관에 임명됐다. 1960년 이후 국가수반의 알제리 정책에 반대하고 프랑스령 알제리를 고집, 1962년 체포영장을 받고 이탈리아로 망명했다가 1968년 공소시효가 만료되며 귀국해 1970년 진보와자유당을 창당하고, 1973년의 선거에서 국회의원에 당선되었다.

과 함께 알제리에 관해 토론했습니다. "로비네의 생각을 물어보지요?"라고 말하자 그는 로비네를 불러 "알제리에서 무슨 일이 일어날 것이라고 생각하오?"라고 물었습니다. 그러자 로비네는 "두말 할 것 없이 독립이지요"라고 대답했습니다. 사태를 옳게 보는 사람들은 대부분 독립의 불가피성을 알고 있었습니다. 그러나 프랑스 국내와 알제리의 프랑스인들 사이에는 거센 반발의 여론이 있었습니다. 『알제리의 비극』을 쓰기 위해서는 약간의 시민적 용기가 필요했다고 내가 항상 말하는 이유가 그것입니다. 하지만 진짜 어려움은 딴 것이었습니다. "독립은 불가피한 것이다"라고 말하기는 쉬운 축에 들지요. 하지만 이와 같은 역사적 주장을 넘어서서 행동으로 옮기는 것은 굉장히 어려운 일입니다.

행동에 대해 말하자면, 나는 몇 주 동안 흥분 상태 속에서 수많은 관리들을 만났습니다. 특히 일단의 고급공무원들이 한데 모여 정부에 압력을 넣을 태세를 보였지요. 그들이 나를 찾아왔습니다.

미시카 1956년에 공화전선이 집권하면서 '알제리의 평화'를 선거 구호로 내세웠었죠. 알제리의 평화가 가능하다고 생각했습니까?

아롱 그건 말하기 힘들군요. 공화전선 정부는 기 몰레인 동시에 망데스 프랑스였습니다. 당신도 아마 기 몰레의 첫 번째 알제리 방문을 기억하고 있겠죠. 그는 거기서 토마토 세례를 받았습니다. 그는 알제리 독립에는 알제리 민족주의와 프랑스 민족주의라는 난관이 가로놓여 있다는 확신을 갖고 귀국했습니다. 그리고 자신이 수행하는 정책에 대한 정당화를 발견한 것이죠. 그는 "나라의 독립이 중요한 것이 아니고 그 나라 안에서 개인의 자유가 더 중요하다"고 쓴 알랭의 말을 인용하기도 했습니다. 추상적으로는 매우 훌륭한 명제이지만, 그러나 그것은 알제리 문제에는 적용되지 않는 것이었습니다.

미시카　오늘날 사람들은, 그 당시에 프랑스 국민이 망데스 프랑스에게 투표했는데 결과는 기 몰레가 됐다고 흔히들 말합니다.

아롱　아마 그럴지도 모르죠……. 그러나 1955년에는 푸자드[3] 운동이 선거에서 우세하기도 하지 않았습니까. 다수당이라는 것이 너무나 허약했었죠. 망데스 프랑스는 물론 기 몰레보다 훨씬 뛰어난 정치인입니다. 하지만 그가 총리가 됐다고 해서 알제리 독립 정책을 수행할 수 있었을까요? 중도 노선의 정치를 한다는 게 가능한 일일까요? 물론 중간의 길은 해결의 준비 단계이기는 합니다. 하지만 여기서 해결의 선결조건은 독립의 권리를 인정하

3　Pierre Poujade, 1920~2003. 프랑스의 정치인. 1953년에 '상인 및 장인 보호연합'이라는 정당을 창당해 국가의 경제 및 재정 통제와 세금에 반대하고 프랑스령 알제리를 지지하는 운동을 폈다. 이것을 푸자드 운동, 푸자디스트라고 한다. 푸자드 운동이 짧은 기간 동안이나마 성공할 수 있었던 것은 경제 구조의 변혁에 위협을 느낀 중소상인 및 수공업자들의 두려움을 대변했기 때문이며, 또 자본주의적 대기업의 발달과 탈식민 등의 변화로 프랑스 사회가 한창 혼란스러웠기 때문이었다.

는 것이었는데, 그건 다시 말해 즉각적인 독립을 뜻하는 게 아니었습니다.

볼통　말씀하신 것처럼 독립이 불가피하다는 것을 정계의 이성적인 사람들은 모두 인정했지만, 여하튼 『알제리의 비극』은 거센 비판을 받은 게 사실입니다.

아롱　네, 어떤 사람들은 그 책을 발기발기 찢어 버리기까지 했습니다. 사람들은 내가 알제리의 독립을 인정하면서 그것을 경제적, 인구학적 필요성에 의해서만 합리화하고 있다고 비난했습니다. 이데올로기적 언어를 사용하지도 않고, 식민의 현실을 장엄한 필치로 고발하지도 않으며, 다만 현실 그대로의 문제점만을 제시했다는 이유로 나를 비난한 것이죠. 하지만 내가 그런 식으로 문제 제기를 한 것은 식민의 도덕적 비판에 둔감한 우익 인사들을 설득하기 위해서였습니다. 그들에게 알제리가 프랑스의 경제에도 번영에도 결코 도움이 되지 않는다는 것을 보여 주어야만 했습니다. 또 알제리 거주 프랑스인들의 일부나 전부가 프랑스로 되돌아온다 하더라도 프랑스가 커다란 재난을 당하는 것이 아니라 오히려 번영할 수 있다는 것을 보여 주어야 했어요. 결국 그렇게 되지 않았습니까? 그런데도 그 당시 일부 신문기자들은 내가 알제리 거주 프랑스인들을 강제수용소에 넣고 싶어 한다고 써 댔습니다. 그래서 나는 그 당시 매우 우스꽝스럽게 보이는 한마디를 하고 말았죠. '포기의 영웅주의'라는 표현을 쓴 겁니다. 정치인으로서는 수년간 전쟁을 하기보다 차라리 알제리의 독립을 인정하는 것이 훨씬 더 용기 있는 일이라는 뜻이었습니다. 결국 전쟁에서 지지는 않을 것이라고도 썼습니다.

감히 말하면 우리는 군사적 패배 때문에 인도차이나를 포기했습니다. 하지만 알제리에서는 군사적인 패배가 있을 수 없었습니다. 인도차이나 전쟁을 종식시킨 제네바 회담이 가능했던 것은 우선 소련과 미국의 개입 때문이기도 하지만, 프랑스인들 자신이 군사적 상황을 감안해 협상의 필요성을 느꼈기 때문입니다. 하지만 알제리의 군사적 상황에서는 한 번도 FLN(알제리 민족해방전선)과의 협상이나 항복의 필요성을 느끼지 못했습니다. 드골 장군이 알제리 독립을 수락했을 때도 프랑스의 군사적 상황은 그 어느 때보다 유리했어요.

볼통   군사적으로 패배할 가능성이 그렇게 전혀 없었던가요?

아롱   프랑스의 군사적 우위는 명백한 사실이었습니다. 프랑스 군은 전기 철조망으로 알제리를 튀니지, 모로코와 분리하는 데 대체로 성공했습니다. 이쪽 저쪽 변방에 소규모 알제리 군대가 있었지만 알제리 중심부에는 전혀 전투능력이 없는 극소수 게릴라 부대만 있었습니다. 하지만 문제는 그게 아니었어요. 프랑스 군대를 철수시켰을 때 그곳에 프랑스 식의 질서가 회복될 것인지가 문제였습니다. 그게 문제였죠. 알제리에 40만 명을 주둔시키고 있다면 물론 가능합니다. 하지만 전면적인 승리는 불가능합니다. 승리를 거두기 위해서는 튀니지와 모로코에 있는 알제리 군대에 대해서도 전쟁을 확대, 연장시켜야만 하는데 그것은 외교 정책상 있을 수 없는 일이었습니다.

볼통   그러니까 알제리의 독립은 오히려 정치적인 압력에 의한 것이었군요?

아롱   두 가지 선택지가 있었습니다. 즉, 상대편의 항쟁은 격렬해지겠지만 무력으로 프랑스령 알제리를 몇 년간 더 유지하거나, 아니면 정치적 해결책을 찾거나 해야 했습니다. 때가 오면 알제리의 독립을 인정해 주거나, 아니면 알제리를 프랑스의 일부로 통합하거나 하는 방안이 필요했던 것이죠. 모든 알제리인들에게 동등한 지위를 부여한다는 말이 곧 무슬림의 지배를 뜻한다는 사실을 알제리 거주 프랑스인들은 알지 못했습니다. 무슬림 대 프랑스인의 비율이 10 대 1이었으니까 그건 너무나 자명한 일이었는데, 프랑스인들은 알제리의 무슬림들이 프랑스 전체와 통합하는 것으로만 알고 있었지요. '덩케르크[4]에서 타만라세트[5]까지'(알제리를 포함할 경우 프랑스 영토의 최북단과 최남단 — 옮긴이)라는 유명한 공식이 바로 그것입니다. 하지만 그 당시에는 무슬림이 1천만 명 있었습니다. 그것만으로도 상당한 숫자였지만

---

4   Dunkerque, 벨기에에 인접한 프랑스 해안 도시. 1940년 영국군이 독일군에 포위당해 퇴각한 덩케르크 전투가 있었고, 1947년 프랑스와 영국이 독일의 위협을 막기 위해 이곳에서 덩케르크 조약을 맺었다.

5   Tamanrasset, 타망가세트(Tamanghasset)라고도 한다. 알제리 남부의 오아시스 도시로, 1962년 알제리 독립 이후에도 1970년까지 프랑스의 군사 거점으로 남아 있었다.

그러나 그것은 프랑스 인구의 4분의 1에도 못 미치는 것이었죠. 1980년에 알제리 인구는 2천만 명 이상이 됐습니다. 금세기 말에 이르면 3천만~4천만이 될 겁니다. 그런데 만일 3천만~4천만 명의 무슬림이 프랑스의 국민으로 통합된다면 하원은 40~50퍼센트가 무슬림으로 구성되어야 하는데, 그것은 생각조차 할 수 없는 일이었습니다.

볼통　통합이 인구학적 측면에서 불가능했다는 거군요?

아롱　엄밀한 의미에서 그렇죠. 프랑스의 민법은 출산율이 낮은 국민에게나 어울리는 것입니다. 내가 썼던 내용이 바로 그것입니다. 예를 들면 프랑스에서 출산모를 지원하는 것은 출산율의 저하를 막기 위한 것입니다. 그런데 알제리에서는 오히려 출산 감소가 바람직했습니다. 그러므로 알제리를 프랑스에 통합시킨다는 것은 엄청난 상황에 빠져든다는 것을 의미했습니다. 종교도 출산율도 생각도 다른 국민을 똑같은 법제도 밑에 둘 수는 없습니다.

볼통　그러니까 도덕적인 이유에서보다는 경제적인 이유에서 알제리의 독립을 지지했군요?

아롱　문제를 그런 식으로 봐서는 안 됩니다.

볼통　하여튼 그 당시에는 그렇지 않았습니까?

아롱　식민 정책에 반대한다고 말해야 할 이유는 하나도 없었습니다. 왜냐하면 이미 그렇게 말한 사람들이 많이 있었으니까요. 나도 그들과 마찬가지로 원칙적인 이유 또는 도덕적인 이유에서 식민 정책을 반대했습니다. 하지만 그때 중요한 것은 그 반대의견을 주장하는 사람들을 설득하는 일이었습니다. "알제리가 독립하면 프랑스에 실업이 생길 것이다"라고 한 어느 총리의 말이 생각납니다. 말도 안 되는 소리라고 나는 그에게 설명했습니다. 그것을 증명해야만 했지요. 그래서 짧은 책자를 썼습니다. 이 책자는 후세까지 전해질 철학적 논문이 아니었습니다. 그건 하나의 정치활동이었죠.

이런 사실을 보고 일부 독자들은 다시 한 번 나를 우익이라고 몰아붙였어요. 나의 정치논리가 현실에 토대를 두고 있다는 이유에서였습니다. 하지만 현실이 아니면 그 어디에 토대를 두어야 한다는 것인지 나는 도무지 알 수가 없군요. 물론 내가 권장하는 정책은 도덕적 측면에 토대를 두어야 하기는 했습니다. 왜냐하면 그것은 같은 방향이었으니까요. 하지만 다시 한 번 말하거니와 그 당시에 중요했던 것은 반식민주의자들이 아니라 식민주의자들을 설득하는 것이었습니다.

볼통　그러나 조금 전에, 정치인들이 모두 납득하고 있었다고 하셨잖아요? 그렇다면 당신의 행동은 무엇을 위한 것이었습니까?

아롱　정치인들은 모두 개인적으로는 납득하고 있었죠. 아마 용기가 부족했다고 말할 수는 있겠네요. 그들은 레이몽 아롱이라면 자기 생각을 밝히기가 수월하다고 생각했겠죠. 어느 정당의 후보도 아니고, 국회의원도 아니며, 그저 협박과 욕설의 편지를 받는 일만 하는 사람이니까요. 그들은 프랑스인들이 사건을 직접 경험해 봄으로써 견해를 바꾸게 되기만을 기다리고 있었습니다. 그러나 이러한 여론 전환을 위해 그들 스스로가 어떤 일도 하지 않은 건 사실입니다. 그러니까 정치인들이 감히 하지 못하는 말을 정치평론가는 해야만 했습니다.

볼통   책자를 쓰고 난 뒤 알제리를 방문했나요?

아롱   왜요?

미시카   당신의 주장이 옳은지를 증명하기 위해…….

아롱   하지만 나는 취재기자가 아닙니다. 그리고 또 나는 알제리에 살고 있던 수많은 프랑스인들, 특히 군인 장교 등과 연락을 갖고 있었습니다. 그런데 뭘 새로 발견하러 알제리에 간단 말입니까? 일부 지역에 평화가 정착된 걸 볼 수는 있었겠죠. 또 알제리인들의 생활 조건을 개선하기 위해 일부 프랑스 군대가 훌륭한 일을 했다는 것을 그곳 사람들이 내게 설명해 주거나 보여 주기도 했겠죠. 하지만 나는 이미 신념을 굳히고 있었고, 그것을 글로 썼을 뿐입니다.

미시카   특히 알제리를 떠나고 싶어 하지 않는 100만 명의 프랑스인들을 볼 수 있었을 텐데요.

아롱   그들이 알제리를 떠나기를 원치 않는다는 것은 나도 익히 알고 있는 사실이었습니다. 알제리에 거주하는 100만 명의 프랑스인들에 의해 프랑스 정책이 결정될 수는 없다고 글을 써서 격렬한 공격을 받았었습니다. 당시 가장 큰 물의를 일으킨 말이었죠. 그러나 나는 『알제리의 비극』에서 다음과 같이 쓰기도 했습니다. "우리는 알제리의 프랑스인들에게 해야 할 일이 있다. 최대한으로 신속하게 평화를 정착시켜 그들이 알제리에 남아 있을 수 있도록 도와주어야 한다. 그리고 그들이 알제리에 머무르는 일이 불가능하다면, 우리가 지금 하고자 하는, 결코 승산 없는 전쟁에서 쓰게 될 돈을 그들을 위해 지출해야 한다." 그 당시에는 이 말이 큰 물의를 일으켰습니다. 내가 만난 알제리의 프랑스인들 몇은 나를 악의 화신으로 본다고 했습니다. 오늘날엔 "결국 당신만이 유일하게 알제리의 프랑스인들을 염려해 주었어요"라고 말하는 사람들이 있습니다.

요컨대 나는 알제리에 관한 르포르타주를 쓴 게 아니에요. 모든 신문들이 르포 기사를 실었지요. 티에리 모니에도 하나 썼죠. 나는 어느 하나의 해결책이 비록 본국이나 알제리의 프랑스인들에게 고통스럽고 가슴 아픈 일이더라도 민족적 비극, 다시 말해 내란을 피하기 위해 정치인들이 결단을 내려야 한다는 것을 말하기 위해 글을 썼습니다. 또한 그 해결책이 최악의 해결책만은 아니라는 것을 보여 주기 위해 정치적 분석을 했습니다. 맞아요, 그건 정치운동이었습니다. 이런 정치활동에 비하면 알제리에 관한 르포르타주는 아무런 의미도 없는 것이죠.

미시카　　만일 전쟁이 끝까지 지속되지 않는다 하더라도 프랑스인들이 알제리에 남아 있을 수 있다고 생각하셨습니까?

아롱　　독립한 이슬람 국가 알제리에 그들이 남아 있을 수 있다고 낙관한 적은 한 번도 없습니다. 하지만 며칠, 몇 주 동안 공포에 질려 있다가 그곳을 떠나는 사태를 피할 방법은 있다고 생각했어요. 『알제리의 비극』에서 그 이야기를 했습니다. 즉, 우리는 앞으로 몇 년간 전쟁을 하게 될 것이고, 그러다가 어느 날엔가 완전히 망해서 떠나지 않을 수 없을 것이라고. 그런데 실제로 그런 일이 일어났어요.

볼통　　『알제리의 비극』이후에는 그 문제에 관해 〈피가로〉에 아무것도 쓰지 않으셨네요? 왜 그랬습니까?

아롱　　허락되지 않았기 때문입니다. 〈피가로〉는 알제리 문제에 대해 어떤 특정의 정책을 갖고 있었습니다. 티에리 모니에는 알제리가 프랑스의 캘리포니아라고 말했어요. 그는 알제리에 관한 아주 훌륭한 르포르타주를 하나 썼는데, 알제리에서 프랑스의 장래가 낙관적인 이유를 아주 설득력 있게 제시했습니다.

미시카　　알제리처럼 중요한 문제에 대해서조차 글을 쓰지 못하게 하는 신문사에 계속 머물러 있었다는 것은 이해할 수 없군요. 왜 신문사를 떠나지 않았습니까?

아롱　　하나의 신문은 일정한 고객을 갖고 있습니다. 그런데 나는 오래전부터 신문의 자유를 제약하는 한 요소가 독자라고 생각했습니다. 〈오로르(새벽)〉지 편집국장이었던 라주리크가 가끔 내뱉은 명언이 있습니다. "내 평생 거의 언제나 나는 '돈에 팔린' 신문에서 글을 썼다. 그런데 이처럼 돈에 팔린 신문에서 일을 하는 것은 매우 안정적이고 편안하다. 돈을 대는 사람은 자기에게

관계되는 두세 개의 문제에만 신경을 곤두세우고 있다. 기자들은 그 두세 개의 문제만 쓰지 않으면 된다. 그 외에는 뭐든지 마음대로 쓸 수 있다." 반대로, '돈에 팔리지 않은' 신문에서는 독자, 즉 구매자와 의논할 수밖에 없습니다. 그런데 메이저 신문의 독자들은 대다수가 신문이 자신의 견해를 정당화해 주기를 요구하고 있습니다. 신문에서 정보만을 찾는 사람은 극히 드뭅니다. 그러니까 만일 내가 알제리 문제로 〈피가로〉를 떠났다면 나는 신문에 글을 쓸 기회를 온통 잃었을 겁니다. 그 어디에도 알제리의 독립을 위해 글을 쓸 수가 없게 됐겠죠. 내가 처음으로 알제리의 독립을 이야기했을 때 〈렉스프레스〉도 〈르 몽드〉도 나의 견해를 지지하지 않았습니다. 그들은 나의 그 같은 견해가 여론을 너무 앞질러 있다고 생각했습니다.

볼통 하지만 〈렉스프레스〉는 1953년에 창간됐고, 1954년부터는…….

아롱 〈렉스프레스〉는 내 견해가 자본주의적 타협의 전형적인 예라고 썼습니다.

볼통 무슨 뜻입니까?

아롱 아무 뜻도 없어요. 그냥 저널리스틱한 표현에 불과합니다. 수스텔은 내가 '포르주 위원회의 대변자'라고 썼습니다. 그런데 포르주 위원회의 위원장은 나를 알지도 못한다고 말했습니다.

미시카 『알제리의 비극』이 나온 후 사람들은 당신이 일종의 우익 패배주의자라고 비난했습니다. "레이몽 아롱의 주장은 마치 프랑스가 알제리의 대가를 치를 재정 수단조차 갖고 있지 않다는 이야기로군" 하고들 말했지요.

아롱　결국은 알제리가 독립할 것이 뻔한데, 전쟁을 하고 재정을 투입함으로써 파산을 하는 것이 결코 프랑스를 위해 옳은 일은 아니라는 생각이었죠.

볼통　알제리 독립의 방향으로 일반 여론, 특히 우익의 여론을 움직일 다른 방법은 없었나요?

아롱　내가 한 일 말고 다른 방법이 있었으리라고는 거의 생각할 수 없는데요. 나는 1957년 6월에 『알제리의 비극』을 썼습니다. 드골이 재집권한 후 1958년 가을에 또 한 권의 좀 더 진지하고 상세한 책을 출판했습니다. 『알제리와 공화국』이라는 제목이었죠. 이 책은 혁명이 그 혼란을 곧 수습하기만 한다면 1958년의 혁명은 프랑스를 부흥시킬 수 있다는 결론으로 끝을 맺었습니다. 실제로 그렇게 되지 않았습니까.

볼통　그 당시 당신은 아주 영향력 있는 논설위원이었습니다. 〈피가로〉는 독자가 가장 많은 신문이었고요. 정치인에 대해서는 어느 만큼의 영향력을 갖고 있었습니까? 당신이 군주의 조언자였다고 말할 수 있을까요?

아롱　그렇게 생각하지 않습니다. 대부분의 정치인들이 〈피가로〉를 읽었고 특히 레이몽 아롱의 논설을 읽었습니다. 초면에 내가 레이몽 아롱인 줄도 모르고 레이몽 아롱의 논설을 꼭 읽어야 한다고 말한 사람도 있었어요. 정부의 정책과 내 견해가 일치될 때면 장관들이 무척 흡족해 했죠. 재무장관들을 비판했을 때는 별로 좋아하지 않았어요. 그게 게임의 규칙 아니겠습니까? 다시 말하면 나는 아무런 환상도 갖고 있지 않았어요. 미국의 월터 리프먼이나 프랑스의 레이몽 아롱 같은 논객은 어느 특정 순간보다는 지속적인 영향력을 행사하는 사람이라고 말하고 싶습니다.

알제리 문제에서는 영향력이 매우 제한적이었어요. 하지만 나는 온건파 정치인들에게 그들의 정책을 정당화해 주는 사람들의 일반 여론을 전달해 주었습니다. 나의 개인적 판단이 항상 사회 전체의 어떤 공론을 암암리에 통합하고 있다는 점에서 나는 다른 논객들과 달랐지요.

미시카 제4공화국의 정치인 중에서 사람들이 진짜 정치가라고 일컫는 사람이 하나 있습니다. 피에르 망데스 프랑스죠. 그런데 그와 당신의 관계는 별로 좋은 것 같지 않습니다.

아롱 아마 서로 공감대가 없어서인지, 우리는 사적인 관계를 별로 갖지 못했어요. 나는 항상 그의 인품을 존경했고, 그가 제네바에서 인도차이나 평화를 이룩했을 때도 그에게 경의를 표했습니다. 그가 튀니지 문제를 다룰 때에도 그에게 존경의 염을 가졌죠. CED 문제에 있어서는, 유럽 군대가 창설되지 않은 것이 그의 책임이 아니라고 생각했습니다. 그 실패는 이미 그의 집권

전에 준비돼 있었던 것 같아요. 당시에는 그를 비판하는 글을 썼지만, 그 후 망데스 프랑스가 집권했을 때 이미 CED는 죽어 있다고 나는 말했습니다. 물론 그는 마음속 깊이 CED를 반대했습니다.

볼통　1956년에 망데스 프랑스는 알제리 문제에서 기 몰레의 정책과 의견이 달랐기 때문에 공화전선을 떠났죠. 이상한 것은, 당신이 드골과는 어떤 관계를 맺기 위해 애쓴 반면 망데스 프랑스하고는 함께 일하려고 애쓰지 않았다는 것입니다.

아롱　그는 정당을 만들지 않았습니다. 급진당의 당수가 되는 데도 여간 어려움을 겪지 않았죠. 또 한편, 파리 사람들이 어떤가는 당신도 잘 알 텐데, 파리에는 수많은 그룹과 서클이 있습니다. 우리는 각기 다른 그룹에 속해 있었어요. 감히 좀 더 위대한 사람들과 우리를 비교해 본다면, 토크빌의 후원으로 아카데미 프랑세즈 회원에 선출된 기조[6]가 라코르데르의 리셉션에서 한 말을 연상시킵니다. "나는 알렉시스 드 토크빌을 잘 모릅니다"고 그는 외쳤죠. 그리고는 "아마도 이념에 관한 한 우리는 우정 관계를 가질 수는 있겠지요"라고 덧붙였습니다. 파리의 분위기란 그런 것입니다. 내가 망데스 프랑스와 별다른 관계를 맺지 않았던 데 별다른 이유는 없습니다. 그저 단지 파리의 우연 때문이

6　François Pierre Guillaume Guizot, 1787~1874. 프랑스의 정치인이며 역사학자, 소르본의 근대사 교수. 7월혁명 후 내무, 문교, 외무장관을 역임했다.

었죠. 아마 우리는 서로 다른 기질을 갖고 있었는지도 모릅니다.

볼통　그 우연에 힘을 좀 보탰어야 하지 않나요?

아롱　나는 한 번도 정치인들을 찾아다닌 적이 없는걸요. 만나러 가지 않았어요. 언론인 시절에 내가 정치인들과 지속적인 관계를 맺고 있었을 것이라고 모두들 상상하고 있지만, 그것은 사실이 아닙니다. 신문사에만 있던 시기에도 나는 교수처럼 생활했습니다. 신문 외에는 정보를 얻을 곳도 별로 없었어요. 정치적 분위기 속에서 살아야만 하는 신문기자의 입장에서 보면 나는 한 번도 진정한 신문기자는 아니었습니다.

볼통　그렇다면 당신의 정보원(源)은?

아롱　다른 사람들과 조금도 다를 게 없어요. 신문이었습니다. 나는 저널리스틱한 특종을 노리지 않고 그냥 상황 분석을 하려고 했을 뿐입니다. 나의 분석은 사건들에 대한 내 나름의 고찰이었습니다.

　1973년에 이집트와 이스라엘 사이에 전쟁이 터졌을 때 〈피가로〉의 한 기자는 이집트가 이스라엘의 함정에 빠졌다고 썼습니다. 그다음 날 나는 정반대의 글을 썼어요. 이집트의 기습공격을 받은 것은 이스라엘이라고 말입니다. 나는 그때 별다른 정보를 갖고 있는 것도 아니었어요. 그러나 고찰하는 것만으로 충분했습니다. 평화시에 이스라엘은 아주 적은 수의 군대밖에 갖고 있지 않습니다. 이집트의 공격을 받자 그 순간 군대가 동원됐다는 걸 우리는 알고 있습니다. 유명한 바르레브 방어선과 수에즈 운하 지역에 600명의 군인밖에 없었다는 것은 누구나 알고 있었습니다. 따라서 이 지역 방어가 매우 어려웠죠. 모든 사람이 알고 있는 것을 알기만 하면 됩니다.

미시카   다시 알제리 이야기를 해 봅시다. 프랑스군이 1940년의 패배를 지우기 위해서 인도차이나와 알제리로 싸우러 갔다고 쓰셨던데요.

아롱   그건 좀 과장입니다. 그런 측면도 있습니다. 프랑스의 여론, 프랑스 국가 전체, 특히 프랑스 군대에는 모멸감을 지우고자 하는 요구가 있었다고 생각합니다. 그게 나는 몹시 불안했어요. 1940년의 패전은 인도차이나에서도, 알제리에서도 지울 수 없습니다. 불가능한 일이죠.

미시카   제4공화국 정치인들은 군을 두려워했나요? 군에 굴복했나요?

아롱   알제리 때는 그랬고, 인도차이나 때는 그렇지 않았습니다. 그러나 제4공화국 역시 드골 장군의 영향에서 벗어나지는 못했습니다. 드골은 "프랑스는 결코 그 어느 것도 포기하지 않는다"고 말하곤 했죠. 야당으로 있을 때에도 그는 단 한 번도 탈식민을 역설한 적이 없습니다. 1950년에도 그는 호치민과의 협상을 반대했어요. 야당 시절의 드골은 제4공화국의 탈식민 정책을 한층 더 어렵게 만들었습니다.

미시카   그러니까, 정치인들이 드골 장군을 군과 동일시했다고요?

아롱   아니요, 그렇지 않습니다. 하지만 드골은 프랑스 여론의 일부를 반영하고 있었고, 드골과 여론에 대항해 탈식민 정책을 쓴다는 것은 이중으로 힘든 일이었습니다.

볼통   제4공화국이 탈식민 정책을 수행할 수 있었다고 생각합니까?

아롱   아니요, 그렇게 생각하지 않습니다. 제4공화국은 FLN에 독립을 부여할 수 없었습니다. 증명하기는 어렵군요. 그러나 드골 장군의 재집권과 알제리전 종식 사이의 4년간에 그런 일이 일어났습니다. 드골 자신도 두 개의 반란과 맞서 싸워야만 했죠. 그는 또 하나의 헌법에 의존했습니다. 제4공화국 정치인들이 갖지 못한 권위가 그에게는 있었어요. 결국 포기와 패배에 불과한 것을 프랑스의 승리로 변형시킨 것은 그 고유의 탁월한 능력입니다. 내가 전부터 주장했던 것도 바로 그것이었습니다. 반드시 그렇게 돼야만 했던 것을 성사시킨 것이 바로 드골입니다. 그는 프랑스령 알제리를 지지하는 프랑스인들에게, 알제리를 독립시키는 것이야말로 프랑스를 프랑스답게 하는 것이다, 다시 말해 프랑스인들을 관대한 사람으로 만드는 것이다, 라고 설득하는 데 성공했습니다.

미시카   드골 공화국을 말하기 전에, 어떻습니까, 제4공화국의 실상은 악명 그대로였나요? 제4공화국에 대해 어떤 식의 결산을 내리겠습니까?

아롱   불행한 공화국이었죠. 헌법이 국민의 3분의 1의 지지밖에 얻지 못하는 등 별로 상서롭지 못한 조짐으로 시작된 정부였죠. 제4공화국 사람들은 두 개의 싸움에서 계속 졌어요. 하나는 공산당과의 싸움, 또 하나는 드골 장군의 헌법 개정안에 대해서입니다. 그러나 그들은 독일과의 화해를 받아들였고, 독일의 재무장을 받아들였으며, 내가 시종일관 지지하던 대서양 연합 정책을 수립했어요. 그건 인정해 줘야 합니다. 그들은 또 경제 재건을 시작했죠. 통합 유럽을 구상해 석탄과 철의 공동관리제와 로마 협정을 체결하기도 했습니다. 그러므로 지금 돌이켜 보면 식민전쟁과 그 외 매우 중대한 다른 문제들을 빼놓고는 결산서가 그리 부정적인 것만은 아닙니다.

그 체제는 외국인과 프랑스인들 자신에게도 좀 우스꽝스러운 것이었어요. 프랑스인들은 제4공화국을 존중하지 않았죠. 한 국민이 자신들의 정부를 존중하지 않을 때 문제는 심각합니다. 제4공화국 이래 적어도 오늘날까지, 프랑스인들은 자신들이 그 어떤 다른 나라의 민주주의보다 열등한 체제에서 살고 있다고 생각하지 않습니다. 그런데 그들은 제4공화국에 대해서는 그렇게 말하지 않아요.

볼통 제4공화국의 취약성은 어디에 기인한다고 생각합니까? 국제적 상황 때문인가요, 제도 때문인가요, 아니면 정치인들의 자질이나 사건들 때문이었나요?

아롱 거의 그 모든 것을 합친 것이었죠. 제4공화국이 한 일들은 하기가 수월치 않은 것들이었어요. 결국 해내기는 했는데, 좀 나쁜 스타일로 했다고나 할까. 사람은 늘상 똑같은 사람이면서 내각은 1년에 한두 번씩 바뀌고, 그런 건 결코 자랑할 만한 현상이 아니었습니다. 지금 와 생각해도 역시 그렇습니다. 하지만 그들도 역시 제5공화국 사람들이나 꼭 마찬가지로 애국자들이었습니다. 다만 다른 조건 속에서 살았다뿐이죠. 드골 장군이 민주주의의 정통성에 약간 생채기를 낸 것은 사실이지만 1958년에 재집권을 한 것은 잘한 일이었다고 나는 지금도 생각합니다.

b) 드골과 탈식민 정책

볼통   드골 장군의 복귀 조건 때문에 당신의 민주주의적 감각이 약간 상처를 입진 않았나요?

아롱   왜 아니겠습니까? 그 당시에는 격분했었죠. 하지만 알제리 전쟁의 청산이 더 중요한 일이라고 생각했습니다. 그리고 드골 장군의 견해를 듣고 난 뒤에는 그가 알제리 전쟁을 끝낼 수도 있을 것이라는 확신이 들었죠.

볼통   하지만 당신은 불만을 표했습니다. 이 주제에 대해 글을 쓰셨나요? 별로 많이 쓴 것 같지 않은데요.

아롱   나의 조그만 책들 중 하나인 『그것은 반란 이후의 유혹이었다』의 서문에서 그 이야기를 쓴 걸로 생각됩니다. 그 후의 사태는 거의 내가 예상했던 대로였습니다. 드골은 형식적으로는 합법적으로 복귀한 것이었습니다.

미시카   하지만 반란도 있었고 쿠데타도 있지 않았습니까?

아롱   쿠데타를 일으킨 건 드골이 아니고 딴 사람들이었습니다.

볼통   그건 순전히 형식적인 얘기죠.

아롱   그는 혁명 주동자들과 관계를 맺고 있었죠. 하지만 그는 페탱 원수와 마찬가지로 의회의 인준을 받았습니다. 그 두 사람은 물론 다릅니다. 하지만 프랑스 의회가 두 번 구국의 영웅에게 항복을 한 거죠. 1940년에 페탱은 구세주로 간주됐었는데, 1958년에 드골도 구세주였습니다. 또 혹은 내가 어디선가 쓴 대로 그는 로마적 의미의 독재자, 다시 말하면 합법적인 독재자였죠. 해결할 수 없는 상황이 생기면 민주주의는 덕망 높고 존경받는 한 인물에게 잠정적인 절대권력을 줍니다. 긴박한 문제를 해결하기 위해, 그리고 또 제도를 쇄신하기 위해서죠. 드골은 6개월간 로마의 독재자인 동시에 입법자였습니다. 이 순간부터는 사태를 인정하고 희망을 가져야 했습니다.

미시카   의회민주주의의 이와 같은 굴복을 놀라워하지 않았나요?

아롱   그다지 놀라지 않았습니다.

미시카   하지만 1961년에 이렇게 쓰셨던데요? "나는 항상 쿠데타를 일으키는 사람들이 성공하지 못할 것이라고 생각하는 경향이다. 1958년에도 나는 제4공화국이 아직은 스스로를 방어할 능력이 있을 것이라고 믿고 있었다. 그것은 잘못된 생각이었지만."

아롱   아픈 지적이군요. 그 당시는 그렇게 생각했었죠. 하지만

1961년에 OAS[7]의 쿠데타를 두려워하지 않은 나의 태도는 옳았어요. 나는 프랑수아퐁세 신부의 다음과 같은 말을 좋아합니다. "프랑스인들은 항상 자신들이 충분히 예견했던 사건들을 보고 놀란다." 그런데 1958년의 나도 아마 미리 예견하고 있던 사태를 보고 놀라워했던 것 같습니다.

미시카　그러니까 당신에게 중요한 것은 드골만이 평화를 정착시킬 수 있었다는 사실이군요. 1958~62년 사이의 그의 알제리 정책에 대해서는 어떻게 평가합니까?

아롱　그 문제에 관해 내가 〈프뢰브〉에 쓴 기사는 읽었겠죠? 때에 따라서 나는 드골을 찬양하기도 했고, 또 어느 때는 드골 장군의 스타일과 느린 사태 진전에 격분하기도 했습니다. 그는 제4공화국에 대해 무자비했습니다. 나는 그가 권력을 갖기 이전에 권력자들에 대해 했던 말들을 기억하려 애썼습니다. 하지만 결국 어떤 위기가 있을 때마다 나는 그를 지지하는 글을 썼습니다. 그런데 전쟁은 FLN과의 협상에 의해서만 종식될 수 있다고 생각하면서 FLN이 요구하는 협상의 목표를 미리 주어 버리는 그의 태도를 내가 이해하지 못했던 것도 사실입니다. 그는 좋은 카드를 거의 다 놓치고 난 후, 실질적으로는 FLN에 거의 독립을 인

7　Organisation armée secrète, 1961년 4월 21일 알제리 주둔군의 반란이 실패한 뒤 조직된 비밀 군사조직. 주오 장군과 살랑 장군 같은 군인과 쉬지니 같은 정치인들이 주동이었고, 테러리즘을 포함한 온갖 수단을 통해 드골 장군의 알제리 정책을 반대했다.

정하고 난 뒤에야 협상을 하기 시작했습니다.

　거기에 대해서는 그의 의도, 즉 알제리의 독립을 내색하기만 하면 곧 반란이 있었다는 사실을 반론으로 제시할 수도 있겠죠. 1961년 4월의 '소수 장성들'의 사건, 또 그보다 앞서 1960년의 바리케이드 사건 같은 것 말입니다. 그렇다면 그가 택한 길, 너무 느리고 지그재그의 방향이라고 내가 생각했던 그 길이 유일하게 가능한 길이 아니었나 생각됩니다. 여하튼 그는 내란을 치르지 않고 바람직한 결과에 도달했습니다. 오늘날에 와서 "그때 잘할 수도 있었는데"라고 말하는 것은 역겨운 일입니다. 그 당시에는 말을 삼가는 것만이 정치평론가로서 할 수 있는 최선의 것이었죠. 그때 쓴 비판 기사 중에는 오늘날 다시 공개하고 싶지 않은 후회스러운 기사들이 몇 개 있습니다.

볼통　특히 1961년 10월 〈프뢰브〉에 나온 "드골주의여 안녕" 같은 것이 그렇겠죠. 그것은 드골 장군의 통치 방식을 맹렬히 공격했을 뿐만 아니라, 그가 알제리의 평화를 가져올 수도 없다면서 그의 무능을 공격하는 것이었습니다. 에비앙 협정[8]을 불과

8　Accords d'Evian. 프랑스·알제리 간 협상이 여러 번 결렬된 후 1962년 3월 7일 알제리 임시정부 대표와 프랑스 정부 대표들이 에비앙에서 다시 협상을 열어 마침내 3월 18일에 알제리의 독립 인정과 종전에 관한 에비앙 협정이 서명됐고, 여기에서 알제리의 자결(自決)에 대한 국민투표의 조건이 명기됐다. 이에 따라 알제리 임시행정부가 자리를 잡는 동안 알제리의 프랑스인은 이틀간의 총파업과 데모로 항의했으며 결국 80여 명의 사망자를 낸 비극적인 이슬리가(街) 총격전으로 끝을 맺었다.

6개월 앞두고 말입니다. 그 사건에 대해서도 당신은 통찰력 있는 관찰자였습니까?

아롱   또다시 아픈 공격이군요. 네, 그랬습니다. 내 평생 쓴 글 중에서 아마도 내가 가장 후회하는 글입니다. 결론이 너무도 뻔한데 협상을 질질 끄는 것 같은 느낌을 받았기 때문에 이런 글을 썼습니다. 하지만 당신은 이 글 전체를 정확하게 요약하지 못한 것 같군요. 나는 거기서 비제르테(튀니지의 항구)의 학살에 대해 언급했습니다. 비제르테의 학살은 정말 충격적이었죠. 종말이 알제리의 독립으로 될 것은 의심의 여지가 없었습니다. 하지만 그 사이에 큰 불행이 끼어들 가능성이 있었죠.

나는 또 내 예상이 적중한 1957년의 여러 사건들에 대해서도 격분했습니다. 여하튼 몇 년간 전쟁을 치르고 난 후 우리는 모든 것을 포기했고, 결국 알제리가 더 이상 우리의 관심을 끌지 않는다고 말하려는 찰나였습니다. 프랑스령 알제리를 만든 후에는 완전히 손을 털겠다는 것이었죠. 나는 드골이 별다른 묘수를 갖고 있지 않다는 느낌을 받았으며, 그 무엇보다도 평화 정착이 가장 중요하다고 생각했습니다. 국외자로서는 이런 추론을 하기가 쉽죠. 여하튼 그것은 좋지 않은 기사였습니다.

미시카   드골은 "드골주의여 안녕"이라는 이 글에 대해 어떤 반응을 보였습니까?

아롱   앞에서도 인용했었죠, 앙드레 말로에게 "그는 전혀 드골파가 아니로군"이라고 말하더랍니다. 참 적절한 반응이었죠. 그는 가끔 무례한 기사들을 언급했다고 합니다. 이 기사도 무례한 것이었죠. 지금은 후회합니다.

볼통　당신과 드골의 관계에서 당신은 군주의 조언자가 되지 못했던 것 같습니다.

아롱　하지만 그는 군주의 조언자를 필요로 하지 않았어요. 만일 RPF 시절에 그가 곧 집권을 했더라면 그는 아마도 내게 한 자리를 주고 싶어 했을 것입니다. 사람들 얘기에 따르면 그는 나에게 경제기획의 책임을 맡기고 싶어 했다는 것입니다. 나는 좀 웃기는 발상이라고 생각했었죠.

볼통　하지만 말로는 그의 측근으로 남아 있었어요. 당신도 다른 부서에서 그런 종류의 관계를 가질 수 있었을 텐데.

아롱　앙드레 말로가 드골 장군에게 어떤 영향력을 갖고 있었다고는 생각하지 않습니다. 나는 어떤가 하면, 1958년에서 1962년 사이 『알제리의 비극』을 쓰고 난 뒤에는 드골처럼 모든 일에 대해 논평을 할 수는 없었습니다. 그런데 드골주의 운동에 참여한 모든 사람들에게는 그것이 의무와도 같았어요.

　　1961년에 나는 미국에 갔습니다. 그 조금 전에 알제리에서 선거가 있었죠. 나는 보스턴의 프랑스 영사관에서 그 상황에 대해 강연을 했고, 총영사는 내 강연에 격분했습니다. 그는 크게 소리 지르며 이렇게 말했죠. "알제리의 대표들은 프랑스군이 감독한 자유선거에서 뽑힌 사람들입니다." 결국 나는 드골 장군의 생각이 그의 생각보다는 나의 생각에 가까울 것이라고 그에게 말했습니다. 하지만 그 총영사는 공무원으로서 장군의 말을 곧이곧대로 따르지 않을 수 없었을 겁니다. 워싱턴에서 강연할 때도, 당시의 드골 정책과 상치되는 내용을 이야기하지 말라고 주미 프랑스 대사가 내 옆구리를 찔렀습니다. 그러나 내가 목표 달성에만 관심이 있는 정치인이 아닌 이상 그러한 충고는 받아들일 수 없었습니다.

볼통   드골이 이미 1958년부터 알제리의 독립을 계획하고 있었다고 생각하나요?

아롱   거기 대해서는 아는 바가 없습니다. 그러나 나는 그가 FLN을 통하지 않은 채, 또 양편이 모두 지쳐 빠지기 전에 알제리의 독립을 이루기를 오래전부터 희망하고 있었다고 믿고 싶습니다. 물론 확언은 할 수 없습니다.

여하튼 그는 미셸 드브레를 총리로 임명했습니다. 드브레는 야당 시절에 몇 번이나 "알제리의 프랑스 영토를 문제 삼는 것은 반란을 합법화하는 행위다"라고 선언한 적이 있습니다. 그런데 그 자신이 알제리에 독립을 주게 된 것이죠. 미셸 드브레를 선택한 것은 일종의 사디즘이라고 할 수 있습니다. 프랑스령 알제리를 가장 열렬하게 지지했던 사람을 알제리 독립의 주역 또는 그 책임자로 만든 것은 참으로 이상한 일이고, 또 드골의 당혹감을 드러내 주는 것입니다.

나는 드골이 결국 독립을 인정할 것이라고 생각했습니다. 역사철학자인 그는 알제리가 독립될 것을 알고 있을 것이라고 해석했던 거죠. 그러나 정치인인 그로서는 FLN이라는 혁명조직 또는 임시정부 앞에서 무조건 포기하고 싶지는 않았을 겁니다. 왜냐하면 그는 자주 자신의 측근이나 정부 내 사람들에게 "나는 결코 알제리를 FLN에 넘겨주지 않겠다"고 말했기 때문입니다. 하지만 결국 그는 알제리를 FLN에 넘겨주었습니다. 그래서 아직도 일부 프랑스인들은 드골에 사무친 원한을 품고 있습니다. 전장에서 직접 전쟁을 하고 있던 사람들을 배신했다는 것이죠.

지금은 나는 이렇게 말합니다. "알제리가 독립할 것이라고 내가 말한 것은 옳았다. 그러나 가끔 드골 장군이 하는 일을 비판했던 것은 나의 잘못이었다. 여하튼 나는 최선을 다했다. 나에 대한 평가는 다른 사람들이 해 줄 것이다."

c) 지식인과 반식민

볼통　　『알제리의 비극』 출판 후 좌익, 그리고 지식인들과 당신의 관계가 개선될 수도 있었을 텐데요?

아롱　　네, 좌익하고는 물론이고 일부 지식인들과의 관계도 아주 좋아졌죠. 1960년 어느 날 길에서 우연히 사르트르를 만났습니다. 그가 내 쪽으로 다가와 우리는 악수를 나누었고 그는 "잘 있었나, 이 친구야" 하고 말했습니다. 그래서 나도 "잘 있었어? 이 친구" 하고 대꾸했더니, 그는 "근간에 한번 만나서 점심이라도 함께 하세"라고 말했습니다. 나는 "좋지"라고 대답하고 덧붙여서 "서로 말을 안 하고 지내다니 바보 같은 짓이야!"라고 했습니다. 그러나 그 이후에도 별 진전은 없었습니다. 점심도 하지 않았고요, 아마도 너무 많은 세월이 흘렀는지 모릅니다. 우리는 서로 너무나 멀리 떨어져 있었습니다. 우리의 우정은 근본적으로 지적인 것이었고, 철학 논쟁에 의해 맺어진 사이였습니다. 그런데 그는 이러한 철학 논쟁에 더 이상 흥미를 느끼지 않고 있었어요. 알제리 문제에서는 의견이 일치했으므로 웬만큼의 관계는 다시 맺을 수도 있었죠. 그런데 그가 파농[9]의 책에 서문을 써 주었는데, 지독한 증오와 폭력 예찬을 담은 이 글을 보고 나는 화가 났습니다. 그러니까 우리는 서로 만나지 않고 각자 자기 자리에 머물러 있는 편이 나았죠.

볼통   당신은 '121 선언문'에 서명하지 않았죠. 사르트르를 비롯한 열렬한 좌파 참여 지식인들이 알제리 전쟁에 반대하기 위해 내놓은 선언문 말입니다. 왜 안 했나요?

---

9   Frantz Fanon, 1925~1961. 서인도제도 태생의 프랑스 정신과 의사이며 혁명가. 1953~57년 블리타 정신병원 원장으로 있으면서 토착민들이 식민 상황에 의해 자아를 상실해 가는 현상을 연구하고 이때부터 알제리 혁명을 지지했고, 알제리에서 추방된 후 튀니지에서 혁명운동을 하다가 병으로 사망했다. 식민주의에 대한 정치적, 사회적 저서 그리고 신식민주의의 위험에 대한 저서들은 아프리카 전체의 해방투쟁과 제3세계 혁명의 특수성을 날카롭게 분석하고 있다. 『검은 피부, 흰 가면』, 『알제리 혁명 제5년』, 『대지의 저주받은 자들』, 『아프리카 혁명을 위하여』 등의 저서가 있다.

아롱   우선, 나는 그때 미국에 있었습니다. 그러나 프랑스에 있었다고 하더라도 거기에 서명하지 않았을 겁니다. 메를로퐁티도 서명하지 않았죠. 이 선언문은 프랑스 젊은이들의 징집 거부와 탈영을 찬양하고 있었습니다. 지식인들이 자신들은 아무런 위험도 없이 평온하게 살면서 젊은이들을 탈영병으로 만들어 위험을 겪게 만드는 것은 옳지 않은 일이라고 나는 생각했습니다. 다른 사람에게 탈영을 권할 수는 없는 겁니다. 자기가 하면 했지.

또 한편, 정부가 민주주의 체제일 때, 다시 말해서 권력자가 보통선거에 의해 임명되고 반대의 자유가 있는 사회에서는 내전과 비슷한 활동 또는 기존 정부를 격렬하게 반대하는 등의 행동을 하는 것에 나는 반대입니다. 그런데 비록 간접적으로나마 탈영을 권장하고 있는 121 선언문은 어떤 의미에서는 민주적 법질서를 벗어나는 것입니다. 여하튼 그런 선언문은 좀 때이른 감이 있다고 나는 생각했습니다.

121 선언이 발표됐을 때 나는 하버드 대학에 있었습니다. 미국의 일부 교수들도 이 선언문에 서명을 하고 싶어 했고, 아니면 121 선언을 지지하는 다른 선언을 내고 싶어 했습니다. 그래서 나는 그들에게 이렇게 말했지요. "만일 우리가 알제리에서 전쟁을 하듯 당신들이 어디서 전쟁을 하고 있는데, 프랑스의 지식인들이 미국 청년들에게 '정부의 징병에 응하지 말고 탈영하라'라고 말하는 선언문을 기초한다면 당신들은 어떻게 생각하겠습니까?" 나의 이런 주장은 그들에게 꽤 설득력이 있었습니다. 그러

나 극히 소수이기는 하지만 일부 사람들이 '121 지지 선언'을 냈습니다. 대다수는 그러한 간섭이 예의에서 벗어난다는 것을 알고 있었죠.

볼통　아마도 알제리 독립 문제에 관한 한 당신의 정치적 자세에서 좀 부족했던 것은 결별인 것 같은데⋯⋯.

아롱　프랑스를 떠나기라도 했어야 한단 말인가요? 농담이고, 우리는 일부 프랑스인들이 지지하지 않는 통치자를 선택했습니다. 그 결별이란 도대체 무슨 의미입니까?

볼통　알제리 정책을 지지하지 않는다는 것을 보여 주기 위한 상징적인 행동 말입니다.

아롱　글 쓰는 사람은 글을 통해 자신의 반대 의사를 표시합니다. 앞에서도 한 번 말했지만 나는 인기를 추구하지 않았습니다. 아무도 알제리의 독립을 이야기하지 않던 시절에 내가 알제리 문제를 썼을 때부터 줄곧 나는 내가 할 수 있는 일만을 했습니다. 이 책자를 쓰고 난 후 나는 정계 인사들과 관계를 맺게 됐고 늘 그들을 설득하려 애썼습니다. 그 후 곧 드골 혁명이 있었고, 나는 1년 전에 구상했던 것을 좀 더 자세하게 말하기 위해 책을 한 권 썼습니다. 나는 거듭 나의 주장을 폈고 내가 할 수 있는 모든 것을 했습니다.

미시카　121 선언보다 훨씬 온건한 메를로퐁티 선언문에 서명하셨지요.

아롱　네, 그랬습니다. "반역"이라는 제목의 내 기사를 칭찬하는 편지를 요즘에 다시 읽어 봤습니다. 내 기사를 요약해 보면 "반역의 순간은 아직 오지 않았다. 우리는 아직도 민주 체제에서 살고 있다"라는 것이었습니다.

미시카 좌익 지식인들의 도덕적인 현실 참여를 비난하면서 당신 자신은 정치적 현실 참여를 한 거네요.

아롱 아니요, 나는 그들의 도덕적인 자세를 비난하는 것이 아닙니다. 하지만 그들이 젊은이들에게 징집 거부를 부추겼을 때 그들은 그 젊은이들에게 정치적 행동을 요구한 것입니다. 일부 지식인들은 물론 그 이상의 행동을 했고요. 그들은 마치 프랑스 내 FLN에 가담한 것과 같았죠. 그들은 프랑스 내에서 전쟁을 수행하고 있는 알제리인들과 함께 일했습니다.

미시카 비밀조직을 만든 장송이 그런 경우였죠.

아롱 그건 용감한 일이었지만, 나는 그를 지지할 수 없었습니다. 정부의 정책을 비판하는 것과 적의 편으로 넘어가는 것은 별개의 문제입니다. 이 경우에 적은 알제리인들입니다. 왜냐하면 프랑스 병사들이 알제리인들과 싸우고 있었으니까요. 알제리가 프랑스의 일부이므로 이것을 내전이라고 부를 수도 있겠죠. 하지만 전쟁의 이슈가 알제리의 독립이라는 것은 누구나 알고 있었습니다. 프랑스의 상황이 그러했으므로 나는 또 다른 편에서 이런 식의 싸움을 벌여서는 안 된다고 생각했습니다.

미시카 하지만 고문과 허위가 있지 않았습니까. 지식인들의 도덕적 저항, 그리고 국민의 양심을 되살리려는 그들의 노력에 전혀 공감할 수 없었습니까?

아롱 완전히 공감했습니다. 하지만 고문이니 허위니 하는 것들은 전쟁의 부산물 아닙니까. 전쟁을 종식시키는 것이 더 중요한 일이었죠. 다시 한 번 말하거니와 나는 그들의 도덕적 항의에는 공감했습니다.

볼통 그러나 법에 저촉되지 않는 범위 내에만 머물러 있으면서 프랑스군이 자행하는 고문을 비난하지 않은 이유가 무엇입니까? 어떤 사람들은 위험을 무릅쓰면서까지 고문을 비난했는데……

아롱 고문을 비난한다고 해서 큰 위험이 있었다고는 생각지 않습니다. 모든 사람들이 고문 이야기를 하고 있었으니까요. 결국 당신은 내가 알제리의 독립을 지지하면서도 고문의 끔찍함에 대해 글을 쓰지 않은 것을 비난하는군요.

볼통 아니요, 이 문제를 위해 정치적 행동을 하지 않은 것을 비난하는 겁니다.

아롱 그러나 내가 고문을 반대한다고 선언했다 하더라도 사람들에게 아무것도 가르쳐 주지 못하는 결과가 나왔을 겁니다. 도대체 고문을 지지하는 사람을 만나볼 수 없을 정도였으니까요.

미시카 "반역"이라는 기사의 한 구절이 당신의 자세를 잘 요약해 주는 것 같군요. "고문 없는 평화 회복은 생각할 수 없다. 하지만 테러리즘이 없는 해방전쟁도 생각할 수 없다. 프랑스령 알제리를 위한 고문과 알제리의 독립을 위한 테러리즘이 팽팽히 맞서고 있다. 이 문제를 해결하기 위해서는 목표를 생각해야지 수단에 집착해서는 안 된다." 여기서도 당신의 공리주의(功利主義)적 자세를 엿볼 수 있습니다.

아롱 공리주의적 자세일 뿐만 아니라 도덕적인 자세이기도 합니다. 알제리인들이 사용한 수단은 가끔 프랑스 군대가 사용한 수단만큼이나 무서운 것들이었어요. 멜루사라는 촌락은 FLN에 의해 거의 전멸되다시피 했습니다. 테러리즘과 고문을 다 혐오하면서도 나는 고문에 대해서나 FLN의 테러리즘에 대해서 아무런 글도 쓰지 않았습니다. 양측의 잔혹행위는 서로 상쇄되는 것이 아니라 서로 덧붙여질 뿐입니다. 알제리 혁명가들의 테러리즘은 물론 불가피한 것이었겠죠. 프랑스 군대가 자행한 고문은 불가피하다고 할 수는 없고요. 그러나 이런 식의 전쟁에서는 문명국의 군대라 하더라도 극도의 비인간적 행위를 저지르는 것이 보통입니다. 그런 행위를 끝내기 위해서는 전쟁을 종식시켜야 합니다.

볼통 당신의 그 온건한 행동은 일상적인 정치활동을 남에게 미루는 태도라고 비난받을 여지가 있지 않을까요?

아롱 나의 행동은 온건한 것이 아니었습니다. 정치적 영역 안에서는 그런 자세야말로 단호하고 극단적인 것이죠. 나는 알제리의 독립이라는 극단적인 해결책을 지지했습니다. 그러나 도덕적 항의에 관한 한 나는 그 소임을 '고매한 인사들(belles âmes)'에게 위임한 셈입니다. 나는 헤겔이 die schöne Seele(아름다운 영혼)라고 부른 그 고매한 인사가 아닙니다. 알제리의 독립을 지지했지만 프랑스의 내전은 원치 않았어요. 프랑스 국민으로서 나는 글과 말로 행동했지, 내 스스로가 FLN의 투사로 변신하지는 않았습니다. 물론 FLN의 투사가 된 사람들을 도덕적으로 비난하는 것은 아니에요. 이 말은 그 당시의 나를 그냥 설명하는 것일 뿐, 나를 정당화하려는 게 아닙니다. 프랑스는 국민 누구라도 정부에게 "당신들이 틀렸다. 평화를 이룩하라"라고 말할 권리를 갖고 있는 나라 아닙니까. 나는 나 자신을 이런 민주 프랑스의 한 시민으로 간주했을 뿐입니다. 말하고 쓸 권리가 있는 한, 내가 FLN의 투사가 될 이유는 하나도 없었지요.

미시카　하지만 일부 지식인들의 과격한 행동은 여론을 환기하는 데 기여하지 않나요?

아롱　누가 더 큰 기여를 했을까요? 좋은 점수와 나쁜 점수를 골고루 나누어 주고 싶지는 않군요.

미시카　그 시대의 좌익 지식인들에게는 반(反)식민주의가 혁명의 한 방법이었죠. 당신은 그들과 화해했다고는 하지만 그 정도에 까지 이르지는 못했죠 아마?

아롱　당신이 좌익 지식인을 그렇게 분석한다면 나는 그들 편이 아닌 것이 분명합니다. 하지만 그들이 그런 유치하고 병적인 혁명 개념을 가지고 있었을까요?

볼통　왜 아닙니까? 1950년대의 반식민 투쟁은 가끔 프롤레타리아 혁명을 위한 투쟁의 연장이었습니다.

아롱   그 결과 그들은 한 번 더 실망했지요. 식민지 민중 편에서 보면 탈식민 투쟁은 지극히 정당하고 당연한 투쟁입니다. 따라서 나는 탈식민을 옳다고 생각했어요. 그러나 그것은 미래의 계시도 아니고 터널 저편의 빛도 아닙니다. 모스크바 아닌 다른 메카(성지)를 찾으려고 아무리 애써 봐도, 비록 그 선택 범위가 아무리 넓다 하더라도, 그것은 탈식민 국가에서는 찾을 수 없습니다. 결국 유고슬라비아의 벨그라드이고 쿠바의 아바나이며, 또 알제는…….

미시카   다른 사람들과 마찬가지로 쿠바 여행을 하셨죠. 그들의 후의에 좀 마음이 솔깃하지 않았나요?

아롱   아니요. 나는 쿠바 정부의 초청으로 간 것이 아닙니다. 관광객으로 갔을 뿐, 사르트르처럼 피델 카스트로의 돈을 받지는 않았습니다! 그러나 통역의 도움으로 그의 연설을 들었습니다. 사회학을 전공했으며 나를 조금 알고 있는 로드리게스와 대화를 나누기도 했습니다. 그는 공산당 당수였는데, 스페인어로 마르크시즘을 이야기했습니다. 그는 쿠바에서 내가 스페인어를 알아들을 수 있었던 거의 유일한 사람이었습니다. 그만큼 그의 스페인어는 마르크스주의적이었습니다. 그는 프롤레타리아 혁명이 왜 프티부르주아(소시민)에 의해 수행됐는가를 설명하려 애썼습니다. 아주 설득력 있는 방법으로 설명했지요. 변증법의 차원에서는 아주 훌륭한 설명이었어요. 그러나 그것은 훌륭한 변증법에 그칠 뿐, 그 이상의 아무런 의미도 없었습니다. 사르트르는 아마도 당신들 두 사람의 마음에 쏙 들 만한 르포 기사를 하나 썼어요. 그 르포가 그의 평생 저서의 기본 개념이라고는 생각하지 않습니다. 단지 쿠바에 대한 르포 기사일 뿐이죠. 언제고 그렇듯이 나의 여행에서는 당신들이 바라는 식의 그런 르포 기사는 나오지 않았습니다.

때는 1961년, 카스트로 정권 초기였습니다. 코손만(Coson Bay)에 반 카스트로 군대가 상륙하기 얼마 전이었죠. 쿠바에서 본 것을 나는 아주 온건한 톤으로 〈피가로〉에 썼습니다. 그것은 한 사회의 끝이면서 또 다른 사회의 탄생이었습니다. 그때는 결정적인 평가를 내리기 좀 이른 시기였죠. 카스트로가 소비에트 타입의 정권을 수립할 것이라는 것을 사람들은 잘 알고 있었습니다. 그러나 소련과 비슷한 이 체제가 정확히 어떤 형태를 띨 것인지는 아직 잘 알 수가 없었어요.

볼통　탈식민의 추세 속에 떠오른 제3세계에 대해서는 어떻게 생각했습니까?

아롱　나는 제3세계라는 표현을 좋아하지 않습니다. 사람들은 세계에서 가장 오랜 제국의 역사를 가진 중국과, 문명은 있으되 문자가 없는 아프리카 국가들과 기니를 전부 제3세계라고 뭉뚱 그리고 있습니다. 그리고 또 전혀 별개의 성질을 가진 라틴아메리카까지 그 안에 넣고 있어요. 제3세계란 외교적 어휘가 만들어 낸 점착성(粘着性) 물질입니다. 나의 견해는 그 나라가 제3세계 중 어느 나라인가에 따라 달라집니다.

미시카 제3세계에서는 과거에 당신과 일부 좌익 지식인들을 분리시켰던 현상이 다시 나타나는 것을 볼 수 있습니다. 좌익 지식인들은 제3세계, 특히 알제리를 마치 혁명처럼 생각했던 것이죠.

아롱 이 문제에도 나는 비교적 합리적인 생각을 하고 있습니다. 알제리인들은 독립국가를 수립할 절대적 권리를 갖고 있었습니다. 하지만 서구식 의미의 혁명, 다시 말해서 기존 사회를 좀 더 나은 사회로 변혁시킨다는 그러한 혁명 개념이 제3세계를 통해서만 실현된다는 것은 너무나 바보 같은 생각으로 보입니다. 알제리인들은 비극적인 조건 속에서 자신들의 나라를 수립했습니다. 그들은 프랑스인들에 의해 교육된 그들 두뇌의 일부를 전쟁에서 잃었습니다. 이것이야말로 이 전쟁의 가장 비참한 측면 중의 하나입니다. 알제리는 어려움을 잘 극복해 나갔습니다. 하지만 프랑스는 알제리의 정치나 경제, 그 어느 데서도 배울 것이 하나도 없었습니다.

우리는 알제리와 가능한 한 좋은 관계를 가져야만 합니다. 하지만 제3세계가 이 세계의 희망이라는 생각은 너무 어처구니없군요. 그건 아무 의미도 없는 말입니다. 물론 희망은 품어야지요. 하지만 깊은 생각도 없이 여기저기에 이런 희망을 걸어서는 안 됩니다. 어느 한때 좌익 지식인들은 제3세계로부터 빛이 올 것이라고 생각했다고 당신들이 말했죠. 그들이 잘못 생각한 겁니다. 힘겹게 살아 보려고 애쓰는 그들에게 그런 임무를 지우는 것은 그 나라들을 위하는 길이 아닙니다.

6

국가 간의 평화와 전쟁

a) 핵전쟁을 생각한다

미시카　1959년부터 1967년 사이에 소르본의 교수로 계시면서 수많은 저서들을 내셨습니다. 그 저서들을 분류해 보면,

— 산업사회의 변화를 분석한 것, 그중 가장 유명한 것은 『산업사회에 관한 18개의 강의』이고, 이어서 『계급투쟁』, 『민주주의와 전체주의』,

— 좀 더 이론적인 것으로 『사회학 사상의 여러 단계들』,

— 지정학적 문제와 전략 문제를 다룬 『국가 간의 평화와 전쟁』(1962) 등입니다.

이 마지막 작품부터 시작해 봅시다. 당신은 가장 분석하기 어려운 것, 즉 국가들 사이의 관계와 전쟁에 대한 개념 체계를 수립

하고자 했습니다.

왜 전쟁이론을 정립하려 했습니까?

아롱　　전쟁이론이 아닙니다. 〈피가로〉에서 외교적 사건들을 논평할 기회가 때로 있었는데, 나는 철학에 대한 약간의 향수를 지니고 있었고, 또 사물을 추상화(抽象化)하는 취미를 갖고 있었기 때문에 이런 논평들을 모아서 『대분열』이나 『연쇄 전쟁』 같은 전체적인 해설서로 묶기 시작했습니다. 그것들은 역사적, 사회적 분석이기는 했지만 체계적인 분석은 아니고, 사용된 개념들도 매우 불충분하다고 혼자 생각하고 있었습니다. 그래서 국제관계이론의 입문서라고 할 만한 책을 한 권 쓰고 싶은 것이 오랜 꿈이었습니다. 1년간의 휴가를 얻어 소르본에서 멀리 하버드에서 한 학기를 보냈습니다. 거기서 쓴 것이 『국가 간의 평화와 전쟁』입니다. 아, 그 주제에 대한 강의도 했다는 얘기를 덧붙여야겠군요.

이 책의 제2부까지는 소르본에서 한 강의 형식으로 돼 있습니다. 마침내 이 두툼한 책을 출판했는데, 그 부피가 사람들을 압도했나 봐요. 사실 별것도 아닌데. 그러나 놀랍게도 나에게 별로 호감을 갖지 않은 〈아날〉지까지도 이 책의 서평을 2회에 나누어 실을 정도였습니다. 그것은 대학세계에 나를 완전히 통합시키는 하나의 방편이 됐습니다. 『국가 간의 평화와 전쟁』은 대학사회 고유의 어떤 단점들을 노정하기도 했습니다.

미시카　　당신은 역사가 '소음과 분노'라고 거듭 말하면서 한편으로는 총체적인 분석 체계를 수립하고 싶어 했습니다. 서로 모순 적인 이야기 아닌가요?

아롱　아니요, 전혀 그렇지 않습니다.

볼통　항상 대(大)체계를 거부하면서 그런 체계를 하나 세우고 싶어 하다니요?

아롱　불행하게도 나는 『평화와 전쟁』에서 대체계와 대이론을 하나도 세우지 못했습니다. 총체적인 상황을 어떻게 분석할 것 인가, 또 내가 일부 개념을 도입하면서 단순히 체계라고 불렀던 것을 어떻게 동질 체계와 이질 체계로 분석할 수 있을 것인가를 설명하려 했습니다. 그리고 또 핵무기에는 어떤 새로운 점이 있 는가도 설명하려 했고요.

미시카　바로 그 문제를 잠깐 이야기해 본다면, 인류가 이미 알고 있는 모든 전쟁들에 비해 볼 때 열핵무기는 어떤 점에서 전략과 외교의 여건을 근본적으로 뒤흔들어 놓는 것일까요?

아롱　한마디로 딱 잘라 대답하기 좀 어려운 질문이군요. 나폴 레옹 이래 근대 전략의 지배적 개념은 전쟁의 목표를 적의 무장 해제에 두고 있습니다. 그러니까 적의 방어능력을 완전히 제거 한다는 것이죠. 그런데 내가 이 책을 쓸 때만 해도 두 핵강대국 의 방어능력 소멸, 즉 무장해제는 거의 불가능한 것으로 보였습 니다. 오늘날에 와서는 미사일의 정밀도가 상당해서 이론상으로 는 적의 미사일을 요격할 수 있을 정도이므로 이것은 더욱 불가 능한 얘기가 되고 있습니다. 정말로 어려운 일입니다. 왜냐하면 만일 두 강대국 중 하나가 상대편의 지상 미사일을 요격한다 하더라도 잠수함 미사일과 항공기 미사일 등은 여전히 남아 있는 것 아닙니까.

그러나 마침내 사람들이 금방 깨달은 것은, 극단으로의 상승(클라우제비츠의 표현)이 핵무기로의 상승이 된 순간부터, 따라서 공동자살의 위험이 생기면서부터 뭔가 변화가 생겼다는 것입니다.

그렇다면 본질이 변한 것일까요? 소련 사람들은 본질이 변하지 않았다고 말하고, 서구인들은 본질이 변했다고 말합니다.

볼통   그 본질이란?

아롱   서방 측 사람들은 억제 개념을 절대적으로 생각하고 있습니다. 핵무기는 적으로 하여금 이것 또는 저것을 하지 못하게 억제하는 데 그 목표가 있는 것이지 적에 대해서 승리를 거두기 위해 필요한 것이 아니라는 겁니다. 오늘날까지도 미국의 공식 입장은 핵전쟁에 승자가 있을 수 없다는 것입니다. 그런데 소련 사람들은 억제 개념을 전혀 또는 거의 사용하지 않는 편이에요. 그들은 "전쟁은 다른 수단에 의한 정치의 추구이며 그 연장이다"라는 클라우제비츠의 공식을 채택하고 있습니다. 그러니까 그들은 만일 전쟁이 일어난다면 비록 핵무기를 사용하더라도 승자와 패자가 있을 수 있다고 생각하는 것입니다. 그러나 여하튼 양쪽 말에 다 일리가 있습니다.

극단으로의 상승이 핵무기로의 상승으로 바뀌었다 하더라도 그것은 아우스터리츠[1]와는 또 다른 것입니다. 아우스터리츠는 완전한 군사적 승리죠. 예나도 완전한 군사적 승리입니다. 예나 전투로 프로이센의 무장해제가 가능했습니다. 아우스터리츠는 러시아를 무장해제시키기에는 좀 불충분했지만 어떻든 그것은 무장해제의 승리였습니다. 오늘날에 와서는 소련이 미국을 무장해제시키거나 반대로 미국이 소련을 무장해제시키는 그런 승리는 상상조차 할 수 없습니다. 핵전쟁이 결코 일어나지 않을 것이라는 의미가 아니고, 지금이야말로 뭔가 새로운 것을 생각해 봐야 한다는 의미입니다. 이제는 단순히 전쟁에서 어떤 무기를 사용할 것인가를 결정하는 것보다는 어떤 무기를 어느 정도까지 사용하는가, 또 적에게 자기 편의 수준을 너무 높게 보이지 않도록 하는 방법은 무엇인가 등등을 아는 일이 중요합니다.

미시카 어쩌면 그처럼 냉정하게 현실적인 태도로 핵전쟁을 말할 수 있…….

아롱 내가 얼음같이 차갑고 감정도 없는 사람이라고 말하고 싶은가 보군요. 그런 식으로 말한다면 정말 화를 내겠습니다. 누구나 전쟁에 대해서 조금만 생각해 보면 전쟁이 혐오스러운 것임을 알 수 있죠. 나 역시 전쟁을 증오합니다.

미시카 내 말씀이 다 끝나지 않았는데 화부터 내시다니요. 내가 묻고 싶었던 것은, 전쟁에 대한 이러한 강박관념적 관심이

---

1   Austerlitz, 체코의 지명. 1805년 12월 2일 나폴레옹이 이 지역에서 오스트리아·러시아 연합군에 큰 승리를 거둠으로써 유럽의 제3 대프랑스 동맹을 와해시켰다.

1930년대의 평화주의와 어떤 관련이 있지 않은가 하는 것입니다. 당시에 평화주의는 전쟁을 생각조차 하지 않으려는 이념이었죠. 『연쇄 전쟁』, 『국가 간의 평화와 전쟁』, 『전쟁을 생각한다: 클라우제비츠』 등이 모두 전쟁과 관련된 주제 아닙니까?

아롱 하지만 우선 이것부터 말해 보시오. 우리가 지금 20세기에 살고 있다는 것을 당신은 알고 있습니까? 그리고 20세기의 가장 큰 사건이 1차 세계대전이고, 그보다 더 큰 사건이 2차 세계대전이라는 것도 알고 있습니까? 이 2차대전에서 강대국 소련이 태어났습니다. 오늘날까지도 일상적인 상황을 지배하는 것은 소련의 군사적 힘입니다.

나는 1940년 이전에는 전쟁을 혐오했기 때문에 전쟁에 대해서 아무런 성찰도 하지 않았습니다. 그런데 전쟁중에 나는 이 주제를 생각하지 않을 수 없었고, 델브뤼크의 고전 『전쟁술의 역사』를 읽기까지 했습니다. 그는 정치적 테두리 안에서 전쟁을 다뤘습니다. 나는 스물다섯 살에 역사에 참여하는 방관자가 되기로 결심한 이래, 이 임무를 수행하기 위해서는 경제학을 반드시 알아야만 했습니다. 그래서 경제학을 공부했습니다. 그리고 국제관계도 이해해야만 했지요. 그래서 1940년부터 국제관계에 관심을 가졌고, 그 후 전쟁 동안과 그 이후까지 계속해서 관심을 갖고 있습니다. 전쟁은 철저히 혐오하면서 말입니다.

그러나 외교적 사건들, 특히 전쟁은 아주 매혹적인 연구 대상이라는 것을 고백해야겠군요. 왜냐하면 외교나 전쟁에는 드라마와 예측이 동시에 들어 있으니까요. 대학에서 다른 모든 학문과 마찬가지로 군사 문제를 꼭 연구해야 합니다. 리델 하르트도 그렇게 썼어요. 『국가 간의 평화와 전쟁』 첫머리에 내가 인용한 글도 리델 하르트의 한 문장입니다. 그러나 그 당시만 해도 이 주제를 대학에서 정식 학문으로 연구한 사람은 프랑스에서 거의나 혼자뿐이었습니다. 오늘날에는 대부분의 대학들에 국방학과가 있지만요.

사회학자가 되기를 원하면서 동시에 자기 시대를 이해하고자 하는 사람이라면 지나간 전쟁, 또는 앞으로 올 전쟁의 위험에 대해 강박관념을 느끼는 것이 조금도 이상할 것이 없습니다. 하지만 정신분석학적 측면으로 해석해 본다면 내가 혐오하는 주제에 대해 이토록 끊임없이 책을 써 냈다는 것은 나의 평화주의를 벌주기 위한 일종의 자가처벌이 아니었나, 라는 생각도 듭니다. 가능한 얘기에요. 그러나 또 한편으로는 단순히 대전(大戰)들의 신비하면서도 동시에 현실적인 성격에 매력을 느꼈기 때문이기도 합니다. 내가 어느 기사에서 '여느 때와 같은 역사(history as usual)'라고 말한 것이 그 의미입니다. 다시 말해 전쟁이란 그냥 '보통의 역사'의 한 부분이라는 뜻입니다. 이 역사는 국가, 전쟁, 영웅, 희생자들로 이루어져 있지요. 이것은 단순히 비합리적인 혼란에 불과한 것일까요, 아니면 그 혼란 저편에 합리적인 것이라고 여겨지는 어떤 것이 있어서 우리가 그것을 사전에 감지하고 예측할 수 있는 걸까요? 역사는 소음과 분노에 불과할까요, 아니면 인민들이 겪는 그 참화 속에 일종의 합리성이 있는 걸까요?

미시카　핵시대인 오늘날의 전쟁에 당신이 그토록 매력을 느끼는 이유는 그것이 점점 더 두뇌 게임, 체스, 아니 어쩌면 포커 게임과 비슷해지기 때문 아닙니까?

아롱　네, 그게 바로 핵전략의 한 측면입니다. 그러나 동시에 절망적인 측면이기도 하지요. 프랑스에는 그리 많지 않지만 미국에서는 핵전략에 대해 무수히 많은 책이 나왔습니다. 그러나 어디까지나 추측에 불과한 것이죠. 두 나라 사이의, 좀 더 정확히 말하면 두 국가원수 사이의 심리적 관계를 추측한 것입니다. 왜냐하면 다행스럽게도 아직까지는 핵무기를 사용한 경험이 없기 때문입니다. 1945년에 일본에서 원자폭탄을 사용했지만 그때는 아직 핵시대가 아니었습니다. 그것은 항복을 재촉해 포위된 섬나라를 빨리 양도받기 위한 폭격에 불과한 것이었습니다. 아직 원자폭탄을 갖지 못한 한 강대국에게 자기들이 가진 처음 두 개의 폭탄을 사용한 것이죠. 1962년의 쿠바 위기도 완전한 핵위기라고는 할 수 없습니다. 당시 소련의 목표는 쿠바에 핵미사일을 설치하는 일이었습니다. 하지만 만일 소련이 쿠바에 (핵기지가 아니라) 비핵기지를 설치했다 하더라도 미국은 아마 그것을 철수하라고 소련의 지도자들에게 정치적으로 요구했을 겁니다.

볼통　『국가 간의 평화와 전쟁』은 1962년, 평화공존이 약간의 희망을 던져 주던 순간에 출판되었습니다. 평화공존을 중요하게 보십니까? 그것이 국제관계의 새 기원을 열었나요?

아롱　　아니요, 평화공존은 진부한 이야기입니다. 그것은 공산주의 체제와 다른 사회 체제 사이에서 일정 기간 일어나는 일을 지칭하기 위해 레닌이 사용한 표현입니다. 스탈린이 죽은 후에 소련은 과거에 단절됐던 일부 관계들을 재개시켰습니다. 다시 한번 정상적인 외교관계와 체육 교류, 지적 교류 등등이 시작되었습니다. 그러니까 평화공존이란 전혀 새로운 것이 아닙니다. 다만 그것은 소련과 서방 측 사이에 재래식 의미의 전쟁이 없으며 양측이 재래식 무기를 사용하지 않는다는 것을 의미할 뿐입니다. 소련 세계와 비공산 세계 사이의 경쟁관계가 더 이상 계속되지 않는다는 의미는 결코 아닙니다.

미시카　　사태가 그렇게 바뀐 것은 오로지 스탈린의 죽음 때문인가요?

아롱　　오늘날에 와서는 대부분의 전문가들이 스탈린이 말년에 이미 극단적인 형태의 냉전에 종지부를 찍을 계획을 하고 있었다고 생각하고 있습니다. 아마도 1953년쯤에는 그의 후계자들이 했던 식으로 외교 노선을 변경했을지도 모릅니다. 그러나 그 후계자들이 그 작업을 훨씬 빠르게 진행시킨 것은 사실입니다. 왜냐하면 그들은 스탈린의 죽음에 대한 국내외의 반향을 매우 두려워했기 때문입니다. 그러니까 냉전은 아마 오늘날까지도 계속되고 있다고 말하고 싶지만, 여하튼 1962년 말까지는 틀림없이 지속됐습니다.

그 사이에 흐루쇼프라는 인물도 있었고, 베를린 문제에 대한 최후통첩도 있었습니다. 아마 1958년 가을이었던 것으로 생각됩니다. 가장 심각한 위기였죠. 흐루쇼프는 서베를린의 법적 지위를 수정할 것을 요구했습니다. 서베를린은 국지방어가 불가능했죠. 서방 측이 소련의 재래식 병력에 대항해 충분한 재래식 병력을 투입할 수 없다는 것은 너무나 분명한 일이었습니다. 하지만 그들은 최후통첩을 받아들이기를 거부했고, 그 후 몇 년간 소위 팔씨름이 벌어졌습니다. 한편에서 위협을 가해도 상대편에서는 항복하기를 거부했죠. 베를린 위기는 1962년 가을에 쿠바 위기가 일어난 후에야 해소됐습니다. 그것은 흐루쇼프의 모험주의적 정책이었고, 그의 후계자들은 이 정책을 크게 비난했습니다.

미시카　소련에 관한 한, 역사 속에서 개인의 역할을 너무 과신하시는 것 아닙니까?

아롱　1917년의 혁명에 관한 한, 그것은 레닌과 트로츠키가 없었더라면 일어나지 않았을 것입니다. 트로츠키 자신도 그런 내용을 쓴 것으로 알고 있습니다. 물론 차르 체제가 제국의 변혁을 주도할 수 없었으므로 혁명은 불가피했다고 말할 수도 있겠죠. 가능한 이야기입니다. 그러나 트로츠키나 레닌 같은 인물들이 역사 속에서 상당한 역할을 한 건 사실입니다. 도대체 어떤 철학의 이름으로, 사회주의 국가를 창건한 책임과 영광, 또는 자기네 국민을 전체주의 체제 속으로 몰아넣은 책임과 영광을 이들로부터 박탈할 수 있을지 모르겠네요.

미시카　평화공존 시대의 가장 큰 사건은 대기권 밖에서의 핵실험을 금지하는 1963년 7월의 모스크바 협정이 아닐까요?

아롱　그리고 또 핵실험의 출력을 제한하는…… 네, 그것이 최초의 군비 통제 협정입니다. 영어로 arms control이라고 하는 군비 통제 말입니다. 미국인들이 구상한 것인데, 내가 하버드에 있을 때 그 작업이 한창 진행중이었습니다. 미래의 케네디 보좌관들이 군비 통제를 논의하는 세미나가 있었죠. 첫 번째 협정은 소련과 미국 사이에 조인되었습니다. 중국과 소련이 분쟁을 공개적으로 노출하던 시기였죠. 소련 공산당과 중국 공산당의 긴 편지가 공개된 것은 1963년 7월이었습니다. 그들은 그 관계 전문가들이 불완전하게 알고 있던 분쟁을 만천하에 드러내 보여주었습니다.

미시카　이 전략무기제한협정(SALT)이 실현된 것은 두 핵강대국이 핵경쟁을 제한할 필요성을 느꼈기 때문인가요, 아니면 소련과 중공의 알력 때문인가요?

아롱　아니요, 그것은 미국이 구상한 것입니다. 미국인들은 전쟁에서는 승자가 없다, 두 강대국 사이의 경쟁관계는 불가피하다, 그러나 가능한 한 이 경쟁을 좀 낮은 수준에서 벌여야 한다, 는 등의 생각에서 출발했습니다. 그들은 핵전쟁의 위험을 최소한으로 줄이려는 강박을 갖고 있었습니다. 지극히 옳은 생각이었죠. 그때부터 그들은 줄곧 '군비 통제'를 생각했습니다. 그러나 별다른 성과는 얻지 못했어요. 소련은 계속해서 군비를 증강시켰기 때문에 오늘날 소련의 군사적 우위가 거의 의심의 여지가 없지 않습니까?

핵전쟁의 위험에 관한 한, 군비 통제가 있건 없건 별로 다른 점이 없습니다. 하지만 나의 이런 주장이 정언적이 아니라는 것을 시인합니다. 내가 그렇게 판단하고 있다는 것뿐이지, 증명할 길이 없기 때문이죠. 다만 중요한 것은, 그리고 또 확실한 것은 '군비 통제' 안이 랜드(Rand) 연구소와 하버드에서 구상되고 케네디에 의해 처음으로 실천에 옮겨졌다는 것입니다. 아직도 논의 중에 있는 SALT의 기본 이념도 그와 똑같은 것입니다.

볼통　사람들은 그 협정들에 기대를 걸었습니다. 그런데 실제적으로 아무 소용도 없었지요?

아롱　거듭 말하거니와 그 협정으로 무엇이 달라졌다고는 생각지 않습니다. 하지만 그것이 국고 지출을 다소 감소시켜 주었다고 미국인들은 말하기도 합니다. 예를 들면 대미사일 방어무기 ABM(탄도탄 요격미사일)을 만들지 않기로 합의를 본 것 등이죠. 그건 그렇고, 이게 좋은 결정일까요 나쁜 결정일까요? 글쎄, 좀 더 논의를 해 봐야 할 겁니다. 또 한편 이 협상으로 상대방이 하고 있는 일을 좀 더 잘 알 수 있게 됐다고 그들은 생각하고 있습니다. 별로 설득력 있는 주장은 못 됩니다. 왜냐하면 협정의 준수를 감시하는 것은 근본적으로 인공위성이니까요.

오랫동안 미국의 독트린은 상호파괴의 보장이었습니다. 다시 말하면 상호간에 한쪽이 다른 한쪽을 파괴시킬 수 있는 만큼의 수준을 유지하자는 것이죠. 하기는 공공연한 협정이 없이도 그러한 상호 수준이 유지돼 온 게 사실입니다. 핵무기 사용이 공동의 자살을 의미하는 것이라면, 적어도 핵위협에 의한 억지력은 무력화됐음이 틀림없습니다.

나는 항상 미국인들이 서로 크게 모순되는 두 가지 일을 동시에 원하고 있다고 생각했습니다. 한편으로는 핵무기를 사용하겠다는 위협을 통해 억지력을 유지하고, 또 한편으로는 핵무기 사용이 공동의 자살을 자초할 것이라는 상황을 조성하는 일입니다. 그러므로 핵억지력의 효과는 MAD(Mutual Assured Destruction, 상호파괴보장) 독트린에 의해 상당히 약화됐습니다. 이 정책의 비판자 중의 하나인 미국의 G. 브레넌은 MAD가 영어로 미치광이의 뜻을 가지고 있다는 것을 상기시키기도 했지요.

미시카 소련이 억지력을 믿지 않았다고 하셨는데, 그렇다면 그들은 핵무기를 재래식 무기로 간주하고 있었다는 말인가요?

아롱 초특급의 파괴력을 가졌다는 것 외에는 다른 무기들과 똑같은 무기라고 그들은 말했습니다. 물론, 가능한 한 이것을 사용해서는 안 된다고 부연하기는 했습니다. 하지만 만일 그들이 그것을 사용한다면 클라우제비츠의 공식은 여전히 진실일 것이며, 항상 승자와 패자가 있게 마련이라고 그들은 생각합니다.

소련의 한 외교관에게 이렇게 질문을 한 적이 있습니다. "왜 당신들의 전략서는 항상 핵무기가 다른 것들과 마찬가지 무기이며 그것을 사용할 수도 있다는 등의 주장을 하고 있습니까?" 그는 좀 거북한 듯 잠시 생각하더니 아주 교묘한 대답을 찾아냈습니다. 맞기도 하고 틀리기도 한 대답이었죠. "당신도 알다시피 군은 항상 어떤 원칙을 필요로 합니다. 그러니까 민간이 군에게 원칙을 준비해 줘야죠. 그런데 그 원칙은, 이 무기들이 다른 것들과 다름없는 무기라는 것입니다. 하지만 소련의 지도자들이 마음속 깊이 이 바보 같은 생각을 인정하고 있다는 의미는 아닙니다." 우리에게는 두 개의 선택지가 있어요. 그 외교관의 말을 믿거나, 아니면 소련의 공식 교과서를 믿거나 말입니다.

볼통   그렇다면 왜 그들은 이 군축협정에 조인했을까요?

아롱   그들은 이 협정을 반대하지 않았지요. 오히려 이 협정들은 소련에 좀 유리한 편이었죠. 앞에서도 시사했듯이, 이 협정들로 인해서 그들은 핵 분야에서 미국을 따라잡거나 앞지를 수 있었던 겁니다. 그리고 또 한편으로는 미국 군비의 상한선을 알 수 있었으므로 자신들의 핵무기 분야 지출을 제한할 수 있었으며, 이것이 또 다른 무기 개발을 위한 자원으로 활용됐습니다.

볼통   그러니까 우리 서방 측이 실수한 거군요?

아롱   그렇게 단정적으로 말하고 싶지는 않습니다. 나는 이 협정들이 비교적 소련에 유리했다고 생각하고 있을 뿐, 그처럼 극도로 복합적인 문제를 한두 마디로 잘라말할 수는 없습니다.

볼통   1960년에서 1970년 사이, 베를린, 쿠바 등에서 여러 차례 위기가 일어난 이 평화공존의 시기에 미국은 서서히 베트남전에 개입하고 있었죠. 당신은 베트남전을 비판했습니까, 아니면 단순히 설명만 했습니까?

아롱　설명했습니다. 베트남전은 미국의 실수였고 또 전쟁 수행 방식도 매우 어리석다고 판단했어요. 하기는, 미국의 베트남전 개입을 단호하게 비난하지 않는 프랑스인은 단 한 명도 없었지요. 그런데 내 개인적으로는, 남베트남을 수호하려는 미국의 노력이 1946~54년의 프랑스의 베트남 전쟁보다는 훨씬 덜 가증스럽다고 생각했습니다. 프랑스는 베트남에서 영토를 보존하고 싶어 했습니다. 그러나 미국인들은 베트남에 남아 있으려는 의도가 전혀 없었죠. 틀린 생각인지 옳은 생각인지, 아마도 틀린 생각이었겠지만, 그들은 베트남 정부를 구출하려 했습니다.

볼통　그렇죠. 하지만 미국은 1954년의 제네바 협정을 준수하지 않았습니다. 선거를 주선하지도 않았고요.

아롱　그건 사실입니다. 하지만 공산주의 정권하에서 자유선거가 실시됐나요? 만일 1958년에 선거를 했다면 베트남의 고 딘 디엠 대통령이 하노이에서 연설을 할 수도 있었을 것이라고 진정으로 믿고 있나요? 그러니 웃기는 이야기죠. 베트남 사람들과 마찬가지로 월맹 사람들도 자유선거를 원치 않았습니다.

　문제는 그게 아닙니다. 월맹에 대항해 싸울 만한 애국심이 베트남에 있었는가, 바로 그게 문제였습니다. 한국전쟁에서는 미국의 남한 개입을 서방 측이 지지했습니다. 그들은 남한을 구원하려 애썼고, 또 성공했습니다. 미국인들은 베트남에서도 똑

6. 국가 간의 평화와 전쟁　**333**

같은 일을 시도했습니다. 하지만 그들은 베트남을 몰랐고, 전쟁을 어떻게 해야 할지도 몰랐습니다. 마치 미치광이처럼 뛰어들었죠. 이 전쟁으로 그들은 커다란 물적 대가를 치렀고, 그보다 더 큰 정신적 대가를 치렀으며, 아직도 그것을 완전히 청산하지 못하고 있습니다.

그 당시에 내가 분석하고자 했던 것이 바로 이런 상황이었습니다. 닉슨과 키신저는 집권하고서 남측의 항복을 의미하는 베트남 연정(聯政)을 수락하지 않겠다고 선언했습니다. 그때 나는 여러 가지 가능성으로 보아 전쟁이 몇 년 더 계속될 것이라고 썼습니다. 게다가 이 전쟁은 인기가 있을 수가 없었습니다. 미국인들은 폭격에만 의존하고 있었죠. 그들은 월맹 지역, 특히 북쪽의 병사들이 지나가는 통로에 수십만 톤의 폭탄을 퍼부어 댔습니다. 이러한 수단은 베트남을 구원한다는 목표가 정당하다는 것을 잊게 만들었습니다. 그 목표는 아직도 정당합니다. 수천, 수만 명의 베트남인들이 북에 의해 '해방된' 자기 나라를 떠나려고 애쓰고 있는 것만 봐도 알 수 있는 일입니다.

볼통　왜 서구 민주주의 진영이 이런 종류의 전쟁, 즉 베트남전을 이기지 못했다고 생각합니까?

아롱　그건 이해하기 쉽죠. 우선, 민주주의 체제가 전쟁을 하기 위해서는 그 전쟁이 옳다는 확신, 비록 성스럽다고까지 말할 수는 없어도 최소한 도덕적으로는 순수한 어떤 대의를 수호한다는 확신을 가져야만 합니다. 그런데 베트남전은 프랑스인에게도 미국인에게도 아주 의심스러운 전쟁이었습니다.

게다가 베트남전은 민간인들이 식민본국의 도시에 앉아서 텔레비전으로 생생하게 전쟁을 체험할 수 있는 현대의 첫 번째 전쟁이었습니다. TV가 엄청난 역할을 했습니다.

게다가 그 당시의 미국 군대는 징병제 군대였습니다. 19세기의 유럽 국가들은 직업군인을 가지고 식민전쟁을 했는데, 베트남전은 일반 시민들이 한 것이었습니다. 그래서 전쟁이 계속됨에 따라 미국 국내의 도덕적, 정치적 항의가 더욱더 격렬해졌습니다.

미국은 전쟁 경비를 조달하기 위한 세금 증액을 요구하지도 않고 그냥 전쟁을 개시했기 때문에 세계적인 인플레를 유발했습니다. 1975년에 미국 대통령은 수년간의 전쟁의 목표였던 베트남 정부 구원을 위해 의회로부터 아무런 예산도 따낼 수 없었습니다. 마침내 미국은 별로 명예스럽지 못한, 아니 어쩌면 비참하기까지 한 조건으로 1975년에 베트남을 떠났습니다. 미국에게 베트남전은 비극이며, 미국은 아직도 그 비극에서 완전히 헤어나지 못하고 있습니다.

볼통   군사적으로 패한 건가요, 도덕적으로나 정치적으로 패한 걸까요?

아롱   군사적으로 패한 건 아닙니다. 그렇게 될 수는 없으니까요.

볼통   알제리에서와 같은 상황인가요?

아롱   아니요, 다릅니다. 이 전쟁의 상대편은 강력한 월맹군이었습니다. 월맹군은 전쟁의 종반부에 가서야 베트남을 침입했으며, 미군은 거기 대항할 힘이 충분히 있었습니다. 그러나 미군이 할 수 있었던 것은 게릴라를 완전 소탕하는 일이었습니다. 이 게릴라는 지속적으로 월맹의 지원을 받고 있었으며, 또 월맹은 모든 필요한 무기를 소련에서 받고 있었죠. 그러므로 전쟁의 진행 상황으로 보아서는 결코 군사적 패배가 있을 수 없는 전쟁이었습니다. 이 전쟁을 지휘한 민간인들이 전쟁을 별로 생각해 본 적이 없는 사람들이었다고 말하는 게 옳겠죠. 그들은 아무런 경험도 없이, 믿기지 않을 정도로 서투르게 전쟁에 뛰어들었습니다. 그래서 미국은 이 전쟁을 일으킨 장본인, 범죄자, 또는 최악의 오명인 패전국의 낙인이 찍힌 것이죠.

　　보시오, 전쟁을 생각해 보는 것은 가끔 이렇게 유익한 일이라오.

b) 경제 성장과 이데올로기 전쟁

볼통   1955~56년에 소르본에서 강의한 내용을 묶어 1963년에 『산업사회에 관한 18개의 강의』라는 제목의 책으로 냈습니다. 이어서 『계급투쟁』, 『민주주의와 전체주의』를 냈습니다. 이 책들은 판매 면에서도 대성공이었지요.

아롱　처음부터 성공했던 것은 아닙니다. 소르본의 원형계단 강의실인 데카르트관에서 강의할 때, 불과 30~40명의 학생밖에 없었습니다. 학생들에게 이 강의가 시험에 별로 쓸모가 없을 거라고 말했죠. 그런데 그 후 『18개의 강의』가 많은 독자들에게 읽히더군요. 하지만 그것은 7년이 지난 다음이었습니다.

미시카　그 책의 성공을 어떻게 설명하겠습니까? 성공도 대성공이었는데요.

아롱　네, 『18개의 강의』 같은 책이 성공하는 것은 독자의 요구와 책의 성격이 맞아떨어질 때입니다. 이 책은 (학문의) 대중화 책이라고 말할 수 있겠습니다. 나는 마르크시즘이 승리를 거두기 이전인 19세기 전반에 널리 통용되던 산업사회의 개념을 다시 택했습니다. 이와 같은 산업사회의 개념을 택함으로써 나는 자본주의 사회와 사회주의 사회를 산업사회의 개념으로 연결지어 두 사회를 비교할 수가 있었습니다.

　　그런데 그 시절에는 흐루쇼프의 연설과 헝가리 혁명 탄압 때문에 많은 지식인들이 정통파 마르크시즘과 결별하는 사태가 일어났죠. 그들은 이 세 권의 작은 책들에서 유럽의 양편에 있는 두 타입의 산업사회의 대립에 대해, 부분적으로는 마르크스주의적이지만 완전히 소비에트적은 아닌 해석 방법을 발견한 것입니다.

미시카　『18개의 강의』에는 다른 중요한 테마도 있지요, 경제 성장이라는.

아롱　네. 하지만 성장이라는 단어는 이미 문헌에 나와 있는 것입니다. 이 주제에 대한 첫 번째의 주요 저서는 콜린 클라크[2]의 『경제 발전의 조건』이라고 생각합니다. 푸라스티에[3]의 책들도 있고요. 그러나 나의 책은 아마 그들의 책들과 좀 달랐을 겁니다. 나는 순전히 수학적으로 계산된 성장은 사회관계 또는 그 사회에 가능한 성장 타입과 밀접한 연관이 있다는 것을 밝혀 냈습니다. 이런 의미에서 나의 책은 콜린 클라크나 푸라스티에에서 출발해, 교조적이지 않은 새로운 마르크시즘에 당도했다고 말할 수 있겠습니다.

미시카　말씀을 들으니 『18개의 강의』는 사회의 구조적 변화를 다룬 최초의 책인 듯싶습니다. 그 당시 지도자들은 이런 변화를 의식하고 있었습니까?

아롱　그들도 잘 알고 있었습니다. 하지만 생산 및 생산성의 증가가 근대사회의 근본적, 구조적 특성이라고는 아직 생각하지 않고 있었습니다. 이러한 사실이 인정되자 1939년 이전까지 정설

2　Colin Grant Clark, 1905~1989. 오스트레일리아 태생의 영국 경제학자. 국가 세입의 연구에서 출발하여 기술 발전에 연결되어 있는 경제 사회 발전의 조건을 분석, 기술 발전과 인구를 기준으로 경제활동의 3분야를 1차산업 농업, 2차산업 공업, 3차산업은 서비스업으로 분류했다. 『국가의 세입』, 『국가의 세입과 지출』, 『경제 발전의 조건』 등의 저서가 있다.

3　Jean Joseph Hubert Fourastié, 1907~1990. 프랑스의 경제학자. 콜린 클라크와 마찬가지로, 그리고 좀 더 비관적인 G. 프리드만과는 정반대로 기술 발전을 사회 경제 발전의 주요 요소로 보았으며, 공업사회는 3차산업이 지배하는 문명을 지향한다고 주장했다. 『20세기의 커다란 희망』, 『기계주의와 안락』 등의 저서가 있다.

로 돼 있던, 프랑스가 농업과 공업이 적당한 균형을 이루고 있는 사회라는 이론이 일시에 사라져 버렸습니다. 그제서야 프랑스인들은 나중에 드골 장군이 말했듯이 그들의 시대와 화합해야 한다(épouser leur siècle)는 것을 깨닫게 되었습니다. 나는 우리가 현재 살고 있으며 또 거기서 벗어날 수 없는 이 사회를 총체적으로 조명함으로써 국민의 의식 변화를 유도했다고 자부합니다.

그러나 그러한 의식이 자리 잡기까지에는 저항감이 없었던 것도 아닙니다. 1956년에 수에즈 위기와 함께 석유 부족 현상이 일어났을 때 몇몇 농업 대표들은 이렇게 말했죠. "당신 눈으로 똑똑히 보았죠? 산업사회, 아주 좋습니다. 하지만 일단 석유 부족 현상이 일어나면 이렇게 나라 전체가 위험에 빠지는군요." 농업과 공업의 균형이라는 향수가 꽤 오랫동안 끈질기게 남아 있었습니다. 하지만 그것은 곧 사라졌어요.

그 후 1973년부터 1974년 사이에 다시 한 번 성장이론에 대한 의문이 제기되었습니다. 하지만 이때는 모든 사람들이 자본주의 사회 또는 사회주의 사회를 이해하는 하나의 지침으로서 이 성장이론을 이해하던 시절입니다.

미시카 대체로 모더니스트시군요?

아롱 네, 물론이죠. 전쟁 전에도 그랬고 전후에도 그렇습니다. 내 세대의 사람들도 전후에는 모두 모더니스트가 됐죠. 앞에서도 여러 번 말했지만 우리는 1930년대에 쇠퇴의 추억을 가졌고, 1940년에는 모멸감의 추억을 갖고 있습니다. 이러한 과거를 지우기 위해서는 현대사회로 돌입하는 것이 절대적으로 필요합니다. 놀랍게도 나의 『18개의 강의』가 고등학교와 회사 사장들 사이에서 일종의 교과서로 받아들여졌던 것은 이런 이유에서입니다.

볼통   하지만 산업화와 성장이 동방(사회주의권)에도 있고 서방에도 있다는 것을 보여 줌으로써 당신은 자본주의와 사회주의 사이에 어떤 일치점이 있다는 생각을 사람들에게 심어 준 건 아닐까요?

아롱   네, 그런 잘못된 해석에 기여를 한 게 사실입니다. 그러나 그건 잘못된 생각입니다. 왜냐하면 두 타입의 사회가, 소위 뒤베르제[4]가 자유사회주의라고 말한 그 독특한 형태를 향해서 한 점으로 수렴되고 있다고 나는 한 번도 생각한 적이 없으니까요. 두 번째 책 『계급투쟁』에서 나는 두 타입의 사회 안에 있는 여러 계급과 엘리트 집단들의 구조적 분석을 시도했습니다. 그리고 양쪽에서 각기 똑같은 거리의 지점에 있는 사회구조를 향해 두 사회가 접근하고 있는 현상은 없다는 것을 잘 설명했습니다.

---

4   Maurice Duverger, 1917~1989. 프랑스의 법학자이며 언론인, 국립 사회과학재단 연구소장. 정치의 두 측면을 "권력을 지닌 개인 또는 집단들에게 사회 지배를 허용해 주고 또 그 지배에서 이득을 얻도록 그들에게 허용해 주는 힘"인 동시에 "법과 질서를 수립하기 위한 노력, 모든 개인들을 공동체 안에 통합시키기 위한 수단"으로 분석했다. 1968년에 쓴 『정치학 입문』에서는 마르크스의 이론과 서구의 이론을 대비시켜 그 두 이론이 '민주사회주의'라는 한 점에 접근하고 있다고 주장했다. 『프랑스의 헌법』, 『정치 체제』, 『헌법제정권력과 정치 제도』, 『정당론』 등의 저서가 있다.

정치에 관해서도, 소련의 정치 체제가 다원적 민주주의에 합류하기 위해 스스로를 자유화시킬 아무런 의욕도 가능성도 갖고 있지 않다는 것을 한층 더 힘있게 강조했지요. 소련은 러시아가 아니고 소비에트 연방입니다. 다시 말하면 한 이데올로기의 이름으로 통치하고 있는 유일당(黨)입니다. 역사의 총체적 비전과 앞으로 완수해야 할 계획을 한데 연결지어 주는 것은 다름 아닌 이 이데올로기입니다. 이 상황에 비추어 보면 소련 체제가 실행할 수 있는 자유화 정책과 그 한계가 드러납니다. 세 번째 책『민주주의와 전체주의』에서 이런 상황을 최대한으로 정확하게 분석해 봤습니다. 그런데 나는 그 한계를 매우 좁게 설정했어요. 아마도 소련 체제의 변모 가능성에 대해 다소 낙관적이 아니었나 생각됩니다. 하지만 근본적인 문제에 있어서는 그 책의 내용이 아직까지 진실입니다.

미시카 그러니까 산업구조 면에서는 비슷한 두 체제가 이데올로기 면에서는 서로 판이하게 다른 방향으로 나가고 있는 거군요. 하지만 당신도 이데올로기의 종언을 예고하지 않았습니까? 좀 모순 아닌가요?

아롱 '이데올로기의 종언'이라는 표현은 미국의 대니엘 벨이 처음 썼죠. 나도『지식인의 아편』마무리 부분에서 '이데올로기 시대의 종말?'이라는 소제목으로 그것을 시사했어요. 그러나 내 경우는 물음표가 달린 것이었죠. 이 제목은 매우 위험한 것이었다고 생각합니다. 이데올로기란 여러 가지 서로 다른 의미를 갖고 있습니다. 그중 어떤 한 의미에서 이데올로기의 종말을 예상한다는 것은 매우 어리석은 일입니다. 이데올로기란 미래를 지시해 줌과 동시에 우리가 반드시 해야 할 것을 지시해 주는, 총체적인 보편역사의 표상입니다. 마르크시즘이 이데올로기의 가장 탁월한 예이며, 그것을 대신할 이데올로기는 없습니다. 마르크시즘이 정신적인 면에서 권위를 잃는다 하더라도 사람들의 투쟁을 정당화해 줄 어떤 가치가 여전히 그 안에 남아 있을 것이라는 게 나의 생각입니다. 책에서도 암시했지요. 마르크시즘도 몇 가지 작은 이념들에 따라 변모가 되기는 하겠지만, 그러나 마르크스·레닌주의만큼 완벽하고 무조건적인 체계는 아마 찾아보기 힘들 겁니다.

　미국에서도 이 주제에 대해 몇 년간 논쟁이 있었습니다. 그게 『이데올로기의 종언에 대한 논쟁』이라는 책으로 나왔어요. 지금은 그 문제가 약간 퇴색했지만, 그러나 '마르크시즘을 대체 할 만한, 마르크시즘에 비견될 또 다른 총체적 이데올로기가 있는가?'라는 문제는 여전히 남아 있습니다. 이때까지 좌익도 있고 생태주의자들도 있고, 기존 사회의 이러저러한 양상에 반대하는 수많은 사상가들이 있지만 그들 중 누구도 마르크시즘에 필적할 만한 사상 체계를 이루지는 못했다고 생각합니다. 하지만 '이데올로기 시대의 종말?'이라는 말에 내 진심이 담겨 있는 건 사실입니다. 그 후 내 견해를 수정하기 위해 적어도 대여섯 건의 기사를 썼습니다. 그러니 나의 견해를 수정하는 것을 좀 용서해 주시지요.

볼통 선진국에도 아직 계급투쟁이 있다고 생각합니까?

아롱 물론이죠. 이미 이야기하지 않았습니까. 하지만 그것은 '계급투쟁'의 의미를 무엇으로 보느냐에 달린 문제입니다. 계급투쟁이 국민총생산의 분배, 정치 및 경제의 조직 등을 놓고 상이한 여러 집단들이 경쟁을 벌이는 것을 뜻한다면, 분명히 오늘날까지도 대부분의 서구 국가들에는 계급투쟁이 있습니다.

하지만 과연 계급투쟁을 프롤레타리아나 그 외 어떤 반대 당파들이 이상적인 사회를 위해 벌이는 피나는 투쟁으로 볼 수 있느냐의 문제가 제기됩니다. 그렇게 되면 계급 사이의 싸움이 단순히 타협에 의해 해결될 경쟁의 성격을 벗어납니다. 이 싸움은 결국 기존 사회를 부정하는 어느 당파의 완전한 승리, 다시 말해서 혁명적인 승리에 의해서만 해결될 수 있는 피비린내 나는 투쟁이 됩니다. 미국에는 이 두 번째 의미의 계급투쟁이 없다고 말할 수 있습니다. 왜냐하면 그 어떤 노조도, 그 어떤 거대 정당도 미국의 기존 조직 자체를 반대하는 근본적인 혁명을 지지하지 않으니까요. 그런데 프랑스에서는 일부 프롤레타리아가 아직도 마르크스의 어떤 혁명론을 굳게 믿고 있는 듯이 보여, 전통적 의미의 계급투쟁이 남아 있다고 할 수 있습니다. 그러나 대부분의 서구 국가들에서는, 비록 영국의 경우처럼 첫 번째 의미의 계급투쟁이 매우 치열한 양상을 보일 때도 있지만, 기존 체제에 적대적인 당파나 계급들이 언제나 법의 테두리 안에 머물러 있습니다. 영국에서도 노조와 노동당은 그들이 싫어하는 대처 여사의 정책에 반대하여 합법적인 운동을 벌이고 있잖습니까.

볼통　당신은 사회주의 국가와 선진 자본주의 국가의 사회구조가 비슷하다는 견해를 갖고 있으면서도 그 정치 기능 면에서는 아무런 유사점이 없다고 생각하고 있습니다. 그렇다면, 경제구조에 비해 정치 제도가 좀 더 체제의 성격에 결정적인 요인이라는 건가요?

아롱　바로 그겁니다. 소련의 체제는 유일당, 다시 말해 모든 권력이 당에 집중된다는 특성을 갖고 있습니다. 그런데 당 내부에서 실제적으로 나라를 지도하고 통치하는 사람들은 극히 소수의 사람들입니다.

미시카　그러면 생산수단의 소유는 이차적 문제에 불과한 겁니까?

아롱　이차적은 아니죠. 하지만 생산수단의 공공화가 광범하게 실시되고 있으면서, 그러나 국민 전체의 사상과 언어를 통제하는 이데올로기적 정당, 또는 메시아적 정당이 없는, 그런 경제 체제를 상상해 볼 수는 있어요. 정당의 지배적 역할, 그게 본질적인 문제입니다.

　　예를 하나 들어 보죠. 만일 소련 같은 나라의 노조가 노동자들 자신의 표현의 권리를 요구한다면 정부는 그것이 당 우위의 원칙과 어긋난다고 이데올로기적으로 말할 겁니다. 다시 말해, 노조는 당에 대해서 자율적인 권한을 가져서는 안 된다는 것이죠. 소비에트 체제가 당의 독점, 당의 우위를 포기하지 않는 한, 특히 당에 집중된 권력이 곧 사회주의이며 자유라고 되풀이 말하는 그 적의에 찬 경직된 언어를 포기하지 않는 한, 그리고 동유럽 체제의 이러한 성격이 영속적으로 지속되는 한, 그 체제에 자율화가 일어날 것이라는 생각은 — 물론 전혀 무시할 수는 없다 하더라도 — 여하튼 매우 가능성이 희박한 이야기입니다. 소련의 지도자들이 유전학에 대한 이데올로기적 주장을 하지 않는 것만도 일종의 자유화 현상이라고 할 수 있을 겁니다. 스탈린 시대만 해도 그들은 유전학자들을 강제수용소로 보냈잖아요. 유전학은 마르크시즘과 상충된다는 것이죠. 이런 식의 과장 또는 어리석음이 오늘날에는 많이 사라졌습니다. 학자들, 특히 군사적인 면에서 유용한 학자들에게는 비교적 사상의 자유가 허용되고 있습니다.

그러나 아직도 그들은 대부분의 경우 공식적인 말, 경직된 언어만을 말하고 있고, 그것이 동과 서를 가르는 심연입니다. 그런 현상이 계속되는 한 두 체제의 수렴 현상은 결코 없을 겁니다.

미시카　소련 체제를 이데오크라시(idéocratie)라고 부르시는 이유가 그겁니까?

아롱　전쟁 동안에는 '세속종교'라는 말을 썼습니다. 그 표현은 부분적으로는 히틀러의 정치에도 적용됐습니다. 소련에도 똑같이 적용됐죠. 그것은 일종의 종교로 제시되면서 동시에 종교를 부정하는 하나의 이데올로기에 붙인 이름입니다. 반(反)종교적 성격을 띠고 있지만, 당원들이란 일종의 사제와도 같아요. 스탈린은 분명 마르크스·레닌 종교의 대사제였고, 그의 말은 소비에트 세계 전체에서 절대적인 힘을 갖고 있었습니다. 오늘날에는 이와 같은 말과 사상의 획일성이 와해됐지만 그 본질은 여전히 남아 있습니다.

미시카 역설적이게도 이데올로기의 종언이라는 그 주제는 1965년에 마르크시즘의 쇄신을 유도했습니다. 마르크시즘을 구조주의적으로 새롭게 해석한 것 말입니다. 우리가 성장 사회에 살고 있고 혁명이나 빈곤화와는 거리가 먼 사회에서 살고 있는데 이처럼 마르크시즘이 다시 유행하는 이유는 어떻게 설명할 수 있을까요?

아롱 알튀세르의 마르크시즘 이야기군요. 알튀세르는 공산당원이었고 철학자였고, 고등사범에서 학생들에게 교수자격시험을 지도하는 탁월한 교수였습니다. 당원으로서 마르크시즘을 연구하던 그는 그 이론을 새롭게 해석할 수 있는 몇 가지 주제를 찾아냈습니다. 그의 저서에는 구조주의가 있다고 모두들 말합니다. 그러나 나는 거기서 그런 것을 찾지 못했어요. 물론 그의 『자본론』 해석 방법은 어떤 점에서 과거의 방식과 전혀 다른 것이 사실입니다.

그는 나를 반박하기 위해 언젠가 경제 문제를 공부하려 했었죠. 고등학교 동창이며 은행가인 친구를 찾아가 경제를 이해하기 위해 필요한 책을 알려 달라고 했다는 겁니다. 그랬더니 그

은행가 친구가 "자네한테 제일 좋은 것은 레이몽 아롱의 책일세"라고 대답했대요. 물론 알튀세르는 다른 책을 찾아 읽었죠.

미시카   실존주의자들과의 논쟁이 있은 지 거의 10년 만에 알튀세르 및 구조주의자들과 다시금 논쟁을 벌이셨죠. 그처럼 요란하게 논쟁을 벌일 가치가 있었나요?

아롱   글쎄, 잘 모르겠네요. 하지만 나는 그 논쟁에서 『하나의 성(聖)가족에서 또 다른 성가족으로』라는 제목이 떠올랐고, 결국 그 책을 썼습니다. 레비스트로스가 그 책을 읽고 "이제야 내가 알튀세르를 읽지 않은 것이 옳았다는 것을 알게 됐습니다"라고 말하며 내게 고마움을 표시했습니다. 레비스트로스의 구조주의와 알튀세르의 구조주의에 어떤 연관성이 있다는 것은 파리 사람들의 상상일 뿐입니다. 그건 그렇고 하여튼 나는 이 작은 책을 쓰는 데 몇 달을 들였습니다. 작업은 몹시 재미있었지만 그러나 아마도 쓸데없는 일이었나 봅니다.

미시카   경제 성장과 소비사회의 발전이 프랑스의 지식인들을 자신들 사회로부터 이탈시키는 데 박차를 가한 것이 아닐까요?

아롱   누구 말입니까? 〈누벨 오브세르바퇴르〉 사람들이요? 〈현대〉지나 〈에스프리〉의 사람들이요? 만일 지식인 안에 ENA(Ecole Nationale d'Administration, 국립행정학교) 졸업생들을 포함시킨다면, 그들은 파리의 그 철학 교수 자격자들의 입씨름에 별로 관심이 없습니다. 소위 지적 운동이라는 것은 매우 협소한 것입니다. 몇 년 전까지의 고등학교 철학 교사들의 역할을 보면 알 수 있지 않습니까. 그들은 소련에 우호적인 세계관을 철학적으로 그럴듯한 형태로 포장하기 위해 가끔 마르크시즘에 대한 교묘한 해석 방법을 내놓곤 했었죠.

미시카   ENA 졸업생에 대해서는, 그들을 규정짓는 단어가 따로 있지 않습니까. 그들은 지식인이 아니고 테크노크라트라는…….

아롱   어느 날 사르트르가 ENA 학생 하나를 만났던 얘기를 누군가가 내게 해 주더군요. 그 학생은 레이몽 아롱이 행정학교 학생들에게 상당한 영향력을 갖고 있다고 사르트르에게 말했어요. 그러자 사르트르는 크게 놀라고 격분했다는 겁니다. 하지만 나는 사르트르보다 내가 더 ENA 학생들에게 영향력을 행사할 가능성이 있다고 생각합니다. 왜냐하면 그의 문학은 별개로 하더라도 그의 정치론은 고급 관리들에게 별로 쓸모가 없는 것이기 때문이죠.

볼통   지식인들 사이의 논쟁이 별로 중요하지 않다고 말씀하시는 것 같은데……. 하지만 좌익에서는 지식인들의 논쟁과 정치적 논쟁 사이에 밀접한 관계가 있지 않습니까? 그들이 당신과 같은 계열의 사람이 아니고 당신과 큰소리로 함께 싸우는 사람들이라고 해서 "그건 하나도 중요하지 않아"라고 말씀하시는군요. 하지만 〈르 몽드〉나 〈누벨 오브세르바퇴르〉 또는 〈렉스프레스〉나 〈피가로〉 등의 신문을 통해 그때 그때의 정치 논쟁을 살펴보면 그 대부분이 처음에는 지식인들의 논쟁에서 출발했다는 것을 알 수 있습니다.

아롱 언제 알튀세르의 사상이 진짜 정치 논쟁에 영향을 미쳤는
지 얘기해 보시오.

볼통 좌익이 공산당식 좌익으로 된 것은 알튀세르의 사상 때
문이죠. 그리고 1965년에 형성돼 결국 1968년 5월의 결과를 낳
은 좌익운동은 적어도 1974년까지는 사회에 어떤 영향을 끼친
것이 사실 아닙니까? 그러니까 프랑스의 10년간의 정치는 결국
1965년의 지식인 논쟁에서 그 기원을 찾을 수 있습니다.

아롱 나는 알튀세르의 글에서 좌파운동의 기원을 찾을 수 없
습니다. 오히려 그 반대죠. 사르트르의 『변증법적 이성 비판』에
서 차라리 더 많은 좌익사상을 찾아볼 수 있습니다. 알튀세르의
충실한 제자 중 일부는 좌익이 됐고, 그 나머지 일부는 마오주의
자가 됐으며, 또 그 나머지는 공산당에 그대로 남아 있다는 것만
이 사실일 뿐입니다. 알튀세르가 공산당을 초월하는 좌익운동에
어느 정도 기여를 했다는 것은 인정합니다. 그러나 그의 영향력이
아주 컸다고는 생각하지 않아요. 우선 그의 책들은 철학교수자
격시험을 통과하지 않은 사람들에게는 비교적 어려운 것이고, 또
『자본론』에서 그가 이끌어 낸 결론은 좀 애매하기 때문입니다.

미시카 이 기간 동안 미국에 강의하러 자주 가셨습니다. 미국 경
험은 어떤 중요성을 갖고 있습니까?

아롱 나는 항상 외국 여행을 무척 좋아합니다. 그리고 또 프랑
스 이외의 나라에서도 프랑스에서와 꼭 마찬가지로 편안하게 지

냅니다. 1953년인가 54년에 독일의 튀빙겐 대학에서 학생들에게 『18개의 강의』와 비슷한 내용을 요약해 강연한 적이 있습니다. 매우 유익한 경험이었죠. 1930년대의 학생과 전후의 학생들을 비교해 볼 수 있었기 때문에요.

　미국은 국제관계의 학문을 거의 독점하다시피 하고 있었습니다. 그때 프랑스에는 대학에 국제관계학과가 없었고, 영국에도 많지 않았고 독일에도 거의 없었습니다. 그러니까 내가 그것을 보러 간 건 지극히 당연한 일이죠. 게다가 나는 하버드의 많은 교수들과 우정을 나누고 있었습니다. 학장은 내가 하버드의 교수가 되기를 원했지만 나는 물론 그것을 원치 않았습니다. 그 대신 연구교수 자격으로 그곳에서 한 학기를 보냈습니다.

미시카　그런 우정 말고도, 미국에 그토록 매료된 건 미국 문화와 정치에 완전히 호감을 갖고 계셨기 때문 아닐까요?

아롱　그렇지 않습니다. 물론 나는 반미주의자가 아니며 과거에도 결코 그렇지 않았습니다. 프랑스인들은 대체적으로 미국의 사회조직과 문화 그리고 미국인들에게 쉽게 적대감을 느낍니다. 상업사회의 전형과도 같은 미국 사회는 가끔 아주 격렬한 논쟁의 대상이죠. 나는 미국을 잘 모릅니다. 그러나 미국의 대학은 잘 알아요. 지금 현재까지는 세계에서 가장 우수한 대학들입니다. 내가 머물렀던 버클리나 하버드에서는 노벨상을 받은 교수들을 즐비하게 만나볼 수 있어요. 그러니까 정치적으로 지지를 하건 안 하건 누구나 미국 대학에서 풍요로운 학문적 분위기를 느낄 수 있습니다.

볼통   네, 그러나 당신은 사실상 미국의 정치 체제를 지지하고 있지 않습니까. 한때는 친미주의의 이미지를 갖고 계셨죠. 소위 대서양주의자라는 것 말입니다. 그렇죠?

아롱   네. 그러나 내가 알기로는 그 말은 그렇게 모욕적인 것이 아니에요. 1918년에 승리를 안겨 주었고, 1944년과 45년에는 해방을 도와주었으며, 전후에는 경제 재건을 도와준 미국에 대해서 프랑스인들이 그토록 적대적인 이유를 나는 알 수가 없습니다. 배은망덕이죠. 엄밀히 말하면 미국이 프랑스의 식민 정책을 반대한 것을 비난할 수는 있겠죠. 하지만 이제 와서는 프랑스인들이 그것을 좀 더 일찍 포기하지 않은 것을 후회하고 있지 않습니까. 미국의 충고가 우리의 신념보다 더 낫다고 회고조로 말하는 사람들이 꽤 있습니다.

미시카   미국의 영향 중에서 많은 프랑스인들이 두려워하는 것은 프랑스 문화의 소멸과 프랑스어의 역할 축소입니다.

아롱   나는 그 문제를 그다지 비관하지 않습니다. 미국 문화의 힘이 너무나 크기 때문에 프랑스의 문화가 위험에 처해 있다고는 생각하지 않습니다. 20세기 우리 사회의 가장 전형적인 일부 제도들이 미국에서 건너온 것임은 이론의 여지가 없습니다. 불행하게도 이제는 영어가 세계어가 됐습니다. 좋건 싫건 간에 대부분의 학술대회에서는 그것이 엄연한 현실이 됐습니다. 최대한으로 프랑스어를 지켜야죠. 그러나 미국이 단기간에 세계 최강의 지배세력이 된 것을 원망하는 것은 참으로 속 좁고 저열한 일입니다. 그런데 그 얘기도 오래 가지 못하고, 지금은 벌써 미국의 쇠퇴를 말하고들 있습니다. 아마 이런 현상이야말로 프랑스인들의 억울한 심정을 많이 누그러뜨리겠죠.

미시카 경제제국주의, 다국적기업 같은 것은 진정한 위험입니까 아닙니까?

아롱 이론상 그럴 뿐이지, 실제로 어떤 점에서 다국적기업이 제국주의적입니까?

미시카 대상에 따라서 다른 평가 기준을 갖고 계신 것 같네요. 모든 악은 소련 편에 있고, 미국인들은 관대한 평가를 받을 권리가 있기라도 한 것 같아요.

아롱 천만에요. 나는 그 어떤 사회도 완전한 사회라고 말한 적이 없습니다. 다국적기업에 대해서는 IBM 회사를 예로 들어 보죠. 이 회사는 거의 독점적인 컴퓨터 회사였습니다. 아직도 상당한 위치를 차지하고 있습니다. 프랑스에도 IBM의 지사가 있습니다. 당신이 이 문제를 연구해 봤으니까 잘 알겠지만, 프랑스에 IBM 지사가 있다는 사실이 프랑스의 국가적 이익에 반합니까?

미시카 여하튼 드골 장군은 그렇게 생각했습니다. 왜냐하면 그는 아주 의욕적으로 프랑스의 정보기계 생산회사를 설립했으니까요.

아롱 당신의 대답은 궤변입니다. 그는 IBM의 지사가 프랑스의 국익에 위배된다고는 말하지 않았습니다. 다만 IBM과 같이 큰 규모의 프랑스 회사를 갖는 것이 바람직하다고 판단했을 뿐이죠. 그리고 이제는 우리도 그만 한 규모의 회사를 갖고 있지 않습니까? 그러나 그때는 아무것도 갖지 않는 것보다는 IBM을 갖고 있는 것이 훨씬 나았습니다.

미시카 요컨대 자주 정책은 좀 웃기는 것이라고 생각하는군요?

아롱 자주 정책의 정의를 어떻게 내리는가에 달렸죠. 자유교환의 경제 제도 안에서는 그 누구도 경제적으로 독립됐다고 할 수 없습니다. 예를 들어서 우리는 지금 미국보다는 석유 생산에 더 의존하고 있습니다. 오늘날 독립이라는 것은 단 하나의 힘에 의존하지 않고 다양한 의존관계를 갖고 있다는 것을 뜻합니다. 그리고 다른 나라들이 우리에게 의존할 수 있도록 우리도 몇 가지 수단을 소유한다는 것을 뜻합니다. 자유스러운 국제교환의 사회인 오늘날의 사회에서 다국적기업을 경제전쟁의 한 도구로 생각한다는 것은 너무 단견으로 보입니다.

다국적기업은 일종의 괴물이 됐습니다. 사람들은 다국적기업에 화제가 모아지면 당신이 방금 했듯이 즉각 적대적인 태도를 취합니다. 마치 그렇게 하지 않는 것이 온당치 못한 행동이라도 되는 듯이 말입니다. 하지만 나는 어떤 경우에도 그 이익과 불편을 냉정하게 검토해 보는 것이 옳다고 생각합니다. 그러니까 다국적기업 때문에 치르는 대가, 또 그 지사 설치에서 얻는 이득을 세밀하게 검토해 봐야죠.

미국 사회 전반에 대해서는, 그것이 완벽하다고 말할 의도가 전혀 없습니다. 절대 그럴 수가 없는 것이죠. 우선 미국 사회는 소련 사회와 비슷한 구조를 갖고 있지 않습니다. 그 사회는 최상의 사람들과 최하의 사람들이 한데 섞인, 극도로 이질적인 국민들로 구성되어 있어요…….

미시카　그럼, 유일하게 당신을 두렵게 만드는 다국적 단체는 제3인터내셔널[5]뿐이군요?

아롱　아니요, 나를 두렵게 만드는 것은 소련군입니다. 소비에트 정당의 다국적 성격은 별로 불안하지 않습니다. 나의 관심을 끄는 것은 유럽의 한쪽 끝에, 경제적으로는 완전히 파산했으면서도 어마어마한 군사적 힘을 갖고 있는 강대국이 있다는 것입니다. IBM도 거대한 힘을 가졌죠. 그러나 그것은 소련의 힘과 같은 종류의 힘이 아닙니다. 만일 제정 러시아가 아직도 존속해 라인강에서 불과 2킬로미터 떨어진 곳에 군대를 주둔시키고 있다면 아마 모두들 러시아 제국의 힘의 우위가 진정하고도 유일한 위험이라고 생각할 것입니다. 그런데 하물며 이 러시아 제국이 소비에트적이고 이데올로기적일 때, 동방의 위협을 심각하게 생각할 만한 이유는 충분합니다. 그리고 서구의 다국적기업과 소련의 미사일을 구분할 이유도 충분합니다.

볼통　"레이몽 아롱은 자유주의자"라고 사람들은 늘상 말합니

5　1919년 레닌에 의해 주도된 국제공산주의 운동. 이때부터 좌파가 사회민주주의와 공산주의의 두 흐름으로 완연히 갈리게 되었다.

다. 당신의 자유주의는 어떤 특성을 갖고 있습니까?

아롱   우선 현대사회에서 무엇보다 두려워해야 할 것은 유일당 체제, 다시 말해서 전체주의 체제입니다. 오늘날에는 이 주제에 대해서 나와 같은 '자유주의자'와 온건 좌익 사이에 어느 정도 견해의 일치가 생겼습니다. 예를 들어서 투렌[6]도 나와 마찬가지로 우리 사회의 근본적인 위협이 전체주의라고 공공연히 말했습니다. 그 전체주의란 생산수단의 국유화가 아니라 하나의 이데올로기의 지배를 뜻하는 것이며, 구체적으로 말하면 마르크스·레닌주의입니다.

유일당의 거부라는 점에서 내 성격을 규정짓는다면 나는 당연히 다원주의, 특히 자유주의적 다원론의 개념에 도달하게 됩니다. 그러나 19세기의 자유주의와는 달리 나의 자유주의는 추상적 원칙에 입각한 것이 아닙니다. 내가 정치적 또는 지적 자유주의를 옹호하는 것은 근대사회의 분석을 통해서입니다. 몽테스키외도 이미 사회학적 분석을 통해 자유주의를 옹호했고, 알렉시스 토크빌도 그랬으며 막스 베버도 그랬습니다. 근대의 경제사회를 연구하며 이 세 사람에 준거했던 나는, 단 하나의 당에 모든 권력이 집중되는 현상이 얼마나 위험한 것인가를 잘 알게

---

6   Alain Touraine, 1925~. 프랑스의 사회학자. 전체적 사회관계 안에서의 노동관계를 연구함으로써 '프락시스'에 기초를 둔 공업사회학의 기초를 마련했다. 『르노 공장의 임금노동 변천』, 『행동사회학』, 『노동자 의식』 등의 저서가 있다.

됐습니다. 그래서 나는 다원론, 다시 말해 정치적인 동시에 지적인 자유주의를 되살릴 수 있는 사회적, 경제적 조건들을 찾아보았습니다.

볼통   사회주의자가 될 수도 있었는데, 왜 그렇게 되지 않았습니까? 사회주의, 특히 사회민주주의는 다원주의를 옹호하고 있지 않습니까.

아롱   그렇게 되지 않은 이유는 대부분의 사회주의자들, 특히 프랑스의 사회주의자들이 그들의 주장대로라면 마땅히 그래야만 함에도 불구하고 확고한 자유주의를 표방하지 않았기 때문입니다. 그 경제적인 이유에 대해서는 생각해 볼 시간이 별로 없었지만, 오늘날에 와서 생각해 보면 시장 기능을 유지시키는 일이야말로 절대적으로 필요한 일입니다. 그런데 프랑스의 사회주의자들은 항상 시장 기능에 적대적입니다. 그들은 다국적기업에만 너무 신경을 곤두세우고 있습니다. 그러나 그럼에도 불구하고 그들의 사고방식은 근본적으로 나의 사고방식과 크게 다를 것이 없습니다.

c) 드골, 이스라엘, 유대인

미시카   1967년에 6일 전쟁이 터졌을 때 드골은 그 유명한 기자회견을 통해 "자신만만하고 위압적인 유대민족"이라는 말을 했습니다. 당신은……

아롱　'선민(選民)'이라는 말도 했고…….

미시카　당신은 그에 대한 답으로 책을 하나…….

아롱　기사죠, 약간 긴 기사…….

미시카　거의 책에 가까운 것이었죠. 제목이 『드골, 이스라엘, 유대인』이었고요. 당신이 유대인을 다룬 첫 번째 책입니다. 히틀러가 처음으로 등장한 1933년, 나치의 반유대주의가 형태를 드러내던 순간에는 그런 책을 쓰지 않았는데요. 그리고 유대인 홀로코스트를 치르고 난 후인 1945년 해방 당시에도 그런 책을 쓰지 않았고요. 1948년에도 이스라엘과 시오니즘에 대해 침묵을 지켰죠. 그런데 이제 와서 국가원수의 그 기자회견이 당신으로 하여금 그런 글을 쓰게 만들었나요?

아롱　내가 늘 적절치 않은 순간에 말을 했다고 당신은 놀라워하는군요. 그러니까 당신은 실제의 전기(傳記)보다 더 낫다고 생각되는 전기를 당신 마음대로 교묘하게 재구성하고 있어요. 토론 상대방의 인격을 존중해 주어야만 합니다.

　히틀러 시대 독일에서 반유대주의를 발견했을 때의 나의 감정, 그리고 그 주제에 관해 특별히 할 말이 없었던 이유 등을 앞에서 말했죠. 1945년에도 뾰족하게 말할 것이 없었습니다. 다만, 유대인에 대해 글을 써 달라고 청탁한 몇몇 잡지들에 가끔 글을 써 주기는 했지만요. 그런데 드골 장군의 그 기자회견은 나를 화나게 만들었습니다. 반유대주의를 생생하게 체험한 사람들은

"자신만만하며 위압적인 선민"이라는 개념의 기원이 어디에 있는지 너무나 잘 알기 때문입니다. 위압적(dominateur)이라는 표현은 전쟁 동안에 자비에 발라(Xavier Vallat)가 유대민족의 성격을 규정짓기 위해 사용한 말입니다. 그런데 전쟁이 끝난 지 22년 만인 1967년에 이스라엘인과 프랑스의 유대인들을 그런 식으로 말한다는 것은 유대인에 대한 논쟁, 더 나아가서 반유대주의를 다시 불붙게 만드는 것이었습니다. 물론 드골이 반유대주의자가 아니라는 것은 확실했습니다.

볼통　그것을 확신할 수 있나요?

아롱　진정코 말하거니와 나는 그것을 확신합니다. 그는 1967년에 프랑스의 유대인들의 반응, 즉 이스라엘의 승리에 대한 그들의 열광에 감정이 상했던 겁니다. 그는 이스라엘에 전쟁을 하지 말 것을 충고했어요. 그리고 이렇게 생각했지요. "프랑스의 유대인도 역시 유대인이다. 그들은 다른 프랑스인들과 같지 않다." 아마 이것이 그 기자회견의 이유였을 것입니다. 그러나 그 자신도 이것을 매우 위험하다고 생각했던지, 자기 말의 악의적 해석을 막기 위해 유대교 회당을 찾아가 도움을 청했습니다.

볼통　어떻든 간에 당신의 그 책은 단순히 감정적 반응을 넘어서는 것이었습니다. 하나의 행동이었다고까지 말할 수 있어요. 그 책이 유대인 문제에 대한 당신의 유일한 책이었죠.

아롱　네. 내가 그 책을 쓴 이유는, 유대인이건 아니건 간에 프랑스의 지식인들이 아무도 드골 장군의 이 기자회견에 대해 아무런 반응을 보이지 않았기 때문입니다. 그 말에 대한 해석은 물론 각자 달랐을 줄 압니다. 예를 들면 절대로 반유대주의자라고 할 수 없는 R. P. 리케는 장군의 그 말이 전혀 반유대주의를 풍기지 않는다고 생각했습니다. 하지만 대다수의 유대인들은 "또다시 시작되는군" 하고 혼잣말을 했습니다. "또다시 의혹의 시대가 됐다"고 나는 R. P. 리케에게 말했죠.

　유대인의 상황이 문제 될 때마다 사람들은 다음과 같은 의문을 제기합니다. "프랑스의 유대인들은 프랑스인으로서 처신하는가, 아니면 유대인으로서 처신하는가?" 사실 유대인의 조건은 애매하고도 역설적입니다. 앞에서도 그런 얘기를 했었죠. 유대인들은 각자 자신이 자신의 운명을 결정해야 합니다.

미시카　1967년의 6일 전쟁을 계기로 당신은 이스라엘과 연대의식을 느꼈군요.

아롱　사실 나는 그때 아주 비장한 기사를 하나 썼습니다. 당신 마음에 들 만한 기사죠. 왜냐하면 당신은 항상 내가 별로 분노를 표출하지 않고 지극히 냉정하게 기사를 쓴다고 비난했으니까요. 그것은 유일하게 열정적인 기사였습니다. 비록 잠시 동안이기는 했지만 나는 이스라엘이 위태롭다고 생각했습니다. 하지만 이스라엘은 그렇게 위태롭지 않았죠. 이스라엘의 군사적 우위는 명백한 것이었습니다. 따라서 그 후에는 이런 감정을 최대한 절제해 글을 써야만 했습니다.

볼통　그 기사를 후회합니까?

아롱   아니요. 당신이 비난한 "드골주의여 안녕" 같은 기사는
후회합니다. 좀 지나쳤고, 또 부정확했으니까요. 그러나 소위 감
정 폭발의 기사는 비록 나중에 "왜 내가 그토록 흥분했었지?"
하고 회고하는 한이 있더라도, 그것은 그것대로 존중해 주어야
합니다.

볼통   당신의 흥분과 열정은 여하튼 매우 상대적이군요. 책에
서 "나는 남모로코의 유대인보다는 프랑스의 반유대주의자와
더 많은 공통점을 갖고 있다"고 썼습니다. 그렇다면, 흥분이라고
해 봤자 그것은 절반의 흥분 아닌가요?

아롱   습관대로 또 전체 맥락을 거두절미하고 단 한 문장만을
뽑아내는군요. 내가 흥분한 기사를 쓸 때는 항상 분석이 곁들여
집니다. 다른 사람들에게 불쾌감을 줄 수도 있는 이 구절, 틀림
없이 나의 진심을 반영한 이 구절을 나는 이렇게 정당화하고 싶
습니다. 드뤼몽[7]과 그의 저서『유대인의 프랑스』를 알고 있죠?

볼통   그 무서운 사람 말이죠.

아롱   좋습니다. 드뤼몽의 제자가 누군지 아십니까? 드뤼몽을
위해 책을 한 권 쓰기까지 한 베르나노스입니다. 그렇다면 남부

---

7   Edouard Drumont, 1844~1917. 프랑스의 언론인, 정치 저술가, 정치인.『유대인의
프랑스』라는 책을 통해 유대인의 재정적인 세력을 공격했고, 1892년 국수주의적
이고 반유대적인 신문 〈자유언론〉을 창간하고 거기서 파나마 사건(이 주제에 대
해서는『금, 진흙, 피』라는 저서가 있다)을 비난했다. 유명한 반드레퓌스파로서
1898년 국회의원에 당선됐다.

모로코의 한 유대인보다는, 반유대주의자라 할지라도 베르나노스와 내가 더 많은 공통점을 갖고 있다는 게 틀린 말입니까? 그리고 그게 역설적입니까?

그 구절에 대해서는 좀 더 길게 논할 수 있어요. 하지만 그 구절이 뜻하는 바는 단순합니다. 즉, 종교도 갖지 않고 신도 믿지 않지만 총체적 유대인과 어떤 유대감을 갖기로 결정한 프랑스의 한 유대인은 "언어나 경험이나 신앙에 전혀 공통점이 없는 남부 모로코의 유대인보다는 베르나노스 같은 사람 또는 합리적 반유대주의자(합리성이 전혀 없는 반유대주의자들도 많이 있어요)와 오히려 성격과 이념과 경험의 면에서 공통점을 더 많이 갖고 있다"라는 것입니다. 내 책, 아니, 나의 긴 기사는 많은 사람의 논평을 받았고, 특히 내 친구인 페사르(Gaston Fessart) 신부의 논평을 받았습니다. 그가 생전에 써 놓은 원고가 사후에 출판됐는데, 제목이 『레이몽 아롱의 역사철학』입니다. 거기서 그는 나를 철두철미 유대인으로 해석하고 있습니다. 그와의 깊은 우정에도 불구하고 나는 그의 해석에 수긍할 수가 없습니다.

제3부

자유와 이성

레이몽 아롱은 이념의 차이로 인해 친구였던 장폴 사르트르, 모리스 메를로퐁티 등 좌파 지식인들에게 결별당했다. 1979년 사르트르와 32년 만에 화해했다. 이듬해 사르트르가 세상을 떠나고, 이 책의 바탕이 된 대담(1981) 2년 뒤 아롱도 세상을 떠나 두 사람은 동유럽 사회주의권의 몰락을 보지 못했다.

7

격변의 좌익

a) 1968년 5월

미시카   1968년 1월에 소르본을 떠났습니다. 폭풍이 오고 있다는 것을 예감했나요?

아롱   사실을 말하면 나는 소르본의 변화에 좀 역겨움을 느끼고 있었어요. 내가 처음으로 소르본을 떠난 것은 1928년 교수자격시험에 합격한 후였죠. 그리고 1955년에 다시 돌아왔습니다. 그런데 사소한 것을 제외하고는 근본적으로 거의 아무런 변화도 없었습니다. 그런데 1955년에서 1965년 사이에는 큰 변화가 있었어요. 테두리는 같았지만 내용물은 완전히 바뀐 것이죠. 우선 학생의 수가 엄청나게 많아졌습니다. 내가 생각하는 식의 강의가 더 이상 불가능하다는 느낌을 갖게 되었습니다. 내가 생각하는 강의란 나와 학생들에게 똑같이 흥미가 있는 문제들을 함께 연구하고 그 내용이 나중에 책으로 묶여 나올 수 있는 그런 강의입니다.

그래서 소르본을 떠나 고등실업대학 제6부에 가기로 결심했습니다. 1~2년 후에는 콜레주 드 프랑스로 옮길 전망도 있었죠. 그래서 나는 제6부로 옮겼고, 1969년에는 콜레주 드 프랑스 교수로 임용돼 1970년에서 1978년까지 내 인생의 마지막 교수 생활을 그곳에서 보냈습니다.

볼통 고등실업대학으로 옮기기를 잘했다고 생각했나요?

아롱 네, 하지만 나는 콜레주 드 프랑스를 훨씬 더 좋아했습니다. 왜냐하면 그곳이 더 공부하기 좋은 분위기였으니까요. 내게 있어서 강의는 언제나 나를 저널리즘에서 보호하는 한 방법이었고 또 진지한 학문에 몰두하게 만드는 방편이었습니다. 그런 점에서 콜레주 드 프랑스는 아주 좋았어요. 고등실업대학은 별로 그렇지 않았습니다.

미시카 소르본을 떠나는 데 아무런 애석함도 느끼지 않으셨나요?

아롱 전혀. 오히려 정반대입니다. 그곳의 본질을 바꿔야 한다고 생각했으나 내 힘으로는 아무것도 할 수 없었습니다. 교수회의에서도 나의 주장이나 견해는 전혀 받아들여지지 않았어요. 우선 교수가 너무 많았습니다. 하여튼 교육 불가능의 지경이었습니다.

1968년 몇 년 전에 나는 "소르본의 거대한 비참"이라는 제목으로 〈피가로〉에 기사를 썼습니다. 1967~68학년 초에는 학사개혁이 있었는데 이것이 근본적인 오류였습니다. 구제도에서 입학한 학생은 새 제도로 들어가면서 까딱하면 1년을 손해 볼 염려가 있었습니다. 프랑스 사람들은 그런 일을 참지 못하죠. 그것이 1968년 폭발의 작은 원인이 됐습니다.

볼통　1968년 5월에 당신은 조용한 다수의 대변인처럼 보였습니다. 어떤 일을 했길래 그런 명성을 얻었습니까?

아롱　5월 말과 6월 초에 〈피가로〉에 글을 썼습니다. 그리고 알랭 뒤아멜과의 대화를 엮은 작은 책자 『있음직하지 않은 혁명』을 냈습니다. 그리고 나서는 1968년 5월 사태의 가장 단호한 반대자라는 낙인이 찍혔어요.

미시카　당신은 보수주의자였나요?

아롱　그 말이 당신 마음에 든다면. 그러나 대학 문제에서는 나는 항상 혁명적인 편이었습니다. 그 당시의 대학 조직에는 절대 반대였죠. 하지만 나는 당신들(왜냐하면 그때 당신들은 학생이었으니까)의 친구들이 원하던 그런 방식으로 대학을 파괴하는 것은 절대로 지지할 수가 없었습니다.

미시카　1968년보다 8년 전인 1960년에 이렇게 쓰신 적이 있죠. "나는 교수자격시험의 철폐를 제의하지는 않는다. 혁명적 이념을 좋아하기로 이름난 우리나라에서도 그러한 혁명적 조치는 생각조차 할 수 없는 것이다. 나는 또 중등 준교사 자격증과 교수

자격증을 한데 통합할 것을 주장하지도 않는다. 나는 다만 교수들이 시대착오적인 한 경쟁시험을 그토록 중요시하지 않기만을 바랄 뿐이다." 하지만 1968년의 학생들도 역시 같은 이야기를 했습니다!

아롱　그들이 같은 이야기를 했다고는 생각되지 않는데요. 여하튼 그들은 나와 똑같은 생각에서 출발해서 그런 이야기를 한 건 아닙니다.

볼통　아!

아롱　그건 그렇고 〈피가로〉에 그 기사를 쓰고 난 후 상당히 많은 편지를 받았습니다. 대부분 교수 자격증 소지자들로서 나를 마구 욕하는 것이었죠. 나도 역시 교수 자격증 소지자라는 것을 모르고 그들 중 일부는 내가 거기에 낙방했기 때문에 그 원한으로 그런 글을 썼다고 믿고 있었습니다. 교수자격시험의 문제는 1968년 5월의 여러 쟁점 중의 하나에 불과했어요.

　　1968년 5월에 도대체 무슨 일이 있었나요? 한 주일 동안 학생 소요가 있었고, 그다음에는 2주간의 파업이 있었고, 그것이 점차 프랑스 전역으로 확대돼 이 나라의 경제질서를 완전히 마비시켰습니다. 이어서 정치적 위기가 뒤따랐으며 콩방디의 타격으로 정권 자체가 붕괴될 가능성이 있었습니다. 그 마지막 주의 그날에 나는 드골주의자가 되었습니다.

볼통　아! 마침내!

아롱　5월 30일인가, 드골 장군의 짤막한 연설을 라디오에서 들고서 나는 문제가 해결됐다는 확신을 가졌습니다. 집에서 친구들과 함께 라디오를 듣다가 나는 "드골 만세!"라고 소리쳤습니다.

볼통 처음으로!

아롱 나는 아이들의 시위대가 프랑스 정부를 뒤엎는다는 것은 절대로 부당하다고 생각했습니다.

볼통 무엇이 그처럼 두려웠습니까?

아롱 아무것도 두려운 건 없었어요. 다만, 학생들이 새로운 대학을 세우지도 못하면서 옛 대학을 파괴하려 한다고 생각했을 뿐입니다. 그리고 동시에 그들은 한 세대 전에 착수해 힘겹게 재건해 놓은 프랑스의 경제를 엉망으로 만들려 하고 있었습니다. 그들은 1968년 5월 사태에서 19세기 혁명들의 추억을 일깨웠습니다. 다시 한 번 프랑스인들은 개혁을 할 능력이 없고 가끔 혁명을 하는 재주밖에 없다는 느낌이 들었습니다.

1968년 5월 사태 이전에 퐁피두는 이렇게 말하곤 했지요. "내가 가끔 자랑스럽게 생각하는 것은 대학을 위해 내가 이루어 놓은 것이다." 그는 총리 재직시 그 어느 총리보다도 학생과 선생의 수를 많이 늘려 놓았습니다. 그러나 그것은 개혁이 아니죠. 단지 옛날부터 고정되어 있는 테두리 안에 엄청난 수의 학생과 선생을 들여보낸 것일 뿐입니다.

당시에는 기성사회에 반항하는 젊은이들의 운동이 전 세계적으로 번지고 있었어요. 이 반항은 학생혁명의 형태를 띠고 있었죠. 그런데 프랑스는 여러 대학이 있는 것이 아니고 나라 전체에 단 하나의 대학이 있었으므로 미국처럼 여러 대학에서 연속적인 데모가 일어나는 것이 아니라 거의 동시에 모든 대학에서 일제히 데모가 터졌습니다. 그리고 좀 더 이상한 현상도 있었습니다. 전국 총파업이었죠.

볼통   당신을 가장 화나게 만든 것은 무엇이었습니까? 학생들의 데모? 교수들의 태도? 파업과 사회불안? 아니면 국가의 동요와 와해였나요?

아롱   국가가 와해될 거라고 생각했습니다. 아마 좀 과장되게 생각한 것이죠. 그처럼 늠름해 보이던 국가가 그토록 허약한 충격으로 허물어져 내리는 듯한 모습은 정말 절망적인 것이었습니다. 프랑스는 권력이 중앙에 집중돼 있었고, 특히 드골 정권에서는 모든 것이 드골 장군 개인에게 집중돼 있었기 때문에, 우연하게라도 일단 장군의 권위가 손상되면 그것은 나라 전체가 흔들리는 것과 마찬가지였습니다. 학생 소요 첫 주에 드골이 주재하는 내각에서 그것이 거론됐다는 게 좀 어이가 없었죠.

볼통   하지만 그 상황의 책임자는 누구였습니까? 제도였던가요 사람이었던가요? 누군가 책임자는 있어야 할 게 아닙니까? 교육부 장관이 그 책임자가 아닐까요? 그때 장관은 누구였죠?

아롱   당신들이 잘 알겠죠, 그 당시에 학생들이었으니까. 교육부 장관은 알랭 페르피트(Alain Peyrefitte)[1]였습니다. 하지만 책임이 너무나 광범위하게 분산돼 있어서 그가 다른 장관들보다 더 책임이 크다고 단정지을 수는 없습니다.

볼통　어떻게 당신 같은 역사학자가 이처럼 큰 사건에 특정 책임자가 없고 분산된 책임만이 있다고 말할 수 있습니까?

아롱　역사학자들은 사건의 정확한 원인을 찾아낼 수 있다고 당신은 생각하는군요. 드골은 이 문제에 대해 실망적이면서도 동시에 뜻깊은 이야기를 가끔 했습니다. "도저히 이해할 수 없군"이라는 말이었죠. 어떤 의미에서 그것은 정말로 이해할 수 없는 것이었습니다. 왜냐하면 사태 이전의 프랑스는 표면상 지극히 정상적이었으니까요. 나중에 유명하게 된 한 구절이 〈르 몽드〉에 난 적은 있었죠. 비앙송퐁테(Viansson-Ponté)의 기사 중에 나온 "프랑스는 권태로워 하고 있다"라는 구절이었습니다. 하지만 이 한 마디 외에는 깊은 불만의 표시를 그 어디서도 찾아볼 수 없었어요. 발데크 로셰²도 공산당에 대한 저서를 여름 휴가 후에 출판하겠다고 말하면서 "여름이 오기 전에 서둘러 출판할 이유가 하나도 없다. 그 사이에 무슨 일이 일어나지는 않을 테니까"라고 했습니다. 68 사태에 대해서는 다른 모든 사람들과 마찬가지로 공산당도 굉장히 놀랐어요.

1　Alain Peyrefitte, 1925~1999. 프랑스의 정치인, 국회의원. 공보, 우주 및 원자과학 연구, 문교, 문화, 환경장관 등을 역임했다. 1977년에 아카데미 회원이 됐다. 『중국이 잠을 깰 때……』, 『프랑스병(病)』 등의 저서가 있다.

2　Waldeck Rochet, 1905~1983. 프랑스의 정치인. 야채 재배 노동자였다가 1923년에 프랑스 공산당에 입당, 1936년에 국회의원, 해방 후에도 국회의원에 당선되어 공산당 원내총무를 지냈고 1964년 토레즈의 뒤를 이어 공산당 제1서기가 됐으며, 1965년에는 프랑수아 미테랑의 대통령 출마를 지지했다.

볼통 정치인들이 중요한 사건들을 예측하지 못하는 것은 역사상 처음 있는 일이 아닙니다. 하지만 현실의 관찰자이며 역사학자이고 사회학자인 당신이 어떻게 그것을 예견하지 못했는지…….

아롱 여보시오, 나는 점쟁이가 아닙니다. 대학에 어떤 문제가 있을 것이라고는 예상을 했죠. 그러나 학생 데모에 이어 900만, 1천만의 파업이 뒤따를 것이라고는 예측을 못 했어요. 노동자들, 그리고 CGT(노동총동맹)는 학생운동에 전혀 공감하지 않았고 특히 콩방디에 동조하지 않았습니다. 그 야만스러운 파업은 CGT가 주도한 것이 아니라 좌익에 의해 조직됐습니다. 그러자 공산당은 자신들의 대중 동원 능력을 되찾기 위해 모든 사람들을 파업으로 몰아넣었습니다. 좌익이 드골 정부에 대한 공산당의 정상적인 기능을 이토록 뒤흔들어 놓을 것이라고는 아무도 예상하지 못했죠.

이 기간 동안에 공산당과 정부 사이에 비밀회담이 여러 번 있었습니다. 마지막 주를 제외하고는 진짜 혁명적인 상황은 한 번도 없었어요. 그런데 그 마지막 주에 그르넬(노동부 청사가 있던 파리지역—옮긴이) 협약을 맺은 후 갑자기 노동자들은 정부가 제시한 모든 것을 거부했습니다. 그래서 이 주간 동안에 1848년과 아주 비슷한 현상이 일어났죠. 관청에는 아무도 없고 공무원들은 모두 도망쳐 버렸습니다. 교육부도 폴 로랑(Paul Laurent) 차관만이 외롭게 사무실을 지키고 있었습니다. 다른 관리들은 새로운 주인이 나타나기만을 집에서 기다리고 있었죠. 혁명의 물결이 한 바탕 휩쓸고 지나간 듯한 모습이었습니다! 그리고 프랑스 정부는 다시 한 번 과거처럼 불안정하고 엉성하고 허약해 보였습니다. 나를 가장 가슴 아프게 한 것이 바로 그것이었습니다.

미시카   그래서 행동에 뛰어들기로 결심했나요?

아롱   아니요. 결국은 나를 기진맥진하게 만든 그 사육제 같은 혼란 때문이었습니다.

볼통   잠깐, 잘 이해가 안 가는데……. 제도적인 위기가 있었습니까, 아니면 사육제의 혼란이 있었습니까? 그건 같은 얘기가 아닌데요.

아롱   두 현상이 다 있었습니다. 진정성이 없는 학생들의 이런 소란은 기필코 근절돼야만 합니다. 프랑스에서는 교수와 학생의 관계가 그렇게 가까운 것도, 그렇게 좋은 것도 아니었습니다. 교수들은 학생도 연구 과제도 너무나 많았죠. 미국의 교수들이 하듯이 학생들을 돌볼 수가 없었어요. 그런데 갑자기 일부 대학들에서 학생과 선생의 관계가 아주 우호적으로 되면서 서로 말을 놓고 서로 상대방의 이름을 부르게 됐습니다. 완전 웃기는 일이죠. 왜냐하면 그건 진짜 관계가 아니었으니까요. 나야말로 학생들과 진정한 관계를 가졌는데…….

볼통   당신이 말입니까?

아롱   네, 내가요. 그런데 나는 그런 사육제 놀음에는 아무런 흥미가 없었어요. 그리고 그 지루한 마라톤! 프랑스인들은 평상시의 침묵을 그 보름 동안에 다 보충했습니다. 말하고, 또 말하고······.

미시카   그야말로 '발언권의 홍수'였죠. 하지만 그걸 나쁘다고 할 수는 없지 않을까요?

아롱   네, 말의 발언권의 홍수였습니다. 그 시기 당신들이 한 발언에 대해 좋은 추억을 갖고 있습니까?

미시카   더없이 멋진 추억이죠.

아롱   거기서 얻은 게 뭡니까? 나도 말할 줄 안다는 확신을 얻었나요? 좋습니다. 멋진 일이군요!

볼통   그렇다면 그때 일어난 일들을 깡그리 비난하는 겁니까? 당신은 국가의 약화도, 학생들의 소란도 지지할 수 없었습니다. 그런데 이번에는 그 원인을 전혀 분석하지 않고 그저 "원인이 불분명했다"고 말하는 데 그치고 있네요. 결국 사건 자체에 대해서는 아주 가혹하면서 원인의 분석에 대해서는 더할 수 없이 관대하군요. 그러나 어쨌든 하나의 국가가 있었고, 제도들이 있었고, 정부가 있었고, 정당들이 있었고······.

아롱   그렇지 않습니다. 비난하는 게 아니고, 여하튼 분석을 했습니다. 책에서 했습니다. 그 말들을 다시 되풀이하라고요? 프랑스 국민은 매우 놀라운 국민입니다. 드골 장군은 라디오 연설을 하기 하루 전날 코제브와 약 45분간 전화로 이야기를 나누었습니다. 프랑스에 어떤 혼란사태가 있을 때마다 코제브는 내게 전화를 걸곤 했어요. 그는 내게 이렇게 말했습니다. "이건 혁명이 아니야, 혁명이 될 수가 없어. 사람들은 아무도 죽이지 않고 있잖아. 혁명을 하려면 사람을 죽여야만 하거든. 그런데 지금은 거리를 가득 메운 게 학생들이야. 그들은 경찰을 SS(나치 친위대원)라고 부르고 있지만 그 SS는 아무도 죽이지 않아. 이 사태는 전혀 심각한 게 아니야. 혁명도 아니고." 이 대화를 끝내고 우리는 6월 첫 주중에 만나기로 약속했습니다. 그는 6월 2일로 약속된 강연을 위해 브뤼셀로 떠났지요. 그리고 강연 도중에 갑자기 죽었습니다. 그 전화 대화가 마지막이었고, 1968년 5월 사태의 의미를 그와 함께 새겨 볼 기회도 영영 사라지고 말았습니다.

볼통　　"나는 제도의 붕괴를 두려워했다"고 말씀하셨는데, 동시에 또 정신치료 연극이니 학생의 카니발이라고도 말했습니다.

아롱　　네, 맞아요, 정신치료 연극이라는 말을 했습니다. 6월 1일 뤽상부르 라디오로 방송된 나의 이야기는 노조원들의 격렬한 반응, 거의 노기 띤 반응을 불러일으켰습니다.

볼통　　네, 하지만 둘 중 하나겠죠. 당신이 즐겨 쓰는 표현대로 "제도의 붕괴이거나, 정신치료 연극이거나"이지만.

아롱　　'~이거나'라고 말할 때는 언제나 제3의 가능성이 있는 법입니다. 그것은 카니발처럼, 또는 학생들의 소통으로 시작되어 조금씩 파업이 연달아 일어나다가 마침내 정치적 위기가 됐을 수 있습니다. 그런데 한 가지 분명한 것은, 정신치료 연극이 시작된 후 48시간 동안 정치적 위기의 분위기, 아니, 적어도 그 가능성의 분위기가 조성됐다는 것입니다.

오늘날에 와서 보면 다른 사람들처럼 나도 그때 약간 미쳤던 것 같습니다. 하지만 겨우 48시간 동안만 그랬습니다. 그 48시간 동안 나는 "이 사태가 심각하게 발전할 것인가?"라는 혼잣말을 연신 해 대고 있었습니다. 드골이 퐁피두에게도 말도 하지 않은 채 어디론가 훌쩍 사라져 버린 날을 잊지 마세요. 그때 퐁피두는 여섯 명의 국회의원의 방문을 받았는데 그중의 일부는 드골의 사임을, 나머지는 퐁피두의 사임을 요구했습니다. 1968년 5월, 의회에서는 수없이 회의가 열리고 있었는데, 의제는 정부의 존속 자체였습니다. 퐁피두를 별로 좋아하지 않던 지스카르 데스탱도 이때 기자회견을 가졌습니다. 그리고 드골주의자들과 친한 피자니(Pisani)도 정부를 반대하는 연설을 했습니다. 프랑스인들에게는 아주 낯익은 일종의 정치적 혼란이 전개되고 있었어요.

이때 나는 플로베르를 다시 읽었는데, 그의 소설 『감정 교육』에서 1968년 5월의 말들을 상기시키는 묘사를 발견했습니다. 예를 들면 주인공 프레데리크가 1848년 혁명 중 한 군중집회에 참가했습니다. 거기서 한 사람이 외쳤어요. "동무들, 학위를 철폐합시다!" 한 사람이 답했습니다. "안 돼. 학위를 철폐해서는 안 돼. 다만 학위는 인민이 수여해야 해." 학생들 논쟁의 지적 수준은 1968년에도 크게 달라지지 않았습니다.

미시카　하지만 당신도 거기서 어떤 행동을 하지 않았습니까. 6월 초에는 '테러리즘과 비겁함의 음모를 분쇄하기 위한 행동위원회'의 설치를 당신 자신이 호소했었죠!

아롱　네, 매우 의기소침해 있는 용감한 교수들에게 용기와 신념을 주기 위해서였습니다. 그때 3천~4천 통의 편지를 받았어요. 그 몇 주 동안 잔뜩 겁에 질린 채 자신이 근무하던 고등학교를 떠난 선생들도 수없이 나를 찾아왔습니다. 나는 그들을 안심시키려 애썼고, 이것이 별로 무서운 사태가 아니라고 이야기해 주었습니다. 그러나 몇 주 후에는 이런 일도 하지 않았습니다.

볼통　하지만 왜 그렇게 행동하기로 결심하셨나요? 아무리 생각해도 그건 놀라운 일입니다.

아롱　내가 무슨 일을 할 때마다 당신은 습관적으로 "왜 그런 일을 하셨습니까?"라고 묻는군요. 나도 모르겠습니다! 다만 그때 나는 뭔가 해야만 한다는 기분을 느꼈습니다. 그리고 그것을 했습니다. 내 아파트에 친구들이 모였어요. 우리는 사태를 논의했지요. 르루아라뒤리도 가끔 왔고 알랭 브장송도 왔습니다. 우리가 과거에 레지스탕스 투사였다는 말도 서로 나누었어요. 그 자리에는 파파이오아누, 베슐러, 그리고 그 외 다른 사람들도 있었습니다.

미시카　그리고 사르트르와 또다시 논쟁을 벌였죠?

아롱　일방적인 논쟁이었죠. 그는 우선 드골 장군에 반대하는 아주 무서운 기사를 썼습니다. 기사에서 '벌거벗은 임금님'이라는 표현을 썼죠. 그리고 나서 (내게는 너무 과분한 칭찬이라고 할 수 있을 정도로) 나를 드골과 거의 비슷한 수준에 놓았습니다. 나도 드골과 꼭 마찬가지로 소름 끼치는 사람이라는 거죠.

볼통　1968년 6월 19일 〈누벨 오브세르바퇴르〉에 난 인터뷰 기사를 다시 읽어 봤습니다. 사르트르는 분명하게 세 가지를 지적했더군요. 그 첫 번째는 "단정적으로 말하거니와 레이몽 아롱은 한 번도 자신에게 의문을 제기한 적이 없다. 내 눈에 그가 교수 자격이 없는 것으로 보이는 것은 이 때문이다"라는 것이었습니다.

아롱　아, 아! 네.

볼통　두 번째는 벌거벗은 드골 장군에 대한 것인데, "이제는 프랑스 전체가 벌거벗은 드골을 확실히 볼 수 있으며 학생들 전체가 벌거벗은 레이몽 아롱을 볼 수 있다!"라는 것이었습니다.

아롱　아, 아! 바로 그 대목이군요!

볼통　그리고 이어서 "그가 자신에게 의문을 제기할 때 비로소 그는 자기 옷을 되찾을 것이다!"라고 했습니다. 이에 대해 아무런 답변도 하지 않았습니까?

아롱　들어 보시오. 그 추억은 참으로 우스꽝스러운 것입니다. 나는 그 공격의 어조와 질이 너무나 한심해서 대답할 가치조차 없다고 생각했습니다. 나의 지적 초상화를 그리는 대부분의 사람들은 내가 항상 모든 것을 회의의 눈으로 본다는 것을 강조합니다. 그리고 어떤 명제를 하나 내놓을 때마다 "하지만 결국~"이라는 말을 덧붙이지 않는 경우가 드물다는 것을 말합니다. 그러니까 내가 그토록 자신만만하고 한 번도 자신을 회의해 보지 않는 인간이라고 말하는 것은 약간 어처구니없다고 생각합니다. 게다가 사르트르는 뛰어난 재능에도 불구하고 좀 독백의 경향이 있는 사람이에요. 언제부터인가 그는 시몬 드 보부아르를 제외하고는 아무하고도 토론을 하지 않고, 대화나 논쟁에 끼어들지도 않았어요. 그는 혼자서만 이야기했습니다.

미시카　하지만 어떻게 당신은 구식 대학의 상징이 됐지요?

아롱　언제나 그렇듯이 그건 오해입니다. 나는 한 번도 구식 대학을 옹호한 적이 없어요. 내가 1960년에 〈피가로〉에 쓴 기사는 커다란 반향을 불러일으켰고 모든 보수주의자들로부터 비난을 받았습니다. 그 후 대학의 교수회의에서 대학의 미래와 개혁에 대해 논의할 때도 나는 항상 개혁주의자의 편이었습니다. 그러나 이 존경할 만한 교수들을 사람들이 함부로 취급하기 시작한 순간부터 나는 그들을 옹호했습니다. 나는 그들과 같은 견해를 갖고 있지는 않았지만 그들을 옹호했고, 지금도 그것을 전혀 후회하지 않고 있습니다.

볼통　그 당시에 당신은 여론의 지도자가 됐습니다. 그것을 즐겼나요?

아롱　기분 나쁠 이유는 없지요. 당신도 알다시피 글을 쓰는 사람은 자기의 글이 읽히기를 간절히 바랍니다. 남을 설득하고 싶을 때는 설득할 수 있다는 희망을 갖게 되는 거죠. 단 며칠 동안에 내가 안티 5월 운동의 '영웅'이 됐다는 사실은 약간 이상하고 또 우습게까지 보였습니다. 하지만 또 그런들 어떻습니까? 여하튼 그것은 오래 지속될 수 없었고, 지속되지 않았습니다! 나흘 간 오전중에만 쓰고 그 후에 별로 고치지도 않은 나의 책 『있음직하지 않은 혁명』은 1968년 5월 이래 나의 가슴을 짓누르던 죄의식을 말끔히 씻어 주었습니다. 글을 쓰고 난 뒤에 카타르시스가 된 거죠.

사르트르의 공격에 대해서 말해 보면, 그것은 전혀 나의 기분을 건드리지 않았습니다. 오히려 한 독자가 "당신의 문체는 조잡합니다. 당신은 너무나 자주 같은 말을 되풀이합니다"라는 편지를 보내 왔을 때 나는 심하게 기분이 상했었습니다. 하지만 내가 가르칠 자격이 없다는 사르트르의 말을 듣고는 그저 웃음밖에 나오지 않았어요. 왜냐하면 나는 원하기만 했다면 프랑스, 미국, 영국, 독일 등 어디에서고 강의를 할 수 있었으니까요. 그러니 내가 가르칠 자격이 없는 사람이라는 말은 당치도 않은 것이었죠.

미시카　　근본적으로 1968년 5월에 당신은 사회보다 국가를 우선적으로 생각했다고 말할 수 있을까요?

아롱　　그때는 더 이상 사회가 없었습니다.

볼통　　아니, 오히려 사회가 끓어오르듯 고조된 시기가 아니었던가요?

아롱　　당신이 끓어오르는 사회라고 부른 것은 파업하는 노동자들, 지껄이고만 있던 학생들, 일손을 완전히 놓은 관리들, 그런 것이었죠.

볼통　　아니요, 파업이었죠.

아롱　　물론 아주 역동적이어서 유쾌한 사태라고 할 수도 있어요. 하지만 그걸 사회라고 할 수는 없어요. 기능이 정지된 사회죠. 5월 30일의 마지막 연설에서 드골은 이렇게 말했습니다. "이제는 교수는 가르치고, 학생은 배우고, 노동자는 일해야 합니다." 이어서 그 비슷한 이야기들! 다시 말하면 사회가 다시 본연의 모습을 되찾아야 한다는 것이죠. 그러니까 내가 사회보다 국가를 우선시한 것은 아닙니다. 나는 그때 사회의 해체가 심각한 정도에 이르렀기 때문에 빨리 그것을 중단시켜야 한다고 말했습니다. 틀렸습니까?

미시카 그것이 해체였을까요? 1967년 3월, 당신은 다시 〈누벨 오브세르바퇴르〉와 인터뷰를 갖고 이렇게 말했습니다. "나는 근본적으로 사회적 감각이 별로 없는 사회학자다. 아마도 경제나 정치에 대한 감각을 더 많이 갖고 있는 듯하다. 있는 그대로의 사회를 감지하기 위해 좀 더 노력해야겠다." 그런데 1968년 5월 사태야말로 바로 그 '있는 그대로의' 사회 아닌가요? 하지만 당신은 그것을 살짝 비켜갔어요. 당신 마음에 들지 않았기 때문인가요?

아롱 그 인터뷰 기사 전체를 다시 읽어 봤으면 좋겠네요. 인용된 구절이 믿기지 않는군요. 다시 말해, 당신의 반박이 좀 아프게 느껴지는군요. 당신 말이 옳습니다. 하지만 자아비판이나 자기 분석의 한 구절을 거두절미하고 인용해서는 안 됩니다. 분명코 학생들의 사회운동이 있기는 있었습니다. 하지만 학생은 특수한 집단입니다. 일생 동안 학생인 사람은 없습니다. 그러므로 그것은 한 영속적 사회집단의 폭발이라고 할 수 없습니다. 파업에 대해 말해 보더라도 대부분의 파업은 좌파의 영향력을 억제하려는 목적으로 공산주의자들이 조직한 것입니다.

미시카　네, 하지만 1968년 5월에 노동자들이 파업을 했다면 거기에는 아마도 그들이 그럴 만한 동기, 또는 깊은 이유가 있지 않았을까요?

볼통　명령 한마디로 1천만 명의 노동자가 파업을 할 수 있습니까?

아롱　좋습니다. 그 사태가 발생한 순간에는 공산주의자와 좌익 사이의 관계라는 이유 이외의 다른 이유가 있었던 것이 틀림없습니다. 하지만 그 파업이 수백만 명의 노동자들에게 확산된 것은 오늘날까지도 미스터리에 속합니다. 왜냐하면 그럴 전조가 전혀 없었으니까요.

볼통　그러면 불평등 현상은, 거대한 소득 격차는, SMIG[3]의 경제현상은 어떻게 설명됩니까?

아롱　꼭 개선해야만 할 일부 참을 수 없는 현상들을 1968년 사태가 드러내 준 것은 사실입니다. 하지만 파업의 주동자들이 최저임금론자들이라고는 생각되지 않습니다. 나중에 분석해 본 결과로는 첫 번째의 격렬한 파업은 마오이스트와 좌파에 의해 시작됐습니다. 노조의 지시도 받지 않는 아주 격한 파업이었죠.

3　Salaire minimum interprofessionnel garanti. 1969년에 도입된, 각종 직업에 공통으로 적용되는 법정 최저임금 보장 제도.

공산당 자신도 알기 못하고 있을 때 수백만 명의 노동자들이 이미 파업을 하고 있었다는 것을 우리는 확인할 수 있었습니다. 1968년 당시의 프랑스 대중의 정신상태를 몰랐다는 것, 그리고 다른 사람들과 마찬가지로 나도 그 사태를 예견하지 못했다는 것 외에 무슨 할 말이 더 있겠습니까?

미시카 당신은 5월 사태를 예견하지 못했을 뿐만 아니라, 사태에 그다지 민감하게 반응을 보이지도 않았어요. 어떤 사람들은 크게 감동하거나 가슴 설레거나 새롭게 확신을 다짐하거나 또는 단순히 감수성을 보이거나 했는데, 당신은 오히려 거부반응만을 보여 주었습니다.

아롱 들어 보시오. 젊은 부르주아 청년들을 열광시킨 것은 파업이 아닙니다. 그건 은밀한 이교(異敎) 집단의 예배의식 같은 일종의 컬트(cult)였습니다. 그런데 그것은 노동자의 컬트가 아니라 지식인의 컬트였습니다. 지식인들은 이 사태를 겪으며 경제 성장이 모든 문제를 해결하는 것은 아니고, 산업사회의 일부 계층의 생활 조건은 아직도 가혹하고, 성장률에 대한 강박관념은 근본적으로 오류라는 것을 깨달았습니다. 이 깨달음에는 지식인 특유의 이데올로기적 요소들도 가미돼 있었죠. 분명한 것은 이들의 깨달음과 노동자의 파업과는 별 관계가 없다는 겁니다.

미시카 하지만 1968년 5월은 수많은 사회운동들, 예컨대 환경운동, 지역주의 운동, 여성운동 등을 탄생시키지 않았습니까? 다시 말해서 계급투쟁과는 전혀 다른 형태의 투쟁 말입니다.

아롱   네, 투렌의 주장이 그것이죠. 베르트랑 드 주브넬도 오래 전부터 그런 이야기를 했습니다. 그 모든 이데올로기적 테마들은 이미 문헌에 나와 있는 것들입니다. 1968년 5월은 그중에서 갑자기 대중, 특히 젊은 부르주아들의 관심을 끌게 된 일부 이념들을 대중화시켜 놓았다뿐이죠. 하지만 그것은 1968년 현상의 한 측면에 지나지 않습니다.

나는 오히려 학생들의 불만이 사태의 가장 중요한 요인이 아닐까 생각합니다. 왜냐하면 학생들 중에는 자기 가정에서 자기가 제일 처음으로 고등교육을 받은 사람인 경우가 상당히 많기 때문입니다. 그런 상황에 놓여 있는 학생들은 자기의 앞날을 헤쳐 나갈 자신이 없게 됩니다. 그래서 그들은 자신의 진로와 장래에 대해 일종의 불안을 느꼈습니다. 다음과 같이 말하는 정신주의자들도 있었죠. "이 훌륭한 청년들은 늙은이들이 알지 못했던 것을 발견했다. 즉, 경제 발전이 인간 발전이 아니라는 것을. 그들은 그 늙은 신사들의 머리를 일깨워 주었다. 그들은 참으로 옳았다!" 하지만 사회학적 소양이 조금이라도 있는 사람이라면 이 학생들이 자신들의 장래나 직업에 대해 매우 불안해 했을 것이라는 생각을 하겠죠. 그런 불안감은 매우 정당한 것이지만, 그러나 한편으로는 다른 문제들보다는 훨씬 덜 시적(詩的)인 것도 사실입니다.

볼통   잠시 학생 위기로 다시 이야기를 돌려 봅시다. 내가 당신에게서 이해할 수 없는 것은, 당신의 경향이 어쩌면 그렇게······.

아롱   당신은 나의 행동들을 하나도 이해하지 못하는군요. 아, 어떻게 말해야 하나…… 나는 아주 분명하게 내 의사를 표명하는 사람인데! 하여튼 계속해 보시오.

볼통   이해 불가, 바로 그겁니다. 당신은 정부의 행동에서 책임을 찾으려 하는 대신 "책임은 너무나 분산되어 있어서 어느 특정의 책임자를 가려내기가 힘들다"라고 말하는 게 고작이었죠. 정말 이해할 수 없습니다.

두 번째로, 1천만 명의 파업이라는 사회적 불안에 대해서도 당신은 "그것은 좀 모호하고 이상하다. 다만 확실한 것은 1천만의 파업이 별로 대단한 것이 아니라는 사실이다!"라고 말했어요.

세 번째로 국가적 위기에 대해서는 국가의 안정을 뒤흔들어 놓을 수도 있는 그 청년들을 비난하기만 했습니다. 그러나 여기서도 당신은 책임자를 찾지 않았습니다. 결국 당신은 그때 일어난 현상을 좋아하지 않았고 그것을 분석하지도 않았습니다.

아롱   진심으로 하는 얘깁니까? 지금 내 얘기를 다 들었고, 그리고 『있음직하지 않은 혁명』을 다 읽고서도 그런 얘기를 할 수 있습니까?

볼통   『있음직하지 않은 혁명』에서는 지금 말씀보다 더 미묘한 여운을 띠고 있었습니다.

아롱   '미묘한 여운'이라고! 웃음이 나오네. 들어 보시오, 나를 막 몰아붙여서 격하게 만드는군요. 하지만 이게 나의 평상시 모습은 아닙니다. 내가 아무런 분석도 없이 그 사태를 비난하기만

한다고 당신이 말하지만 그저 나는 웃을 수밖에 없어요.

당신이 원하니까 학생 위기로 이야기를 돌려 보죠. 나는 그 원인을 찾아볼 수가 없다고 말하지는 않았습니다. 원인들은 너무나 분명합니다. 당국은 대학의 기능에 필요한 재원을 주지도 않고 학생 수를 엄청나게 많이 늘려 놓았습니다. 게다가 이 학생들의 대부분은 자신의 장래를 매우 불안하게 생각하고 있었습니다. 그런데 엎친 데 덮친 격으로 학생운동이라는 세계적인 추세까지 가미됐습니다. 어쩌면 그토록 각기 다른 나라들에서 거의 동시에 비슷한 학생혁명이 일어날 수 있을까 의아하게 생각지 않을 수 없을 만큼 그것은 일종의 세계적인 유행이었습니다.

두 번째의 경이적 현상은 팔구백만 노동자들의 파업이었습니다. 그런데 그것은 프랑스적인 특성이고, 따라서 거기에 대해 만족할 만한 설명을 할 수 없다는 겁니다. 파업이라는 것은 과거에도 있었고 어디에나 있으며 또 프랑스라고 예외는 아닙니다. 그러나 프랑스의 경우 좀 이상한 점은 총파업이 거의 혁명적인 모습으로 변했다는 것입니다. 왜 그랬을까요? 여기서도 역시 나는 결정적인 답을 찾을 수가 없습니다. 그러니 1968년 5월에 그어떤 노조도 예견할 수 없었던 프랑스사상 가장 기이한 사회운동이 일어난 이유를 설명하는 건 결코 쉬운 일이 아닙니다.

그러니까 내가 확실한 설명을 할 수 없다고 말할 때 그것은 사르트르의 말마따나 내 자신에게 이의를 제기하고 나를 재검토하는 것을 뜻합니다. 나는 어려운 문제에 대해서는 확실한 답을 알지 못합니다. 다만 좌파와 공산당 사이의 관계가 가장 중요한 요인이었다고 혼자 생각하고 있을 뿐입니다. 왜 전기노조의 파업은 없었을까요? '프랑스 전기회사'는 완전히 공산당에 의해 장악됐는데, 공산당은 전기가 끊어지면 곧 혁명적인 국면에 돌입하게 된다는 것을 잘 알고 있었는데 말입니다.

미시카   그리고 국가는? 국가의 붕괴는 어떻게 설명하겠습니까?

아롱   그것은 역사적으로 설명할 수밖에 없습니다. 드골도 몹시 화를 냈습니다. "쏘지 않고 도대체 뭘 기다리는가?"라고 그는 말했습니다. 하지만 장관들은, 특히 퐁피두는 사태를 그대로 내버려 둔 채 여론이 다시 돌아서기를 기다려야 한다고 주장했습니다. 처음에 여론은 학생들 편이었습니다.

미시카   드골이 군중에 발포하기를 원했다는 말입니까?

아롱   그는 극단적인 방법에 의존할 생각까지 했습니다. 그러나 퐁피두는 내게 보낸 편지에서도 썼듯이 유혈을 막는 것이 가장 중요한 목표라고 생각했습니다. 5월 사태에 대한 나의 기사가 몇 개 나간 후 그는 내게 다음과 같은 편지를 보냈어요. "내가 5월 11일 토요일에 항복한 이유는 그 이틀 뒤인 월요일에 총파업과 데모의 지시가 내려져 있었기 때문입니다. 다시 말해 그날까지 소르본의 문이 닫혀 있으면 결국 피의 월요일이 될 것이라고 생각했기 때문입니다." 그가 아프가니스탄에서 돌아온 토요일에 항복한 이유가 바로 이러한 유혈 사태를 막기 위한 것이었습니다. 퐁피두가 돌아오기 전까지 드골은 절대로 학생들에게 굴복하기를 원치 않았습니다. 그는 불같이 화를 냈죠. 루마니아 방문에서 돌아온 후— 그는 거기서 프랑스의 대학이 하지 못한 모든 일들을 찬양했습니다— 그는 데모대를 "사육제의 탈을 쓴 무리"라고 맹비난했습니다. 하지만 퐁피두는 자신의 사임 카드까지 꺼냈습니다. 그는 말하자면 수일간 나라 전체의 마비를 그대로 방치하면서 결국 그달 말에 여론이 정부 쪽으로 다시 돌아서기를 기다린 셈입니다.

볼통   1968년 5월은 여하튼 드골주의 프랑스의 취약성을 가장 극적으로 보여 준 예라고 할 수 있습니다!

아롱   다시 이야기 맨처음으로 되돌아왔군요. 어떤 종류의 취약성입니까? 그냥 취약성의 인상이겠죠. 『있음직하지 않은 혁명』에는 '드골주의의 붕괴와 부활'이라는 제목의 장이 하나 있습니다. 드골주의는 그가 의회의 해산을 선언한 5분간의 연설 후 끝났습니다. 프랑스 국민은 별것도 아닌 사건을 드라마틱하게 꾸미면서 나중에 그것을 두고두고 이야기하는 탁월한 재주를 갖고 있습니다.

b) 네모난 동그라미

볼통   1973년, 좌파연합의 기운이 절정에 달해 정권 교체 가능성이 고조됐을 때 당신은 "네모난 동그라미"라는 제목의 〈피가로〉기사를 통해 단호한 공동강령 반대 입장을 취했습니다. 좌파와 공동강령의 어떤 걸 비난한 겁니까?

아롱　그 기사는 꽤 반향을 일으켰습니다. 나의 기사 중에서 가장 큰 성공을 거둔 것이었지요. 우선 당신 말마따나 철두철미 우익지가 아닌 〈렉스프레스〉 같은 주간지도 나의 기사 "네모난 동그라미"를 그대로 전재했습니다. 그리고 당시 재무장관이던 지스카르 데스탱이 기사를 읽고 나에게 전화했습니다. 보좌관들의 보고서보다 내 기사에서 더 많은 것을 얻었다고 말하더군요. 어떤 의미에서 그 기사는 하나의 자그마한 정치적 사건이었습니다.

　　내가 철저하게 좌익을 반대하는 사람이기 때문에 이 기사를 쓴 건 아닙니다. 좌파의 경제계획이 너무나 한심해서 썼어요. 그들이 목표로 내세우는 것, 다시 말해서 성장률 증가와 새로운 소득재분배 등은 그들이 채택하려 하는 수단과 완전히 상치되는 것이었습니다. 나는 공동강령의 내재적 모순을 경제적 차원에서 비판했습니다. 그리고 출발시의 경제계획이 성공할 수 없는 것이었기 때문에 결국 좌파가 실패로 끝나고 만 1936년의 상황을 상기시켰습니다.

볼통　그러니까, 수단에 반대했나요 목표에 반대했나요?

아롱　수단과 목표의 모순에 대해서였습니다. 성장률의 증가에는 반대할 이유가 없지요. 성장을 가속화시킬 수만 있다면 얼마든지 환영입니다. 또 정의(正義) 개념에 입각해 소득재분배 형태를 수정할 수만 있다면 그것도 전폭적으로 찬성합니다. 그러나 내가 반대한 것은 국유화였습니다. 특히 모든 금융기관을 국유화하면 기업들의 투자 의욕이 감소할 것이고, 그와 함께 기업 이윤이 감소할 것이며, 결국 이 모든 것이 불가피하게 대혼란을 야기할 것이기 때문입니다. 그때 좌파는 연 5~6퍼센트 성장하는 경제를 예상하고 있었습니다. 1973년의 공동강령을 적용하면 그렇게 된다는 것이었지요. 하지만 현실적으로 그것은 새로운 경제 위기를 촉발시킬 게 틀림없었습니다. 물론 단언할 수는 없지만요. 그런 의미에서 나의 기사는 결코 우파의 기사가 아니었습니다. 건전한 상식에 기초한 기사였을 뿐이에요.

미시카 하지만 그 기사는 우파에게 많은 실탄을 보급해 주었는데요.

아롱 당연하죠. 불행하게도 좌파는 건전한 상식을 갖추지 못했어요. 만일 좌파에게 양식(良識)이 있었더라면 그런 강령은 세우지 않았을 겁니다.

미시카 1936년 이래 좌파는 경제 측면에서 아무것도 배운 게 없다고 생각합니까?

아롱 좌파의 상당수는 배웠습니다. 하지만 공산당은 경제에 대해 별로 배운 게 없어요. 아예 배우고 싶어 하지 않았어요. 당 내부에는 물론 현실 문제를 이해할 수 있는 사람들이 있습니다. 그 사람들의 세력이 커져야만 해요. 그러나 오늘날까지도 사회당은 수많은 경향들로 갈려져 있습니다. 마르크시즘에 가까운 파, 마르크스·레닌주의파, 그리고 또 한편에는 로카르⁴파가 있습니다.

틀림없이 로카르는 공동강령을 마지못해 받아들였을 겁니다. 그러나 그는 오늘 1981년의 사회당 강령은, 비록 조금 주저하기는 하겠지만, 아주 진지하고 정중하게 지지할 거라고 생각합니다.

미시카　좌파가 선거에서 패한 1973년과 1974년에 당신은 확고한 입장을 표명했습니다. 그런데 왜 어느 편의 지지자가 아니었다는 겁니까?

아롱　그런 의미에서 어느 편의 지지자가 아니었다고는 결코 말한 적이 없습니다. 확고한 입장을 표명했다는 점에서 나는 어느 한 편의 확고한 지지자였지요. "네모난 동그라미"라는 기사는 나의 정치평론 중 처음으로 내가 선거 문제에 간여한다는 말로 시작됩니다. 문제가 심각했기 때문에 나는 선거를 거론했습니다. 문제가 별로 심각하지 않을 때, 그리고 사회당, MRP 또는 다른 정당들 사이의 세력관계만이 문제가 될 때 나는 선거에 별다른 흥미를 느끼지 못합니다. 하지만 그 선거에는 심각한 문제가 있었습니다. 1974년에는 지스카르 데스탱을 대통령으로 뽑든 미테랑을 대통령으로 뽑든 간에 문제는 똑같이 심각했습니다. 이렇게 사태가 중대할 때 영향력을 가진 정치평론가라면 어떤 확고한 입장을 취하는 것이 당연합니다.

4　Michel Rocard, 1930~2016. 재정감독관, 경제재정연구소 연구원을 거쳐 1967년에는 통합 사회당 사무총장이 됐고 1969년에는 대통령에 출마했다. 『통합 사회당과 프랑스의 미래』, 『사회주의 국가에 대한 의문』 등의 저서가 있다.

미시카   좌파가 정권을 잡으면 혼돈이 생긴다고 믿나 보군요?

아롱   아니요, 지금의 좌파에 대해서는 그렇게 생각하지 않습니다. 하지만 공산당과 사회당이 그 억지에 가까운 공동강령으로 한데 뭉친 좌파연합이라면 그럴 가능성이 있다고 생각합니다. 하지만 그 두 당이 실패가 예정된 강령을 발표하지 않고 단순히 선거에서 이기기 위해 서로 연합하는 형태도 상정해 볼 수 있습니다. 나의 "네모난 동그라미"에 대해서 그 당시 나와 아주 사이가 좋았던 사회주의자 아탈리는 나의 생각을 전폭적으로 지지하지는 않았지만, 그 기사가 좌파의 공동강령에 대한 가장 좋은 비판이라는 편지를 내게 보냈습니다.

당신도 경제학자인데, 이 강령이 합리적이라고 생각합니까?

미시카   아니요, 합리적이라고 볼 수 없습니다.

아롱   그러면서 당신과 똑같은 생각을 하고 있는 나를 비난하는 이유가 뭡니까?

미시카   하지만 내가 제기하는 문제는 좀 다른 겁니다. 왜 당신은 하나의 견해에 불과한 걸 마치 분석인 것처럼 제시합니까?

아롱   견해인 것은 틀림없지만, 분석에 입각한 견해입니다. 그냥 허공에 아무렇게나 뱉어 내는 그런 견해가 아닙니다. 신문기사의 테두리 안에서 최대한의 경제 지식을 활용한 분석에서 나온 견해예요. 경제학을 가르치는 당신은 아마도 "네모난 동그라미" 기사의 내용을 근본적으로 옳다고 생각할 텐데요.

볼통   비록 서로 연결돼 있기는 하지만, 각기 다른 두 개의 문제가 있습니다. 좌파의 경제 정책과 좌파에 대한 정치적 참여라는 문제죠. 좌파의 공동강령에 특별히 열광하지 않았던 사람들은 대부분이 1973년과 74년의 선거에서 투표를 하지 않았습니다.

아롱　　좌파의 신화가 상당한 힘을 갖고 있다는 것을 나는 한순간도 의심해 보지 않았습니다. 나도 딱 한 번 그걸 실현시켜 본 적이 있지만, 지적인 차원에서 엄밀하게 말해 본다면 좌파의 신화를 실행에 옮겼을 때 그것은 별다른 효과가 없습니다.

미시카　　마치 좌파와 개인적인 싸움을 하고 있는 듯한 인상입니다.

아롱　　결국 그 얘기가 나오는군요. 다시 한 번 진정코 말하거니와, 나는 이 나라에서 정권 교체가 이루어지기를 바랍니다. 그러나 이 나라에서 정권 교체가 가능하기 위해서는 우선 좌파가 통치 역량을 보여 줄 수 있어야 합니다. 다시 말하면 사회당과 공산당이 함께 통치할 수 있어야죠. 또 한편, 그 강령이 서유럽 다른 나라들의 사회당 강령과 비슷해야 합니다.

　　서유럽 나라들 중에서는 프랑스와 이탈리아만이 거대한 공산당을 갖고 있습니다. 그러나 나는 이탈리아의 공산주의자들하고 함께 토론을 할 수 있습니다. 이탈리아의 공산주의자들은 소위 영어의 they talk sense(상식이 통한다)라는 말이 적용되는 사람들입니다. 그들은 아주 합리적으로 이야기합니다. 내 책들의 번역 문제를 논의하기 위해 어느 날 밀라노에 간 적이 있어요. 한 공산당 의원이 연설을 했는데 그는 요약문을 내게 주면서 이렇게 말했습니다. "틀림없이 레이몽 바르[5]는 나의 주장에 만족할 것이오!" 그래서 나는 그에게 "물론이죠!" 하고는 이렇게 덧붙였습니다. "프랑스에는 이런 식의 연설을 하는 공산당 의원이 아마 한 사람도 없을 겁니다!"

볼통   좌파의 환상과 실수를 비난하시는군요. 하지만 현 체제의 자유 침해나 사회적 불의에 대해서는 별로 비난을 하지 않고 있습니다.

아롱   그럴 수도 있죠. 정직한 관찰자가 되려고 노력하는 사람들이라 할지라도 자신의 기호나 우호도에 따라 자기 친구들의 결점보다는 상대편의 결점이 더 눈에 잘 띄는 법입니다. 나는 그 어떤 정부도 흠 없이 완벽하다고 이야기한 적이 없습니다.

내가 아주 기분 좋았던 증언이 하나 있습니다. 퐁피두의 증언입니다. 언젠가 나의 요청으로 그가 나를 만나 주었는데, 그 며칠 후 나는 그에 관련한 아주 가혹한 기사를 썼습니다. 내용은 생각이 나지 않는군요. 그의 비서 중 한 사람이 "레이몽 아롱 그 친구, 참 예의가 없군요. 얼마 전에 만나 주기까지 했는데 이런 기사를 쓰다니!"라고 말했습니다. 그러자 퐁피두가 이렇게 대답했다는군요. "레이몽 아롱에게는 기대하면 안 돼." 그 말은 레이몽 아롱은 자기가 하고 싶으면 언제나 비판하는 사람이고, 또 자

---

5   Raymond Barre, 1924~2007. 프랑스의 경제학자이며 정치인, 법학 및 경제학 교수 자격자, 재정 및 건설개혁위원장. 1976년에 자크 시라크를 이어 총리가 됐다.

유스럽게 생각하고 글을 쓰는 사람이라는 뜻입니다. 이런 의미에서 비록 내가 어떤 특정 문제들에 분명한 입장을 밝혔다 하더라도 나는 결코 그 어떤 권력자에게도 봉사한 적이 없습니다. 단한 번의 예외를 제외하고는 나는 항상 모든 권력자들과 사이가 틀어졌었습니다.

볼통　그 예외는?

아롱　지스카르 데스탱 전 대통령입니다. 그는 아마도 그에게 불유쾌했던 수많은 기사들을 참기 어려웠을 겁니다. 그런데도 그는 나와 사이가 나빠지지 않았어요.

미시카　당신이 그에 대해 말한 유명한 구절이 있죠. "지스카르의 비극, 그것은 그가 역사의 비극성을 알지 못한다는 사실이다."

아롱　지스카르 데스탱은 매우 지적이며 박학다식하지만, 동시에 노여움도 많았고 또 동시에 평온함을 좋아하는 사람이라고 나는 가끔 썼었지요. 그의 연설을 듣고 있노라면 모든 것이 협상과 타협에 의해 합리적으로 해결될 듯한 기분을 느낍니다. 그는 우리가 살고 있는 이 세계에 심각한 분쟁과 위험과 비극이 있다는 인상을 거의 한 번도 주지 않습니다. 그런 의미에서 그는 이 현실세계에 대한 일종의 살아 있는 역설이었습니다.

　그는 긴장 완화라는 말을 자주 썼습니다. 공산당하고도 긴장이 완화된 관계를 유지하려 애썼습니다. 하지만 우리가 살고 있는 20세기의 세계는 폭력과 열정과 증오의 세계입니다. 오늘날까지도 소비에트 세계와 우리 사이에는 본질적인 적대관계가 있습니다. 그런데 대통령의 이이기를 듣고 있으면 그가 국가 간 관계나 이념 간 관계의 과도하고도 비극적인 측면을 전혀 느끼지 못하다는 생각이 들곤 했어요. 그에게 소련 사람들은 그저 단순히 우리와 근본적으로 사고방식이 다른 사람들일 뿐입니다. 그가 볼셰비키나 소비에트 체제를 과연 깊이 이해했을까, 나는 아니라고 생각합니다. 왜냐하면 볼셰비키의 사고방식은 그의 합리적 사고방식과 전혀 다른 것이니까요. 소련을 있는 그대로의 모습으로 이해하기 위해서는 그도 과격하게 생각해야만 합니다. 그렇게 하지 못했기 때문에 나와 견해 차이가 생긴 것이고, 특히 외교 분야에서 의견 충돌이 있었습니다.

드골 장군은 대통령으로 있을 때 소비에트라는 말 대신 러시아라는 말을 즐겨 썼습니다. 소비에트 연방보다는 영원한 러시아와 상대하고 있다는 생각이었겠죠. 그러한 드골에 대해서나 또는 지스카르 데스탱에 대해서 내가 하고 싶은 말은, 소비에트가 단순히 영원한 러시아의 한 양상이 아니라는 것입니다. 러시아의 현실은 아마 앞으로도 꽤 오랫동안 전통적 러시아이기 보다는 소비에트적 러시아, 다시 말해서 마르크스·레닌주의일 겁니다.

8

제국들의 충격

a) 데탕트의 환상

볼통 서구 정치인들의 소련에 대한 무지는 어떻게 설명해야 할까요? 나치 독일에 대해서건 소련에 대해서건 그들은 그 전체주의적 성격을 알지 못했던 것 아닙니까?

아롱 네, 1930년대부터 그게 바로 심각한 문제였습니다. 프랑스나 영국의 대부분의 정치가들은 히틀러라는 개인의 음흉한 의도를 전혀 모르고 있었습니다. 그러나 소련에 대해서는 완전히 모른다는 게 오히려 더 어려운 일이 아닐까 생각됩니다. 우선 소련은 이미 60년 전부터 존속하고 있고 또 한결같은 체제를 유지하는 특별한 능력을 갖고 있는 듯 보이기 때문입니다. 또 한편으로는 비록 소련은 잘 알지 못한다 하더라도 소련의 군사력은 잘 알 수 있지 않습니까? 그러므로 비록 소련이 러시아의 한 형태라고 생각된다 하더라도 우리는 그 나라를 잘 관찰했어야만 합니다. 지난번 대통령(지스카르 데스탱)이 내린 일부 결정들은 소련 체제의 깊은 성격을 모르는 데서 나온 것이라고밖에는 설명할 수가 없습니다. 예를 들어 그는 『평화의 무기』라는 책 서문에서 상업 교류가 평화에 기여한다고 썼는데, 나는 그것이 근본적으로 잘못된 이론이라고 생각합니다.

볼통   하지만 서구인들은 15년간이나 그 생각을 믿어 오고 있지 않습니까?

아롱   서구인들이 스스로를 안심시키기 위한 방법이죠. 하지만 그 이론은 현재까지 그 무엇에 의해서도 검증이 안 되고 있어요. 우리가 소련과 하는 교역은 오히려 소련의 군사적, 경제적 발전만을 용이하게 했을 뿐 소련의 체제는 우리가 바라는 방향으로 전혀 변모할 기색이 없다는 점에서 그 이론의 근거가 희박해지고 있습니다. 우리는 그들에게 아주 좋은 조건의 외상으로 우리의 도구와 기계 등속을 팔고 있지만 그들은 여전히 과거의 모습 그대로 남아 있습니다. 우리 기술자들이 그곳에 공장을 조립하러 가지만 그곳의 일반 국민과 아무런 접촉이 없다는 건 누구나 아는 사실입니다. 그러므로 동서 간의 상업 교류가 평화에 이바지한다는 생각은 아직까지 입증되지 않은 이론이라고 생각합니다. 아니, 이 말도 온건한 편이죠. 사실을 말한다면 그것은 오류입니다.

볼통   그러나, 그렇다면 어떻게 해야 합니까?

아롱   환상을 갖지 말아야 합니다. 프랑스가 소련과 상업 교류를 갖는 것이 좋으냐 나쁘냐 하는 것은 내가 몇 마디로 말할 수 없는 또 다른 문제입니다. 다만 상업 교류를 유지함으로써, 또는 그것을 더욱 심화시킴으로써 우리가 소련이나 동유럽 국가들을 근본적으로 변모시킬 수 있다는 생각은 천만의 말씀이라는 겁니다. 폴란드에서 일어나고 있는 일을 생각해 보시오. 서방 측 국가들이 폴란드에 빌려준 수십억 달러는 그 나라의 경제 체제를 전혀 변모시키지 못했습니다. 체제의 비효율성이 여전히 그대로입니다. 그곳의 인민 봉기는 서방 측과의 교역 때문에 일어난 게 아닙니다.

볼통   그렇다면 동유럽 국가들과 소련의 체제는 어떤 조건이 있어야만 변할 수 있을까요?

아롱   동유럽 국가가 변화할 수 있는 조건은 간단합니다. 이 위성국들로 하여금 체제 수정의 자유를 허용해 주기만 하면 됩니다. 그러면 체제가 즉각 바뀔 겁니다. 유럽에서 그 어느 나라도 소련제국을 인정하지 않았습니다. 소련 군대가 무력으로 지배하고 있을 따름이죠. 인민 봉기도 수없이 일어났습니다. 헝가리에서 한 번, 체코슬로바키아에서 한 번, 그리고 폴란드에서 두 번입니다. 이 모든 운동들은 결코 넘어서는 안 될 선을 넘어섰다고 소련이 생각하는 바로 그날이면 저지됩니다. 그 넘어서지 못할 선이란 소비에트 체제의 본질, 다시 말해서 당 역할의 우위 같은 것들입니다. 노조가 당과 독립해 자율적으로 움직인다는 건 그러한 체제와 모순되는 것이죠.

미시카 그렇다면 소비에트 체제에는 아무런 변화도 일어나지 않고 데탕트로 향하는 움직임도 없으니까 동서 대립은 불가피하다는 말인가요?

아롱 아니요, 아니요. 1948년에 쓴 표현, 즉 '불가능한 평화, 있을 법하지 않은 전쟁'이라는 말을 다시 쓰고 싶습니다. 소련이 지금의 생각을 고집하는 한, 그리고 소련이 항상 똑같은 이데올로기, 똑같은 야망의 포로가 돼 있는 사람들에 의해 통치되는 한 소련 세계와 서방 세계 사이의 대립관계는 그치지 않을 것이라는 게 나의 변함없는 생각입니다. 이 대립은 물론 재래식 전쟁의 성격을 띠지는 않을 겁니다. 왜냐하면 이제는 핵무기가 있고, 또 소련은 히틀러의 독일이 아니기 때문입니다. 공산주의는 대단한 역사적 운동입니다. 미래를 이미 손아귀에 잡고 있다고 믿고 있으므로 그들은 위험한 군사적 모험을 서두를 필요가 없을 겁니다.

서방 측 사람들의 생각에서 내가 우습게 여기는 것은 "데탕트 아니면 전쟁"이라고 말하는 겁니다. 데탕트이건 냉전이건 어느 한쪽에 전쟁의 위험이 있고 또 다른 쪽에는 그런 위험이 없다고는 절대로 말할 수 없습니다. 데탕트건 냉전이건 그것은 똑같은 대결의 서로 다른 양상일 뿐입니다. 냉전의 시대에는 폭력이 바람직한 수준을 약간 넘어섰던 게 사실이었죠. 그러나 데탕트의 시기라고 해도, 비록 약간의 긴장 완화는 있지만 소련이 아프리카나 그 외 나라들을 정복하는 데는 아무런 지장이 없습니다. 물론 냉전으로 되돌아가는 것은 바람직하지 않습니다. 하지만 동방과 서방 사이에 새로운 긴장관계가 생기고 신문기자들이 "그건 무서운 일이야. 다시 냉전으로 되돌아가다니"라고 써 대고 있지만 그것은 결코 새로운 전쟁 위험을 초래하는 것이 아닙니다.

볼통   하지만 "소련이 동유럽 국가들을 자기 소유물로 생각하기를 그친다면 상황은 변할 수 있다"고 하셨잖아요.

아롱   그게 아닙니다! 소련의 지도자들이 동유럽 국가들에게 소련과의 동맹 체제를 충실히 지키라고 요구하더라도 그 대가로 그 나라의 통치자들에게 사회주의 이론의 자유로운 해석을 허용하기만 한다면 상황은 변할 수 있습니다. 예를 들어서 노조가 자유롭게 활동하고 얼마간의 자율성을 갖도록 크렘린이 허용해 주기만 하면 됩니다. 그런데 크렘린은 정치적, 군사적 지배를 위해 그 나라들의 통치자들로 하여금 소련에 충성을 맹세하도록 강요합니다. 소련의 성격이 문제 되는 것은 바로 그런 측면에서입니다. 소련의 지도자들은 동유럽 국가의 지도자들이 소련식의 마르크스·레닌주의를 신봉할 때만 그들을 믿을 수 있다고 확신하고 있습니다. 그러니까 항상 충실한 마르크스·레닌주의자이고 소련의 충신인 두브체크가 약간의 위험한 표현을 했을 때, 그리고 언론의 자유를 허용했을 때, 그 순간부터 소련은 체코슬로바키아를 믿을 수 없다고 생각했습니다. 그리고 소련에게 체코슬로바키아는 최전선입니다.

볼통 우리 유럽인들과 서방 국가들은 동유럽 국가들을 위해 무엇을 했습니까?

아롱 그들과 교역을 했고, 기회 있을 때마다 "어려운 일이 생긴다 해도 우리에게 기대를 해서는 안 돼"라고 말하면서 그들을 물리치기에 바빴죠.

볼통 당신은 얄타에서 세계 분할과 유럽 분할이 이루어지지 않았다고 말했습니다. 하지만…….

아롱 유럽 분할이 이루어지지 않았다고는 말하지 않았어요. 다만 그것은 얄타 협정이나 얄타 회담에 의해 결정된 것이 아니라 히틀러의 독일에 대항한 전승국 군대의 이동에 의해 결정됐다고 말했을 뿐입니다.

미시카 하지만 그런 조건이라면 소련의 군사력이 미국을 훨씬 앞지른 것이 틀림없는 지금, 군사분계선이 좀 더 서방 쪽으로 옮겨가게 되지 않을까요?

아롱 유럽에 관한 한 분계선이 자리를 옮기려면 군사적 행동이 수반해야만 합니다. 또 한 가지 가능한 것은 — 매우 심각한 위험이 있겠지만 — 독일연방공화국이 중립국으로 되는 일입니다. 오늘날 이런 방향으로 나아가는 매우 불안한 여러 가지 현상들이 있습니다.

볼통 중립국 독일이라니, 무슨 뜻인가요?

아롱 서독은 대서양동맹 체제 안에 있고 극히 최근까지 미국의 보호에 자신의 안보와 미래를 의존했습니다. 그러나 오늘날 독일인들은 미국을 별로 신뢰하지 않고 있습니다. 그들은 지금 소련 쪽으로 시선을 돌리고 있어요. 그래서 그들은 여러 가지 조약을 통해 분계선 저쪽의 독일(동독)인들에게 한층 유리한 조건들을 따내고 있습니다. 예를 들면 수만 명의 동독인들이 서독으로 되돌아갈 수 있었던 것 등이죠. 슈미트 총리는 아마 이런 우월한 지위를 보존하고 싶을 것입니다. 그러니까 그는 미국의 보호도 받고 한편으로는 소련과도 우호적인 관계를 지속하는 이중 정책을 쓸 것이 분명합니다. 독일이 시베리아의 천연가스를 공급받기 위해 그것을 통과시킬 파이프를 건설하는 데 수십억 마르크의 차관을 소련에 제공할 계획을 세우고 있는 것도 그런 맥락에서 봐야 합니다. 서독은 경제 건설을 위해 소련의 에너지에 의존하지 않을 수 없어요. 그런데 이것은 분명 독일연방공화국의 행동의 자유를 제약하게 될 겁니다.

그렇다고 독일이 대서양동맹에서 탈퇴할 거라는 이야기는 절대 아닙니다. 왜냐하면 이 같은 대소(對蘇) 접근 정책을 쓰기 위해서는 또 다른 편의 보호가 있어야만 하기 때문입니다. 하지만 유혹은 매우 커질 겁니다. 만일 소련의 비호 아래서 일종의 독일 통일을 획득할 희망이 보이는 날에는 아마도 서독은 중립주의에 빠져들 겁니다. 지금 이 순간에는 비교적 요원한 얘기지만.

볼통 그러니까 독일 재통일의 조건은 독일의 중립화 방안이라는 말인가요?

아롱 최소한으로 말하면 그렇습니다. 하지만 내가 보기에는 지금 현재의 소련은 여하한 방법으로도 독일의 통일을 원치 않는 것 같습니다. 단지 독일이 대서양동맹 체제와 최소한의 관계를 유지하기만을 원하고 있을 뿐입니다.

볼통 지금 현재나 미래에 소련제국이 약화될 수 있는 주요 원인은 무엇일까요?

아롱 유럽의 경우를 말하면, 소련의 지배하에 있는 국민들이 그 지배를 완전히 체념하지 않고 또 소련의 이데올로기로 완전히 전향하지 않을 때 소련은 약화됩니다. 대척점에 있는 아프가니스탄에서는 소련군이 그 나라를 평정하는 데 큰 애를 먹고 있습니다. 단기적인 안목으로 보면 이런 약화의 원인들이 별로 위험하지 않죠. 그러나 소련의 지배를 받는 사람들에게 소련제국이 그다지 매력을 끌지 못한다는 사실은 먼 안목으로 보아 소련의 기반을 약화시킬 위험 요인입니다.

또 한편 소련 경제는 지금 그 자체로 매우 비효율적인 것임이 드러났습니다. 성장률도 저하되고 있습니다. 오늘날의 소련은 이론상으로는 철을 많이 생산하는 국가이지만 국민들에게는 생활필수품조차 제대로 나눠줄 수 없는 그런 경제 체제의 군사 강대국입니다. 그러니까 국민의 생활수준은 매우 낮은데, 국민은 거기에 익숙해 있고 또 그것을 그대로 받아들입니다. 소위 경제 문명이라고 일컬어지는 우리 시대에 그것은 분명 역설입니다. 우리의 앞에는 일종의 역사적 괴물이 버티고 서 있습니다. 인민의 번영과 마르크시즘의 이름으로 세워졌으나 결국 인민의 복지는 뒷전으로 물러나고 하나의 군사제국이 돼 버린 체제가 바로 그것입니다.

볼통 과도한 군비와 생활수준 사이의 이런 불균형은 그 자체가 전쟁의 위협은 아닐까요?

아롱 생활수준이 아무리 낮다 하더라도 1920년이나 1925년 전보다는 월등하게 높은 수준입니다. 1928년, 그러니까 집단농장 이전 소련 인민의 생활수준은 기껏해야 1950~1960년 사이의 생활수준과 비슷했을 뿐입니다.

미시카 네. 하지만 경제가 온통 군비 확장과 군사적인 면에만 치우쳐 있다면 거기에는 전쟁의 위협이 있지 않을까요?

아롱 물론 낚시질이나 하기 위해서 군비 확장을 한다고 할 수는 없죠. 다만, 소련은 매우 독창적인 역사적 실체입니다. 소련은 서유럽 국가들 앞에 나토 군대보다 훨씬 우세한 상주군을 주둔시키고 있습니다. 왜 그럴까요? 반드시 전쟁을 하기 위해서는 아닙니다. 위협을 가하기 위해서, 또 압력을 가하기 위해서, 그리고 군사 초강대국의 위협을 끊임없이 받고 있다는 의식을 서유럽인들에게 심어 주기 위해서입니다. 결코 전차부대를 파리로 진군시키겠다는 의미가 아닙니다. 만일 전차부대를 진군시킨다면 무슨 일이 일어날지 아무도 알 수 없죠. 하지만 서방 측에도 많은 무기가 있고, 양쪽은 똑같이 핵무기를 갖고 있습니다. 따라서 소련은 자신의 군사력을 오히려 외교에 유리하게 이용할 뿐입니다.

그들이 오늘날 일종의 군사적 우위를 차지했다고 해서 과거보다 더 큰 위협을 가할 수 있을까요? 물론 그럴 수도 있겠죠. 실제로 아프가니스탄에서처럼 세력관계가 자기들에게 유리하게 될 것이라는 확신만 있으면 그렇게 하기도 했습니다. 소련 사람들은 끊임없이 '세력관계'라는 표현을 쓰고 있습니다. 그들이 자기 국민들에게 데탕트를 어떻게 설명하는지 아십니까? "세력관계가 동방 쪽에 유리하게 개선될수록 동서 데탕트가 이루어진다"라는 것입니다. 서방 측과는 전혀 다른 특수한 데탕트 개념이죠. 하지만 그것을 알기 위해서는 소련의 문서들을 읽어 보는 것만으로 족합니다.

볼통 지금과 같은 세력관계 속에서는 유럽의 주요한 취약점이 무엇입니까? 군사적 취약성인가요 정치적 취약성인가요?

아롱 잘 알겠지만 군사적으로 약할 때 정치적으로 강하기는 매우 힘듭니다. 오늘날 미국의 국제관계 이론가 중에는 군사력이 부차적인 역할밖에 갖고 있지 못하다고 생각하는 학파가 있다는 것을 잘 압니다. 결정적인 요인은 정치, 이데올로기, 경제라는 것이죠. 하지만 불행하게도 그건 사실이 아닌 것 같습니다. 서유럽의 취약성은 사람들의 두려움입니다. 두려워하기 때문에 강한 정치적 의지를 가질 수 없는 거죠. 게다가 서유럽에는 진정한 단결이 없습니다. 서유럽의 유일한 핵무기 보유국인 프랑스의 핵 방위력도 공식적으로는 유럽 방위에 봉사하는 것이 아니라 오로지 프랑스의 안보에만 봉사하고 있습니다.

볼통   1983~88년 사이에 소련의 군사적 우위가 좀 더 증강될 것이라는 게 거의 정설이죠. 이처럼 간격이 자꾸 벌어지는 것은 위험을 증가시키는 게 아닐까요?

아롱   소위 '미개척 기회들의 분야' 얘기로군요. 1983~88년 사이의 세력관계를 말할 때 문제가 되는 것은 이 4~5년 동안 소련의 미사일 — 특히 일련번호 308번 중 SS18 미사일 — 이 이론상으로는 미국의 지상 미사일, 그러니까 미니트맨 1, 2, 3호를 파괴할 수 있다는 사실입니다. 어디까지나 이론상의 가능성이죠. 하지만 이 극단적이고도 비관적인 가설이 사실이라 하더라도 미국은 또 잠수함이나 항공기에 의해 운반되는 미사일로 거기 응수할 수 있겠죠.

그러나 이론상 소련의 핵우위가 지속되는 기간 동안에 만일 전쟁이 터진다면 미국은 자기들이 우위에 섰던 시기만큼 단호한 태도를 취할 수 없을 겁니다. 이것은 누구나 말할 수 있는 사실입니다. 그러니까 1983~88년 사이에 소련이 유리한 고지를 확보할 것이라는 문제에 대해서는 추측이 만발할 수 있습니다.

b) 미제국의 쇠퇴

볼통   50년 동안 프랑스, 영국 등 유럽 열강의 영고성쇠를 지켜보셨습니다. 히틀러 제국의 광기도 보았고 소련의 완만한 부상도 보았습니다. 그리고 미국의 급작스러운 상승 역시 지켜보았습니다. 그러나 당신은 이미 『제정(帝政)공화국』이라는 저서를 통해 미국의 붕괴를 예고했습니다.

아롱　아니요, 붕괴를 예고하지는 않았습니다. 다만 1947년에서 1972년 사이의 미국의 예외적인 자세가 매우 비정상적이며 계속해서 그와 같은 형태를 고집한다면 미국이 존속할 수 없을 거라고 말했을 뿐입니다.

　　오늘날에는 너무나 많은 사람들이 미국의 몰락을 얘기하고 있습니다. 개인적으로는 미국의 상대적인 퇴조라는 말이 더 마음에 듭니다. 그것은 불가피한 현상입니다. 1950년에 미국의 국민총생산은 OECD(경제협력개발기구) 국가 전체의 60퍼센트였습니다. 그건 정상이 아니었죠. 지금은 34퍼센트로 떨어졌습니다. 미국의 노동생산성은 유럽의 두세 배였습니다. 그것도 정상이 아니었죠. 현재 미국의 부가 유럽이나 일본에 비해 상대적으로 저하됐고 미국의 생산성 역시 상대적으로 저하됐다고 말할 수 있습니다. 유럽과 일본은 미국을 따라잡았으며 어떤 분야에서는 미국을 앞질렀습니다. 여러 가지 관점에서 보아 미국은 일개 졸병으로 되돌아갔다고 할 수 있습니다.

미시카　그렇다면 미국의 쇠퇴는 당치 않은 말입니까?

아롱　미국이 이제 더 이상 과거처럼 자신만만하지 못하다는 점에서는 쇠퇴라고 말할 수 있겠죠. 이제 그들은 더 이상 개척자가 아니고, 낙후된 산업에 그대로 만족한 채 그것을 변혁시킬 용기를 갖지 못하고 있습니다. 하지만 일부 첨단산업에서는 여전히 개척자입니다. 서방 측에서는 유일하게 거대한 국토, 엄청난 인구, 그리고 세계 2, 3위, 아니 어쩌면 아직도 세계 1위일지도 모르는 생산성을 소유한 미국을 강대국의 리스트에서 삭제해서는 안됩니다. 미국은 여전히 거대한 실체이며 과학의 개척자이고 서방 세계에서 가장 중요한 자리를 차지하고 있으며, 서유럽의 자유의 조건입니다. 다만 일부 영역에서 일종의 피로, 신뢰의 결여 등이 나타나고 있을 뿐입니다.

미시카 심리적인 용어를 많이 사용하시네요. 그렇다면 미국의 현상은 도덕적인 위기인가요?

아롱 신뢰가 약간 상실된 겁니다. 제도에 대한 신뢰, 깊이 분열된 지도 엘리트에 대한 신뢰 등이요. 미국의 군사적 우위가 사라진 것도 사실입니다. 군대는 질이 형편없고 세계 양강대국의 하나가 될 자격이 없습니다. 미국의 군대는 사회의 하층에서 모집된 지원병들로 이루어져 있습니다. 미사일 분야에서는 어림잡아 두 강대국이 동등하다고 말할 수 있지만, 우열을 따진다면 지금부터 3~4년 안에 소련 쪽의 대륙간 미사일이 더 우세하게 될 겁니다.

미시카 미국의 자유주의자들, 그리고 그들의 베트남전 반대운동에 대해 말하면서 한 엘리트의 자살을 예로 드셨지요.

아롱 그들은 처음에는 그 전쟁을 지지했습니다. 동부의 엘리트, 자유주의적 엘리트, 그리고 나의 미국인 친구들 — 그리고 맥

조지 번디 같은 케네디의 보좌관들 전부 — 은 적어도 부분적으로나마 베트남전의 시작에 책임이 있습니다. 그들에게 베트남전은 한국 방어전과 똑같이 공산주의의 위협을 받는 나라를 방어한다는 의미였죠. 좀 과도하고 위험한 의미의 '봉쇄 정책'이었습니다. 그런데 사태가 나쁘게 돌아가고 닉슨이 당선되자 그들은 미국의 개입에 반대하기 시작했고, 논쟁을 가열시켜 닉슨·키신저 행정부를 공격했습니다. 그렇게 함으로써 베트남전이라는 재난에 대한 미국의 국론을 분열시키는 데 기여했어요. 미국은 아직까지도 이 전쟁의 굴레에서 벗어나지 못하고 있습니다.

볼통　군사적인 재난인가요 정신적인 재난인가요?

아롱　물론 군사적 재난은 아닙니다. 왜냐하면 미국이 군사적으로 패한 게 아니니까요. 하지만 이 전쟁 후에 미국은 징병제를 포기하고 모병제를 채택했습니다. 미국 군대의 한심스러운 질 저하가 베트남전의 결과입니다.

경제 상황에서도 베트남전은 전 세계적인 통화 위기를 가져온 인플레의 시원입니다. 1965년 이래 미국은 전 세계를 인플레 경제 속으로 몰아넣는 데 기여했습니다. 인플레 경제는 석유값 인상으로 더욱 악화됐습니다.

그리고 워터게이트라는 도덕적 위기가 터졌습니다. 그 후유증이 아직까지 남아 있죠. 이제 미국 시민들은 더 이상 자기 체제와 권력자들에 대해 신뢰를 갖고 있지 않습니다.

볼통　레이건이 당선된 후에도 그런가요?

아롱　판단하기는 아직 이르죠.

미시카　미국이 이와 같은 정신적 위기에서 벗어날 수 있다고 생각합니까?

아롱　물론이죠! 미국은 도약의 능력이 있는 젊은 나라입니다. 그들은 어느 한순간에 완전히 짓눌리고 절망한 듯이 보이다가도 몇 년 가지 않아서 곧 유쾌한 낙천성을 보여 줍니다. 그들은 시간이 흘러감에 따라 모든 것을 잊어버리는, 역사적으로 젊은 나라입니다. 명예박사 학위를 받기 위해 미국에 갔을 때 베트남전에 대해 이야기했더니 학생들은 왜 내가 아직도 그 옛날이야기를 하고 있는가 의아해 하는 표정이었습니다. 참 놀라운 일이었습니다.

볼통　미국 제도의 가장 주요한 장점은 무엇입니까?

아롱　미국 제도의 강점은 ― 아마도 영국과 마찬가지로 ― 그 체제가 국민들로부터 기본적인 존경을 받고 있다는 점입니다. 왜냐하면 그 정치 체제는 미국의 건국이념이니까요.

　미국은 프랑스나 영국 같은 유서 깊은 나라가 아닙니다. 개인들과 집단들 사이의 계약으로 이루어진 나라입니다. 이러한 계약으로부터 정치적 공동체가 탄생합니다. 미국인들은 이것을 policy(정책)라고 부르지요. 그러니까 그들은 정치 체제를 문제 삼는 법이 없어요. 각기 다른 피부, 다른 국적, 다른 종교를 가진 미국인들은 그 전체가 미공화국의 시민일 뿐입니다.

볼통　그것이 미국의 주요 강점이라고요?

아롱　미국 존립의 조건이기도 하죠. 게다가 오늘날까지도 미국은 일본과 나란히 세계 최고의 생산성을 유지하고 있습니다. 게다가 그들은 일본이 갖지 못한 어떤 것을 갖고 있어요. 끊임없이 과학적인 혁신을 이루어 내는 학자들과 대학들이 그것입니다. 그런데 미국이 오늘날 경제적인 면에서 과거보다 좀 덜 뛰어나다는 감이 느껴지는 것은, 비록 미국의 대학이 영국의 대학처럼 우수하고 노벨상 수상자들을 많이 배출하고는 있으나 과학적인 발전을 생산기술에 활용하는 일에 관심을 덜 기울이고 있기 때문입니다.

c) 중공과 제3세계

미시카　최근에는 중공이 소련과 미국의 대립관계 속에 뛰어들어 국제적인 세력관계를 변형시키고 있습니다. 얼마 전에 당신은 〈논평(Commentaire)〉지 기사를 통해 현재의 상황과 2차대전 당시의 상황을 비교하면서 "민주주의는 항상 하나의 전체주의와 싸우기 위해 또 다른 전체주의와 연합해야만 하는가?"라는 문제를 제기했습니다.

아롱　기사의 결론으로 아주 적합한 문구였죠. 그거야말로 심각한 문제입니다. 지금 이 순간에 우리 서구인들은 중공과 객관적 동맹관계를 맺고 있습니다. 내가 객관적이라고 말한 것은, 소련이 극동 쪽에 50여 개의 사단과 전체 항공기의 3분의 1을 배치하고 있다는 점에서 나온 이야기입니다. 이런 의미에서 우리는 중공과 공동의 이해를 갖고 있다고 할 수 있죠. 그러나 또 한편으로 생각하면 만일 중공이 소련의 공격을 받았을 때 우리는 중공을 도우러 가지 않을 것이며, 또 우리가 소련의 공격을 받았을 때 중공도 우리를 도우러 오지 않을 겁니다. 그러므로 소련식 용어를 빌린다면 객관적 동맹관계이지 주관적 동맹관계는 아닙니다.

지금 당장은 중공은 아직 강대국이 아닙니다. 왜냐하면 경제 발전과 기술 발전이 아직은 충분치 않고 무기 면에서도 한 20년은 낙후돼 있기 때문입니다. 하지만 향후 수년간 일본이 중공을 무장시키기로 결심한다면 세력관계는 소련에 불리하게 변모될 것입니다.

그러나 또 정반대의 위험도 있습니다. 만일 중공이 서방 측, 특히 미국에 아무것도 기대할 수 없다는 느낌을 갖게 된다면 아마도 그들은 위험에서 벗어나기 위해 소련과 모종의 타협을 할 가능성도 있습니다.

볼통   그러니까 서방 측이 중공을 좀 더 도와주어야 한다는 말인가요?

아롱   세계적인 세력관계 속에서는 중공의 얼마간의 발전이 서방 측의 이해에 부합한다는 것을 생각해야만 합니다. 그러나 우리가 중공을 돕지 않는 유일한 이유는 소련을 두려워하기 때문입니다. 유럽인들은 두려움을 갖고 있는 것이 분명합니다. 미국도 중공을 공공연히 돕는 일이 위험하다는 생각을 하고 있습니다. 그러나 미국은 "유럽 국가들이 중공을 돕는 것을 반대하지 않겠다"고 말하고 있습니다. 참으로 이상한 이야기 아닙니까? 각자가 상대편에게 그 일을 할 수도 있다는 것을 암시했습니다. 당신 좋을 대로 해석해 보시지요.

볼통   당신은 소련을 돕고 소련과 교역을 하는 것이 데탕트에 아무런 도움도 안 되고 다만 소련의 군사력만을 증강시켰다고 목청을 돋우어 말했죠. 그런데 지금은 중공을 도와야 한다고 말하는군요. 그 두 입장은 서로 모순되는 것 아닙니까?

아롱   아니요. 불행하게도 외교정치란 거지떼나 불한당의 행동과 같은 겁니다. 가까운 적이 있을 때는 미래의 적, 또는 먼 곳에 있는 적을 도와서 가까운 적을 물리치는 데 이용하는 겁니다.

미시카   그러니까 중공의 독재에 대해서는 눈을 감아라?

아롱   만일 인권을 존중하는 나라들하고만 동맹을 맺어야 한다면 서구 민주주의 국가들은 자기 자신들밖에는 다른 동맹관계를 맺을 수 없을 것입니다.

볼통   동서 관계보다 더 심각한 다른 문제들은 없을까요? 기아 문제, 인구 문제 같은 것들이 앞으로 수년 내에 큰 문제로 떠오를 것 같은데요.

아롱   그것은 동서 관계와는 다른 차원의 문제죠. 그 문제가 도처에서 논의되지만 나는 그 답을 말할 수가 없군요. 소련 세계와 서방 세계 사이의 경쟁관계는 양편이 모두 선진국들이라는 점에서 어떤 의미로는 매우 우둔한 짓입니다. 만일 이데올로기의 대립만 없었다면 이 나라들 사이의 관계는 매우 정상적이었을 것입니다. 그러나 소련이 그러한 세계이므로 1945년 이래 지금까지 이어지는 대분쟁은 동서 간의 분쟁이 된 겁니다.

이 기간 동안에 모든 식민지들이 해방됐죠. 이것은 소비에트 운동과 똑같은 비중을 차지하는 역사적 운동이었습니다. 오늘날 사람들은 수백만 명이 기아에 허덕이고 있다고 말합니다. 그건 사실입니다. 그리고 그들은 또 "소련과 미국의 경쟁보다 이것이 좀 더 주요한 문제가 아닐까?"라고 묻습니다. 하지만 이런 질문이 무슨 의미가 있습니까?

볼통　잠깐만요. 사람들은 그 문제를 전쟁의 위험이라는 관점에서 제기하는 건데요.

아롱　그런 관점에서라면 답은 간단합니다. 기아는 결코 전쟁의 원인이 되지 않습니다. 예를 들어서 방글라데시의 기아가 어떤 전쟁의 원인이 될 거라고는 생각할 수 없습니다. 동남아시아에는 과밀인구 현상이 있고 인도네시아나 인도 등 여기저기에 기아의 위협이 도사리고 있습니다. 그 모든 것이 사실입니다. 그것은 분명 우리의 양심을 아프게 하는 추문입니다. 하지만 그것은 전쟁의 위험은 아닙니다.

볼통　그럼, 통제되지 않는 전쟁들은 어떻습니까?

아롱　이라크와 이란 사이의 전쟁은 인구적 요소나 경제적 요소와 아무 상관이 없습니다. 이것은 서로 원한을 품고 있으며 항상 맞붙어 싸우는 데 익숙한 두 나라 사이의 전쟁입니다.

볼통   잠깐만요. 이 문제를 좀 이야기해 봐야겠군요. 1945년에 서 1970년 사이의 대부분의 긴장의 원인이 동서 관계였다고 생 각합니까?

아롱   아! 항상 그렇지는 않죠. 프랑스의 베트남전이 8년, 알제 리전이 8년이었습니다. 이것들은 동서 간 전쟁이 아니죠. 알제리 는 동방(사회주의) 세계에 속해 있지 않습니다. 그렇다고 서방에 속한 것도 아니고요. 탈식민이라는 현상이 있었을 뿐입니다. 그 런데 소련은 항상 저항하는 나라들을 지지했습니다. 미국도 가 끔은 저항하는 나라 편이었지만 프랑스와 동맹관계였으므로 공 공연히 말할 수 없었죠.

볼통   하지만 미국의 베트남전은요? 그건 아마 동서 분쟁이겠 죠?

아롱   대체로 그렇습니다. 하지만 다시 반복하거니와 이 기간 동안의 국제분쟁이 모두 동서 분쟁은 아닙니다.

볼통   내가 말하고 싶은 것은 동서 긴장과 연결된 분쟁, 통제가 안 되는 분쟁, 그리고 인구 문제나 기아 문제에 연결된 분쟁들을 비교해서 그것들 중 어떤 것이 가장 위험하냐는 겁니다.

아롱   내 생각은 좀 다릅니다. 1946~47년에서 1970년까지의 기 간 동안에는 미국의 우위와 미·소 관계의 행동 법칙에 따라 세 계가 그런대로 균형을 이루고 있었습니다. 그러나 오늘날에는 국제 체제 전체를 통솔하는 강대국이 하나도 없습니다. 미국도 소련도 그럴 힘이 없어요. 그래서 당신이 '통제되지 않는'이라고 말한 그런 전쟁 형태가 생긴 겁니다.

인구나 기아 문제는 새로운 게 아닙니다. 이미 오래전부터 있어 온 문제들입니다. 그런데 서방 측 국가들이 갖지 못한 1차 자원과 에너지를 소유한 일부 나라들에서 저항이 일어나고 있기 때문에 새롭게 이야기되는 것입니다. 그러니까, 한편에는 서방 측이 군비를 위해 자원을 낭비하는 것에 항의하며 가난한 후진 국들의 발전을 돕고 싶어 하는 도덕주의자들이 있고, 또 한편에는 훨씬 덜 이상주의적이고 덜 숭고한 이론을 전개하는 사람들이 있습니다. 그들은 유럽의 산업이 다른 것으로 대체돼야만 유럽이 살아남을 수 있다는 것을 알고 있습니다. 유럽은 1차 자원과 에너지, 특히 석유가 필요한데 그것들은 외부로부터 오는 것이며 흔히는 소위 '제3세계'라 불리는 나라들에서 오는 것입니다. 그러므로 유럽은 살아남기 위해서 그것들을 구입하지 않을 수 없습니다. 그것이 유럽 상황의 새로운 양상입니다.

다시 한 번 말하거니와 서유럽, 특히 프랑스에 관한 한 중요한 것은 우리가 프랑스로 남아 있느냐 아니면 폴란드처럼 돼야 하느냐의 문제입니다. 프랑스인들에게는 그것이 방글라데시의 인구 과잉보다 더 심각한 문제입니다. 하지만 방글라데시에게는 물론 인구 과잉이 더 중요한 문제겠죠.

미시카　프랑스가 프랑스로 남아 있을지 아니면 폴란드같이 될지 당신은 예측할 수 있습니까?

아롱   들어 보시오. 어떤 것을 얻기 위해 싸울 때 사람들은 그 싸움에 이길 것인지 질 것인지를 계산하지 않는 법입니다.

볼통   아! 하지만 그것도 전략적 계산의 일부 아닌까요?

아롱   아니요. 사느냐 죽느냐를 선택해야 할 때는 아무런 계산도 하지 않고 그저 싸우는 겁니다.

볼통   우리는 아직 그렇게 극단적인 상황은 아니지 않습니까!

아롱   아직 아니죠. 하지만 당신도 "프랑스는 프랑스로 남아 있을 것인가, 아니면 오늘날의 폴란드로 될 것인가?"라고 내게 질문하지 않았소. 그에 대한 답은 "문제가 그런 식으로 제기될 때 우리는 아무런 계산 없이 그대로 싸우는 것이다"입니다. 그럴 가능성이 있는 한 나는 계속해서 그렇게 할 것입니다.

그러면 당신은 이렇게 묻겠죠. "당신의 손자들이 프랑스에 살 거라고 생각합니까, 아니면 미국에서 살 거라고 생각합니까?" 그 문제는 심각합니다. 나의 손자들은 프랑스에서 직업을 갖고 살까요, 아니면 프랑스가 너무나 소련과 비슷해졌기 때문에 비록 점점 더 나빠지기는 하지만 그래도 아직까지는 자유 사회인 대서양 저쪽 나라(미국)로 가게 될까요? 나는 이렇게 대답하겠습니다. "그들은 프랑스에서 삶을 영위할 겁니다"라고. 그렇게 되기를 원하지만, 그러나 확신할 수는 없군요.

d) 인권은 정책이 될 수 없다

미시카 1974년의 큰 사건은 솔제니친이 소련으로부터 추방된 것, 특히 프랑스에서 『수용소 군도』가 출판된 것입니다. 이를 계기로 여론이 한바탕 크게 흔들렸어요. 좌파가 소련 체제와 강제수용소의 실상을 공식적으로 인정하게 된 사건입니다. 그 말은, 전부터 이미 그들은 이것을 알고 있었는데 『수용소 군도』의 출간과 함께 사태가 전혀 다른 것으로 진화했다는 뜻입니다.

아롱 놀라운 것은 작가의 재능입니다. 그 자료는 이미 옛날부터 있던 거예요. 도서관에 가면 그 비슷한 이야기를 하고 있는 책들을 무수히 찾아볼 수 있습니다. 그러나 솔제니친과 함께 강제수용소의 일종의 결산이 내려졌어요. 재능 있는 한 작가에 의해 사유되고 쓰인 결산서입니다. 그러니까 그 충격과 영향력은 과거의 것들과 완전히 다른 것이었죠. 글쎄, 프랑스 국민 전체에 영향을 끼쳤는지 아니면 주로 지식인들에게만 영향을 끼쳤는지, 그건 잘 모르겠습니다만.

지식인들로 말하자면, 그들에게는 어떤 기다림이 있지 않았을까, 다시 말해서 그들은 자신의 변모를 위해 적당한 구실을 기다리고 있던 중이 아니었을까, 라고도 생각해 봅니다.

볼통 요컨대 때맞춰 인권이라는 주제가 중심적인 위치를 차지하게 된 거죠.

아롱 그렇습니다. 결국 내 생각에는 지식인들이, 완전한 사회

를 만들기 위해서라면 지금 당장 모든 가능한 범죄를 저질러도
좋다는 궤변을 거부할 준비가 이미 돼 있었던 듯합니다. 그 궤변
은 공산주의 운동의 가장 중요한 도덕률이었죠. 그것은 또 모든
혁명운동의 제일의 도덕률이기도 합니다. 프랑스 혁명에도 이런
현상이 있었습니다…….

그런데 1955년 이후부터는 60년간의 혁명이 점점 더 참을 수
없게 됐어요. 1940년대에 사르트르와 메를로퐁티가 "소련에는
1천여만 명이 강제수용소에 수용돼 있다"고 말했는데 그것은
거의 아무런 충격도 주지 못했습니다. 참으로 놀라운 일이죠. 물
론 뭔가 변화시켜 놓은 것은 솔제니친의 재능 덕분일 겁니다. 하
지만 아마도 좌파 사람들 자신의 역할도 크지 않을까요? 그들에
게는 아마도 제아무리 최후의 목적이 숭고하다 하더라도 그 과
정 중에 용납하기 힘든 어떤 것이 있다는 것을 알고자 하는 욕
망, 사물의 진실을 파악하고자 하는 깊은 욕구가 있었을 겁니다.

볼통   인권운동이 이와 같은 행동 변화를 촉발했다고 생각합니
까?

아롱   인권운동은 좀 더 복잡한 문제입니다. 어느 한 측면에서
보면 그것은 1968년 사태를 일으킨 사람들이 발전시킨 것입니
다.

볼통   그리고 여성들은…….

아롱   이 경우에 나는 여성이라고 달리 구별하지 않습니다. 소
위 1968년의 투사들은 공산당으로 흡수될 가능성을 가진 사람

들이었습니다. 그들 중 일부는 실제로 그렇게 됐죠. 그리고 또 다른 사람들은 이탈리아의 청년들과 마찬가지로 테러리즘에 투신했습니다. 매우 놀라운 것은, 그들 중 가장 우수한 사람들이 언뜻 자신이 파시스트가 될지도 모른다는 느낌을 가졌다는 사실입니다. 그래서 그들은 자신의 행동을 중지했습니다. 이탈리아 청년들이 계속 치닫고 있던 그 길에서 문득 중지할 수 있었던 것은 인권 개념 때문이라고 나는 생각합니다. 그리고 그들은 정부 지지도 아니고 혁명도 아니고 테러리즘도 아닌 그 어떤 것을 추구하기 시작했습니다. 그 1968년 주역들에게 인권이론은 자기 자신에게 충실하기 위한 한 방식, 그리고 전혀 새로운 어떤 것을 이야기하기 위한 방식이었습니다. 산문적이고 지루한 아롱 식의 자유주의와는 다른 것이죠. 그것은 좀 더 높은 어떤 것, 즉 모든 사람을 존중하는 행동 속에서 하나의 시(詩)를 발견하려는 행위입니다.

볼통   또 다른 유토피아를 기다리는 동안의 일시적인 수축 현상이 아닐까요? 아니면 서구 민주주의를 향한 좀 더 근본적인 전향은 아닐까요?

아롱   예견하기는 어렵습니다. 지식인 세계 일각에서 인권 예찬을 하고 있는 것은 공산주의를 대체할 만한 이데올로기가 없다는 것을 뜻하기도 합니다. 커다란 이데올로기가 없으니까 그 대신 일부 계층에 공감하는 자잘한 이데올로기들이 생겨난 거죠. 여성 해방 운동이니 아동 보호 운동이니 흑인 해방 운동 같은 것들이요. 그것들은 매우 공감을 불러일으키는 지극히 정상적인 운동들입니다. 그러나 어떤 초월적 대의에 몸 바치기를 원하는 젊은이들의 마음을 채워 주기에는 미흡합니다. 공산주의는 보편적인 대의였습니다. 그것은 어느 특정 역사의 종말이고 또 다른 역사의 시작입니다. 인간의 해방, 특히 여성의 해방은 사회 개조보다 더 근본적인 문제라고 할 수도 있죠. 그러나 그 일에 몰두하고 있는 젊은이들이 1945년의 공산주의 청년들, 그리고 1968년의 좌파 청년들과 똑같은 열정을 갖고 있다고는 생각할 수 없습니다. 그건 전혀 다른 문제입니다.

인권 옹호자들 자신은 잘 모르고 있지만, 그러나 그들의 행동은 실제로는 부르주아지로 되돌아가는 것에 불과합니다. 이로써 그들은 현 정권과 그 반대당을 동시에 반대할 수 있습니다. 그러니까 그것은 어느 편에도 가담하지 않기 위한 한 방편이죠. 왜냐하면 인간 사회에는 어디나 인간 존중과 인권 존중의 결여라는 현상이 있기 때문입니다. 그러나 사회마다 정도의 차이가 있다는 것을 그들은 잊고 있습니다. 그 정도의 차이야말로 그 사회들의 성격을 상이하게 결정지어 주는 요인인데 말입니다.

볼통　　인권에 입각한 정책을 세울 수 있다고 생각합니까?

아롱　　인권을 옹호하겠다는 일념으로 살 수는 있습니다. 하지만 외교 정책에 관한 한, 인권 존중의 이념에 입각한 정책을 세울 수는 없습니다. 만일 미국이 인권을 존중하는 정부하고만 동맹 관계를 인정하겠다는 절대적 원칙을 세운다면 과연 서유럽 국가 말고 몇 나라나 미국의 동맹국이 될지 지극히 의문스럽습니다.

볼통   하지만 미국 자신이 항상 인권을 존중하느냐를 생각해 보면…….

아롱   모든 인권이 항상 존중되는 국가는 하나도 없다고 조금 전에 말했죠. 인권을 정의하거나 종류를 규정하기는 매우 어렵습니다. 그리고 과연 어떤 원칙하에서 이것은 기본적이고 저것은 부차적이라고 간주해야 할지도 잘 알 수 없는 일입니다.

미시카   그러니까 요컨대, 정치를 회피하려는 새로운 방법, 새로운 계략에 불과하다고 생각하시는 것 같은데…….

아롱   그건 너무 지나친 말인데요. 하지만 결국 그것은 수상쩍은 싸움에 뛰어들지 않기 위한 한 방법입니다. 모든 정치적 싸움이 좀 수상쩍은 싸움이거든요. 정치적 싸움은 선과 악의 대결이 결코 아니고, 좀 더 바람직한 것과 좀 더 혐오스러운 것 사이의 싸움이기 때문입니다. 특히 외교 정책에서는 더욱 그렇습니다. 그러니까 1968년의 분위기, 다시 말해서 모든 기성세대와 기성 사회에 반대하여 꿈과 순수함을 부르짖었던 그 분위기를 경험한 사람들로서는 우리 모두가 연루돼 있는 그 수상한 싸움에 뛰어들기가 매우 어려울 겁니다. 그런데 인권 옹호는 항상 그런 것은 아니고 최선의 경우에 아주 순수하고 또 아무런 의혹의 그림자가 없는 투쟁입니다.

미시카   인권이 그토록 강조되고 있으니 레이몽 아롱의 사상이 승리를 거둔 것 아닙니까?

아롱   틀림없이 레이몽 아롱이 오랫동안 이야기해 온 것의 일부이기는 합니다. 나는 항상 정치적으로 생각하고 정치적으로 행동하려 했어요. 나는 결코 천사의 순수성을 요구한 적이 없습니다. 그런 순수성을 요구한다면 정치를 생각하기를 포기해야만 할 테니까요. 그런데 어떤 사람들은 궤변을 받아들임으로써 그 방향으로 한 걸음을 내디뎠습니다. 그리고 그들은 소위 숭고한 이념을 위해서는 인권을 무시해도 좋으며 테러리즘도 인정한다는 그 지식인 특유의 안이함에 빠져들었습니다. 그것이야말로 무섭고 끔찍한 일의 시초가 아니겠습니까? 그런데 어떤 사람들이 그 궤변을 알아차렸습니다. 물론 내 덕분이 아니고 여러 사건들 덕분에요.

볼통   정치를 생각한다는 것은 곧 현실에서 출발해 생각한다는 것을 뜻한다고 하셨습니다. 그러나 당신은 또 여러 가치들에 입각해 정치를 생각해야 한다고도 말합니다. 왜 인권 문제가 정치를 생각하는 하나의 출발점이 될 수 없다는 겁니까?

아롱   아니요, 당연히 될 수 있습니다. 하지만 어떤 정치 조직과 체제가 인권을 존중하는 데 적합한지를 반드시 고찰해 봐야만 합니다. 인권 문제를 거론하는 대부분의 사람들은 온 세계 정부의 희생자들을 최선을 다해 옹호하면서 세계 전체에 대해 무조건 항의를 하고 있습니다. 그것은 아주 유익하고 또 존경할 만한 일입니다. 나도 가능한 한 그런 운동에 참여하고 싶습니다. 하지만 그것이 외교 정책을 수립하는 출발점은 될 수 없습니다. 미국이라 할지라도 그런 일은 할 수 없습니다. 프랑스도 각 나라들이 인권을 얼마나 존중하느냐 혹은 경시하느냐에 따라 우호와 정책을 결정할 수는 없어요. 동맹국의 도덕적 덕성에만 입각해서 외교 정책을 수립한 나라는 역사 속에서 단 한 나라도 없습니다.

볼통 그러니까 국제관계에는 아무런 도덕성도 없다는 이야기 군요?

아롱 외교정치란 일정 수준 전쟁이기 때문에 거기에는 항상 부도덕의 요소가 들어 있습니다. 국제관계에는 재판이 없기 때문에도 그런 현상이 있습니다. 한 국가 안에는 법과 조리(條理)의 재판소가 있죠. 그런데 국제재판소는 없습니다. 전쟁 후에 뉘른베르크 재판이 있었다고 말하겠지만, 지금에 와서는—그 당시에도 내가 쓰기는 했지만—전쟁에서 패하면 어느 나라나 뉘른베르크와 같은 재판의 결정을 감수하게 된다는 것을 우리 모두가 알고 있습니다. 하지만 뉘른베르크 판결을 받은 국가가 반드시 유죄 국가라고 단정지을 수는 없지 않습니까? 그냥 단순히 패전국일 따름이죠. 그 당시에는 패전국이 가장 큰 범죄를 저지른 국가, 다시 말해서 히틀러의 독일이었습니다. 하지만 '평화를 교란한 범죄'를 논하게 된 순간부터 나는 전승국들이 패전국에게 전쟁의 책임을 뒤집어씌울 것이라는 것을 확신하게 됐습니다.

미시카 30년의 불화와 논쟁 끝에 1977년에 사르트르와 만난 것은(두 사람이 재회한 것은 1979년이며, 1947년 결별한 지 32년 만이다—옮긴이) 인권 문제가 그만큼 중요해졌다는 하나의 상징 아닐까요? 베트남 난민을 위해 대통령에게 건의하는 일에 사르트르와 공동 보조를 취하셨잖아요.

아롱   네, 물론⋯⋯. 사르트르도 그렇고 나도 그렇고 이 만남이 별로 중요하지 않다고 말할 생각은 없습니다. 하지만 우리가 나란히 서 있는 모습을 사진 찍은 신문기자들에게는 그 의미가 한층 각별했으리라고 생각합니다. 우리는 그때 거기에 무엇을 요구하러 갔었던가? 좀 더 많은 수의 난민을 받아들이고, 좀 더 많은 인명을 구하라고 정부에 요구하기 위해서였습니다. 뭐랄까, 이데올로기적 열정에 사로잡히지 않게 된 순간부터 불행한 사람들에게 국경선을 개방하라고 대통령에게 요구하는 행위는 단순한 인간적 연민의 행위일 뿐입니다⋯⋯. 비록 별다른 효과는 거두지 못했지만 우리 둘이 함께 엘리제궁에 갔던 것을 나는 매우 즐겁게 생각합니다. 하지만 그것은 인텔리겐차의 전향을 의미하는 사건은 아니에요.

볼통   그러나 20년 전만 해도 그런 행동은 상상조차 할 수 없었던 것이죠. 그러니까 여하튼 어떤 변화가 생긴 것만은 틀림없지 않습니까.

아롱   여보시오, 사르트르는 이미 이 세상에 없는데 나 혼자 멋대로 이야기하고 싶지는 않습니다. 그 당시 상황에서 나는 그 불행한 사람들을 위하는 일이라면 누구하고라도 함께 갈 수 있었습니다. 20년 전이라면 사르트르는 정치활동에 깊숙이 개입해 있어서 나보다 더 정치투쟁의 비정하고도 냉혹한 면을 당연하게 받아들였습니다. 그 시절이라면 아마 비록 알제리 독립을 똑같이 지지한다 하더라도 그가 나와 함께 어떤 일을 하는 일은 없었겠지요. 그런데 말년에 이르러 그는 주위 사람들의 영향을 받아 어떤 점에서는 상당한 변화를 일으켰습니다. 그것이 그 자신의 인생 역정을 따른 것인지 아니면 거스른 것인지에 대해서는 잘 알 수 없지만 말입니다. 하여튼 그는 아무런 반대도 하지 않고 우리 둘이 함께 대통령을 만나러 가는 걸 수락했지요. 하지만 이 만남은 우리 관계의 한순간일 뿐, 보편역사의 한 에피소드는 아니라고 생각합니다.

다시 한 번 나는 불행한 사람들을 구하고 비참을 덜어 주는 일이 지극히 정상적이고 옳은 일이라고 생각합니다. 할 수만 있다면 그렇게 해야지요. 이런 행동에 일생을 바치는 훌륭한 사람들을 존경합니다. 어떤 유보 조항도 달고 싶지 않아요. 그러나 불행하게도 정치는 이처럼 착한 사마리아인과 같은 행동 속에서 수행되는 게 아닙니다. 정치가 그렇기만 하다면 얼마나 좋겠습니까!

e) 쇠퇴하는 유럽

볼통 제국들 사이의 이런 경쟁관계 속에서 유럽은 매우 불안하고 예측불허의 상태에 놓여 있는 것 같습니다. 『전쟁을 생각한

다: 클라우제비츠』라는 책의 말미에 이렇게 쓰셨군요. "유럽인들은 역사, 대역사, 피로 쓰인 역사에서 벗어나기를 원한다. 그런데 다른 수백만 명의 사람들이 그 역사 속으로 들어가고 있다." 과연 유럽은 그 역사에서 빠져나올 수 있을까요?

아롱   아니요. 유럽이 그 역사에서 빠져나올 수 있으리라고는 생각지 않습니다. 그러나 서유럽 전체 — 아직도 인류의 가장 풍요로운 한 부분이죠— 는 스스로 방어할 능력이 없으며, 미국 없는 방위는 생각할 수도 없습니다.

참, 한 가지 생각이 떠오르는군. 포르투갈 혁명 직후 좌파나 극좌파 정권이 들어설지도 모른다는 분위기가 감돌던 시대였습니다. 한 신문기자가 텔레비전 프로에서 "결국 미국의 실패로군요"라는 말로 내게 질문을 던졌어요. 그래서 나는 이렇게 대답했지요. "그런 식으로 사태를 보다니 매우 놀랍군요. 리스본은 뉴욕보다는 파리와 더 가깝습니다. 리스본에 소비에트 정부가 들어서는 것이 서유럽의 실패가 아니라 미국의 실패라는 이야기인가요? 바보 같은 생각입니다. 당신은 항상 유럽이 역사의 발코니에 있다는 환상을 갖고 있군요. 유럽은 수많은 정변들로 얼룩져 있습니다." 아프가니스탄에서 무슨 일이 일어났을 때도, 그리고 더구나 유럽의 산업시설이 있는 페르시아만 지역에서 무슨 일이 일어났을 때도 마치 그것이 미국만의 책임인 듯이 모두들 말하고 있습니다.

미시카   그런 태도는 어디서 오는 걸까요? 더 이상 유럽의 공동결의 같은 것은 없는 걸까요?

아롱   그런 건 더 이상 없습니다. 유럽인들은 너무나 전쟁을 많이 했어요. 그들은 이 가혹한 전쟁들의 부질없음, 허망함, 불모성을 충분히 측정해 볼 시간이 있었습니다. 그들은 이제 미국의 보호 아래서의 안보를 더 좋아하게 됐지요. 그리고 또 중립에 대한 막연한 향수를 지니고 있습니다. 그래서 한편으로는 미국의 보호, 또 한편으로는 소련과의 좋은 관계를 유지하고 싶어 합니다. 이런 상황은 결코 떳떳한 것은 아니죠. 그러나 그것은 아마도 오늘날 유럽인들이 유일하게 가능하다고 판단하는 입장일 겁니다.

　소련이 언제나 신중할 것이다, 라는 이런 신뢰가 맞기만을 바랄 뿐입니다. 그리고 유럽에 석유를 공급하기 위해서만 미국의 존재가 필요하기를 희망합니다. 그러나 그것은 너무 낙관적인 기대겠죠…….

　나는 한 번도 중립주의자가 아니었습니다. 오늘날에는 그 누구도 이론상으로는 중립주의가 아닙니다. 유럽은 대서양동맹에 속해 있죠. 유럽 국가들은 자신의 야망과 군비의 한계를 알고 있습니다. 그들은 또 상대편의 군비도 잘 알고 있습니다…….

미시카   그러나 1977년에 결단력이 없는 유럽을 변론하는 글을 쓰셨습니다. 책 제목이 좀 이상했죠. 『쇠퇴하는 유럽을 위한 변론』.

아롱   네, 그 책은 편집자들에게 쉽게 받아들여지지 않았습니다. 그래서 어떤 나라에서는 번역판 제목을 『자유주의 유럽의 방어』라고까지 했지요.

나는 두 가지를 동시에 말하고 싶었습니다. 그 첫 번째는 만일 문명, 자유, 창의성의 관점에서 서유럽과 동유럽을 비교하면 아무런 문제도 없다는 것입니다. 아무도 서유럽을 버리고 동유럽을 택하지는 않을 것이기 때문입니다. 그러나 만일 영국인들이 흔히 말하듯 history as usual(여느 때와 같은 역사)만이 계속된다면, 그래서 마치 마음씨 나쁜 계모처럼 착한 사람이 아니고 나쁜 사람들만을 인정해 주게 된다면, 서유럽은 현재와 같은 경쟁관계 속에서라면 가장 단호하고 가장 무장이 잘돼 있고 스스로를 방어할 능력이 가장 많이 있다고는 말할 수 없습니다. 비관적 역사철학이 보여 주듯 대지는 힘센 사람들에게만 속해 있는 것이라면, 빛나는 유럽은 저주받은 유럽이 될 수도 있습니다.

미시카 이 책은 소위 '자유민주주의의 자기파멸'을 분석했습니다. 민주주의가 자살을 하고 있다고 생각하나요? 그게 그 말 아닌가요?

아롱 네, 그렇긴 합니다. 그래도 그렇게 말하는 건 좀 지나치군요. 유럽인들은 자신감을 잃었고 동유럽에 대한 서유럽의 경제적, 인간적 우월성을 확신하지 못하고 있습니다. 서유럽의 민주주의자들은 국가 간의 연합을 위해서라면 좀 지나친 행동이라도 하는 경향이 있습니다. 서유럽의 '자살적 경향'이라는 말은 이런 관점에서 나온 겁니다. 만일 역사의 심판이 덕성의 재판에 의해 내려진다면 틀림없이 서유럽이 이길 거라고 생각합니다. 그러나 만일 판결을 내리는 재판소가 마키아벨리적 의미의 '비르투(virtù)'를 비교하고 집단의 단일성과 국민의 결단만을 판단의 근거로 삼는다면, 과연 그 재판소가 서유럽에 대해 관대한 판결을 내릴까, 나는 자신 있게 말할 수 없습니다. 왜냐하면 서유럽 국가들은 자기들의 방위력을 믿지 못하고 소련이 신중하기만을 기대하고 있는 형편이기 때문입니다.

미시카 그 마키아벨리적 '비르투'와 집단의 결단은 개인주의의 도덕 또는 민주주의의 도덕과 모순되는 것 아닌가요?

아롱 모순되지 않습니다. 시민의 도덕은 집단의 안보와 존속을 최우위에 놓는 것입니다. 그러나 요즘 서유럽의 모럴이 시민의 덕성과 상관없이 개인의 행복과 쾌락만을 추구하는 것이라면, 유럽의 존속은 위태롭다 하지 않을 수 없습니다. 시민의 의무는 하나도 남아 있지 않고 단지 자신의 행복과 쾌락을 보존하기 위해서만 싸워야겠다고 유럽인들이 생각한다면 우리는 빛나는 문명인 동시에 쇠퇴하는 문명입니다. 그 모순적인 제목의 책에서 내가 하고자 한 말이 바로 그겁니다. 나는 그 제목이 매우 유쾌했는데 아마 다른 사람들은 모두 그게 싫었나 봅니다. 여하튼 나는 그 제목을 고집했어요. 왜냐하면 그걸로 두 가지 이야기를 한꺼번에 할 수 있었으니까요.

미시카 하지만 서구의 모든 문화는 개인의 행복을 추구하는 방향으로 나가고 있지 않습니까?

아롱 그건 사실입니다. 서구문명은 쾌락주의(hedoniste)의 문명입니다. 하지만 이 철학은 시민의 전통과도 잘 조화될 수 있습니다. 사람들이 그토록 열망하는 행복을 얻으려면 어떤 조건이 필요한지 인식해야 하겠지요. 토크빌의 책에 보면 미국인들은 한편으로는 자신의 안락을 열렬히 원하면서도 또 한편으로는 애국심, 다시 말해 공익에 대해 큰 관심을 갖고 있다고 합니다. 그것이야말로 살아 있는 민주주의의 특성 그 자체입니다. 만일 두 번째 요소가 존재하지 않는다면, 그때는 그저 단지 역사의 관대함을 빌 수밖에 별 도리 있겠습니까?

볼통　20세기는 파시즘의 형태건 공산주의의 형태건 여하튼 전체주의와 민주주의의 싸움의 시대였습니다. 서구 민주주의가 아직도 유럽의 지배적 체제로 될 가능성이 있다고 생각합니까?

아롱　아, 전혀 모르겠습니다.

볼통　별로 낙관주의자가 아니시군요.

아롱　낙관주의자도 비관주의자도 아닙니다. 단지 관찰과 분석에 의거할 따름입니다. 만일 외부의 압력과 외교적 사건들만 없다면 서유럽은 금세기 말까지 자유주의 문명으로 남아 있을 거라고 생각합니다. 이러한 추측은 우리가 통제할 수 없는 수많은 사건들, 예컨대 중동 사태, 페르시아만 사태, 동유럽 사태 등등에 달려 있는 문제입니다. 자유주의 서유럽은 결코 자기 자신의 행동에 의해 파멸할 거라고는 생각되지 않습니다. 아마도 운명은 유럽의 통제가 미치지 않는 수많은 큰 세력들에 달려 있는 것 같습니다. 그러므로 유럽이 너무 자신감을 상실하지 않기 위해서는 수많은 도박을 해 봐야만 합니다. 그런데 너무나 많은 도박을 하는 건 항상 위험한 일이죠.

볼통 너무나 많은 도박을 동시에 하는 것 말이죠.

아롱 또는 연속해서 하는 것.

볼통 하지만 집단의 결단이 생존의 조건이라면, 유럽은 그것을 어떻게 강화할 수 있을까요?

아롱 민주주의에서 개인은 사적 인간인 동시에 시민이라는 사실을 잊지 말아야 합니다. 그런데 참으로 내가 놀랍게 생각하는 것은, 프랑스에서는 학교에서 애국심을 가르치기가 거의 불가능하며 대학에서조차 시민의 의무에 대해서 강의를 하거나 또는 자유주의적인 우리 문명이 단순히 소비자와 생산자의 문명이 아니라 시민의 문명이라는 것을 일깨워 주기가 정말로 어렵다는 겁니다. 우리의 사회, 우리의 민주주의 체제는 시민들의 국가입니다. 오늘날에는 그 시민이라는 것이 주로 소비자와 생산자로 규정되어 있죠. 그건 물론 좋습니다. 그러나 그건 좀 빗나간 마르크시즘의 표현입니다. 그런데 마르크시즘을 표방하는 나라들에서는 개인들에게 그들이 시민임을 일깨우는 것이 아니라 국가의 봉사자라는 사실을 최우선적으로 강조하고 있다는 것이 정말 역설입니다.

이 두 극단, 두 블록, 두 실체를 비교해 보면 우리에게는 아무것도 열광할 것이 없으며 또 미래는 우리의 것이라고 확신할 근거도 없습니다. 하지만 미래가 인간의 자유에 속해 있는 것이라면, 우리가 이긴 거나 다름없습니다.

9

참여하는 방관자

a) 저술의 일관성

볼통   결국 당신은 각기 다른 장르로 수많은 주제들을 다루었습니다. 그렇다면, 전 저술에 일관해서 흐르는 어떤 통일성이 있습니까?

아롱   통일성이라면 한 사람의 저자가 썼다는 정도지만, 굳이 하나의 통일성을 찾고 싶다면 그것은 역사에 대한 철학적 성찰, 그리고 역사 존재의 조건에 대한 성찰입니다. 전쟁 전의 나의 책들이 여기에 속하죠.

    그 후에는 주로 언론인으로서 역사적 소용돌이 속에 휘말려 들어갔습니다. 1947년에서 1955년 사이의 기간 동안 전체적으로 상황을 분석한 두 권의 책을 냈습니다. 『대분열』과 『연쇄 전쟁』이 그것입니다. 그리고 좌파, 마르크시스트, 사르트르, 메를로 퐁티 등과의 이데올로기 논쟁을 다룬『지식인의 아편』이 나왔습니다. 특정 철학 하나로만 정치 상황을 조명해 보는 프랑스 지식인들에 대한 비판입니다.

대학으로 되돌아간 후에는 오래전부터 쓰고 싶던, 서유럽 사회와 소비에트 사회의 성격에 대한 분석 — 비록 간략한 것이나마 — 을 책으로 냈습니다. 『산업사회에 관한 18개의 강의』와 그 후 나온 두 권의 책까지 모두 세 권입니다. 만일 언론인이 아니었다면 단 한 권의 커다란 책을 썼을 겁니다. 하지만 두꺼운 책을 쓰기에는 시간이 너무나 모자랐어요. 그리고 또 나는 어떤 방식으로 한 문제를 논의하고 나면 나중에는 그 문제를 다시 거론하고 싶지도 않았어요. 소르본 강의를 출판하자는 제의를 처음에는 거부했는데, 결국 수락해 세 권의 작은 책을 냈습니다. 한 권으로 냈더라면 아마 훨씬 더 훌륭한 책이 됐겠죠.

그 시기에 인류 전체를 뒤흔들어 놓은 새로운 발명품, 즉 핵무기가 나왔습니다. 〈피가로〉지의 소위 '외교 담당 통신원' — 영국식의 표현이지만 — 으로서 나는 전 세계적인 상황을 분석해야 했고 또 경제와 군사의 새로운 여건들을 알고 있어야만 했어요. 그래서 국제관계에 대한 책들을 쓰기 시작했습니다. 『국가 간의 평화와 전쟁』, 그리고 그 후에 나온 『대논쟁』입니다. 『대논쟁』은 부피가 작아서 훨씬 읽기 쉽죠. 『핵전략 입문』이 나왔고, 마침내 내가 아끼는 『전쟁을 생각한다: 클라우제비츠』가 나왔어요. 『전쟁을 생각한다』는 내가 아주 좋아하는 책입니다. 왜냐하면 의무감에서 쓴 책이 아니라서요죠.

미시카　왜요?

아롱　나는 이 책에서 과거의 가장 위대한 전략가를 내 방식으로 해석하려 했을 뿐만 아니라 그의 사상에 대한 상반하는 해석들이 어디서 연유하는가를 밝히려 했습니다. 똑같은 방법을 마르크스에 적용하는 것은 좀 더 힘들고 좀 더 유익한 일일 겁니다. 아마도 게으름 때문에 나는 클라우제비츠에 대해서 했던 것과 같은 일을 마르크스에 대해서는 하지 못했습니다. 클라우제비츠의 후계자는 광범위합니다. 그러나 마르크스의 후계자는 정말로 무제한이죠. 왜 마르크스가 그토록 다양하게 해석될 수 있는지를 알아보는 것은 훨씬 더 흥미로운 일이었을 겁니다. 클라우제비츠의 경우는 어떤 면에서 너무나 쉬웠어요.

그러니까 결국 이 모든 책들에 공통적으로 들어 있는 것이 무엇인가 하면, 그것은 마르크시즘으로 조명해 본 20세기의 고찰이며 근대사회의 모든 분야, 예컨대 경제, 사회관계, 계급관계, 정치 체제, 그리고 국가들 사이의 관계와 이데올로기 논의 등에 대한 고찰입니다.

니체는 20세기가 철학의 이름으로 행해지는 대전쟁들의 세기가 될 것이라고 썼습니다. 따라서 내가 이데올로기 논쟁에 대한 수많은 기사와 책을 쓴 것을 합리화하려 할 때면 나는 결국 철학의 이름으로 행해지는 20세기의 대전쟁에 내가 참여했다는 이야기를 하곤 합니다. 나의 책들은 전체적인 통일성이 없고 불완전하며 엉성한 구도에 불과합니다. 그러나 모든 것을 다 설명하겠다고 나서는 사람은 그가 선택한 주제의 어느 것 하나도 철저히 이해하지 못한 사람일 가능성이 농후합니다. 아마도 나 같은 아마추어, 다시 말해 대학에 몸담고 있으면서 동시에 가장 유능한 대학 교수라도 갖지 못한 자유를 갖고 있는 그런 아마추어야말로 그 나름의 쓸모가 있는 게 아닐까요.

미시카　자기 저서들을 너무 가혹하게 평가하시는 것 같은데요.

아롱　아니요. 내 저술들의 가치에 대해서는 나 자신도 잘 모르겠습니다. 10여 년 후에 그것이 단순히 한 개인의 증언에 불과하게 될지 아니면 사람들이 계속해서 읽어 줄지, 나는 모르겠습니다. 전혀 알 수 없어요.

미시카　1976년에 한 인터뷰에서 이런 말씀을 했네요. "나는 철학에서나 정치에서나 상상력을 몹시 싫어한다. 그런 점에서 나는 오히려 비평가나 해설가에 가깝다."

아롱　그건 사실이라고 생각합니다. 나는 수많은 정치 경제 상황들을 합리적인 방법으로 분석했어요. 대개의 경우 나는 그것들을 평가했습니다. 근대문명의 본질을 건드리는 기본적인 논쟁에서는 항상 낙관적으로 생각했습니다. 히틀러에 대해서도 스탈린에 대해서도 아무런 환상을 갖고 있지 않아요. 프랑스령 알제리에 의해서 프랑스가 쇄신될 것이라는 생각도 해 본 적이 없습니다. 그 모든 것이 결국 나의 생각이 옳았다는 것을 입증해 주었습니다. 자만이 아닙니다. 그저 무심하게 단지 사실만을 이야기할 따름입니다.

그런데 『국가 간의 평화와 전쟁』이 무슨 소용이 있는가, 라고 사람들이 묻는다면 나는 15년 전보다는 덜 낙관적인 대답을 할 수밖에 없습니다. 오늘날에 와서는 그 책의 결점, 다시 말해 그 책이 담고 있는 저널리즘, 피할 수도 있었던 그 저널리즘의 요소가 눈에 거슬립니다. 순수 이론적인 시론이라면 좀 더 추상적으로, 현실과 거리를 좀 더 떼어 놓았어야 하는데.

볼통　또 있죠. 당신은 현실을 창조하거나 꿈꾸기보다는 설명하기를 더 좋아합니다. 억눌린 개성이 그 안에 들어 있는 듯하다고나 할까요.

아롱　베르트랑 드 주브넬이 항상 내게 하던 이야기입니다. 하지만 현실사회를 분석하다 보면 통치자나 피통치자를 내리누르는 속박들을 잘 인식하게 돼서 당신이 말하는 것 같은 그런 꿈이나 창조는 어려워져요. 오늘날 존재하는 여러 형태의 정치 체제들을 관찰해 보면 우리가 알고 있는 두 체제, 다시 말해서 소비에트 타입과 서방 타입과 전혀 다른 정치 체제를 상상하기가 매우 어렵습니다. 그리고 워싱턴과 모스크바 중간의 형태를 취해야 한다고 말하는 것은 너무나 어리석은 이야기입니다. 지금 현재까지 금세기의 가장 큰 정치적 문제는 "사람들 사이의 대화가 가능한가"라는 것입니다. 이곳 우리 사회는 대화를 받아들이는 사회입니다. 소련 체제의 본질은 대화의 거부입니다.

나는 35년 전부터 대화가 있는 사회를 선택했어요. 대화는 물론 가능한 한 이성적이어야죠. 그러나 여하튼 대화는 무절제한 열정도 받아들이고 비합리성도 받아들입니다. 대화가 이루어지는 사회는 인류가 살아남을 수 있느냐를 가늠하는 바로미터입니다. 그런데 저쪽의 체제는 국민들에 대한 신뢰의 거부에 기초를 두고 있고 과두(寡頭)적 극소수만이 미래에 대한 결정적 진실을 간직하고 있다고 주장하고 있습니다. 나는 그것을 혐오합니다. 35년 전부터 그것과 싸워 왔고 앞으로도 계속 그럴 겁니다. 소수의 독재자들만이 역사와 미래의 진실을 알고 있다는 것은 참을 수 없는 일입니다. 요즘 말로 하면 용납 불가예요.

볼통   여하튼 당신의 일부 책 속에는 하나의 불변의 상수(常數)가 있습니다. 즉, 예컨대 몽테스키외, 막스 베버, 마르크스, 토크빌, 오귀스트 콩트 등 과거의 어떤 저술가들과 비교되기를 좋아한다는 것.

아롱   몇 가지 이유에서 그렇습니다. 첫 번째는 20세기의 대(大)사회사상들이 근본적으로는 19세기에 형성된 것이라고 생각하기 때문입니다. 언젠가 미국 사회학계에는, 아니, 프랑스 사회학계에도 모든 것을 새롭게 시작하려는 경향이 있었습니다. 마치 지나간 시대의 사회학이 전혀 없기라도 한 듯이 말입니다. 그러나 나는 그 대가들의 저서를 다시 찾아 들고 내 방식으로 읽었습니다.

그리고 또 다른 이유가 하나 있습니다. 나는 그 대가들과 나를 비교함으로써 진지한 지적 만족감을 느꼈어요. 물론 비교의 결과에 대해서는 아무런 환상도 갖고 있지 않습니다. 이런 비교는 자신을 천박함으로부터 보호하기 위한 한 방법이죠. 위대한 사상가들과 끊임없이 대화를 해야만 합니다……

토크빌에 관해서는, 그가 프랑스 문화 일반과 사회학 사상에 끼친 영향을 밝혀 보았습니다. 오귀스트 콩트는 오늘날에도 제대로 알려져 있지 않습니다. 그에게 할애한 몇 개 챕터는 비록 독자들의 관심을 별로 끌지 못했으나 내게는 매우 흥미가 있습니다. 막스 베버는 또 다른 문제죠. 그는 전전에 독일 사회학의 수많은 주제를 프랑스 사상계에 도입한 사람입니다. 스물아홉인가 서른에 쓴 『현대 독일 사회학』이라는 짤막한 책에서 그를 다루었는데 전후에 독일어로 번역됐어요. 막스 베버의 동생인 알프레트 베버는 그 책이 현대 독일 사회학에 대한 가장 탁월한 입문서라고 했습니다. 한 가지 틀림없는 사실은, 이제는 더 이상 독일 사회학이 별 문제가 되지 않고 또 그들 저술가들에 대한 책으로 나의 짧은 글보다 훨씬 우수한 것들이 많이 나와 있기는 하지만 아직도 『현대 독일 사회학』은 읽을 만한 책이라는 겁니다.

그러니까, 나는 대사상가들과의 대화를 좋아하고 이러한 내 취미를 학생들에게 퍼뜨리고 싶습니다. 학생들은 누군가를 존경해야만 하는데, 교수는 시험감독관에 불과하거나 또는 별로 존경할 만하지 않으므로 대사상가들을 존경해야 합니다. 그리고 교수들은 학생들을 위해 대사상가의 사상을 해석해 주는 일을 해야만 합니다.

미시카 이 세계를 형성하는 것이 바로 그 사상들이라고 생각합니까? 예를 들면 20세기의 사상들이 이미 19세기에 구상된 것이라는 이야기 같은 것.

아롱 아니요, 그렇게 생각하지 않습니다. 나는 이 세계의 역사가 생산관계나 생산력에 의해서 결정된다고는 생각하지 않습니다. 그리고 또 역사 발전에서 사상의 역할에 대한 의문이 반드시 정확하고 분명한 해답을 담고 있다고도 믿지 않습니다.

마르크시즘, 또는 마르크스 사상은 분명 상당한 역할을 했습니다. 하지만 마르크스 사상은 아마도 카를 마르크스 자신도 부인했을 레닌주의적 해석을 통해 이 세계를 변혁시켰습니다. 이 경우 마르크시즘이 많은 사람들에게 받아들여지고 또 이 세계를 변혁시킬 수 있었던 것은 그 위대한 사상가에 대한 오해에서부터 출발한 것이라고 말할 수 있습니다. 이러한 오해가 아직도 계속되고 있어요. 마르크시즘이니 소련이니 하는 이 모든 것들은 아직도 우리의 운명입니다. 어떤 사람은 이것을 '저주'라고 말할 것이고 또 어떤 사람은 '은혜'라고 말하겠죠. 비록 프랑스의 인텔리겐차들, 높은 수준의 파리 지성인들이 최근에 와서는 마르크스가 틀렸다고 생각하기는 하지만, 그리고 또 수용소 군도의 책임이 마르크스에게 있다고 생각하기에 이르렀지만, 20세기의 후반을 사는 우리는 아직도 마르크시즘에 대한 불안 속에서 살고 있습니다.

볼통　아롱파(派) 사상이라는 게 있을까요?

아롱　당연히 없죠!

볼통　하지만 당신의 생각은 많은 대학 교수와 정치인들에게 큰 영향력을 갖고 있습니다. 이런 영향력은 어떻게 규정해야 할까요?

아롱　어떤 입장들을 취할 때마다 나는 역사나 지적 유행에서 대체로 외톨이였습니다. 다소 막연하게 내 영향을 받았다고 말하는 친구들이 있지만, 그들은 친구들이지 제자가 아닙니다.

미시카　이데올로기를 제시하지 않는 지식인은 영향력을 갖지 못할까요?

아롱　그렇지 않습니다. 아롱의 영향력은 있지만 아롱주의 분파는 없습니다. 예를 들면 〈논령〉이라는 잡지가 있죠. 레이몽 아롱에 동조하는 사람들에 의해 만들어지는 잡지입니다. 각자 자기역할이 있어요. 나는 분파의 우두머리가 아닙니다.

b) 신문기자, 대학 교수

미시카　언제나 신문기자인 동시에 대학 교수셨죠. 그 두 직업이 그렇게 양립할 수 있는 건가요?

아롱　문제가 되지 않는다고 생각합니다. 물론, 만약 그리스 철학을 전공하는 교수라면 경제 문제를 논평할 자격이 없겠죠. 하지만 국제관계나 경제학 또는 사회학을 전공한 교수라면 그 관련 문제들에 대한 자기의 생각을 표현하고 싶은 욕망이 다소 생기는 법입니다.

또 이쪽 편에서 보면 훌륭한 대학 교수가 될 수 있는 신문기자들도 많습니다. 대신문사에 기사를 쓰는 교수도 있고, 언제고 대학 교수가 되기를 꿈꾸고 있는 기자들도 있어요.

미시카 하지만 그 두 가지는 같은 활동이 아닌데요.

아롱 신문기자들이 좀처럼 피하지 못하는 위험이 한 가지 있습니다. 그것은 시사 문제에 너무 집착한다는 겁니다. 만일 내가 신문기자가 아니었다면 아마도 내 책들은 전혀 다른 — 어쩌면 훨씬 더 훌륭한 — 것이 됐을 거라고 확신합니다. 아마 모루아[1]의 말로 기억되는데, 이렇게 쓴 적이 있습니다. "만일 현실에서 좀 더 멀리 떨어지기만 한다면 레이몽 아롱은 현대의 몽테스키외가 될 것이다." 그는 한 가지 점에서 잘못 생각했어요. 나는 결코 몽테스키외는 되지 못할 사람입니다. 그러나 또 다른 점에서 그는 정확히 봤습니다. 즉, 현실에 너무 집착한 나머지 나의 추상적인 저서에 넓은 폭과 높은 차원을 주지 못했다는 점입니다. 만일 내

---

1 André Maurois, 1885~1967. 프랑스의 소설가, 수필가, 역사가. 『천사도 짐승도 아닌』, 『풍토』, 『가정의 테두리』, 『행복의 본능』 등의 소설과 『영국사』, 『미국사』 등의 역사서, 그리고 『아리엘: 셸리의 생애』, 『디즈레일리의 생애』, 『올랭피오: 빅토르 위고의 생애』, 『프루스트를 찾아서』, 『프로메테우스: 발자크의 생애』 등의 전기가 있다.

가 좀 더 쉬운 길, 다시 말해서 저널리즘을 선택하지 않았다면 아마도 나의 책들은 좀 더 폭넓고 높은 차원의 것이 됐겠죠.

미시카   왜 꼭 저널리즘을 쉬운 것과 결부시킵니까?

아롱   저널리즘과 신문기자를 존중하기 때문입니다. 하지만 신문기자의 함정이 하나 있습니다. 어떤 근본적인 문제에 대해 알찬 내용의 책을 쓰는 것보다는 넉 장짜리 재치 있는 기사를 쓰는 게 훨씬 쉬운 일입니다. 신문기자들은 대학 교수들과 마찬가지로 지성적일, 아니, 어떤 때는 더 우수할 때도 있습니다. 그러나 오랫동안 저널리즘에만 몰두해 있다 보면 지속적인 감각, 근본적인 문제에 대한 감각을 잃기 쉽습니다. 그리고는 눈앞의 사건에 대한 손쉬운 해설에 안주하고 맙니다. 그것이 수월함의 함정이죠. 하지만 그렇게 말한다고 해서 저널리즘을 경멸하는 말은 전혀 아닙니다. 경멸하기는커녕 정반대죠.

볼통   하지만 당신이 대학 교수인 동시에 신문기자였던 것은 저널리스트 활동이 뭔가 도움이 되기 때문이었겠죠. 전통적인 대학 교수의 활동 이상으로 그 역할이 당신에게 가져다 준 것은 무엇입니까?

아롱   나 자신도 가끔 자문해 보지만 결코 답을 얻을 수 없었던 문제입니다. 35년간 저널리즘에 몸담고 있었다면 내 인생은 실패한 것일까요? 프랑스의 정치 논쟁에서 내가 담당한 역할을 생각해 보면 내가 전쟁 전에 썼던 책들로는 할 수 없었을 어떤 영향력을 프랑스 혹은 여러 사건들에 행사한 것은 아닐까요? 그러니까 신문기자가 아닌 사람으로서 썼을 책들에 어떤 행동을 가미할 수 있었던 것은 내가 대학 교수이면서 동시에 신문기자였기 때문 아닐까요?

볼통   하지만 일부 대학 교수들이 하듯이 가끔 신문에 기고를 하는 것과, 당신이 한 35년간의 논설위원 활동은 전혀 다른 것 아닙니까?

아롱   맞습니다. 나의 경우는 아무에게나 추천할 만한 것은 아니죠. 가르쳐야 할 책임이 있고 또 책을 쓰고 싶은 욕구가 있다면 저널리즘에까지 손을 댈 시간이 없는 게 정상입니다. 나의 경우는 거의 우연에 가까운 것이었습니다. 개인적으로 상을 당한 후 나는 어떤 작업에 몰두하는 것으로 도피처를 찾았습니다. 그래서 너무나 많은 일을 했지요. 만일 좀 더 성찰할 여유가 있었더라면, 그리고 운명이 내게 좀 더 관대했더라면 아마도 나의 일은 전혀 달라졌을 겁니다. 내 경우는 약간 비정상적인 것이었다고 생각합니다. 물론 그 정도는 용인되는 일이지만, 그러나 다른 대학 교수, 다른 논설위원이 되풀이해서는 안 될 것 같습니다. 책을 쓸 시간이 있다는 것을 내 동료들에게 보여 주기 위해서 나는 칠팔백 페이지짜리 책들을 수없이 써 냈고, 그 책들은 부피로 독자들을 압도하기 일쑤였습니다.

　우리 세대에서 나보다 훨씬 더 예외적인 건 사르트르의 경우입니다. 앞에서 이미 말했죠. 사르트르는 철학자인 동시에 소설가, 극작가, 신문기자 그리고 정치인이었습니다. 나는 그 정도까지는 못 했습니다. 하지만 나도 보통 같으면 각기 여러 사람들이 나눠 해야 할 일들을 혼자 하려고 애썼습니다. 오늘날에는 나의 다음 세대이며 내 친구인 사회학자 투렌이 시사 문제에 대한 좌파적 논평을 하고 싶어 하며, 또 자기 스타일로 그 일을 잘 하고 있습니다.

볼통   하여튼 당신은 아카데믹한 작업과 시사평론을 잘 결합한 최초의 인물입니다. 대학 교수와 지식인들이 점점 더 이런 이중의 활동을 하는 경향이 있지 않나요?

아롱   사실이기도 하고 아니기도 합니다. 신문의 논평란은 앞으로 점점 신문기자만이 아니라 교수, 관리들에게 맡겨질 것이라고 생각합니다. 신문은 앞으로 더욱 저널리즘 전문가 이외의 사람들에게 개방될 겁니다.

   하지만 두 직업을 똑같이 충실하게 수행한다는 것은 아무래도 좀 힘든 일입니다. 그것이 추천할 만하지 못하다는 것은 그런 이유에서입니다. 내 경우, 내가 가장 좋아하는 내 저서들은 전혀 저널리스틱하지 않은 것, 예컨대 『역사철학 입문』, 『폭력의 역사와 변증법』, 『클라우제비츠』 등입니다. 그것은 신문기자로서 쓴 책이 아니고 또 신문기사를 참조한 것도 없습니다. 하나 더 덧붙이자면, 앞에서 한 번도 언급되지 않았지만 내가 몹시 좋아하는 『자유에 대한 시론』입니다. 이게 내 책들 중에서 가장 철학적인 책이라고 생각합니다.

볼통   게다가 아주 읽기 쉬운 책이기도 하고요······.

아롱　네, 네. 우연히 그렇게 됐죠. 그런데 전쟁이 끝나 1940년대 이후부터 나는 항상 내가 글을 너무 분명하게 쓰지 않나, 라고 고민하게 되었습니다. 유명해진 다음에도 여전히 그랬어요.

미시카　진정한 철학자가 될 만큼 충분히 난해하지 못했다는 말인가요?

아롱　1945년 이후 프랑스의 사상은 매우 난해하고 또 독일적으로 됐습니다. 나는 약간 독일적이었지만 그러나 글은 아주 분명하게 썼습니다. '아롱적 명확성'이라는 말까지 나올 정도였죠. 때에 따라서는 결코 칭찬의 말이 아닌 비꼬는 투의 말이었습니다.

볼통　어떤 사건들을 분석하면서 동시에 그에 대한 확고한 입장을 밝히는 선구자 아니었습니까?

아롱　그랬죠. 쾰른 대학 조교로 있을 때 나의 지적 이정표를 세웠다는 말을 앞에서 했죠. 나는 '참여하는 방관자'가 되기로 결심했습니다. 진행중에 있는 역사의 목격자로서 그 역사에 대해 최대한의 객관성을 유지하되, 그러나 그 현실에서 이탈해 초연한 자세를 취하지는 않겠다는, 다시 말해서 참여를 하겠다는 자세였습니다. 행동의 주역과 방관자라는 이중적인 자세를 한데 결합해 보고자 했습니다. 순수한 목격자인 동시에 사건의 주역도 될 수 있는 그 가능성의 한계를 보여 주기 위해 『역사철학 입문』을 썼습니다. 그 책 부제가 바로 '역사적 객관성의 한계'입니다. 객관성을 경멸한다는 의미가 아니라, 좀 더 객관적으로 되기 위해서는 자신이 어떤 위치, 어떤 관점에서 이 세계를 바라보고 또 자신을 표현하는가를 반드시 알아야 한다는 의미입니다.

볼통   다시 말하면, 객관성이 현실 참여와 양립할 수 있다는?

아롱   그러기를 희망합니다.

c) 정치적 선택

볼통   결국 당신은 우파의 명제를 채택하면서 좌파 쪽으로 가거나, 아니면 좌파의 명제를 채택하면서 우파 쪽으로 가면서 일생을 보냈습니다.

아롱   나를 그런 식으로 얘기하는 건 난생 처음 듣는데요. 아주 재치 있군요. 나를 평가하는 대부분의 사람들이 "그는 우파야"라고 말한다는 걸 알고 있습니다. 어떤 기간 동안에는 내가 오히려 좌파에 가까운 입장을 취한 적도 있어요. 알제리 문제가 그런 예죠. 스탈린주의에 대해서는 우파로 간주되겠죠. 스탈린주의를 통렬하게 비판했으니까요. 하지만 오늘날에는 좌파 사람들도 나와 똑같이 스탈린주의를 고발하고 있습니다.

그런데, 15년쯤 전부터 프랑스의 정치에 좌파와 우파 두 진영이 있다는 것은 여전히 사실입니다. 다시 말하면 선거 때 나는 지스카르 데스탱에게 투표하지 미테랑에게 투표하지 않아요. 그러므로 지식인의 위치를 그의 투표 성향으로 결정한다면 나는 우파 지식인입니다. 하지만 좀 특이한 존재죠. 자기가 투표한 사람과 같은 견해를 갖고 있지도 않고 또 그에게 순종하지도 않으니 말입니다. 나는 내가 투표한 사람이나 그렇지 않은 사람이나 똑같이 자유롭게 비판하거든요.

미시카　우파 무정부주의자인가요?

아롱　그건 아닙니다. 권력자의 견해와 상관없이 모든 문제에 대해 내 고유의 견해를 갖겠다는 지적 자만심 또는 야심이죠. 이 것이야말로 논설위원이 가져야 할 품격 있는 태도라고 생각합니다. 요즘 〈렉스프레스〉는 야당지라기보다 여당지에 가까운데, 그래도 권력을 가장 신랄하게 비판하고 있습니다.[2] 그게 신문기자의 역할입니다. 하지만 양자택일해야 한다면 나는 우파 인사라고 말할 수 있습니다. 왜냐하면 지스카르 데스탱을 선택했으니까요.

미시카　사건의 주역인 동시에 관객으로서 당신은 1940년 이래 모든 큰 사건, 모든 큰 문제들에 대해 입장을 취했습니다. 그런데 당신은 해부하고 분석하는 사람이지 선택하는 사람은 아니다, 라고 알려져 있는 이유는 무엇입니까?

아롱　맞기도 하고 틀리기도 한 평가입니다. 나는 모든 큰 문제들, 예컨대 소련, 탈식민, 알제리, 68, 유대인에 관한 드골 장군의 기자회견 등등에 대해서 항상 어떤 분명한 입장을 취했습니다.

2　이 대담은 프랑수아 미테랑이 당선된 1981년 5월의 대통령 선거가 있기 전에 이루어졌다.

그것들은 나의 개인적인 관심사이기도 하고 동시에 역사적 의미를 지닌 문제들이었습니다. 하지만 경제 문제에 대해 일주일에 한두 번 기사를 쓰면서 "이것이 장관이 꼭 해야 할 일이다"라는 거만한 투로 글을 쓴 적은 한 번도 없습니다. 언제나 나를 약간의 전문지식을 갖춘 아마추어로 간주했지 결코 경제 전문가로 생각하지 않았기 때문입니다. 물론 경제 문제들을 이해하고 설명하고 자세히 밝힐 만큼은 충분히 경제를 알고 있습니다. 하지만 하나의 해결책과 처방을 제시하는 것은 다른 문제입니다.

그런데 이처럼 단호한 결론을 내리지 않으려는 나의 태도가 〈피가로〉의 일부 독자들을 격분시켰습니다. 독자들은 대체로 평론가가 자기들의 생각을 대신 말해 주기를 기대하고 있거든요. 독자들의 그러한 항의는 어떤 면에서는 정당한 것으로 여겨집니다. 하지만 나의 주장들도 역시 충분히 강경한 것이에요. 박학한 신문기자라고 해서 반드시 남을 가르쳐야 한다는 법은 없죠. 어떤 어려운 경제 상황이 생길 때면 나는, 물론 그 대처 방법을 정확히 알고 있는 것은 아니지만, 그러나 독자들에게 최소한 장관이 어떤 기본적인 자료들을 가지고 정책 결정을 하게 될지를 알려 주려 했습니다.

미시카 항상 "내가 만일 지도자의 위치에 있다면 나는 무엇을 할 것인가?"라고 자문하면서 글을 썼다고 하셨지요. 그렇다면 당신이 글을 쓰는 것은 오로지 지도자들을 위해서입니까?

아롱 아니요, 아닙니다. 정치가들을 위해 글을 쓴다는 것은 결국 정부가 갖고 있는 데이터를 국민들에게 알려 준다는 것과 같은 의미입니다.

언젠가 내가 국가재정위원이었을 때, 당시 재무장관이던 지스카르 데스탱이 〈피가로〉에 실린 나의 최근 기사를 아주 정중하면서도 단호하게 공격했습니다. 그는 재무장관이 해야 할 일을 명시하지 않은 채 장관을 비판했다고 나를 비난했습니다. 나는 다음과 같이 정중하게 대답했습니다. "우리의 대립관계는 동등하지 않습니다. 당신은 장관이고 정책 결정에 필요한, 그리고 또 상황 이해에 필요한 모든 자료를 밑에서부터 공급받습니다. 그런데 신문기자인 나는 정보를 제공해 주는 사람도 없이 완전히 혼자입니다. 그래서 가끔 나는 장관을 비판하게 됩니다. 장관은 내가 부당하고 참을 수 없고 화를 돋우는 사람이라고 생각하지만 이것은 장관과 논평가 사이의 지극히 정상적인 관계일 뿐입니다." 로카르도 이 논쟁을 기억하고 있어요. 그는 당시 이 논쟁을 부드러운 말로 요약하느라 몹시 애를 먹었다고 최근에 내게 실토했습니다. 그만큼 그 당시 재무장관의 공격은 격렬했습니다.

미시카　좀 다른 문제인데, 당신은 센티멘털리즘을 거부하고 현실주의를 옹호했죠. 하지만 권력자의 관점을 취하지 않는 한 감정 없는 정치란 있을 수 없을 것 같은데요.

아롱　천만에요! 항상 똑같은 비판이군요. 내가 어떤 태도를 취하면 사람들은 나의 어조가 냉정하다고 말합니다. 그건 결국 아무런 의미도 없는 것이죠. 경제 분석을 할 때면 나는 가능한 한 진실과 정확을 기하려고 노력합니다. 경제 분석에 감정을 개입시키는 것은 민중 선동에 가까우며 참으로 웃기는 일이라고 생각합니다. 그런데 나의 경제 분석으로 내 성격을 규정짓는다는 것도 역시 웃기는 일이에요.

미시카 경제 분석만이 아니라, 예컨대 알제리 문제나 1968년 5월 사태 같은 핫한 이슈들에서도 당신은 한결같이 냉정하지 않았던가요?

아롱 내가 알제리의 독립을 지지했을 때 프랑수아 모리아크가 나의 냉담한 어조를 비난한 건 사실입니다. 하지만 모든 사람이 프랑수아 모리아크일 수는 없죠. 나는 사태를 관찰하고 성찰하고 또 사람들의 행복을 위한 최선의 방법을 찾으려는 자세로 정치평론을 한 것에 대해 전혀 아무런 부끄러움도 느끼지 않습니다. 그리고 사태들의 매순간마다 나의 인류애를 상기시켰던 것도 자랑스럽게 생각합니다. 물론 그걸 인정하느냐 부정하느냐는 당신 자유지만.

볼통 지식인의 역할을 정의하기 위해 가끔 "신과 대화를 하는 사람, 또는 군주의 조언자" 중에서 양자택일을 이야기하셨지요.

아롱 『역사철학 입문』에서 한 구분이죠. 그 당시에는 좀 다른 말로 제시했습니다. 한편에는 이해(理解, entendement)의 정치 — 알랭의 표현이죠 — 가 있고 또 한편에는 이성(理性, Raison)의 정치가 있죠. 이때 이성은 대문자 R의 이성입니다.

첫 번째 경우, 정치인은 미래를 알지 못합니다. 그가 아는 것은 현실뿐이고, 그는 최선의 상태로 충실하게 항해하려고 노력합니다. 그런데 또 한편의 정치인, 예를 들어서 마르크시스트는 자신이 미래를 안다고 주장합니다. 그래서 그는 자신이 예견할 수 있고 또 통제할 수 있다고 믿는 역사 발전에 맞춰 정책을 결정합니다.

그런데 군주의 조언자는 군주가 처해 있는 상황을 알려 주는 사람, 또는 구체적 사건들을 해결하기 위해 무엇을 해야 할지를 군주에게 알려 주는 사람입니다. 인간 역사라는 비극 혹은 드라마의 결말을 알고 있다는 환상이나 자만심은 결코 없지요.

그러나 우리 세기에는 스스로 신의 친구를 자처하는 사람들이 있습니다. 그들은 역사적 섭리가 프롤레타리아 혹은 공산당의 승리를 약속한다고 믿고 있습니다. 그들은 역사 전체를 포괄적으로 예견하는 어떤 메시지에 따라 정치를 합니다. 또 행복한 종말이 올 것이라는 강력한 확신도 갖고 있습니다. 가끔 참을 수 없을 만큼 역겨운 확신입니다. 마르크시즘을 깊이 고찰해 본 결과 나는 우리가 직접 관찰하고 경험한 그 계급 간, 국가 간의 투쟁이 반드시 마르크시스트가 상상하는 그러한 사회주의 사회로 이끌지는 않을 거라고 생각하게 됐습니다. 나의 정치가 이해의 정치인 것은 그런 의미에서입니다.

그러나 군주의 조언자가 되려면 자기가 살고 있는 사회를 총체적으로 이해해야 하고 또 그 사회를 인정해야만 합니다. 선택을 하기 위해서는 우선 정확한 결단이 필요하죠. 그 결단은 언제나 불안하며 극단적 오류의 위험마저 있습니다. 행동하는 사람들이 가끔 오류를 범하는 것이 그 때문이며, 평론가들도 마찬가지입니다. 내가 쓴 모든 것을 한데 연결시켜 보면 여기저기서 수많은 오류를 쉽게 발견할 수 있을 거예요. 당신들도 찾아냈지만 그것 말고도 얼마든지 있습니다. 그러나 문제는 오류의 비율이겠죠.

볼통   그건 그렇고, 조언을 들어 줄 군주는 발견했나요?

아롱   군주를 찾으려 하지도 않았으니까 당연히 발견도 못 했죠. 그리고 비록 근본적으로 나와 통하는 사람이라 하더라도 내가 그 어떤 군주의 조언자가 될 수 있을지는 의문입니다. 『제정공화국』에서 "나는 결코 미국 대통령의 보좌관은 될 수 없을 것이다. 베트남 폭격을 명령하고는 곧 평화스럽게 잠자리에 드는 그런 일은 결코 할 수 없으니까"라고 썼어요. 머리로는 그런 정책들의 필요성을 충분히 인정하고 이해할 수 있지만, 그러나 감히 말해 보자면 나의 기질은 나의 이념과 정확히 일치하지 않습니다. 보시오, 그렇게 냉정한 사람 아니잖소.

d) 다양한 가치

미시카   당신이 가장 굳게 믿고 있는 가치가 있다면?

아롱　　아마 '진실과 자유' 아닐까요. 이 두 개념은 내게는 서로 불가분의 것입니다. 진실에 대한 사랑과 거짓에 대한 혐오야말로 나의 존재 양식과 사고방식의 가장 기본적인 토대라고 생각해요. 진실을 표현하기 위해서는 자유로워야 합니다. 우리를 내리누르는 외부의 힘이 없어야만 합니다.

　　그러나 나는 또 프랑스의 시민이기도 합니다. 1차대전중에는 당연히 다른 모든 어린이들과 마찬가지로 나도 애국자였고 프랑스의 위대함에 열광했습니다. 평생 나는 로렌 지방색이 강한 애국자였지요. 아버지는 랑베르빌레르에서 태어났습니다. 로렌의 유대인들은 열렬한 프랑스인이었지요. 그런 의미에서 나는 아버지의 충실한 아들입니다.

미시카　　당신의 인생에서 유대교가 차지하는 위치는?

아롱　　그건 언제나 설명하기 힘든 얘기입니다. 본질만 이야기하면, 나처럼 프랑스에서 태어나 프랑스 문화에 젖어 있으면서도 동시에 전통적 유대인인 사람에게는 유대교의 의미를 자유롭게 선택할 권리가 있습니다. 만일 유대인이나 이스라엘의 운명에 아무런 관심도 없고 유대교도 믿지 않는 사람이라면 "나는 유대인으로 태어난 프랑스 시민이다. 그러나 나의 이 태생은 내 본질과 아무런 관계가 없다"라고 자유롭게 말할 수 있겠죠.

　　나의 입장을 가능한 한 분명하게 상기시켜 보겠습니다. 나는 유대인으로 태어난 프랑스 시민이며, 나 자신도 잘 알 수 없는 이유로 이스라엘 사람들, 또는 전 세계에 흩어져 있는 유대인들과 일종의 유대감을 느낍니다. 그러나 나의 이런 유대감에는 당연히 어떤 한계가 있습니다. 외교 문제에 대해 기사를 쓸 때 나는 프랑스 시민으로서 쓰는 것이지 유대인으로서 쓰는 게 아닙니다. 프랑스인으로서의 애국심, 그리고 온 세계의 유대인, 특히 이스라엘 사람들과의 관계에 관한 한 나는 아무런 갈등도 느끼지 않아요.

미시카 이와 같은 평정을 얻기까지 오랜 시간과 어려움이 따랐겠죠? 고통스러운 일이었겠죠?

아롱 네, 오랜 시간이 걸렸고 어려웠습니다. 하지만 별다른 갈등은 느끼지 않았어요. 왜냐하면 나의 부모 때부터 이미 유대교를 믿지 않았으니까요. 앞에서도 말했듯이 나는 어릴 때 유대교 회당에 다니지 않았습니다. 유대인이라는 의식도 별로 없었어요. 유대인 의식은 히틀러에 의해서, 그리고 여러 사건들에 의해서 강요된 겁니다. 오늘날에 와서는 내가 유대교에 어느 정도 애착을 갖고 있는 것을 내 뿌리에 대한 충성으로 합리화시키고 있습니다. 만일 랑베르빌레르에서 끝까지 전통에 충실하게 사신 할아버지를 다시 만난다 하더라도 나는 조금도 부끄럽지 않을 겁니다. 왜냐하면 내가 할아버지처럼 완전한 유대인은 아니라 하더라도 내 나름으로 여하튼 유대인의 전통에 충실하게 살고 있으니까요. 여러 번 글로도 썼지만 나는 내 뿌리를 뽑아 내고 싶지 않습니다. 이건 별로 철학적인 이야기가 못 되지만, 그러나 감정과 이념을 최대한으로 조화시켜야죠.

볼통   인간의 지혜를 별로 믿지 않으시는군요. 역사가 열정에 의해 지배된다고 생각하면서도 인간의 갈등이라는 소용돌이 속에서 이성과 명철이 결국 승리한다는 걸 증명하려 하셨으면서.

아롱   내 친구 에리크 베일(Eric Weil)이 논문에 이런 말을 썼어요. "인간은 이성적인 존재다. 그러나 모든 인간이 이성적이라는 것은 증명되지 않았다." 내가 체험한 역사, 그리고 내가 이해하고자 노력한 역사는 결국 소음과 분노로 가득 찬 무분별한 대혼란입니다. 인간 역사는 항상 소음과 분노 속에서 전개돼 왔습니다. 20세기는 어떤 면에서 다른 세기들보다 훨씬 더 끔찍합니다. 하지만 그것이 절망의 이유는 되지 못합니다. 이 무서운 전쟁의 세기는 또 과학 발명과 눈부신 기술 발전의 세기이기도 합니다. 지난 30년간의 의학 발전은 과거 수세기의 발전보다 더 큰 것입니다. 어린 시절에 형이 맹장염 수술 받은 일이 생각나네요. 그때는 정말 아직도 17세기였습니다.

     하지만 인류가 성취한 모든 것은 반드시 그 대가를 치러야 하며, 후퇴를 포함하지 않은 진보는 하나도 없다는 것을 인정해야만 합니다. 복합적인 인간사회가 형성된 후 수천 년 동안 항상 영웅주의와 불합리성, 성자와 괴물, 탁월한 지적 발전과 끈질긴 맹목의 열정 등이 교차됐습니다. 인류란 그런 것이며 역사 또한 그런 것입니다.

볼통   인성에 대해서, 그리고 사회가 할 수 있는 일에 대해서 별다른 환상을 갖고 있지 않은 듯합니다. '역사의 의미'도 믿지 않고 태초와 종말의 존재를 확인하는 대철학사상들도 믿지 않고요. 그런데도 당신은 어떤 낙관론을 갖고 있습니다. 인간은 사태에 대처할 수 있는 가능성을 갖고 있다고 생각하는 듯합니다.

아롱　　인간에게는 그런 가능성이 있다고 확신합니다. 그러나 역사의 의미를 믿지 않는다고 해서 인류의 역사가 어느 특정 방향으로 가지 않는다는 이야기는 아닙니다. 그리고 사상가가 어떤 특정의 목표를 가져서는 안 된다는 이야기도 아닙니다. 나는 한때 칸트의 제자였는데 오늘날까지 간직하고 있는 칸트 철학의 개념이 하나 있습니다. 바로 이성 개념입니다. 이성 개념은 언젠가 실질적으로 인간화될 한 사회의 성격을 나타내 주고 있습니다. 우리는 이성의 개념에 따라 인간적인 사회를 생각하고 꿈꾸고 희망할 수 있습니다.

그러나 생산수단을 집단이 공유해야만 이성이라는 개념을 실현시킬 수 있다고 생각하는 것은 당치도 않습니다. 내가 메를로퐁티를 읽고 화를 냈던 것도 바로 그런 점에서였어요. 물론 이성의 개념을 신봉하고 인간적인 사회를 동경할 수 있습니다. 그러나 한 사회가 이성의 개념에 부합하는가를 규정하는 기준이 프롤레타리아, 또는 공유재산일 수는 없습니다.

볼통　　인간은 자기 운명 앞에 자유로울 수 있을까요?

아롱　　그건 별 의미가 없습니다. 만일 집단적 혹은 총체적 인간 전체가 그 집단의 운명을 결정하고 또 신이란 것이 없다면, 인간이 자신의 운명을 결정하는 것이 틀림없겠죠. 하지만 만일 "X씨는 자기의 운명에서, 또는 자기의 역사로부터 자유스러운가?"라고 묻는다면 그 대답은 분명 "아니오"입니다. 우리는 모두 환경과 태생과 염색체에 의해 결정됩니다. 우리는 사방에서 구속돼있죠. 하지만 자유라는 여백이 있고, 또 우리의 이런저런 행동에의미를 부여해 주는 자의식도 있습니다.

미시카　결국 오늘날 진보에 쏟아지는 모든 비판에도 불구하고진보를 지지하시는군요?

아롱　그렇게 하지 않으면 뭐가 남겠소? 바이오철학은 인간을육식동물로 규정하면서 영원히 그럴 거라고 말하지요. 그 철학에 의하면 모든 문명은 일정한 단계를 거치며 그 종말은 항상 똑같이 '문명의 종식'이라는 겁니다. 그럴 수도 있겠죠. 모든 사람은 역사에 대해 자기 나름의 철학을 갖고 있습니다. 나는 나의체험에도 불구하고, 또 20세기라는 시대에도 불구하고 여전히진보주의자입니다. 그래서 가끔 소위 신철학자들의 책을 읽고분노를 느낍니다. 그들은 뒤늦게 소련이 참을 수 없는 체제라는것을 발견하고는 거기서부터 출발해 어딘가로 치닫고 있습니다.

　인류는 살아남기 위해서 이성이나 과학이 아닌 다른 희망을갖고 있습니다. 이성이나 과학 이외의 다른 모든 것들도 우리의생존을 위해서는 필요불가결한 겁니다. 그러나 인류가 자신들의출발점과 현재를 생각해 보고 탁월한 모험을 계속하기 위해서는, 그리고 또 그 모험이 일종의 의미와 가치를 갖기 위해서는 진리를 추구하는 사유방식에 신뢰를 보내야만 합니다. 무슨 말인가 하면, 환상, 열정, 희망 등은 증명 가능한 진실과 전혀 별개의 것이므로 그 두 가지는 구분해야 한다는 말입니다. 예를 들어 정치에서는 진실을 증명하는 게 불가능하지만, 최소한 우리가 알고 있는 사실들에 의거해 합리적인 결정을 내리려는 시도는 할 수 있습니다.

볼통 다가올 시기, 최소한 금세기 말까지의 시기에 대해서는 어떤 생각을 갖고 있습니까?

아롱 우리는 다시 한 번 소음과 분노의 혼란기에 돌입했습니다. 그러나 소음과 분노가 모든 것을 앗아가지는 않을 거라고 희망해야만 합니다. 한편에는 가공할 만한 결과를 낳은 기술혁명이 있습니다. 나보다 더 잘 알겠지만, 정보산업의 발전이 물론 사회를 근본적으로 변모시키지는 않을 겁니다. 하지만 선진사회의 일부 생활방식과 사고방식을 변혁시킬 것은 틀림없습니다. 그리고 미국의 힘과 미·소 데탕트로 유지되는 세계 균형은 오늘날 약간 위협을 받고 있습니다. 미국의 상대적인 힘의 저하, 소련의 과잉 군사력, 석유값 하락, 1차 생산재의 가격 하락으로 안정이 흔들리고 있습니다. 그리고 우리는 동서 경쟁관계 속에서 살고 있습니다. 게다가 산유국들은 점점 힘이 강해지고 서구는 더 이상 돈도, 안정된 가치도, 권위 있는 사상도 없고, 경제는 완전히 혼란 상태에 빠져 있습니다. 선진세계는 수년 전부터 만성 인플레에 시달리고 있습니다. 그리고 소위 통제되지 않는 전쟁과 통화, 재정 경제적 파국을 끊임없이 두려워해야만 합니다.

대팽창기에 유럽 국가들이 누렸던 안정은 진작에 사라졌습니다. 앞으로 10년이나 15년 안에 진정한 안정을 되찾으리라는 희망은 별로 없다고 생각합니다. 이 기간을 사는 사람들은 권태로울 틈이 없을 거예요. 역사 감각을 갖고 있는 사람들에게는 그것이야말로 생생한 역사가 될 겁니다. 역사는 성장이론보다 훨씬 더 풍부하거든요. 물론 동서 대립에 덧붙여 소위 선진사회와 후진사회 사이의 대립이 생겨나겠죠. 30년 전부터 비교적 평온하게 논의되던 모든 문제들이 더욱 격렬하고 급박해지고, 어떤 의미에서는 해결이 더욱 불가능해질 겁니다. 하지만 역사의 본질은 문제 해결에 있지 않아요. 운 좋게 하나를 해결했다 해도 곧 또 다른 문제가 생기는 법입니다. 그게 인간사회입니다. 그리고 그것이 인간 행동의 결과입니다.

미래를 기다리면서 과거를 되돌아보면 내가 50년 전부터 체험한 변화, 즉 과학과 기술에 의한 생활방식의 변화는 전체적으로 말해서 좋은 것이었습니다. 좋다고 말하는 이유는, 오늘날 프랑스 국민의 3분의 2가 적당한 생활수준을 유지하고 있고 또 대화가 불가능할 정도의 불평등 현상이 있는 것도 아니기 때문입니다.

인도 여행에서 크게 놀랐던 건 우리 지식인이나 여행객들과 인도 대중 사이에 대화가 불가능했다는 것이었어요. 그런데 오늘날 프랑스에서 나는 기술자들, 노동자들과 자유롭게 대화를 나눌 수 있습니다. 물론 어떤 사람들과 또 다른 사람들 사이에는 상당한 거리가 있는 게 사실이지만, 한쪽에는 모든 특권을 누리는 사람들이 있고 또 한쪽에는 그런 조건들과 너무나 동떨어져서 도대체 삶다운 삶을 영위하지 못하는 사람들이 있는 그런 현상은 없지 않습니까? 우리 사회가 정의롭지 못함에도 불구하고 — 하지만 우리의 모든 사회는 정의롭지 못합니다. 그것은 누구나 아는 사실입니다. 만족할 만한 사회는 하나도 없습니다 — 여하튼 20년, 30년 동안의 경제 성장 덕분에 프랑스는 좋은 방향으로 변모했습니다. 오늘날에도 성장이론을 반대하는 사람들이 많습니다. 그것은 뭔가 좋은 일에는 반드시 그 대가가 따른다는 것을 모르기 때문이에요.

볼통　경제 성장으로 한 사회를 정당화할 수 있다고 생각하나요?

아롱　당연히 아니죠. 인간이 성장률을 위해 사는 건 아니니까…….

볼통　다른 한편, 당신은 35년 전부터 미래의 행복을 위해 수백만을 죽인 이데올로기와 유토피아 사상을 신랄하게 비판했습니다. 그렇다면 우리 사회에서 동원할 집단의 결의는 무엇이겠습니까?

아롱　희망을 일깨워야 합니다. 하지만 필연의 미래를 예고하는, 그리고 어떤 특정 집단에 인류 구원의 메시아적 사명을 떠맡기는 그러한 교조적 이데올로기로 희망을 일깨워야 할 필요는 없습니다. 개인적으로 나는 많은 사람들에게 희망을 말해 줄 수는 있지만 마르크스주의나 유대교의 선지자 같은 역할은 수행할 수 없습니다. 그런 재능이 없으니까요.

볼통　서구 민주주의의 가치가 20세기 말인 지금 현재 새로운 가능성을 갖고 있다고 생각합니까?

아롱　우리가 몸담고 있는 서구 민주주의는 오늘날 인류의 아주 소수에게만 적용되는 정치이념입니다. 비록 유럽과 서양이 과거에 정복자였고 또 모든 정복자가 그렇듯이 몹쓸 짓을 많이 했지만, 그러나 그들은 옛적에 정복된 민족들이 스스로 보존하기를 원하는 뭔가를 남겼습니다. 즉, 그 민족들은 그들이 획득한 생산 수단을 보존하고 싶어 했으며 또 생산력을 발전시키고 싶어 했습니다. 서양인들에게 정복돼 나쁜 대우를 받았던 많은 민족들이 그들의 체제를 새롭게 수립한 후에도 과거의 자유주의 체제에 대한 향수를 간직하고 있습니다. 그 가장 좋은 증거는 민주주의 제도를 유지할 수도 없고 또 그럴 생각도 없는 대부분의 나라들이 그래도 우리의 체제를 표방하고 있다는 사실입니다. 아마 우리의 악까지도 함께 물려받았는지도 모르겠습니다. 하지만 그들이 우리와 같은 의미의 말(민주주의)을 사용한다는 건 아마도 우리 서구인들이 다른 대부분의 정복자들하고는 좀 다르다고 생각하기 때문일 겁니다. 우리는 여하튼 가치 있는 어떤 것, 나의 신념을 정당화해 주는 어떤 것을 유럽의 미래에 투사했습니다. 비록 이러한 신념이 확고부동한 사실보다는 다소 감정적인 것에 근거를 두고 있기는 하지만 말입니다.

미시카   최후의 자유주의자이군요?

아롱   아니요. 오늘날에는 나와 같은 생각을 하는 사람들이 많이 있습니다. 나는 기껏해야 유행을 탄 거죠.

맺는 말

레이몽 아롱

이 책에 실린 대담은 출판을 위해서 한 것이 아니었다. 문체를 보면 알 수 있을 것이다.

도미니크 볼통과 장루이 미시카는 3회 방영분을 위해 오랫동안 준비를 했다. 나의 책 대부분과 나의 기사 상당수를 읽었으며, 수많은 인용문을 갖고 나의 기억을 생생하게 되살려 주었다. 가끔 아주 격렬했던 토론이 텔레비전 화면에서는 거의 살려지지 못했다. 1933~34년 르아브르 고등학교에서 나의 제자였던 알베르 팔(Albert Palle)이 나의 말을 반(半)문어체로 고쳐 주었다. 텔레비전으로 방영되기 위해서는 어떤 방식으로든 내 말이 간추려져야 했기 때문이다.

대담 상대들의 반대의견으로 촉발되고 중단되곤 했던 나의 이야기는 즉흥적으로 때워져야만 했다. 왜냐하면 소리로 들리거나 글로 읽히는 것이 아니었기 때문이다. 처음에는 우리 집에서, 다음에는 리아르 홀에서, 그리고 마지막으로 마자린에서 내 머릿속에 떠오르는 생각들을 이야기했다. 그것은 물론 나의 모든 과거, 또는 내가 체험한 모든 사건들에 대해서가 아니고 내 손자뻘 되는 젊은

이들, 과거에 전혀 모르고 지냈던 두 대담 상대들이 상기시켜 주는 것에 대해서였다. 그들이 대화의 주도권을 잡았다. 그들이 전체 구상을 하고, 대화 형식을 제의했으며, 주제를 선택했다. 텔레비전으로 방영되는 것을 처음 보면서, 그 안에서 내 위치가 좀 미미한 것이 아닌가 하는 기이한 느낌마저 들었다. 그러나 이 책에서는 그렇지 않아서 텔레비전 방영분보다 훨씬 더 대담 내용에 접근해 있다.

이 대담을 글로 남겨 독자들에게 제공할 만한 가치가 있을까? 나는 자신 있게 승낙하지 못했다. 그러나 나의 젊은 친구들, 방영 준비 기간과 2주간의 녹화 기간 내내 더없는 열성으로 내 마음을 감동시킨 도미니크 볼통과 장루이 미시카, 그리고 베르나르 드 팔루아 (Bernard de Fallois)의 끈질긴 요구를 자신 있게 거절할 수도 없었다.

대담이 있고 나서 6개월 이상의 시간이 흘렀다. 도미니크와 장루이는 1973년 3월의 공동강령에 대한 나의 비판에 대해 질문을 했었다. 지금 시점(미테랑 대통령 당선 후 — 옮긴이)이라면 아마 그들은 좌파의 승리에 대해 내게 질문할 것이다. 어떤 의미에서 좌파의 승리는 나를 과거의 인물, 또는 구체제의 인물로 만들어 버렸고, 1940년대의 용어로 말하면 '폐기된 체제(le régime aboli)' 속에 던져 넣고 말았다. 프랑수아 미테랑과 사회당의 승리는 제5공화국, 아니, 좀 더 크게 보아 프랑스의 정치에 새로운 국면을 열어 줄 것이 틀림없다. 나는 발레리 지스카르 데스탱을 지지하는 백인위원회에 참여했고 그에게 투표했다. 지금 나는 그의 패배를 가슴 아프게 생각하고 있다. 그러나 나는 오랫동안 몸에 밴 습관, 즉 시류를 거스르는 입장에서 다시 한 번 금욕적인 즐거움을 맛보려 한다.

그건 그렇고, 나는 일종의 결론 삼아 도미니크 볼통과 장루이 미시카가 5월 10일쯤에 그들 특유의 스타일로 나에게 퍼부어 댔음직한 대화를 상상해 보았다. 그러니까 다음의 질문과 대답은 모두 내가 가상으로 작성한 것이다.

볼통   당신은 지스카르 데스탱의 재선을 원했고, 또 비록 공산당과 연합이 되지 않았다 하더라도 사회당이 집권하는 것을 두려워했죠. 지스카르 데스탱을 위해 무슨 일을 했습니까?

아롱   언제나 같은 일이죠. 아무것도 안 하거나 거의 아무것도 하지 않았습니다. 나는 지스카르 데스탱에게 투표할 거라고 말했고, 미테랑 후보의 정강에 대한 나의 소견을 자세히 밝혔습니다. 하지만 1973년이나 1978년보다는 덜 심각하게 생각했다는 것을 고백해야겠군요. 1978년에는 별로 마음이 내키지 않는 작은 책자를 하나 만들었습니다. 그런데 이번에는 논쟁이 좀 지루합니다.

볼통   뭐가 그렇게 지루합니까?

아롱   근본적으로 달라진 것은 별로 없고, 사회당은 공동강령의 가장 어리석은 부분들을 삭제했을 뿐입니다. 1973년의 공동강령은 전략핵무기에 반대하면서 동시에 "모든 침략자를 물리칠 수 있는 군사전략"을 선언했지요. 동시에 모든 고용인들에게 자기 기업의 국유화를 요구할 권리를 허용했습니다. 물론 의회에 부의돼야 하는 사항이죠. 이런 조건하에서 성장의 가속화와 투자 증대를 기대한다는 것은 말도 안 되는 일이고 네모난 동그라미일 뿐입니다.

올해 1981년에 미테랑과 사회당은 그런 상식에 어긋나는 기상천외의 일을 다시 거론하지 않았습니다. 이번에 사회당이 내놓은 텍스트는 세 가지입니다. J. P 슈벤망이 기초한 사회당 계획서, 당이 마련한 사회당 선언, 그리고 미테랑 자신의 정강입니다. 미테랑의 정강은 온건한 편인데도 내가 보기에는 좀 불합리해 보입니다. 그러나 변혁을 열망하는 프랑스인들을 불안하게 만들 정도는 아닙니다. 국가가 대기업을 압박할 수단을 이미 그토록 많이 갖고 있는데 가장 '다국적기업'의 성질을 띤 11개 그룹을 국유화하는 게 도대체 무슨 소용입니까? 그리고 18개월 동안 20만 명 이상의 공무원을 신규 채용함으로써 실업을 퇴치한다는 발상은 내게는 추악한 민중 선동의 방법인 것처럼 보입니다. 자신들도 믿지 않으면서 어떻게 다른 사람들을 설득할 수 있을지 걱정됩니다.

볼통　언제나처럼 좌파 정부에서 생길지도 모를 악만 생각할 뿐, 우익 집권 시절의 잘못에 대해서는 아무 말도 안 하는군요.

아롱　언제나처럼 당신은 내가 지스카르 데스탱의 정책을 수없이 비난했다는 것을 잊고 있군요. 언제나 내 글을 멋대로 인용하는 당신은 "자발적 핀란드화(finlandization)"라는 기사를 기억하겠죠? 불행하게도 미테랑은 우리가 〈렉스프레스〉에서 전개한 이론을 채택했습니다. 중요한 것은 그의 주장의 내용이 아니라 소련의 아프가니스탄 침공에 대한 대응책으로 모든 서방국들이 모스크바와의 고위 협상을 중단하고 있는 시점에서 바르샤바로 가겠다는 그 발상입니다.

미시카 논점을 슬쩍 회피하는군요. 대외 정치에 관한 한 당신은 아무 말이나 할 자유가 있습니다. 왜냐하면 스스로 그 방면의 전문가라고 자처하고 계시니까요. 그 점에서는 당신을 인정합니다. 하지만 실업, 인플레, 불평등, 자유의 결여 등은 어떻게 생각하십니까?

아롱 1978~79년까지는 레이몽 바르의 정책을 가장 덜 나쁜 정책, 최소한 어려운 상황에서 용감한 정책이라고 생각했습니다. 1977~78년에는 인플레의 둔화를 기대할 수 있었습니다. 그리고 여당이 1978년의 국회의원 선거에서 승리하자 제2차 석유파동이 다른 모든 유럽 국가들과 마찬가지로 프랑스를 강타했습니다. 2차대전 이래 프랑스는 항상 독일연방공화국보다 더 심한 인플레에 시달려 왔습니다. 사회보장 지출을 증가시키는 좌파 강령이 인플레를 억제할 수 있다고 생각합니까?

미시카 그럼 실업은요? 그걸 하늘에서 떨어진 재난이라고 생각합니까? 당신은 사건에 뛰어든 목격자가 아니라 체념한 방관자로 보이는군요. 타인의 불행을 체념하는 방관자.

아롱 이미 그런 이야기는 듣고 있습니다. 그런데 그 대답은 "당신만이 따뜻한 마음을 독점하고 있는 게 아니요"라는 겁니다. 그리고 또 다른 대답은, "착한 마음을 가졌다는 것을 남들에게 보여 주기 위해 비이성적인 생각을 해야만 하는가?"라는 것입니다.

실업은 그것을 당한 대부분의 사람들에게 아주 가혹한 시련이고, 또 물질적인 동시에 정신적인 시련이라는 것을 나도 당신만큼 알고 있습니다. 하지만 냉정하게 분석해 봅시다. 실업률에 포함된 사람 중에는 몇 주 혹은 몇 달 후에 직장을 얻는 사람들도 있습니다. 산업 재편의 시대에는 이런 범주의 실업은 불가피한 현상입니다. 두 번째 카테고리의 실업도 있습니다. 구식 기업이 도태되고 새로운 기술이 발전함에 따라 잠정적으로 일터를 잃은 사람들입니다. 성장이 느려 발생하는 실업도 있습니다. 좌파는 실업의 여러 원인 중 하나에 영향을 미칠 수 있는 좀 더 강력한 성장 정책을 우리에게 약속합니다. 그러나 그 성장 정책은 해고를 어렵게 만듦으로써 결국 고용의 기회를 줄어들게 합니다. 내 생각이 틀린 것이기를 바랍니다. 나는 개인 소득 증가에 의한 경제 활성화가 실업을 퇴치할 거라고 생각하지 않습니다. 이런 식의 활성화는 속도가 느릴수록 좋습니다. 그렇지 않으면 인플레를 더욱 심화시키고 대외 지불의 결손을 낳을 위험이 있습니다.

볼통 1968년 때와 마찬가지로 당신은 아무에게도 죄가 없고 책임은 널리 분산돼 있다고 생각하는군요.

아롱 그래서요? 그럼 당신은? 당신은 누가 죄인이라고 생각하는데요?

볼통 정부가 더 이상 잘할 수는 없었다는 이야기는 성립되지 않습니다.

아롱 정부는 당연히 더 잘할 수 있었습니다. 부가가치세는 실패했습니다. 나는 이미 그렇게 썼습니다. 직업세는 부당하다고 모두들 말하고 있으며 나도 자세히는 모르지만 그 말이 그럴듯합니다. 어떤 사람들은 과도한 누진세율이 적용되지만 않는다면, 그리고 그것이 부동자산의 가격 하락을 유발하지만 않는다면 재산세 부과에 찬성한다는 입장입니다. 나는 세제(稅制) 전문가는 아니지만, 개선이 가능하다고 생각합니다. 그런데 좌파의 개선책이 어떤 것인지는 두고 봐야겠죠. 영업소득세율을 60이나 65퍼센트로 올리는 대신 70~75퍼센트로 올릴 수도 있을 겁니다. 80이나 85퍼센트인들 왜 안 되겠습니까? 다른 나라들, 예를 들어 영국은 이런 세율을 경험했습니다.

  가난한 사람들을 부유하게 만들기 위해서는 부자들을 가난하게 만드는 것만으로 충분치 않습니다. 가장 엄중한 세제도 끝내 인플레를 막지 못했습니다. 우리가 레이몽 바르를 비난할 수 있는 것은, 그리고 또 세인의 관심은 못 끌었지만 미셸 드브레가 그를 비난했던 것은, 바르가 긴축 정책을 실행에 옮기지 않고 그저 말로만 떠들어 댔기 때문입니다. 그는 실업의 증가에 한몫 한 자금 경색에 대해 아무런 조치도 취하지 않았습니다. 뤼에프 아르망 보고서는 아직도 유효합니다. 하지만 나는 좌파가 이런 식의 해결책을 찾을 것이라고는 생각하지 않습니다. 내가 아직 판단을 유보하고 있는 세제 개혁은 별도로 치고, 1936년의 레옹 블룸이나 아옌데[1]의 정책을 모방한 미테랑의 경제 정책은 그 두 정책과 같은 운명이 될 위험이 있습니다.

미시카　사회당의 목표와 수단에 다 반대하는 건가요? 사회당은 이번에는 공산당과 타협하지 않았는데도요?

아롱　당신도 알다시피 세 개의 서로 다른 강령이 있습니다. J. P 슈벤망이 기초하고 미테랑이 서문을 썼지만 미테랑이 선거 기간 동안에 별로 언급하지 않았던 사회당 계획서, 1981년 1월 대통령 후보 지명을 위한 크레테유 전당대회 다음 날에 나온 사회당 선언, 그리고 현 대통령(미테랑)이 선거 유세 중에 밝힌 정책이 그것입니다.

이 세 번째, 선거 공약만 보면 나는 이것이 민중 선동적이라고 생각합니다. 경제에 약간의 활력을 주고 실업 증가를 다소 지연시키기는 하겠지만, 결국은 견딜 수 없는 대가를 지불하게 될 겁니다. 공무원 20만 명을 늘리는 데는 지금 당장은 별로 비싼 값이 들지 않을 겁니다. 하지만 그 국고 부담은 해가 갈수록 점점 무거워질 겁니다. 공무원은 일의 필요도에 따라서 늘려야

1　Salvador Allende, 1908~1973. 칠레의 정치인. 의사이며 마르크스주의자로 사회당 대통령 후보로 몇 번 출마했다가 1970년에 공산당의 지지를 얻어 당선됐으며, 곧 사회주의 정부를 세웠으나 1973년 9월 11일 피노체트 장군이 이끄는 군사혁명 때 피살됐다.

지, 실업 퇴치를 위해 공무원 수를 늘려서는 안 됩니다. 일은 적게 하면서 돈은 더 많이 벌게 하는 방법은 있을 수 없습니다. 다시 말하면, 이런 경기 부양책은 지금부터 1년 내지 18개월 뒤에 인플레를 더욱 가중시키고 대외 적자 폭을 더욱 크게 할 것이며, 아마도 실업을 더욱 증가시킬 겁니다.

구조적인 문제는 두 카테고리로 나눌 수 있습니다. 하나는 지방분권 — 나는 이것을 비난하지 않고 오히려 찬성합니다 — 이고, 또 하나는 은행 및 11개 기업집단의 국유화 조치입니다. 그런데 이 국유화 정책은 최선의 경우라도 거의 아무런 영향을 미치지 못할 겁니다. 프랑스에는 민간기업과 마찬가지로 잘 운영되고 있는 국영기업이 있고, 만성 적자에 놓인 기업도 있습니다(이것은 반드시 그 기업의 잘못 때문만은 아닙니다). 국유화되는 기업들이 독립적인 경영을 계속한다면 도대체 그 국유화의 이점이 무엇인지 나는 알 수가 없네요. 국가는 이미 모든 기업에 대한 압력 수단을 갖고 있습니다. 은행을 민간 부문으로 남겨 두는 것은 여러 가지 관점에서 정당한 일입니다. 현재 엘리제와 마티뇽(총리 관저)과 의회, 그리고 노조 일부를 장악하고 있는 사회당 정권을 안정되게 균형 잡아 줄 마지막 평형추는 비교적 자유주의에 가까운 경제 정책이라는 것을 나는 덧붙이고 싶습니다.

경기 부양책과 국유화 정책은 그쯤 해 두고, '사회 변혁'이라는 공식을 철저하게 적용하기 위해 사회당의 일부 사람들이 현 사회의 근본적 개혁을 제안하고 있다는 것은 사회당 선언과 계획서를 읽어 보기만 하면 금방 알 수 있습니다. 라디오, 텔레비전, 신문에 관한 조항 하나만 읽어 보시오. 만일 그 계획이 모두 실행에 옮겨질 경우 서구적 의미의 자유가 어디 있는지 좀 말해 보구려.

미시카 결국 공산주의나 사회민주주의나 똑같이 별로 좋아하지 않으시는군요. 당신과 비슷하게 반공 사상으로 전향한 장 다니엘의 말을 들어 보세요. 그는 공산당의 패배와 사회당의 승리에 박수를 보내고 있습니다. 당신은 지금 구체제의 상(喪)을 치르고 있어요. 당신이 지지했지만 그러나 별로 인정하지 않았던 사람들의 패배를 애도하고 있다고요.

아롱 드디어 당신이 원하는 위치에 나를 앉혀 놨군요. 장 다니엘이야 마음껏 기뻐하도록 내버려 둡시다. 아마 '친 정부' 주간지의 어려움이 어떤 건지를 곧 알게 될 겁니다.

사회민주주의 얘기를 해 봅시다. 그것은 사회주의보다는 다소 분명치 못한 표현입니다. 사회보장법에 관한 한 프랑스는 이미 사회민주주의입니다. 그 법은 다른 서유럽 국가들에 비해 뒤지지 않습니다. 국민소득의 42퍼센트가 국가 또는 유사 국가기관(사회보장 기관)을 거쳐 집행이 됩니다. 사회당은 정책 선언에서 이 비율의 증가를 약속하지 않았습니다. 공산당이 열세에 있다는 것만 빼면 프랑스와 다른 사회민주주의 국가들 사이의 유일한 차이점은 세제의 차이입니다. 직접세, 그러니까 소득세나 자본(상속재산)세의 비율이 비교적 낮고, 사회보장 재원 조달 방식도 직접 급여에서 떼 가는 식이어서 다른 나라들과 좀 다릅니다. 아마 피에르 위리(Pierre Uri)는 이런 구조를 변경시킬 수 있을 겁니다. 세제 개혁자들이 성공하기를 바랄 뿐입니다. 이러한 유보조항 ─ 물론 아주 중요한 것들이지만 ─만 염두에 둔다면, 요람에서 무덤까지 보호를 받고 있는 프랑스 국민들은 비록 아직까지 스웨덴 식 천국과는 상당한 거리가 있지만 이미 사회보장의 천국에서 살고 있습니다. 내 개인적으로는 우리나라가 스웨덴 식의 천국이 되는 것을 바라지 않습니다. 프랑스인들이 그런 식의 사회를 참고 견딜 것 같지 않아요. 스웨덴에서는 모범적인 시민들조차 암시장을 통해 수입을 추구하는 경향이 있는데, 프랑스에서는 어찌 되겠습니까?

우리의 사회보장법 전체를 다시 문제 삼고 싶군요. 국가는 불의의 사고에서 자신을 보호할 수 없는 사람들만을 보호해 주고, 자신을 지킬 수단을 갖고 있는 그 외의 다른 사람들은 스스로 자기 문제를 해결하도록 내버려 두어야 합니다. 물론 상호공제조합도 있습니다. 그러나 나도 역시 유토피아 사상에 빠지는군요. 왜냐하면 기업을 통한 사회보장 자금 지출은 언젠가 한계에 이를 테니까요. 언제까지나 직접급여를 희생하면서 간접급여(각종 혜택 및 수당을 포함한 사회보장급여)를 무한정 올릴 수는 없는 겁니다.

그럼 나는 반(反) 사회민주주의자인가요? 그것은 그 사회가 어떤 사회민주주의인가에 달려 있습니다. 미테랑보다는 아마 내가 더 헬무트 슈미트(독일 총리)와 의기가 잘 투합할 겁니다. 대충 말해 본다면, 대부분의 사회민주주의 국가들은 알렉시스 토크빌이 '후견인 국가'라고 묘사한 그런 의미의 국가를 지향하고 있습니다. 그러니까 국가의 책임이 더욱더 커지고 개인의 책임은 더욱더 작아지는 그런 사회입니다. 프랑스는 아마도 세제 개혁이 필요할 겁니다. 하지만 스웨덴의 예를 따라서는 안 됩니다. 세제 개혁과 함께 자유주의적 쇄신이 수반되기를 바랍니다. 그런데 프랑스의 사회당은 그런 길을 채택하고 있는 것 같지 않아 두렵습니다.

막 물러난 과거의 여당 이야기를 해 봅시다. 1958년에 나를 찾아와 "나가는 사람은 나가게 내버려 두시오"라는 말로 나를 화나게 만들었던 알랭 페르피트가 생각나네요. 그도 역시 "요지부동이면서도 변모하는" 프랑스 국민의 희생자였죠. 지스카르 데스탱과 그 주변 인물들도 그렇게 희생될까요? 전임 대통령을 내가 높이 평가하는 이유는, 그가 선거 유세 중에 그 어떤 민중 선동적 약속이나 사업 계획의 공표도 거부했다는 점입니다. 여론조사에서 인기가 없다고 밝혀진 레이몽 바르를 끝까지 곁에 두었고, 산업 경쟁을 통해 이 나라의 새로운 가능성을 개발하고 싶어 했습니다. 그는 1930년대 프랑스의 쇠퇴를 경험한 후 프랑스 재건을 최고의 목표로 삼았던 전후파 세대입니다. 아마도 이 세대에 속하는 우리는 프랑스가 산업의 선두 집단에 들건 안 들건 아랑곳없이 그저 불평등과 실업에만 분노를 터뜨리는 프랑스인들이 있다는 것을 살짝 잊어버렸는지도 모릅니다.

전임 대통령이 프랑스를 위한 그의 야망과 상관없는 잘못을 저지른 것도 사실입니다. 그는 사회주의적 좌파와 제5공화국의 정통성을 주장하는 드골주의자에 대항해서 자유주의와 오를레앙주의를 강하게 표방해야만 했습니다. 그런데 결국 퐁피두와 마찬가지로, 그리고 드골 장군보다 한 술 더 떠서 모든 권력을 자기 손아귀에 집중시켰으며, 3개 텔레비전 방송 사장에게 공한을 띄워 텔레비전의 독립을 선언했으나 방송에 대한 간섭은 그의 전임자들보다 더욱 교묘하고 더욱 잦고 더욱 집요했습니다.

오늘날 새로운 권력자들은 과거의 체제를 전제적 체제로 몰아붙입니다. 그들은 이번의 미테랑 선거를 1944년의 해방에라도 비교하고 싶을 겁니다. 그러나 오히려 1958년의 드골 집권 때와 비교하는 것이 나을 것 같습니다. 하나의 정치계급이 완전히 쓸려 나가고 또 다른 정치계급이 들어서는 이 현상 말입니다. 새로운 권력자들도 과거의 지배자들이 했던 것과 같은 권력 남용을 하지 않기를 간절히 바랍니다. 국가로부터 독립한 텔레비전 방송을 위해서는 대서양 건너까지 가서 보고 와야 하지 않을지 걱정이 됩니다. 사회당 계획서를 읽어 보면 당보다는 노조에 더욱 의존하지 않는가 하는 의구심이 생깁니다.

지스카르는 재선을 위해 공산당에 너무 의존했습니다. 그 결과 시라크(파리 시장)파가 공산당이나 사회당보다 더 텔레비전에서 박대받았습니다. 시라크의 선거운동은 전임 후보의 마지막 기회를 앗아가고 말았습니다. 시라크는 지스카르 데스탱을 죽이면서 자살을 감행한 셈입니다. 시라크의 개인적인 난폭함도 변명의 여지가 없긴 하지만, 지스카르 데스탱도 책임을 피할 수 없습니다. 1977년 파리 선거 유세 때 〈피가로〉지의 나의 마지막 기사들 중의 하나인 2월 21일자 기사에 나는 "여당의 자살"이라는 제목을 붙였습니다.

아마도 1981년의 지스카르의 패배는 불가피했는지도 모릅니다. 여론조사에 의하면 그는 드골 장군이나 조르주 퐁피두에 비견할 만한 인기를 한 번도 누린 적이 없습니다. 1974년의 성공은 있는 힘을 다해 한 가닥 줄에 매달린 결과였습니다. 그런데 1978년의 국회의원 선거에 때맞춰 기적적으로 대통령에 대한 신뢰 회복과 경제 회복이 일어났습니다. 1977년부터 1981년까지 대통령의 스코어 — 지지 여론과 반대 여론 간 격차 — 는 계속해서 좁혀졌습니다.

미셸 로카르를 떼어낸 미테랑의 몫은 매우 약한 편입니다. 하지만 사람들은 사회당의 4인에 대해 좋은 이미지를 간직하고 있었습니다. 몇 달 사이에 지스카르 데스탱의 인기는 떨어지고 미테랑의 인기가 올랐습니다. 전임 후보의 미미한 선거 유세와 야당 후보의 눈부신 유세는 유권자의 이와 같은 심리상태를 결국 더욱 굳혀 놓았습니다. 프랑스 유권자의 다수는 변화를 원했으며 더 이상 과거의 여당을 믿지 않았습니다. 그런데 미테랑의 약점을 채워 준 것이 공산당이었습니다. 즉, 여당은 의식적이건 무의식적이건 간에 자신의 객관적 연합 세력인 공산당을 약화시키려는 노력을 하지 않는 데 반해, 미테랑은 드골 장군 이후 유일하게 공산당 유권자들을 압도할 수 있는 사람으로 보였습니다. 또 공산당과 공공연히 제휴함으로써 공산당을 군소 정당으로 만들어 버릴 능력도 있는 것으로 보였습니다. 프랑스인들은 사회당이 공산당에 크게 의존하고 있을 때는 사회당 후보를 뽑기를 주저하는 성향이 있습니다. 공산당 지지 유권자의 4분의 1이 1차 선거 때부터 사회당의 제1서기(미테랑)에게 표를 던졌을 때 그들은 이미 지스카르 데스탱에 대한 마지막 희망, 더 나아가 구(舊) 여당에 대한 마지막 희망을 동시에 접어 버렸습니다. 사회당에 대한 인기는 미테랑을 엘리제궁으로 인도했고, 또 보통선거라는 기름 부음을 받은 미테랑은 국회의원 선거에서 자기 당에 승리를 가져다주었습니다. 그래서 나도 어쩔 수 없이 사회주의 프랑스에서 살게 되었습니다. 그리고 또 정치 저술가는 덧없는 신문기사보다는 오래 남는 책을 써야 한다고 확신하게 됐습니다.

미시카 다수당 하나가 바뀌었다고 해서 모든 희망을 버리고 사건에도 뛰어들지 않는 방관자가 된 건가요?

아롱 프랑스인들은 변화를 바랐지요. 전형적인 프랑스주의자들이며 또 당연히 사회주의자들인 그 용감한 대학 교수와 고교 교사들(미테랑과 그 주변 인물들을 뜻함)이 아마도 프랑스인들에게는 ENA 졸업생이나 UDF(프랑스 민주동맹) 혹은 RPR(공화국연합)당의 유명인사들보다 더 잘 프랑스를 대표하고 있는 듯이 보였나 봅니다. 만일 알랭이 다시 살아난다면 그는 아마도 약한 사람들의 보호자이며 비전문가들(전문성은 폴리테크니크 졸업생들의 것이니까)인 학교 선생들의 집권을 매우 기뻐했을 것입니다. 아마도 미테랑 주변의 사회주의자들은 1936년의 레옹 블룸의 주변 인물들보다 훨씬 많은 시간과 지식을 갖고 있을 테니까 자신들의 행운과 프랑스의 행운을 함부로 망치지 않을 만큼 지혜롭게 국가를 통치하겠지요.

나는 세대와 더불어 사회가 변한다는 것을 담담하게 받아들입니다. 그런데 그 선생 출신들은 세계 속에서 프랑스의 지위에 대해 약간 무감각한 듯이 보입니다. 그들은 아마도 핵발전소 계획을 별로 아쉬워하지 않을 것 같군요. 『구체제와 혁명』이라는 책의 마지막 구절을 인용하지 않을 수가 없네요. "프랑스인들은 일을 끝까지 밀고 나가는 경우가 아주 드물다."

35년 전부터 하나는 너무 무정부주의적이고 또 하나는 너무 독재적인, 각기 나름의 특성을 가진 제4공화국과 제5공화국이 그래도 효과적으로 임무를 수행해서 프랑스를 중견 강대국 중에서 가장 현대적이고 가장 번영하는 나라로 만들어 놨습니다. 두 차례의 석유파동으로 그 노력은 좀 지연됐습니다. 그런데 사회당은 그 과업을 지속시킬까요, 아니면 그들의 환상, 그들의 이데올로기, 그들의 가치 등급에 따라서 이 과업을 포기할까요? 노동시간을 단축하고 임금을 올린다는 그 틀에 박힌 소리를 나는 잘 압니다. 그것은 레옹 블룸이 처음에 시작했고 그 후 좌파가 계속해서 후렴처럼 따라 부르고 있는 노래입니다. 왜냐하면 레옹 블룸의 좌파 정부가 처음으로 유급휴가제를 실시했으니까요.

하지만 나는 또 한 가지를 회상하지 않을 수 없습니다. 인민 전선의 서정적인 환상 3년 후에 빵과 평화와 자유가 다 어디로 갔던가요? 물론 비교해 봤자 소용없습니다. 최악에 이르렀다고 해서 다시 희망으로 튀어올라 가는 것도 아니에요. 비록 유권자들의 이와 같은 변화가 몇 년간의 경제 혼란이라는 대가를 치르더라도, 아마 사람들은 공산당의 몰락만을 1981년의 가장 큰 사건으로 기억하겠지요. 아마도 사회당의 생시몽주의자들 ─ 생시몽주의는 좌파에도 있고 우파에도 있습니다 ─ 이 이데올로기를 벗어나는 행보를 보인다 해도 말입니다.

나는 결코 희망을 잃지 않으며 또 언제나 현실에 참여하고 있습니다. 그러나 사회당에 반대하는 정당을 쇄신하고, 특히 자유주의 사상을 젊게 만드는 작업은 다른 사람들에게 맡기겠습니다. 어떤 점에서는 불행도 좋은 일입니다. 앞으로 대통령 후보들은 공산당이 사회당에 투표하지 않을 것이라는 희망 또는 온건파가 사회당에 투표하는 것을 공산당이 막아 줄 것이라는 희망에서 공산당과 야합하려는 태도는 버려야 합니다. 구 여당은 드골을 잃었고, 공산당과의 객관적 동맹관계를 잃었으며, 또 공산당의 협박조의 공갈을 잃었습니다. 이제 구 여당은 자기들이 사회당보다 더 정치를 잘할 수 있다는 것을 국민들에게 보여 줄 뿐만이 아니라 바람직한 사회상을 스스로 하나 제시해야만 합니다.

볼통, 미시카   일생을 언론에 몸바친 것을 시간 낭비라고 생각합니까, 아니면 〈피가로〉를 떠날 때 〈이코노미스트〉지에 났던 기사가 옳다고 생각합니까? 기사는 당신이 지난 30년 동안 온건한 정치인들을 배출해 내는 데 공헌했다고 썼던데요.

아롱   그 말이 사실이라 하더라도, 나는 변변찮은 스승이었거나 아니면 못난 제자밖에 없었습니다. 농담이고요……. 1930년대의 쇠퇴를 경험한 사람은 프랑스 국민들에게 뭔가 존경하고 사랑할 만한 것을 가져다준 공화국의 두 통치자를 결코 함부로 무시할 수 없습니다. 나는 토크빌이 말년의 편지에서 썼듯이 새로운 세계라는 사막에 혼자 떨어져 있는 듯한 고독감을 느낀다고 말하고 싶지는 않습니다. 아마도 다시 한 번 좀 고립되고 반대적인 입장에 놓이게 됐다고나 할까. 이것이 진정한 자유주의자의 정상적인 운명 아닐까요? 이렇게 거창한 말투는 피하기로 하고, 그리고 또 내 인생을 결론짓는 자리도 아니니, 두 명의 친구를 새로 얻었다는 말로 우리의 대화를 끝냈으면 합니다. 나는 두 친구를 설득하지는 못했으나, 그들에게 풍요로운 회의(懷疑)의 정신은 불어넣어 줬다고 자부합니다.

레이몽 아롱의 주요 저서

역사철학

『역사철학 입문Introduction à la philosophie de l'histoire』(Gallimard, 1938, 353 pp.)

『역사철학의 차원들Dimensions de la conscience historique』(Plon, 1960, 335 pp.)

『폭력의 역사와 변증법Histoire et dialectique de la violence』(Gallimard, 1973, 270 pp.)

역사, 사상

『현대 독일 사회학La sociologie allemande contemporaine』(Alcan, 1935; P.U.F., 1950, 1957, 176 pp.)

『현대 독일의 역사이론Essai sur la théorie de l'histoire dans l'Allemagne contemporaine』(Vrin, 1938, 1950, 321 pp.)

『사회학 사상의 단계들Les étapes de la pensée sociologique』(Gallimard, 1967, 659 pp.)

『전쟁을 생각한다: 클라우제비츠Penser la guerre, Clausewitz』(Gallimard, 1976, 1권 472 pp, 2권 365 pp.)

사회학

『산업사회에 관한 18개의 강의Dix-huit leçons sur la société industrielle』(Gallimard, 1963, 378 pp.)

『계급투쟁La lutte de classes』(Gallimard, 1964, 378 pp.)

『민주주의와 전체주의*Démocratie et totalitarisme*』(Gallimard, 1966, 384 pp.)

『산업시대에 대한 3개의 시론*Trois essais sur l'âge industriel*』(Plon, 1966, 242 pp.)

『진보의 환멸*Les désillusions du progrès*』(Calmann-Lévy, 1969, 375 pp.)

『자유론*Essai sur les libertés*』(Calmann-Lévy, 1965, 235 pp.)

『정치학 연구*Etudes politiques*』(Gallimard, 1972, 564 pp.)

국제관계

『국가 간의 평화와 전쟁*Paix et guerre entre les nations*』(Calmann-Lévy, 1961, 793 pp.)

『대논쟁: 핵전략 입문*Le grand débat, Introduction à la stratégie atomique*』(Calmann-Lévy, 1963, 274 pp.)

『산업사회와 전쟁*La société industrielle et la guerre*』(Plon, 1959, 182 pp.)

이데올로기 비판

『지식인의 아편*L'opium des intellectuels*』(Calmann-Lévy, 1955, 334 pp.)

『하나의 성가족에서 또 다른 성가족으로*D'une Sainte famille à lautre*』(Gallimard, 1969, 308 pp.)

『환상적 마르크시즘*Marxismes imaginaires*』(Gallimard, 1970, 377 pp.)

『논쟁*Polémiques*』(Gallimard, 1955, 247 pp. 1949~54년 신문, 잡지 기사 모음)

프랑스 정치

『휴전에서 전 국민 봉기까지*De l'armistice à l'insurrection nationale*』(Gallimard, 1945, 373 pp. 비시 정부와 독일 점령하 프랑스를 다룬 기사 모음)

『요지부동 속의 변화: 제4공화국에서 제5공화국까지*Immuable et changeante. De la IVe à la Ve République*』(Calmann-Lévy, 1959, 265 pp.)

『3월 선거와 제5공화국 *Les Elections de mars et la Ve Republique*』(Julliard, 1978, 183 pp.)

세계정치

『대분열 *Le grand schisme*』(Gallimard, 1948, 348 pp.)

『연쇄 전쟁 *Les guerres en chaîne*』(Gallimard, 1951, 497 pp.)

『제정공화국: 세계 속의 미합중국, 1945~1972 *République impériale. Les Etats-Unis dans le monde 1945-1972*』(Calmann-Lévy, 1973, 338 pp.)

『몰락하는 유럽을 위한 변명 *Plaidoyer pour l'Europe décadente*』(Laffont, 1977, 511 pp.)

소책자

『알제리의 비극 *La tragédie algérienne*』(Plon, Tribune Libre, 1957, 76 pp.)

『알제리와 공화국 *L'Algérie et la République*』(Plon, Tribune Libre, 1958, 146 pp.)

『드골, 이스라엘 그리고 유대인 *De Gaulle, Israel et les Juifs*』(Plon, Tribune Libre, 1968, 186 pp.)

『있음직하지 않은 혁명 *La Révolution introuvable*』(Fayard, 1968, 187 pp.)

대담 이후

『참여하는 방관자: 장 루이 미시카, 도미니크 볼통과의 대담 *Le spectateur engagé. Entretiens avec Jean-Louis Missika et Dominique Wolton*』(Julliard, 1981; Presses Pocket, 1983; Editions de Fallois, 2004, 334pp.)

『회고록: 50년간의 정치 성찰 *Mémoirs. 50 ans de réflexion politique*』(Julliard, 1983; 1993; Robert Laffont, 2003)

유작

『세기의 마지막 나날들*Les dernière années du siècle*』(Julliard, 1984)

『클라우제비츠 연구*Sur Clausewitz*』(Bruxelles: Complexe, 1987)

『사회학 연습*Etudes sociologiqes*』(PUF, 1988)

『현대 유대인의 조건 고찰*Essais sur la condition juive contemporaine*』(Editionss de Fallois, 1989)

『역사 강의*Leçons sur l'histoire*』(Editions de Fallois, 1989; Le Livre de Poche, 1991).

『전쟁 연대기: 자유 프랑스, 1940~1945*Chroniques de guerre. La France libre 1940– 1945*』(Gallimard, 1990)

『피가로지 게재 국제정치 기사 모음*Les articles de politique internationale dans* Le Figaro』, 전 3권(Editions de Fallois):

　제1권 『냉전(1947년 6월~1955년 6월)*La guerre froide (juin 1947 à mai 1955)*』(1990)

　제2권 『공존(1955년 5월~1965년 2월)*La coexistence (mai 1955 à février 1965)*』(1994)

　제3권 『위기(1965년 2월~1977년 4월)*Les crises (février 1965 à avril 1977)*』(1997)

『마키아벨리와 현대의 독재자들*Machiavel et les tyrannies modernes*』(Editions de Fallois, 1993; Le Livre de Poche, 1995)

『20세기의 한 역사*Une histoire du XXe siècle*』(Plon, 1996; Le Grand Livre du Mois, 1997)

『정치철학 입문: 민주주의와 혁명*Introduction à la philosophie politique: démocratie et révolution*』(Le Livre de Poche, 1997)

『마르크스의 마르크시즘*Le marxisme de Marx*』(Editions de Fallois, 2002; Le Livre de Poche, 2004)

장루이 미시카

(대담 당시 30세, 경제학자, 파리 도핀 대학 조교수)

『정보화와 일자리: 위기인가 변화인가』(공저, 프랑스 기록원, 1981)

『1986년 5월: 좌파의 기이한 패배』(PUF, 1986)

"미디어와 여론", 『커뮤니케이션 비판 사전』(PUF, 1993)

『텔레비전의 공기업적 성격과 공공 서비스의 임무』(문화공보부 용역보고서, 1997)

(방송 출연) 〈30년의 영광, 20년의 껄끄러움: 광고로 본 50년간의 경제〉(1999)

"미디어: 영향력", 『정치문제 사전: 현대 프랑스의 60개의 문제들』(L'Atelier, 2000)

도미니크 볼통

(대담 당시 34세, 사회학자, 프랑스 국립과학연구센터CNRS 연구관)

『새로운 성(性)질서』(Le Seuil, 1974)

(시나리오) 『그래서 오르니카르는 어디 있지?』(공저)

『내일의 정보: 뉴미디어와 문자언론』(공저, 프랑스 기록원, 1979)

『신문 1면의 테러 기사: 미디어, 테러 그리고 민주주의』(공저, Gallimard, 1987)

『대중 예찬: 텔레비전 비판 이론』(Flammarion, 1990)

『워 게임: 정보와의 전쟁』(Flammarion, 1991)

『최후의 유토피아: 민주주의 유럽의 탄생』(Flammarion, 1993)

『자크 들로르: 한 인간의 단일성』(대담집, Odile Jacob, 1994)

『커뮤니케이션을 생각한다』(Flammarion, 1997)

『인터넷 그리고 그 이후? 뉴미디어 비판』(Flammarion, 1999)

『인터넷: 생존을 위한 작은 입문서』(올리비에 제이와의 대담, Flammarion, 2000)

『또 하나의 세계화』(Flammarion, 2003)

장루이 미시카, 도미니크 볼통 공저

『진보의 폐해: 기술 변화에 직면한 노동자들』(프랑스노동민주동맹CFDT 지원, Le
        Seuil, 1974)

『사유하는 네트워크: 텔레커뮤니케이션과 사회』(A. Giraud 협찬, Massons, 1978)

『생태학의 환상』(J. P. Faivret 협찬, Le Seuil, 1980)

『폭파된 3차산업: 한 번도 경험해 보지 못한 노동』(CFDT 지원, Le Seuil, 1980)

『가상: 민주사회의 텔레비전』(Gallimard, 1983)

『장 마리 뤼스티제: 신의 선택』(대담집, Editions de Fallois, 1987)

역자의 말

언론인이자 역사가, 철학자이며 사회학자인 레이몽 아롱(77세)이 요즘 프랑스의 지식인 사회에서, 특히 젊은이들 사이에서 새롭게 각광을 받고 있다. 냉전 시대 이래 근 30년 동안 우익이라는 낙인이 찍힌 채, 좌파가 지배하는 프랑스의 지적 주류에서 밀려나 있던 그가, 그를 최대의 적으로 생각했던 5월 세대(1968년 5월 혁명 당시에 20대 초반이었던 세대)에게 새삼 인정을 받게 되었다는 것은 참으로 흥미 있는 일이 아닐 수 없다.

이러한 지적 동향에 발맞추어 프랑스의 제2 텔레비전 방송은 1980년 12월에 장루이 미시카와 도미니크 볼통 등 5월 세대의 소장 학자 2명으로 하여금 레이몽 아롱과 대담케 하여 그것을 3회로 나누어 방영했다. 이 책 『20세기의 증언』(원제 『참여하는 방관자 Le spectateur engagé』)은 그 두 소장 학자와의 대담 내용을 출판물에 적당하게 다시 편집한 것이다.

대담을 직접 읽어 보면 알 수 있겠지만 그 두 젊은 학자들은 결코 아롱의 추종자(aronien)들이 아니며 오히려 강한 사회주의적 경향의 사람들이다. 대화 중의 불꽃 튀는 듯한 설전이 그것을 잘 보여 주고 있다. 그런데도 두 사람은 이 책의 서문에서 "우리 세대에게 레이몽 아롱의 사상을 새롭게 발견한 것은 참으로 참신한 즐거움이다"라고 썼다. 이 세대는 물론 과거에 레이몽 아롱을 전혀 몰랐던 것이 아니다. 대학에서 직접 그의 강의를 듣기까지 했다. 그러나 그들은 자신들의 이데올로기적 필터를 통해 그의 사상을 보았으며, 따라서 주저 없이 거기에 '반동'이라는 딱지를 붙였던 것이다.

그러니까 이 대담은, 몰락 직전에 있던 1930년대의 프랑스 사회, 독일 나치즘의 대두, 20세기 최대의 비극인 2차대전, 그리고 동서의 냉전 상황, 세계적인 탈식민 추세 등등에 대한 한 지식인의 증언인 동시에 5월 세대와 우익의 만남이라는 커다란 역사적 의미도 띠고 있다.

레이몽 아롱은 1905년 파리의 한 유대인 부르주아 가정에서 태어났다. 고등사범에서 철학을 전공했고, 이어서 철학교수자격시험에 합격(agrégé)했다. 사르트르와 폴 니장은 그와 고등사범의 동기동창들이다. 작가이며 공산주의자였던 폴 니장은 2차대전 당시 전선에서 젊은 나이로 죽었지만, 특히 사르트르(1980년 4월 사망)와는 각기 우익과 좌익을 대표하는 거물로서 평생 동안 날카로운 경쟁관계를 유지해 왔다. 그의 대표적 저서 『지식인의 아편』(1957)은 거의 사르트르 개인에 대한 공개 서한이라고 할 수 있으며, 이 대담에서도 그가 사르트르를 강하게 의식하고 있다는 것을 곳곳에서 느낄 수 있다.

나치즘이 대두되기 시작하던 1930년대 초에는 독일에 가서 독일 철학과 사회학을 공부했고, 귀국해서『현대 독일 사회학』(1935)을 저술하여 막스 베버의 사회학을 처음으로 프랑스에 소개했다. 2차대전 발발 후에는 런던으로 건너가 드골의 임시정부가 발간하던 〈자유 프랑스〉지의 편집을 맡았다. 이때부터 드골을 알았고, 1958년에는 드골의 정계 복귀를 지지하여 반대파의 신랄한 공격을 받기도 했지만, 그 자신은 결코 골리스트가 아니며, 자신의 이념에 따라 그를 지지하기도 하고 또 비판하기도 했다는 것을 그는 대담에서 밝히고 있다.

1945년 해방 이후에는 〈콩바〉지를 거쳐 〈피가로〉지에 들어가 1977년 퇴임할 때까지 30년 동안 논설위원으로 있었다. 우익 신문인 〈피가로〉지의 논설위원이라는 것이 그의 보수, 우익 이미지 형성에 큰 역할을 했다.

1950년대에는 사르트르 등과 이데올로기 논쟁을 벌였고, 그 결산으로『지식인의 아편』을 썼다. "종교는 인민의 아편"이라는 마르크스의 도식을 그대로 원용하여, "마르크시즘은 지식인의 아편"이라는 내용이었다. 알제리전(戰)이 한창이던 때에는『알제리의 비극』이라는 책자를 통해 알제리가 독립해야만 할 경제적, 사회적 이유들을 제시했다. 이 책은 식민주의를 도덕적으로 고발하는 대신 냉담하게 경제, 사회 문제만을 거론했다는 좌익의 비난과, 알제리 거주 프랑스인들을 난민수용소로 내몰려 한다는 우익의 비난을 동시에 들었으나, 어떻든 알제리의 독립을 위한 여론 조성에 공헌을 한 것이 틀림없었다.

〈피가로〉의 논설위원으로 계속 있으면서 그는 1955년에 소르본의 교수가 되었고 1968년에 소르본을 떠나 1977년까지 콜레주 드 프랑스의 교수로 재직했다. 소르본에 들어갈 당시에는 우익 인사라는 이유 때문에 그의 교수 임용을 반대하는 대대적인 캠페인이 교수들 사이에서 벌어지기도 했다. 1965년에는 『자본론』에 대한 새로운 해석으로 프랑스에 다시금 마르크시즘을 크게 유행시킨 알튀세르와 논쟁을 벌여, 『하나의 성가족(聖家族)에서 또 다른 성가족으로』(1845년에 나온 마르크스의 저서 『성가족』의 제목을 원용한 제목)라는 책을 썼다.

그는 1930년대의 암담한 시기를 살았고, 또 프랑스의 쇠퇴를 생생히 목격했기 때문에, 사회를 분열시키거나 약화시킬 모든 대립 현상을 막아야 한다는 집념에 가까운 생각을 갖고 있었다. 일단 사회가 허약해지면 그 나라는 자칫 몰락의 길을 걸을 수도 있다는 것을 체험한 그가 국가의 존속을 제일의 관심사로 갖게 된 것은 어쩌면 너무나 당연한 일인지도 모른다. 그래서 그는 대서양동맹을 지지했고, 중립주의를 반대했으며, 알제리 문제로 국론이 분열되어 있던 당시에는 드골의 정계 복귀를 지지했다.

역사의 소용돌이에 휘말리고 사회의 붕괴를 체험했던 레이몽 아롱의 세대와는 달리, 안정된 사회에서 태어나고 자란 5월 세대는 사회의 붕괴 가능성이나 취약성을 체험할 기회가 한 번도 없었다. 전후에 프랑스는 근대화되었고, 사람들의 생활수준은 크게 향상되었으며, 사회적 불평등은 많이 감소되고, 사회 제도는 비록 완전하지는 못하나마 민주화되었다. 그러나 과거의 어려웠던 시대를 알지 못하는 1968년 세대는 이 변혁들을 당연한 것으로 알았고, 베이징, 하노이, 쿠바에서만 역사를 찾으려 했으며, 조국이니 국가니 하는 개념은 구식으로 간주하거나 아니면 보수 반동으로 몰아붙이기를 예사로 했다. 그들에게 있어서 민주주의란 국가 아닌 사회 안에서 구현되는 것이었으며, 따라서 국가를 사회에 우선시키는 레이몽 아롱 같은 사람은 일고의 가치도 없는 혐오스러운 우익 인사에 불과할 뿐이었다.

혁명이나 빈곤의 상황과는 거리가 먼, 선진 공업국 프랑스 사회에서 1968년 5월과 같은 사태가 발생한 정신적 배경은 아마도 마르크시스트 철학자인 알튀세르에게서 찾아볼 수 있을 듯하다. 마르크시즘은 이데올로기가 아니라 과학이라고 선언하며 '인식론적 단절(coupure épistémologique)'을 내세운 알튀세르의 저서들(『마르크스를 위하여』, 『자본론을 다시 읽는다』 등)은 그 장엄하고 자신만만하고 암시적인 문체와 함께 젊은이들의 마음을 사로잡기에 충분했다. 1968년 당시 20세 전후의 청년들에게 있어서 알튀세르 선풍은 대단한 것이었으며, 많은 사람들은 그가 1968년 5월 혁명의 아버지라고 말하기를 서슴지 않는다.

그런데 1975년을 전후하여 갑자기 이 세대는 마르크시즘의 한계, 소련의 죄악, 인권의 문제에 눈을 뜨게 되었다. 그들의 일부는 신철학파라고 불리기도 했지만 여하튼 마르크시즘과 좌익사상에 대한 비판적 회의가 일반적인 추세로 되었다(이것은 사회당의 집권과는 일견 모순되는 현상으로 보이는데, 거기에는 오히려 이념의 차원이 아닌 정치적 차원의 설명이 필요한 듯하다). 그러자 레이몽 아롱의 사상이 새롭게 부각되었다. 소비에트 체제와 스탈린주의의 성격에 대한 그의 판단이 옳았다는 것이 증명되었으며 그의 메시아니즘의 거부, 역사에 대한 상대주의적 개념 등이 새로운 평가를 받고 있다. 그리고 "정치란 선과 악의 흑백론적 싸움이 아니라 좀 더 바람직한 것과 좀 더 혐오스러운 것 사이의 선택"이라는 그의 현실적 정치관도 한층 더 설득력 있게 받아들여지고 있다.

　모든 여건이 그들과 다르기는 하지만, 레이몽 아롱과 두 젊은 학자들 사이의 대담은 우리 독자들에게도 많은 것을 생각하게 해 줄 것이라고 믿는다.

1982년 4월

朴 貞 子

마르크시즘을 '지식인의 아편'이라 규정한

자유주의자 레이몽 아롱

장루이 미시카, 도미니크 볼통과의 대담

초판 1쇄 발행 2021년 7월 23일

지은이 레이몽 아롱
옮긴이 박정자
펴낸이 안병훈
펴낸곳 도서출판 기파랑
등 록 2004. 12. 27 제300-2004-204호
주 소 서울시 종로구 대학로8가길 56 동숭빌딩 301호 우편번호 03086
전 화 02-763-8996(편집부) 02-3288-0077(영업마케팅부)
팩 스 02-763-8936
이메일 info@guiparang.com
홈페이지 www.guiparang.com

ISBN 978-89-6523-584-2 03100